Die Tricks und Tipps der Köche

Hans Peter Matkowitz · Juliana L. Raskin-Schmitz

DIE TRICKS UND TIPPS DER KÖCHE

Über 4.500 Profi-Tipps mit vielen Farbfotos

HÄDECKE

Fachliche Empfehlungen

„Ein hervorragendes Fachbuch und Nachschlagewerk zugleich.
In 28 Kapiteln übersichtlich gegliedert wird Fachwissen sehr gut aufgearbeitet;
die Arbeitsweisen sind knapp, präzise und leicht verständlich in Wort und Bild beschrieben.

Die Autoren haben ganze Arbeit geleistet.
Das Buch 'Die Tricks und Tipps der Köche' gibt nicht nur Hobbyköchen, sondern auch Profis, besonders aber den jungen Berufskollegen entscheidende Hilfen."

Berufsfachschule für das Hotel-,
Gaststätten- und Braugewerbe, München

Klaus Marquart, Fachbetreuer
Günter Dörr, Studiendirektor

Die gelungene Zubereitung, speziell von Fleisch, verlangt viel Übung und Wissen.

Unterschiedliche Reifezeiten wie auch verschiedener Muskelaufbau bedürfen differenzierter Behandlungsweisen. Begleitet wird das von einer Vielzahl von Fleischteilbezeichnungen.

Alles wird sach- und fachkundig, kompetent und komprimiert sowie nachvollziehbar dargestellt. Daher bietet das Buch "Die Tricks und Tipps der Köche" wichtige Basisinformationen für alle, die Fleisch zart und aromatisch zubereiten wollen.

1. Fachschule
des Fleischerhandwerks Augsburg

Rolf Anger
Technischer Leiter
Metzgermeister, Dipl. Ing.

Danksagung

Bei den Recherchen erfuhren wir Hilfe von vielen Personen. Unser besonderer Dank gilt:

Maria Wanzinger

Martin Amberger

Paul Golla, Niederschäffolsheim/F.

Christa von der Marwitz

Karl-Heinz Schmale

Maximilian Schmidramsl jun.

Verwendete Zeichen:

○ Markierung bei der Aufzählung verschiedener Alternativen

! Mögliche Gründe für eine misslungene Speise

☺ Spezifische Hinweise zur Verbesserung sowie zur "Schadensbegrenzung" bei einer misslungenen Speise

1. Aufzählung einzelner Arbeitsschritte bei komplexeren Arbeitsabläufen

→ Verweis auf ein anderes Stichwort oder einen anderen Beitrag

Zum schnellen Nachschlagen:
Die Stichworte sind innerhalb der einzelnen Kapitel alphabetisch geordnet.

INHALTSVERZEICHNIS

DIE AUTOREN

JULIANA L. RASKIN-SCHMITZ

ist begeisterte Hobbyköchin und Feinschme-
ckerin. Ihre bisherigen Veröffentlichungen
sind die "Köstliche Apfelweinküche" und das
"Handbuch für den Teppan Flächengrill", sowie ein "Leitfaden für Nichtköche und Küchen-
neurotiker" als Privatdruck für den Freundes-
kreis.
Ihr Interesse gilt der asiatischen Kultur, Kunst
und Küche. Besonders dem klassischen japanischen Kunsthandwerk Kumihimo, das sie
als eine der wenigen Europäerinnen auch
selbst ausübt.
Sie lebt in Ismaning bei München.

HANS PETER MATKOWITZ

ist gelernter Koch, langjähriger Dozent an der
Volkshochschule Garching bei München und
Kantinenleiter eines Großbetriebes.
Seine Küchentipps, Kochrezepte und Anek-
doten rund um den Herd sind regelmäßiger
Bestandteil verschiedener Hörfunksendun-
gen.
Erholung und Ruhe findet er im eigenen Klein-
garten sowie auf Reisen. Ständig auf der Su-
che nach neuen Anregungen und Ideen in Sachen Kochen.

KÜCHENTECHNIK

ALLGEMEINES

Aluminiumfolien

○ Die glänzende Seite der Folie reflektiert die Wärme, die matte Seite speichert sie.
Speisen, die warm gehalten werden sollen, mit der matten Seite nach außen einwickeln. Speisen, die kühl gehalten werden sollen, mit der glänzenden Seite nach außen verpacken. (Spiegelsystem: der glänzende Spiegel reflektiert das sichtbare Licht, die glänzende Folie reflektiert das infrarote Licht = Wärmestrahlung)

○ Stark säurehaltige oder stark gewürzte Lebensmittel, besonders in Verbindung mit Alkohol, sollten nicht in Alufolie oder Alubehältern aufbewahrt werden.

Auflauf wird süßer

○ Die Form mit Butter oder Pflanzenfett ausstreichen und mit Zucker ausstreuen.

○ Ausfetten und mit getrocknetem, gemahlenem Restkuchen (Sandkuchen, Gugelhupf, Marmorkuchen etc.) ausstreuen.

Aufstoßen

Eine dickliche, breiige Speise zum Siedepunkt erhitzen.
Dieses Verfahren wird angewendet, wenn Gewürze zugegeben wurden oder wenn nach einem Passiervorgang die Haltbarkeit erhöht werden soll. Nicht nach der Zugabe von Eiern oder Eigelb.
Ein schnelleres "Aufstoßen" wird erreicht, wenn eine zweite Kochplatte mit etwa 1/3 höherer Temperaturstufe vorgeheizt wird. Den Topf einfach rüberschieben und das Gericht stößt sofort auf.

Crushed ice

Einen Eisblock oder Eiswürfel in ein festes Küchentuch einpacken. Mit einem Gummihammer oder der flachen Seite des Fleischklopfers darauf schlagen. Das so zerkleinerte Eis eignet sich ausgezeichnet zur Kühlung von Getränken.

Dosensuppe spritzt beim Erwärmen

Den Doseninhalt in den kalten Topf geben und mit einfacher Menge Wasser (Doseninhalt) aufgießen. Mit dem Schneebesen glatt rühren und dann erst langsam aufkochen.

Entfetten

○ Durch wiederholtes Auflegen von Küchenkrepp kann der Fettspiegel entfernt werden, da Papier Fett eher aufsaugt als dickflüssige Soßen.

○ Eine Nacht kaltstellen, und dann den erstarrten Fettspiegel abnehmen.

Essensreste angebrannt

Eine Mischung aus 1/4 Essigessenz und 3/4 Wasser im Topf aufkochen, bis sich die Reste lösen. Oder Topf mit heißem Wasser und 1 TL Backpulver auf die abgeschaltete noch heiße Kochstelle setzen.

Fette spritzen nicht

Eine Prise Salz in die Pfanne geben, dann spritzen wasserhaltige Fette wie Margarine und Butter nicht.

Feuerschutz in der Küche

○ Abluft sofort abschalten und den Topf vom Herd ziehen. Immer einen passenden Deckel bereitlegen und damit den brennenden Topf abdecken, damit das Feuer erstickt.

○ Fett in der Pfanne brennt: Große Mengen jodiertes Speisesalz in die Pfanne schütten, das im Salz enthaltene Jod entzieht den Sauerstoff und erstickt die Flammen.
Einen Kohlendioxyd-Feuerlöscher (2 Liter) griffbereit in der Küche aufbewahren. Im Gegensatz zum Pulverlöscher (bei dem nach einem Einsatz alle Lebensmittel durch das Löschpulver verdorben sind) verursacht die Anwendung dieses Feuerlöschertyps nur Wasserspuren.

Fleisch schneiden

Rohes Fleisch oder gegartes Roastbeef lässt sich gut mit einem scharfen Messer schneiden, wenn es vorher leicht angefroren wurde.

Flüssiges und Festes vermischen

Wird die flüssige Masse in kleinen Mengen in die feste Masse verarbeitet, so verbinden sich die beiden perfekt.

Flüssigkeiten umfüllen

Flüssigkeit rinnt schneller durch den Trichter, wenn zwischen Trichter und Flasche ein Streichholz geklemmt wird.

Frittierfett, haltbarer

Frittierfett wird haltbarer, wenn es nach dem frittieren durch ein mit Küchenkrepp ausgelegtes Sieb gegossen wird. Das so gereinigte Fett hält sich, kühl und zugedeckt gelagert, monatelang.

Frittierfett, Temperatur

Die Temperatur ist dann richtig, wenn ein eingesprengter Wassertropfen zischend verdampft.

Füllungen, portionieren

Sollen z.B. Rouladen gefüllt werden, die Füllmasse vorher in gleiche Teile portionieren.

Füllungen, Farcen verarbeiten

Füllungen und Farcen reagieren sehr empfindlich auf Wärme während der Zubereitung. Deshalb die Gerätschaften und die Zutaten gut vorkühlen und dann verarbeiten.

Gemüsehandschuh

Arbeitshandschuh mit rauher Innenseite zum Abrubbeln, bzw. schonenden Entfernen zarter Gemüseaußenhäute oder Schalen.
Beispiel: Neue Kartoffeln, junge Karotten.
Ferner zur Vorreinigung stark verschmutzter Gemüsesorten.
Beispiel: Knollensellerie, Rote Rüben, Meerrettichwurzel, Schwarzwurzel.

Getränke servieren

Werden offene Getränke serviert, während des Gehens nicht auf die Hände sehen. Das Gleichgewichtsorgan im Ohr ist stets bemüht, eine Schräglage durch Gegenreaktion auszugleichen. Dadurch kommt es zum Aufschaukeln und schließlich zum Verschütten.

Gewürze fallen nicht ab

Fleisch oder Geflügel leicht mit Öl einpinseln, dies verhindert das Herabfallen der Gewürze.

Gläser öffnen

◯ Mit dem Handballen mehrmals auf den Glasboden schlagen, so entsteht im Glas eine kleine Druckwelle, die den Verschluss leicht anhebt.

◯ Das Glas kopfüber in kochendes Wasser tauchen oder unter fließendes, heißes Wasser halten. Der Verschluss dehnt sich hierdurch aus und wird locker.

◯ Mit einem spitzen Gegenstand ein kleines Loch in den Blechdeckel stechen. Dadurch strömt Luft in das Glas und der Verschluss lockert sich.

Kaffeewasser

Milde Kaffeesorten entwickeln ihr Aroma am besten in weichem Wasser (7 - 10 Grad Wasserhärte), kräftige Sorten und Mokka können mit härterem Wasser aufgebrüht werden.
Generell gilt: Zu weiches Wasser - saurer Geschmack; zu kalkhaltiges Wasser - leicht bitterer Geschmack.

☺ Bei weichem Wasser eine Prise Salz zugeben.

☺ Bei kalkhaltigem Wasser das Wasser mit einem Wasserfilter entkalken.

Kartoffel- und Speisestärken anrühren

Bei kleineren Mengen löst sich die Stärke am besten in der Flüssigkeit, wenn sie löffelweise zugegeben und mit dem Mittelfinger verrührt wird. So wird auch das kleinste Klümpchen ertastet.

Kochzeit verkürzen

Werden Soßen mit siedenden Flüssigkeiten angegossen, kann die Kochzeit erheblich verkürzt werden.

Kohlgeruch

Zwischen Topf und Deckel ein mit Essigwasser getränktes Tuch legen, das mindert den Geruch.

Kondensmilchdosen verschließen

Mit einem Streifen Tesafilm verschlossen hält die Milch sich wesentlich länger.

Konserven öffnen

Dose kurz unter heißes Wasser halten, Boden und Deckel aufschneiden und Inhalt aus der Blechröhre drücken.

☺ Bei Konserven stets den Deckel komplett abtrennen, damit werden Schnittverletzungen vermieden.

☺ Lebensmittel aus Dosen immer in lebensmittelechte Behälter umfüllen, sonst verändert sich der Geschmack.

Küchenduft vertreiben

Wasser mit etwas Zimt und Zucker aufkochen, das überdeckt die anderen Gerüche.

Küchengarn

Garne zum Schnüren müssen kochecht, farbecht und ohne einen Kunstfaserzusatz sein. Sie lösen sich sonst auf und können gesundheitsschädlich sein. Am besten in einem Fachgeschäft Spezialgarn besorgen.

Kuchen Garprobe

Mit einem Holzstäbchen, nicht mit einer Nadel einstechen. Ist der Kuchen innen nicht durch, bleiben an dem rauhen Holzstäbchen Teigreste hängen. Bei einer glatten Nadel passiert das nicht.

Mehl anrühren

Eine Prise Salz verhindert, dass die Mischung klumpt.

Messer schärfen (Wetzstahl)

Der Stahl muss magnetisch sein, sonst ist er unbrauchbar. Die Messerklinge am Schaft an die Stahlspitze anlegen und mehrmals abwechselnd links und rechts am Wetzstahl entlang zum Griff hin so abziehen, dass die gesamte Schneide bis zur Messerspitze hin am Wetzstahl entlang geführt wird. Anschließend den Wetzstahl mit einem weichen Tuch abwischen, um die anhaftenden Metallabriebe zu entfernen.

☺ Der Wetzstahl sollte mindestens 25% länger sein als die Messerklinge.

Passiertuch

Ein spezielles Tuch aus einer Mischung von Leinen und Flachsgewebe erleichtert das Passieren von Suppen und Soßen.

Sahnesiphon

Ein Sahnesiphon lässt sich in der Küche sehr vielseitig verwenden und erleichtert bei vielen Gerichten die Zubereitung.

Der Behälter muss frei von Spülmittelrückständen sein. Den sauberen Behälter vor dem Einsatz ca. eine Stunde in den Kühlschrank legen. Wird frische Sahne sofort nach dem Kauf in den Siphon gefüllt, dieser verschlossen und sachgemäß gelagert, so verlängert sich durch das eindringende Druckgas die Lagerzeit der Sahne um ca. 50 %.

Salmonellengefahr bei falscher Lagerung

! Bei rohem Geflügel, das längere Zeit im eigenen Saft gelagert wird.

! Gefrorenes Geflügel, das im Auftauwasser liegen bleibt.

! Geflügel, das offen mit anderen Lebensmitteln gelagert wird.

! Geflügel, das nur "rosa" gebraten wurde.

! Angeschlagene Eier oder Eier mit stark verschmutzter Schale.

☺ Eierbehälter noch beim Händler öffnen und angeschlagene Eier umtauschen.

☺ Die Schale trocken abwischen, nicht abwaschen. Die Schutzschicht wird sonst zerstört.

! Tiefkühlkost und empfindliche Lebensmittel, die zu lange bei hohen Temperaturen transportiert oder gelagert wurden.

☺ Grundsätzlich bei hohen Außentemperaturen Kühltaschen für den Transport verwenden.

☺ Verfalls- und Verbrauchsdatum beachten. Ist dieses unkenntlich gemacht, die Ware nicht kaufen.

☺ Das Geflügel grundsätzlich aus der Verpackung nehmen und in verschließbare Behälter mit Gittereinsatz umpacken.

Schneidbretter verrutschen nicht

Ein feuchtes, größeres Tuch unterlegen. Das Brett verrutscht dann nicht und alles, was herunterfällt, landet auf dem Tuch.

Sektkorken entfernen

Den Sicherheitsbügel entfernen, den Korken mit einem Nussknacker oder einer Barzange festklemmen und durch Drehen sowie Zug nach oben den Korken entfernen. Beim Drehen nicht ruckartig vorgehen, der Korken könnte sonst abbrechen.

Silberbestecke

Die Lagerung auf Aluminiumfolie verhindert das vorzeitige Anlaufen der Bestecke.

Spargelkonserven öffnen

Spargel wird in Dosen stets mit dem Kopf nach oben konserviert. Wird die Dose so geöffnet, verletzt man die weichen, empfindlichen Spargelköpfe. Die Dose umdrehen und den Boden aufschneiden. An der Unterseite ist das Entleeren kein Problem mehr.

Tiefkühlkost, paniert
klebt in der Fritteuse zusammen

! Zu viele Teile wurden gleichzeitig ins heiße Fett eingelegt.
☺ Je nach Größe Teile mit ca. einer Minute Abstand einlegen.

Panade löst sich in der Pfanne ab

! Die Teile waren an- oder aufgetaut.
! Zum Braten wurde Margarine verwendet.
☺ Angetaute Teile leicht nachpanieren und gut anklopfen. Anschließend sofort verarbeiten.

Tomatenmark verteilt sich leichter,

wenn es mit etwas Weißwein in einer Tasse glatt gerührt und mit einem Schneebesen in die Flüssigkeit eingerührt wird.

Tuben (Senf, Mayonnaise, Tomatenmark etc.) aufbewahren

Angebrochene Tuben stets gut verschließen und eingerollt aufbewahren. Dies verhindert die Ausbreitung von Bakterien.
☺ Ölsardinenschlüssel erleichtern das Eindrehen.
☺ Tubenquetscher verwenden!

Überkochen

Beim Kochen grundsätzlich ein Glas kaltes Wasser neben den Herd stellen. Sobald etwas überkocht, einen kleinen Schuss kaltes Wasser in die Flüssigkeit geben, das Überkochen wird sofort gestoppt.

Putzen

Grundsätzlich reicht bei fast allen Gegenständen eine Reinigung mit leichtem Essigwasser! Bei starken Verschmutzungen mit unverdünntem Essig arbeiten!

Ablufthaube

Die Gehäuse reinigt man am besten einmal pro Woche mit Essigwasser.

Eierkocher

Statt der angegebenen Menge Wasser die gleiche Menge leichtes Essigwasser (je Liter Wasser einen Esslöffel Essig) in den Eierkocher einfüllen und ihn einschalten. Die Flüssigkeit aufkochen lassen und den Eierkocher ausschalten. Etwas abkühlen lassen und den noch warmen Eierkocher erst mit einem feuchten, dann mit einem trockenen Tuch ausreiben.

Entfernen von hartnäckigen Verschmutzungen (z.B. nach Arbeiten mit Mehl)

Einen Topfkratzer mit einem nassen Tuch abdecken und durch Reiben grobe Verunreinigungen entfernen. Anschließend den Topfkratzer ausspülen und gegebenenfalls den Vorgang wiederholen. Bei zu empfindlichen Flächen einen Kratzer aus Kunststoffgewebe verwenden.

Etiketten entfernen

Mit einem Haarföhn die Etiketten so lange anblasen, bis sich die Aufkleber wegschieben lassen.
Durch die heiße Luft wird der Kleber aufgeweicht. Vorsicht bei Plastikschüsseln und sehr dünnen Gläsern. Hier kann es zu Verformungen und anderen Veränderungen kommen.

Fonduetöpfe

Starke Ablagerungen in Fonduetöpfen, sofern diese nicht beschichtet sind, über Nacht mit einer Lösung aus einem Liter Wasser, drei Esslöffeln Essig und einem Teelöffel Salz einweichen. Sind diese nicht so stark, reicht einfaches Einweichen in Wasser. Glänzende Flächen mit lauwarmem, leichtem Essigwasser abreiben und dann mit einem trockenen Tuch nachpolieren.

Gefrierschrank/Gefriertruhe

Nach dem Abtauen mit Essigwasser auswischen.

Herdplatten

Ceran: Solange bei abgeschalteter Kochfläche die Restwärmeanzeige noch leuchtet, mit Küchenkrepp eine Grobreinigung vornehmen. Anschließend mit einem Lappen nachreiben, der mit einem milden Essigwasser getränkt wurde. Reinigungsmilch nur dann verwenden, wenn grobe Verschmutzungen vorliegen. Aber auch dann mehrmals mit Küchenkrepp gründlich nachreiben.

Muldenkochflächen: Die Flächen in noch warmem Zustand mit leichtem Spülmittelwasser reinigen. Größere Verschmutzungen mit einem feuchten Schwamm beseitigen, der vorher leicht in Kochsalz getupft wurde. Mit einem trockenen Lappen nachreiben. So lassen sich auch leichtere Verkrustungen am Rand zwischen Herdplatte und Metallmulde beseitigen.

Gasbrenner: Das Gerät abstellen, die verschmutzten, abgekühlten Düsen aus den Brennern nehmen und mit einem Topfkratzer säubern. Mit einem trockenen Tuch abreiben. Die übrigen Flächen mit Essigwasser reinigen, bei stärkeren Verschmutzungen den Essig direkt auf einen Schwamm geben.

Kaffeemaschine

siehe → Eierkocher

Küchenfußboden

Wurde Fett oder Öl verschüttet, erst mit Kochsalz bestreuen. Dieses saugt das Fett auf, und ein Ausrutschen wird verhindert. Später dann wie gewohnt säubern.

Achtung: Kein Kochsalz bei PVC-Böden verwenden.

Küchenmesser

Unter fließend heißes Wasser halten und trockenreiben. Nach Arbeiten an Zitrusfrüchten Messer immer sofort abspülen, da die Säure die Schneidflächen stumpf macht. Messer mit Holzgriffen nie längere Zeit einweichen oder gar in die Spülmaschine geben. Das Wasser lässt die Griffe aufquellen und beim Trocknen wieder zusammenziehen. Die eingeschlagenen Nieten der Griffe lockern sich so.

Küchentücher zum Passieren

Um Waschmittel- und Weichspülerrückstände zu entfernen, diese in klarem Wasser auskochen.

Schneidbretter

Holz: Mit Kochsalz leicht bestreuen und mit trockenem Lappen nachwischen. So wird es gleichzeitig getrocknet und desinfiziert.

Kunststoff/Polyesterharz: Bretter gleich nach Benutzung mit möglichst heißem Wasser reinigen und trockenreiben.

Stein: Mit einer groben Küchenbürste und heißem Wasser, eventuell Essigwasser, abbürsten und trockenreiben. Einreiben mit einem ölgetränkten Lappen glättet die Oberfläche und schont dadurch die Messerklingen.

Töpfe/Pfannen/Geschirre angebrannt

1. Das Geschirr über Nacht in leichtem Essigwasser einweichen, und am nächsten Tag die Speisereste entfernen.

2. Bei hartnäckigen Fällen etwas Kochsalz auf einen Putzschwamm geben und die angebrannten Stellen ausreiben. Diese Methode kann nicht bei beschichteten Töpfen angewandt werden.

Beschichtet: Sofort unter fließend heißes Wasser halten. Bei Bedarf mit einer Spülbürste ausreiben, aber nie mit einem Topfkratzer oder spitzen Gegenständen.

Edelstahl: Unter fließendes, heißes Wasser halten und mit einer Spülbürste ausreiben. Regelmäßige Behandlung mit einem heißen Essiglappen macht das Geschirr wieder glänzend.

Eisen-Gusseisen: Diese Töpfe und Pfannen nach jeder normalen Reinigung mit einem Lappen abreiben, der vorher in wenig Speiseöl getränkt wurde. Vor neuerlichem Gebrauch dann allerdings gut erhitzen.

Glas: Noch heiß aus der Spülmaschine nehmen und sofort nachreiben. Dies verhindert Ablagerungen von Kalk oder Spülmittelresten. Nie mit einem Topfkratzer reinigen, dieser verursacht Kratzspuren, und das Glas wird matt.

Kupfer:

❍ Mit einer Spezialreinigungspaste. Dann darauf achten, dass diese Geschirre vor erneutem Gebrauch mit heißem Wasser ausgespült werden.

❍ Mit einem mit Essig getränkten Tuch abreiben und mit einem trockenen Tuch nachpolieren.

unbeschichtetes Kupfergeschirr reinigen

Die Innenseite der Töpfe mit Essig oder zwei Esslöffel Salz und einer aufgeschnittenen Zitrone ausreiben. Die Töpfe ausspülen und trockenreiben. Dadurch wird eventuell vorhandenes giftiges Kupfercarbonat entfernt. Unbeschichtetes Kupfergeschirr kurz vor der Verwendung reinigen, nicht früher als zwei Stunden im voraus.

Bei beschichtetem Kupfergeschirr ist diese Reinigung nicht notwendig.

unbeschichtete Pfannen

Den Pfannenboden ca. einen Zentimeter mit Öl bedecken, eine Hand voll grobes Salz zufügen und in der Pfanne verteilen. Die Pfanne über Nacht stehen lassen. Dann vorsichtig auf der Herdplatte erhitzen, bis das Öl sehr heiß ist und fast raucht. Die Pfanne von der Platte nehmen und abkühlen lassen. Wenn die Pfanne nur noch lauwarm ist, Öl und Salz weggießen und die Pfanne trockenreiben. Eine so behandelte Pfanne wird nicht gespült, sondern noch warm mit Küchenkrepp abgerieben.

Wasserkessel

Den Kessel zu 1/4 mit Essig und zu 3/4 mit Wasser füllen und zum Kochen bringen. Nach ca. 15 Minuten das Wasser abgießen. Bei stärkeren Verkalkungen diesen Vorgang mehrmals wiederholen.

Wolfscheiben

1. In heißem Wasser ca. 20 Minuten einweichen.
2. Herausnehmen, auf ein nasses Tuch legen und mit einem zweiten nassen Tuch darauf klopfen.
3. Hartnäckige Verunreinigungen der feinen Löcher mit Gemüsebürste durchklopfen.
4. Wolfscheiben aus Eisen zum Austrocknen entweder auf die leicht eingeschaltete Herdplatte oder in den vorgeheizten Backofen legen.
5. Nach dem Auskühlen mit etwas Speiseöl abreiben, um das Rosten zu verhindern.

FACHAUSDRÜCKE

abäschern; entschleimen

Abreiben schleimiger Fische mit Holzasche.

abbarten → entbarten

abbrennen

Eine Masse (z.B. Brandteig) so lange im Topf auf der heißen Herdplatte rühren, bis das Wasser verdampft ist und die Masse sich vom Kochlöffel und vom Topfrand löst.

abbröseln

Butter mit Mehl verreiben, bis sich kleine Brösel (Streusel) bilden.

abbrühen

Übergießen von frisch gerupftem Geflügel mit kochendem Wasser.

abdampfen

Abgegossenes Gargut (z.B Kartoffeln, Gemüse, usw.) wird im Topf auf der heißen Herdplatte durch Hin- und Herschwenken (schieben) getrocknet.

abdrehen

Formen von Massen zu Knödeln oder Klößchen.

abfetten; degraissieren; entfetten

Entfernen von zu viel Fett auf Suppen, Soßen, Brühen oder Fonds.

abflämmen; flämmen

❍ Abbrennen von restlichen kleinen Federn/ Daunen oder Federkielresten nach dem Rupfen von Geflügel.
❍ Gebäck oder Eischnee im Ofen bei hoher Temperatur schnell Farbe geben.

abhängen

Fleisch, Wild und Geflügel wird nach der Schlachtung in einem Kühlhaus an Fleischerhaken aufgehängt. Durch diese Lufttrocknung wird dem Fleisch Wasser entzogen, es wird fester und mürber.

ablassen

Eiweiß vom Eidotter trennen.

ablöschen; deglacieren

Bratensatz mit wenig Flüssigkeit (z.B. Wein oder Brühe) aufgießen und aufkochen lassen.

abrühren

❍ Einen Teig solange rühren, bis er die richtige Konsistenz hat.
❍ Eine flüssige Mischung bis kurz vor dem Aufkochen auf der Herdplatte rühren.

abschäumen

Entfernen von Eiweißschaum, der nach dem ersten Aufkochen von Brühen, Suppen und Soßen entsteht. Geht mit einem Schöpflöffel und bei kleineren Mengen mit einem Teesieb.

abschlagen

❍ Eine Creme oder Soße so lange mit dem Schneebesen im Wasserbad rühren, bis sich diese erwärmt hat.
❍ Gegangenen Hefeteig zusammenkneten, bis keine Luftblasen mehr vorhanden sind.

abschmelzen

Eine Speise mit flüssiger Butter oder Fett übergießen.

abschrecken; rafraichieren

❍ Kurz mit kaltem Wasser übergießen, um den Garprozeß zu stoppen.

○ Braten mit kalter Flüssigkeit übergießen, um eine braune Kruste zu erzielen.

abschwaden
Kurzes Öffnen des Backofens, um entstandenen Dampf abziehen zu lassen.

absteifen
Austern und Muscheln in heißes Würzwasser oder Brühe legen, bis die Oberfläche fest wird.

abtreiben (österr.)
Fett oder Butter vermischt mit anderen Zutaten so lange rühren, bis eine glatte Masse entstanden ist.

abwällen → blanchieren

abziehen
○ Bei Leber oder Hirn angewendetes Verfahren, um feine Häute zu entfernen.
○ Abziehen von Soßen und Suppen → legieren
○ Nüsse durch Eintauchen in kochendes Wasser von ihrer Haut befreien.

à la ficelle

An der Schnur garen. Fleisch (z.B. Rinderfilet), wird mit einer Schnur gebunden, an einem Kochlöffel oder ähnl. befestigt, der über siedender Gemüse- bzw. Fleischbrühe liegt. Besonders schonender Garvorgang.

anbraten; revenieren
Fleisch in Öl oder Fett starker Hitze aussetzen, damit sich die Poren sofort schließen und der wertvolle Fleischsaft nicht mehr austreten kann. Fleisch kann nur durch Anbraten gebräunt werden.

andünsten → anschwitzen

anlaufen lassen → anschwitzen

ansautieren → anbraten

anschwitzen; andünsten; anlaufen lassen
Mehl, Gemüse, usw. in Fett leicht anrösten, ohne dass sich die Speise verfärbt. Dies setzt Aromastoffe frei und gewährleistet eine bessere Haltbarkeit.

aprikotieren
Aprikosenmarmelade eingekocht und passiert als Aufstrich für Obstböden oder Desserts verwenden.

aufgießen
Heiße Flüssigkeit (Brühe, Fond, Wasser) dem Gargut zugießen.

aufschlagen; montieren
Soßen, Pürees usw. unter Zugabe von frischer Butter und/oder Sahne mit einem Schneebesen locker und luftig schlagen.

aufspriten
Alkohol zusetzen

aufstoßen
Eine breiige Speise kurzzeitig zum Kochen bringen.
Nicht zu empfehlen nach der Zugabe von Eigelb oder ganzen Eiern, das Gericht gerinnt sonst.

aufwallen
Im Gegensatz zum "Aufstoßen" handelt es sich hier um längeres, leichtes Durchkochen. Dadurch verlieren mit Stärke gebundene Soßen den "Kleistergeschmack".

aufziehen
Püree mit Butter und Sahne verrühren und verfeinern.

ausbacken; frittieren
In schwimmendem Fett goldbraun backen.

ausbeinen → entbeinen

ausbröseln; ausstreuen
Eingefettete Kuchen- oder Auflaufformen mit Paniermehl oder Semmelbrösel ausstreuen.

ausfetten; ausstreichen
Eine Form auf der Innenseite mit Fett oder Öl auspinseln, um später eine Trennung von Inhalt und Form zu erleichtern.

ausfüttern

Eine Form mit einer Lage dünnen Teiges oder mit einem Speckmantel bzw. Gemüseblättern auslegen.
Beispiel: Pasteten oder Terrinen

auslassen

Flomen (frischen Bauchspeck) solange erhitzen, bis das Schmalz ausgelaufen ist und sich Grieben bilden

auslösen → entbeinen

ausrauchen

Wenn Spirituosen unverschlossen aufbewahrt werden, verdunstet der Alkohol; sie rauchen aus.

ausstreichen → ausfetten

ausstreuen → ausbröseln

bardieren

Umwickeln von Fleisch, Geflügel, Wild mit großen Scheiben fetten Specks (grüner Speck), um ein Austrocknen während des Bratens zu verhindern.

Die Speckhülle wird mit Küchengarn festgebunden.

beizen → marinieren

binden → legieren

binden

Durch Binden die Form erhalten.

blanchieren; abwällen; brühen; überbrühen

Lebensmittel mit heißem Wasser übergießen, um sie haltbarer zu machen, vorzugaren oder zu konservieren.

blindbacken

Törtchen oder Teighüllen ohne Füllung backen, damit sie einen festen Rand erhalten. Dabei trockene Erbsen (oder andere Hülsenfrüchte) einfüllen und nach dem Backen wieder entfernen.

blondieren

Zwiebelscheiben und dergleichen in zerlassener Butter goldgelb anschwitzen.

Bouquet garni

Ein Würzstrauß, der aus Petersilie, Thymian, Lorbeerblatt, evtl. auch etwas Salbei, Selleriekraut und Rosmarin besteht. Sehr oft ergänzt durch Karotte, Lauch oder Selleriestückchen. Mit einem Küchengarn binden oder in ein Mullsäckchen geben und vor dem Servieren entfernen.
siehe → Suppengrün

braisieren → schmoren

braundünsten → **poêlieren**

bridieren

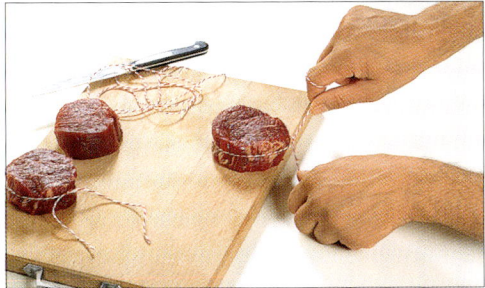

Durch Binden eine Form geben (z.B. Rinder-lendenschnitte / Tournedos).

brühen → **blanchieren**

Brunoise → **schneiden**
Sehr feinwürfelig geschnittene Gemüse wie Zwiebel, Sellerie, Karotten oder Lauch, ein-zeln oder zusammengemischt, als Einlage oder zum Ansetzen von feinen Suppen oder Soßen ("Konfettigemüse").

cannelieren → **kannelieren**

Chiffonade schneiden
Blattgemüse und großblättrige Kräuter wer-den eingerollt und je nach Verwendungs-zweck in breite oder schmale Streifen ge-schnitten.

ciselieren → **ziselieren**

clarifizieren → **klären**

colorieren
Farbe annehmen lassen

Court Bouillon
Aromatische Flüssigkeit zum Garen von Edel-fischen:
❍ Mit Gemüse, Kräutern, Gewürz, Wein und Wasser. Ca. 30 Minuten kochen.
❍ Wie oben, anstatt Wein Essig verwenden. Ca. 30 Minuten kochen.
❍ Geschälte Zitronenscheiben in einer Mi-schung aus einem Teil Milch und vier Teilen Salzwasser; nicht kochen, nur simmern las-sen.

dämpfen
Garen in Wasserdampf im geschlossenen Gefäß bei einer Temperatur von ca. 100°C im Siebeinsatz oder im Topf mit wenig Wasser, Brühe, Fond oder Wein.

deglacieren → **ablöschen**

degorgieren
1. Wässern von Bries, Herz, Hirn usw., um Blut und Verunreinigungen herauszuschwem-men.
2. Champagner: Das Depot (Ablagerungen nach der zweiten Gärung) wird durch Rütteln auf den Korken gebracht. Der Flaschenhals wird in eine Kältelösung getaucht und der Korken samt Depot entfernt.

degraissieren → **abfetten**

dekantieren
❍ Flüssigkeit vorsichtig abgießen, damit der Bo-densatz zurückbleibt.
❍ Wein in eine Karaffe umgießen, um ihn zu lüf-ten. Übermäßige Gerbsäure wird dabei freige-setzt.
❍ Umgießen von Rotwein, damit das Depot (Bo-densatz) in der Flasche bleibt.

demoulieren
Speisen oder Kuchen aus der Form nehmen bzw. stürzen.

desossieren
Fleisch, Geflügel, usw. von allen Knochen be-freien, ohne die Haut zu verletzen.

dessechieren
Abtropfen lassen, trocken tupfen; dörren.

dressieren
Speisen mit Hilfsmitteln in eine gefällige Form bringen.
siehe → **binden**

dünsten
Garen im geschlossenen Topf bei einer Tem-peratur von ca. 100 °C im eigenen Saft oder in wenig Flüssigkeit, meist unter Zugabe von et-was Fett.

durchschlagen → **durchstreichen**

durchschwenken
❍ Vermischen von verschiedenen Zutaten.

◯ Gemüse, Teigwaren, usw. in Butter schwenken.

durchseihen, abseihen
Trennen von festen und flüssigen Substanzen mit einem Sieb.

durchstreichen
Speisen mit einem Kochlöffel oder Teigschaber durch ein Sieb drücken, damit sie sämig werden und unerwünschte Feststoffe zurückbleiben.

egalisieren
Gemüse und Kräuter beim Schälen und Schneiden in die gleiche Form bringen. Beispiel: Spargel oder Prinzessbohnen.

einbrennen
Soßen und Suppen mit heller oder dunkler Mehlschwitze binden.

eindicken → reduzieren

emincieren
In feine Scheiben oder Streifen schneiden.

en crapaudine
Kleine Vögel (wie Tauben) garen schneller im Grill, wenn man sie aufschneidet, auseinanderklappt und mit dem Handballen kräftig auf das Brustbein drückt, damit es bricht und das Geflügel plattgedrückt wird. Das so vorbereitete Geflügel erinnert entfernt an eine Kröte (franz. crapaud). Diese Methode ist in Asien verbreitet.

en papillote
Fisch, Fleisch, Geflügel oder Gemüse wird in Pergamentpapier oder Gemüseblätter gehüllt und unter Zugabe von Gewürzen und Flüssigkeit im Backofen gegart.

entbarten; abbarten
Den Muschelbart entfernen.

entbeinen; ausbeinen; auslösen
Aus Fleisch und Geflügel die Knochen entfernen.

entfetten → abfetten

entschleimen → abäschern

entschuppen oder abschuppen
Fische von Ihren Schuppen befreien, indem man gegen die Laufrichtung der Schuppen mit einem Messerrücken oder einem Schuppenmesser arbeitet.

escalopieren
In dünne Scheiben schneiden (z.B. Schnitzel).

evaporieren
Eine Flüssigkeit durch Verdampfen konzentrieren (z.B. Kondensmilch).

fassonnieren
Gestalten, in eine Form bringen. Zuschneiden von Fleisch u.a. Binden mit Küchengarn.

farcieren
Speisen mit einer Farce füllen, ausfüllen, ausspritzen, z.B. mit einem Spritzbeutel.

faschieren
Fein hacken, durch den Fleischwolf drehen.

ficelieren (auch ficellieren)
Speisen mit Küchengarn umschnüren, um sie in Form zu halten.

filetieren (auch filieren)
◯ Filets aus Knochen oder von Gräten lösen.
◯ Segmente von Zitrusfrüchten aus den Trennhäuten lösen.

filtrieren
Flüssigkeit durch- oder abseihen, durchgießen.

flämmen → abflämmen

flambieren
Hochprozentigen Alkohol in einer Kelle entzünden und über die Speisen gießen.
Nie direkt in das Flambiergeschirr gießen!

fleurieren
Aufgehen von Teig.

foncieren
Eine Form mit dünnem Teig belegen oder auslegen.

frappieren
Mit Eis rasch abkühlen.

16

frittieren → ausbacken

Fumet de Poisson
Fischköpfe, Karkassen und Abschnitte von hellen Fischen (keine Fettfische), Wurzelgemüse, Bouquet garni, Meersalz, Pfefferkörner, Zitronensaft, Weißwein und Wasser ca. 30 Minuten sanft kochen (Süßwasserfische können länger kochen - **Achtung:** Meerwasserfische können den Fond bitter werden lassen.) Alle festen Teile entfernen und die Flüssigkeit auf die Hälfte reduzieren. Durch ein Tuch passieren und evtl. klären.
siehe → Aspik
siehe → Bouquet garni
siehe → Court bouillon
siehe → Karkasse

garnieren
Etwas mit Verzierungen versehen. Eine Speise ansprechend für das Auge herrichten, in der kalten und warmen Küche, Konditorei.

garziehen; pochieren
Speisen in einer Flüssigkeit unterhalb des Siedepunktes garen.

givrieren
Eine Speise mit geraspeltem Eis bedecken.

**glacieren (auch glasieren);
überglänzen**
Überziehen von Speisen mit Fonds, Gelee, Zucker u.a. Damit wird erreicht, dass diese nicht so schnell austrocknen und besser schmecken.

gratinieren; überbacken; überkrusten
Überbacken im Ofen oder unter dem Grill (nur Oberhitze). Dem Gericht eine goldgelbe Farbe oder Kruste geben.

grillen (auch grillieren)
Rösten auf dem Rost, am Drehspieß oder unter bzw. auf dem Elektro/Gasgrill braten.

haschieren
Mit dem Messer oder maschinell feinhacken.

hohlauslösen
Einen Röhrenknochen so auslösen, dass das umgebende Fleisch nicht zerschnitten wird und eine Art Tunnel entsteht.

Julienne → schneiden

kalt laufen lassen
Durch stetigen Zufluss von kaltem Wasser kühlen.
Beispiel: gekochte Nudeln.

kaltrühren
Eine Masse oder Soße durch ständiges Rühren mit Schneebesen oder Kochlöffel in einem kalten Wasserbad bewegen, bis diese vollständig ausgekühlt ist. Eine unerwünschte Hautbildung wird dadurch vermieden.

kandieren
Früchte oder Fruchtschalen in dicke, meist gefärbte Zuckerlösung tauchen und anschließend trocknen.

kannelieren; cannelieren
Gemüse oder Früchte mit einem Kanneliermesser verzieren.

karamellisieren
Früchte, Nüsse u.a. mit Karamell überziehen.

Karkasse
Knochengerüst oder Grätengerüst.

klären; clarifizieren; klarifizieren
Aus Flüssigkeiten alle Trübstoffe entfernen.

köcheln
Leichtes, gleichmäßiges Kochen bei schwacher Hitze.

kolorieren → colorieren

krimpkochen
Garmethode für große, dicke Fische. Die Fische auf jeder Seite zwei- bis dreimal schräg bis zu den Gräten einschneiden. Der Fisch wird auch innen schön gar und die Garzeit verkürzt sich.

lardieren
Rohes Fleisch mit Speckstreifen so durchziehen, dass die Streifenenden an der Oberfläche nicht sichtbar sind.

leerbacken → blindbacken

legieren (auch liieren); binden
Speisen mit Ei, Mehl oder Stärke eindicken.

marinieren; beizen

Einlegen verschiedener Lebensmittel zur Geschmacksverstärkung, Geschmacksveränderung oder Konservierung.

maskieren

Angerichtete Speisen mit einer Masse, Soße, u.a. vollständig überziehen oder abdecken.

mazerieren

Speisen mit einer aromatischen Flüssigkeit tränken und einige Zeit durchziehen lassen (z.B. Gebäck, Kuchen).

melangieren

Unterziehen und vermischen.

melieren

○ Rosinen (Guglhupf) bemehlen.
○ Unterziehen, ohne zu vermischen.
○ Fleisch- oder Fischscheiben leicht durch Mehl ziehen.

mijotieren

Bei geringer Hitze im unteren Temperaturbereich langsam dünsten oder schmoren lassen.

mittonieren

Vorsichtig einkochen, zu Brei verkochen.

montieren → aufschlagen

nappieren

Gerade mit soviel Soße überziehen, dass das Gericht knapp bedeckt ist und die Soße nicht auf den Teller rinnt.

ins Netz ziehen

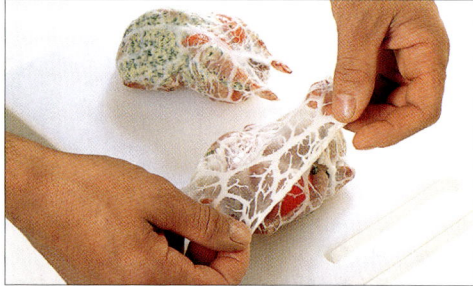

Gerollte Braten oder Geflügelteile und Kleingeflügel (z.B. Tauben) mit einem Bratnetz oder einem gewässerten Schweinenetz überziehen; das verhindert das Auseinanderfallen während des Zubereitens.

panieren

Vor dem Braten werden die Speisen durch Mehl, Milch und geschlagene Eier durchgezogen und mit Paniermehl / Semmelbrösel bestreut.

parfümieren

Durch Essenzen, Liköre oder andere stark riechende Auszüge aus Obst oder Kräutern einem Gericht oder einem Gebäck einen ausgeprägten Geruch oder Geschmack verleihen.

parieren; zuparieren

Fisch oder Fleisch von Haut, Fett oder Sehnen befreien und gefällig zuschneiden.

passieren

Eine Flüssigkeit durch ein Sieb oder Tuch drücken, seihen oder streichen.

pikieren

Leichtes Anstechen von Speisen.

pilieren

Im Mörser zerstoßen, zerreiben, zerquetschen.

plattieren

Klopfen von Steaks, Schnitzeln und dergleichen mit dem Handballen oder der flachen Seite eines Metzgerbeils, um das Fleisch auf eine gewünschte Stärke zu bringen.

pochieren → garziehen

poêlieren; braundünsten

Poêlieren ist eine Zwischenstufe zwischen braten und dünsten. Zarte Fleischstücke werden in einer Kasserolle auf Schinkenabschnitte und zerkleinertes Wurzelwerk gesetzt, mit Butter übergossen und im Ofen gegart, ohne dass das Wurzelwerk anbrennt.

pralinieren

Nüsse oder Mandeln in Zucker rösten bzw. karamellisieren.

pürieren

○ Zu Mus oder Brei verarbeiten.
○ Durch ein Sieb streichen
○ zerstampfen
○ Mit dem Pürierstab zerkleinern.

rafraîchieren → abschrecken

rapieren

❍ Fleisch aus der Haut und von den Knochen und Sehnen schaben.
❍ Schaben von Gemüse.

rebeln

❍ Trockene Kräuter fein zerreiben (z.B. mit dem Handballen).

❍ Abtrennen der Johannisbeeren von den Stielen mit Hilfe einer Gabel.
❍ Abzupfen der Trauben vom Weinstock.

Reduktion → reduzieren, eindicken

reduzieren; eindicken; Reduktion

Bei geöffnetem Deckel einkochen, um den Wassergehalt zu verringern und durch leichtes Köcheln den Eigengeschmack zu verstärken. Starkes Kochen beschleunigt den Vorgang nicht.

revenieren → anbraten

rissolieren

Braun rösten oder anrösten.

sämig kochen

Flüssigkeiten soweit reduzieren, bis die Einlagen verkocht sind und eine cremige Konsistenz erreichen.

saignieren

Fleisch oder Steaks (noch blutig) braten.

saucieren; soßieren

Mit Soße übergießen.

sautieren; schwenken

Kleine Scheiben von Fisch, Fleisch, Geflügel oder Wild, auch Röstgemüse, in einer flachen Stielkasserolle durch Schwenken bei hoher Temperatur rasch anbraten.

Schlämme

Verfahren zur Grobreinigung von Pilzen, bei dem kaltes Wasser, Mehl, Zitronensaft und rohe Pilze gemischt werden.

schmoren; braisieren

Fleisch in Fett kräftig anbraten, Topf zu einem Viertel mit Flüssigkeit aufgießen und zugedeckt langsam garen.

schneiden

von Julienne (Beispiel Lauch)

Lauch der Länge nach aufschlitzen, auswaschen und in Stücke von ca. 5 cm Länge schneiden. Anschließend mit scharfem Messer (WMF Grand Gourmet) in Wuchsrichtung dünne Streifen schneiden. Die Länge der Julienne ist abhängig von den zuerst geschnittenen Stücken.

von Brunoise (Beispiel Lauch)

Wie Julienne, nur diese mit den Fingern eng zusammenfassen und quer zur Wuchsrichtung kleine Würfel schneiden (Messer: WMF Grand Gourmet).

schröpfen

❍ Einen ganzen Fisch seitlich von den Kiemen bis zur Schwanzflosse alle 4-5 mm einschneiden, um damit die Gräten zu durchtrennen.
❍ Kreuzweises Einschneiden der Schwarte großer Schweinefleischstücke, damit das überflüssige Fett ausbraten kann.

schwenken → **sautieren**

sieden

Garen von Speisen in siedender - nicht kochender Flüssigkeit.

soßieren → **saucieren**

soufflieren

Aufblähen oder auflaufen lassen.

spicken

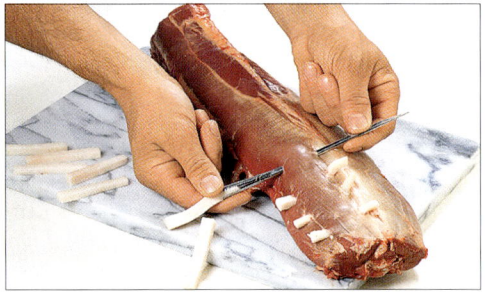

Fleischteile vor dem Braten mit Streifen von Speck versehen.

stocken

Gerinnen lassen; Massen im Wasserbad fest werden lassen.

Suppengrün

Mit Küchengarn gebündelte Stücke oder ganze Teile von Karotten, Lauch, Sellerie und Petersilie/Petersilienwurzel zum Mitkochen in Brühen oder Fonds. Das Bündeln erleichtert das unproblematische Entfernen.
siehe → Bouquet garni

Suppen pürieren

Vorbereitete Suppe mit Hilfe des Stabmixers mit leicht kreisenden Bewegungen pürieren.
☺ Durch vorsichtiges Auf- und Absenken in der Suppe wird erreicht, dass auch Gemüsestücke, Kartoffelteilchen etc. zerkleinert werden.

tablieren

Rühren und ziehen von gekochtem Zucker auf einer Marmorplatte, bis dieser weiß geworden ist (Fondant).

tomatieren

Mit Tomatenmark, Tomatenmus oder Tomatensoße versetzen, vermischen, verrühren oder binden.

tournieren

Gemüse und Kartoffeln in gleichmäßige, dekorative Formen schneiden.

tranchieren

Schneiden von Braten oder Zerlegen von Geflügel mit Hilfe eines Messers.

trockenschleudern

Trocknen von Salat oder Kräutern in einer speziellen Schleuder.
Geht auch mit einem ausgekochten Küchentuch (ohne Reste von Waschmittel und Weichspüler).

überbacken → **gratinieren**

überbrühen → **blanchieren**

überglänzen → **glacieren**

überkrusten → **gratinieren**

unterheben

Mit Hilfe von Schneebesen, Kochlöffeln oder Holzspateln Massen von verschiedener Konsistenz so vermengen, dass diese locker bleiben.
Beispiel: Eischnee unter Soufflémasse.

unterziehen

Schnelleres Arbeiten als unterheben. Dies wird fast ausschließlich mit dem Schneebesen vollzogen, während beim Unterheben ein Holzspatel das bessere Gerät ist.

vanillieren

Speisen mit Vanillearoma anreichern.

versiegeln

Hermetisches Verschließen eines Gefäßes, um einen Aromaverlust zu verhindern. Zwischen Topf und Deckel kommt ein Teigring oder eine Paste aus Wasser und Mehl.

wässern

Ausspülen von Verunreinigungen in/unter fließend kaltem Wasser.

warmrühren

Eine Soße oder Creme in einem Wasserbad
so lange rühren, bis sich diese erwärmt hat
oder teilweise zu stocken beginnt. Beispiel:
Sauce Hollandaise.

wasserhart

Geschälte und/oder geschnittene Kartoffeln
wurden zu lange in Wasser gelagert, ohne
dass das Wasser erneuert wurde. Diese Kartoffeln werden nicht mehr weich, sie sind "wasserhart".

würzen, unter der Haut (z.B. Geflügel)

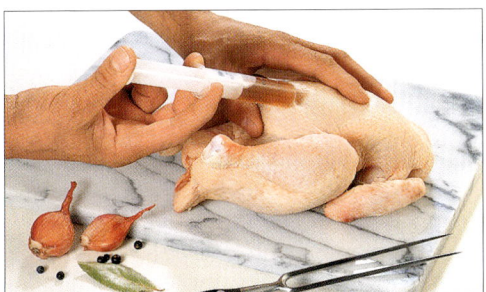

Aus Wein, Gewürzen und/oder Gewürzsoßen
eine starke Reduktion kochen. Diese auf eine
Plastikspritze ziehen, unter die Haut spritzen
und und das Bratgut im abgedeckten Behälter
24 Stunden im Kühlschrank ziehen lassen.

Zauberstab

Stabähnliches, elektr. Rührgerät zum Pürieren, Vermischen oder auch Aufschlagen von
Speisen (z.B. Rühreier verquirlen, Suppen pürieren etc.).

ziehen lassen

Garvorgang unter 100 °C.

ziselieren; ciselieren

Fleischscheiben oder Fische an den Rändern
leicht einschneiden, damit sie sich unter Hitze-
einwirkung nicht verziehen oder platzen.
siehe auch → **krimpkochen**.

zuparieren → parieren

zur Rose aufschlagen

Eine Creme unter Rühren auf dem Herd bis
kurz vor dem Siedepunkt aufschlagen. Bleibt
diese auf dem Kochlöffelrücken liegen und bildet bei leichtem Anblasen Kringel, die an eine
Rose erinnern, so ist sie fertig.
Beispiel: Bayerische Creme

BUTTER, FETTE, ÖLE

ALLGEMEINES

welches Fett für welches Gericht

Neutrales Öl:
- ❍ Zum Braten von Steaks, Schnitzeln und Filets, da rasches Schließen der Fleischporen wichtig ist.
- ❍ Zur Zubereitung von Ölmarinaden oder für Salate mit hohem Eigengeschmack.
- ❍ Als Trennmittel beim Backen von Pizza.
- ❍ Zur Aufbewahrung von Nudeln.
- ❍ Zum Ausfetten von Formen.

Aromatisches Öl wie Olivenöl:
- ❍ Für Gerichte der südlichen Küche.

Butter:
- ❍ Zum leichten Anschwitzen von Gemüsen.
- ❍ Zur geschmacklichen Verfeinerung von Speisen.
- ❍ Zum schonenden Anbraten und Andämpfen bei mittlerer Hitze.
- ❍ Als Basis für Kräuter oder Gewürze.
- ❍ Als Dichtungsmittel bei der Herstellung von Pasteten.
- ❍ Als Trennmittel in der Bäckerei und Konditorei.

Butterfett (Ghee), geklärte Butter (eingesottene Butter) ohne Milchrückstände:
- ❍ Für die asiatische Küche.
- ❍ Aromatisierung von Gerichten, die bei hoher Temperatur angebraten werden.

Margarine:
- ❍ Braten von Paniertem bei mittlerer Hitze.
- ❍ Garen von Braten, die keine starke Kruste bilden sollen (z.B. Kalbsbraten, Kleingeflügel u.a.).

Schmalz:
- ❍ Herstellung von deftigen Gerichten.
- ❍ Geschmacksintensivierung (z.B. Gänsekeulen, Kohl u.a.).

Butter

aufbewahren

Butter: Im Kühlschrank ca. zwei Wochen. Tiefgefroren ca. zwei Monate.

Buttermischungen: Im Kühlschrank ca. drei Tage. Tiefgefroren ca. vier Wochen.
Butterschmalz, Ghee: bei Raumtemperatur einige Wochen. Bei Kühlung fast unbegrenzt.
- ☺ Gesalzene Butter hält sich länger als ungesalzene.

binden

Zur Herstellung von feinen Soßen. Butter einfrieren, Soße zum Kochen bringen, mit einem Messer oder Gemüsehobel Späne abziehen und damit unter ständigem Rühren die Soße binden.

formen

- ❍ Bei Küchentemperatur ca. eine Stunde lagern. Butter in den angefeuchteten Model drücken oder mit feuchten Händen formen.
- ❍ Butter gefrieren und zuschnitzen.

klären

In ein schmales, hohes Gefäß geben. Auf kleinster Stufe möglichst langsam und gleichmäßig köcheln lassen. Die Molke setzt sich so am Topfboden ab, und der Schaum steigt nach oben. Nicht umrühren oder schütteln! Mit einem Sieb oder Löffel den Schaum entfernen und klares Fett langsam abgießen.

Brauner Satz verbleibt im Topf. Geklärte Butter kann wesentlich höher als Butter erhitzt werden, ohne zu verbrennen.

Butterschmalz (Ghee) siehe → Butter, klären

Süssrahmbutter

verwenden

Diese Butter wird aus frischer Sahne hergestellt und eignet sich besonders für süßes Gebäck, Kuchen, Glasuren und Füllungen.

Buttermischungen

herstellen

Champignonbutter

15 kleine Champignons (frisch oder aus der Dose) putzen, zerkleinern und kurz in 20 g Butter weichdünsten. Mit Zitronensaft und wenig Salz nach Geschmack würzen und abkühlen lassen. 80 g Butter schaumig rühren, mit der Masse vermischen und durch ein Sieb passieren.
☺ Passt gut zu Soßen, Ragouts oder als Aufstrich.

Fischbutter

100 g Butter dickschaumig rühren, eine Tasse kalten Fischsud, Saft einer halben Zitrone und ein bis zwei Esslöffel Schlagsahne (einen Sahnesiphon benutzen) unterrühren, leicht salzen.
☺ Die Fischbutter auf Salatblättern anrichten oder in einen Spritzbeutel füllen und zum Garnieren verwenden.

Haushofmeisterbutter

80 g Butter schaumig rühren, je eine Msp. Salz und Pfeffer, zwei Teelöffel fein gewiegte Petersilie, Worcestershiresauce, Saft einer halben Zitrone nach Geschmack zufügen.

☺ Eisgekühlte Scheiben auf gebratenes Fischfilet oder Steaks auflegen oder auf kleine gebratene Fleischstücke aufspritzen.

Honigbutter

125 g Butter mit zwei Esslöffeln Honig verrühren.
☺ Passt gut zu Pfannkuchen, als Füllung für Crêpes und als Brotaufstrich.

Kaviarbutter

100 g Butter schaumig rühren, 30 g Kaviar und den Saft einer halben Zitrone leicht untermischen. Oder den Kaviar mit der Butter verkneten, durch ein Sieb passieren, den Zitronensaft zufügen und die Butter mit dem Schneebesen schaumig schlagen.
☺ Passt gut zu hart gekochten Eiern.

Knoblauchbutter

125 g Butter schaumig rühren, drei sehr fein gewiegte Knoblauchzehen und einen Esslöffel fein gehackte Petersile zufügen. Mit Zitronensaft, Salz und Pfeffer würzen.
☺ Passt gut zu Gegrilltem, frischem Brot und Kartoffeln in Folie.

Lachsbutter

100 g Butter mit 50 g fein zerdrücktem Räucherlachs verkneten. Durch ein Sieb drücken oder im Mixer verrühren.
siehe → Schaltierbutter

Meerrettichbutter

100 g Butter schaumig rühren und mit 25 g (ca 1/4 Stange) frisch geriebenem Meerrettich, etwas Zitronensaft und einer Prise Zucker vermischen. Durch ein Sieb drücken und gut zugedeckt kühl stellen.
☺ Passt als Brotaufstrich zu allen kalten Fischgerichten und Schinkenplatten.

Mehlbutter

Einen Esslöffel Butter (25 g) mit einem knappen Esslöffel Mehl (18 g) gut verkneten.
☺ Für einen halben Liter Soße benötigt man ca. 30 g Mehlbutter, für einen Liter Soße 45 g.

Orangenbutter

125 g Butter mit einem Esslöffel Puderzucker, einem Esslöffel abgeriebener Orangenschale, einem Esslöffel Orangensaft und einem Teelöffel Orangenlikör schaumig rühren.
☺ Passt sehr gut zu Crêpes Suzette.

☺ Bei gespritzten Orangen die Schale gut unter warmem Wasser abbürsten und dann wie eine unbehandelte Orange verwenden.

Petersilienbutter

125 g Butter mit zwei Esslöffeln gehackten Petersilienblättern und einem Esslöffel Zitronensaft schaumig rühren, mit Salz und Pfeffer abschmecken.

☺ Passt zu allem Gegrillten und verfeinert Gemüsegerichte.

☺ Die Petersilienbutter kurz vor dem Servieren am Stück aufsetzen.

☺ Keine Petersilienstängel verwenden, die Butter wird dann leicht bitter.

Sardellenbutter

125 g Butter mit zwei Esslöffeln geschabten Sardellenfilets schaumig rühren, vorsichtig mit Pfeffer und Zitronensaft abschmecken.

☺ Passt zu allem Gegrillten und kalten Vorspeisen.

☺ Sardellenbutter getrennt servieren, sie ist nicht jedermanns Geschmack.

☺ Sardellenbutter nie salzen, die Sardellen sind schon sehr salzig.

Schaltierbutter

250 g Schalen und Köpfe von Garnelen, Panzer von großen Krabben oder Hummer mit ca. 80 g Butter im Mörser sehr fein zerstoßen und mit 100 g Butter bei schwacher Hitze ca. 20 Minuten ziehen lassen. Wenn die Panzer nicht sehr hart sind, kann auch eine Küchenmaschine benutzt werden. Die Masse durch ein Sieb streichen um die zerstoßenen, festen Teile zu entfernen. Mit einem Viertelliter Kochwasser der entsprechenden Schaltiere ablöschen und weitere 20 Minuten ziehen lassen. Durch ein Passiertuch in Eiswasser pressen und darin erstarren lassen. Die so gewonnene feste Fettschicht abheben und formen.

☺ Passt zu Suppen, Soßen und Ragouts und als Aufstrich für Canapés.

☺ Werden tiefgefrorene Schalen verwendet, mit fertigem Krebs- oder Hummerfond ablöschen.

Schneckenbutter

250 g Butter schaumig rühren, eine feingehackte Schalotte, eine feingehackte Knoblauchzehe, zwei Esslöffel fein gehackte Petersilienblätter und zwei Esslöffel trockenen Weißwein untermischen. Mit Salz und Pfeffer abschmecken. Die Butter reicht für 24 große Schnecken.

☺ Die Mischung lässt sich leicht in einer Küchenmaschine herstellen.

Senfbutter

125 g Butter mit zwei Esslöffeln Dijonsenf schaumig rühren, mit Salz, Pfeffer etwas Zitronensaft, Salz, Muskat und Cayennepfeffer nach Geschmack abschmecken.

☺ Passt sehr gut zu Fisch, aber auch zu Innereien.

KRÄUTERBUTTER

aufbewahren

Pergamentpapier leicht einölen, Buttermasse mit einem Spritzbeutel ohne Tülle aufspritzen, in Papier einrollen und die Enden verdrehen, mit Datum kennzeichnen. Lagerzeit im Kühlschrank cirka acht bis vierzehn Tage, je nach Alter der verwendeten Butter.

einfrieren

Stangen: Die gerollte Butter einpacken, Art, Datum und Gewicht vermerken, auf einen festen Untergrund wie Blech oder Brett nebeneinander legen und über Nacht anfrieren. Die Unterlage gegen ein Stück starken Karton austauschen und mit Klarsichtfolie überziehen. So wird das Brechen der Butterstangen verhindert. Anschließend normal weitergefrieren.

Portionsweise: Die Butterstangen zwei Stunden anfrieren, ein Messer in warmes Wasser tauchen und die Butter in gewünschter Stärke schneiden. Einzelportionen nebeneinander auf eine feste Unterlage legen und über Nacht gefrieren. Anschließend in Beutel umfüllen.

formen

○ Die Masse auf einen feuchtem Untergrund mit feuchten Händen zu langen Würsten ausrollen und portionsweise zerteilen.

○ In einen Spritzbeutel ohne Tülle geben und die Masse auf einen feuchten Untergrund drücken. Mit einer angefeuchteten Messerklinge portionieren.

spritzen

Die Buttermasse in einen Spritzbeutel einfüllen. Die Tülle soll nicht zu klein sein, sonst wird sie durch einzelne Kräuterteilchen beim Spritzen verstopft. Auf eine feuchte Unterlage Rosetten im Gewicht von ca. 20 Gramm (Durchmesser ca. 2 cm) spritzen und über Nacht kühlen. Am Folgetag Rosetten ablösen, in Lagerbehälter oder Tüten füllen und einfrieren.
☺ Wenn die Rosetten sich nicht vom Untergrund lösen, Tablett (aus Metall) ganz kurz erwärmen und Rosetten abnehmen. Holzbretter kurz über Wasserdampf halten. Mit der Spitze eines Speisemessers vorsichtig abheben.

weiter verwenden

Zum Verfeinern von kurz gebratenem Fleisch, Gemüse und Püreesuppen.
☺ Schnitzel oder Steaks in wenig Öl braten, warm stellen und im verbleibenden Bratfond Kräuterbutter schmelzen und über das Fleisch geben.
☺ Grillhähnchen mit Kräuterbutter bestreichen. **Achtung:** Kräuterbutter ist zum Braten nicht geeignet!

zu bitter

! Die Zusammensetzung der Kräuter ist nicht ausgewogen.
! Bei der Zubereitung ist zuviel Pflanzensaft in die Buttermasse geraten.
! Der Anteil an geriebener Zitronenschale ist zu hoch.

zu grün

! Der Anteil an Pflanzensaft in der Butter ist zu hoch.
☺ Die Kräuter in ein unbehandeltes Tuch geben und zusammendrehen, bis der Saft austritt.

Unter fließendem, kalten Wasser abspülen und erneut pressen. Vorgang zwei- bis dreimal wiederholen, die ausgepressten Kräuter auf Küchenkrepp streuen und ca. 1 Stunde trocknen lassen, dabei häufig auflockern. Zur Butter geben und verarbeiten.

löst sich nicht vom Papier

Butterstangen kurz unter fließend warmes Wasser halten und anschließend sofort auswickeln. Heißes Wasser lässt die Butter zu stark abschmelzen.

MEHLBUTTER

aufbewahren

Eingepackt wie Butter im Kühlschrank, ca. ein bis zwei Wochen. Nicht in zu großen Mengen herstellen.

verwenden

○ Zum Nachbinden von zu dünnen weißen Soßen oder Suppen.
○ Zur schnellen Herstellung von Suppen oder Soßen bei Verwendung von Fonds mit hohem Eigengeschmack.

KOKOSFETT IN PLATTEN

Ein Würfel Kokosfett wiegt genau 25 Gramm.

MARGARINE

siehe → Welches Fett für welches Gericht

aufbewahren

Im Kühlschrank ca. vier Wochen, tiefgefroren ca. acht Monate.
☺ Margarine immer gut abdecken, sie nimmt leicht fremde Gerüche an.
☺ *Diätmargarine* nie erhitzen, dabei werden die ungesättigten Fettsäuren zerstört.

ÖL

siehe → Welches Fett für welches Gericht

aufbewahren

An einem kühlen dunklen Platz, möglichst in dunklen Flaschen ca. sechs bis zwölf Monate. Angebrochene Ölflaschen im Kühlschrank aufbewahren und bald verbrauchen.
Gewürzöle grundsätzlich im Kühlschrank aufbewahren und innerhalb von zehn Tagen verbrauchen. Sie werden sehr schnell ranzig.

DIÄTÖL

Diätöle müssen einen sehr hohen Anteil an Linolsäure und Vitaminen enthalten. Zu den wertvollsten gehört *Leinöl, Weizenkeimöl* und *Distelöl*. Leinöl innerhalb einer Woche verbrauchen (kleine Gebinde kaufen).

☺ Leinöl passt sehr gut zu Quark oder Kartoffeln.

GEWÜRZÖL

aufbewahren

herstellen
Kräuteröl

Frische Kräuter wie *Estragon, Kerbel, Pfefferminze, Rosmarin, Thymian und Bärlauch*:
Die Kräuter trocknen und mit etwas Zitronenmelisse und Salbei in eine Flasche geben. Einen halben Liter Sonnenblumen- oder Olivenöl darüber gießen und die Flasche verschließen. An einem kühlen Ort ca. drei Wochen durchziehen lassen. Das Öl durch einen Filter abgießen und kühl aufbewahren.

☺ Verfeinert edle Salate.
☺ Zum Braten von Schweinemedaillons verwenden.
☺ Zum Braten von Edelfischen verwenden.

Pfefferöl, scharf

Acht bis zehn frische, eingelegte oder getrocknete Chilischoten halbieren (die Kerne auskratzen) und mit zwei Esslöffeln bunter Pfefferkörner in eine Flasche geben. Einen Liter neutrales Pflanzenöl darüber gießen und die Flasche verschließen. An einem kühlen Ort ca. zwei Wochen durchziehen lassen.

☺ Zum Braten von Pfeffersteaks verwenden.
☺ Zum Anbraten von Rinderbraten verwenden.
☺ Passt zu Gegrilltem.

Provenzalisches Öl

Je zwei Zweige frisches *Basilikum, Rosmarin, Thymian, Bohnenkraut* und eine *Fencheldolde*, mit zwei ungeschälten, halbierten Knob-

lauchzehen in eine Flasche geben, mit einem dreiviertel Liter Olivenöl auffüllen und verschließen. An einem kühlen Ort ca. drei Wochen durchziehen lassen. Das Öl durch einen Filter abgießen und kühl aufbewahren.

☺ Passt zu bunten Sommersalaten.
☺ Für Mittelmeergerichte geeignet.
☺ Für Gegrilltes verwenden.

Sherryöl mit Pilzen

25 g getrocknete Pilze über Nacht in ein Weinglas halbtrockenen Sherry einlegen. Fünf bis sechs Salbeiblätter waschen, trocken tupfen und mit den Pilzen und der Flüssigkeit in eine Flasche geben. Mit einem halben Liter neutralem Pflanzenöl auffüllen. An einem kühlen Ort ca. drei Wochen durchziehen lassen. Das Öl durch einen Filter abgießen und kühl aufbewahren.

☺ Passt zu Blattsalaten, Fleischsalaten, rohen Champignonsalaten.

ÖLMARINADEN
siehe → Gewürze, Kräuter (Marinaden)

OLIVENÖL
Güteklassen:

Es gibt 9 Olivenölkategorien. Die Kategorien 1 - 6 umfassen alle nativen Olivenöle, die durch mechanische und physikalische Verfahren hergestellt werden.
Die Kategorien 7 - 9 umfassen die Oliventresteröle. Öle, die durch Lösungsmittelextraktion (Hexan) aus den Oliventrestern, den nach dem Abpressen des nativen Olivenöls verbleibenden Rückständen aus Schalen, Fruchtfleisch und Kernen, gewonnen werden.

Die Kategorien 1 - 3 sind:
Natives Olivenöl Extra: höchste Qualitätsstufe, ein Öl der Spitzenklasse. Gehalt an freien Fettsäuren max. 1%.
Natives Olivenöl: sehr gute Qualität. Gehalt an freien Fettsäuren max. 2%.
Gewöhnliches Natives Olivenöl: Einfaches Öl. Gehalt an freien Fettsäuren max. 3,3%.

Kategorie 4 + 5
Lampantöl: ein natives Olivenöl, dass zum Verzehr nicht mehr geeignet ist. Lampantöl wird raffiniert und dadurch entsteht das *raffinierte Olivenöl*: das keinen typischen Olivenölgeschmack mehr hat.

Kategorie 6
Olivenöl (Gemisch): Verschnitt aus Raffinier-

tem Olivenöl mit Nativem Olivenöl. Dadurch erhält das Öl den typischen Olivengeschmack zurück.

Da das Mischungsverhältnis nicht vorgeschrieben ist, kann Olivenöl aus 1% nativem Olivenöl und 99% raffiniertem Olivenöl, aber auch umgekehrt bestehen.

Kategorie 7 - 9
Oliventresteröl Roh: ist nicht zum Verzehr geeignet und wird durch Raffinieren zu
Raffiniertem Oliventresteröl: das ebenfalls nicht mehr nach Olivenöl schmeckt. Mit beliebigen Anteilen von Nativem Olivenöl gemischt wird es zu *Oliventresteröl.*

Abtropföl (Tropf-, Tröpfchenöl):
ein Olivenöl außerhalb jeder Kategorie. Das kostbarste Öl. Der Champagner unter den Olivenölen! Das Öl tropft langsam ohne Pressung aus der Trommel ab. Es wird nicht weiter verarbeitet und sofort in Flaschen gefüllt. Der Ölertrag ist sehr klein, sehr fein und sehr teuer.

Olivenöl verwenden

milde Öle: leichte Salate, Mayonnaise, feine Saucen
kräftige Öle: Pasta, Fleisch, Fisch, Bruschetta
leicht süßliche Öle: Dünsten und Schmoren von Tomaten
Abtropföl: Carpaccio aus Fleisch, Gemüse oder Fisch.

Olivenöl zum Braten

Olivenöl eignet sich durch seinen hohen Oleinsäuregehalt, der das Öl hitzestabil macht, sehr gut zum Braten und Kochen.

ranzig, bitter

! Das Öl war zuviel Licht ausgesetzt.
! Das Öl stand an einem zu warmen Ort (Herdnähe).
! Die Flasche war nicht luftdicht verschlossen.
! Gewürzöl war überlagert, geöffnete Flaschen wurden nicht innerhalb von zehn Tagen verbraucht.

trübe

! Das Öl wurde lange im Kühlschrank aufbewahrt.
☺ Bei Raumtemperatur wird das Öl wieder klar.
☺ Trübung ist bei Olivenöl ein Zeichen von Qualität.

SALATÖL

Salatöl bleibt lange klar und flüssig, wenn eine Prise Salz zugefügt wird.

Öl / Buttermischung

Wird verwendet, damit Braten und Geflügel nicht trocken werden bzw. keine festen Krusten bekommen; zum Dämpfen von Gemüsen.

SCHMALZ

aufbewahren

Ausgelassen: Im Kühlschrank ca. vier Wochen, tiefgefroren ca. ein Jahr.
Frisch: Im Kühlschrank ca. zwei Wochen, tiefgefroren ca. sechs Monate.
Griebenschmalz rasch verbrauchen.

Gänseschmalz
Gewinnung während des Bratens

Die gewürzte Gans mit Wasser in das Backrohr schieben. Wenn das Wasser verdunstet ist und Bratfett austritt, geschälte, geviertelte Zwiebeln mitschmoren. Sind die Zwiebeln mittelbraun, das Fett durch ein Sieb abgießen. So zubereitetes Schmalz hat einen sehr hohen Eigengeschmack.

härten

Gänsefett mit Schweinefett (Grünem Speck) mischen (3:1) und wie gewohnt verfahren.

verfeinern

❍ Majoran und Knoblauch während des Auskochens zugeben.
❍ Bratfett vom Gänsebraten filtern und mitverwenden.

Hühnerfett
verwenden

Hühnerfett lässt sich relativ stark erhitzen, ohne zu verbrennen und ist zum Braten gut geeignet.

Schweineschmalz
verfeinern

Gewürfelten Schweinespeck (grünen Speck) und Flomen im Verhältnis 1:1 im Backrohr bei 160 °C unter Zugabe von wenig Wasser auslassen, dabei häufig umrühren.

weiß

Die Speckwürfel nicht zu heiß auslassen und je nach Menge ein bis drei Esslöffel kalte Milch zugeben.

MILCHPRODUKTE, KÄSE

ALLGEMEINES

Milchprodukte lagern

Buttermilch: Im Kühlschrank ca. zwei Wochen, tiefgefroren ca. sechs Wochen.

Pasteurisiert, ungeöffnet: Im Kühlschrank ca. fünf Tage.

Pasteurisiert, geöffnet: Im Kühlschrank ca. drei Tage.

Rohmilch: Sofort verbrauchen, da die Milch unbehandelt direkt vom Bauern kommt.

H-Milch/Sahne bei Raumtemperatur: ca. zwei bis drei Monate.

H-Milch/Sahne geöffnet: Im Kühlschrank ca. drei Tage, tiefgefroren ca. drei Monate. Diese Milch eignet sich nur noch zum Kochen.

Vorzugsmilch: Im Kühlschrank max. 24 Stunden.

Saure Sahne: Im Kühlschrank drei Wochen, tiefgefroren sechs Wochen.

Jogurt: Im Kühlschrank ca. zwei Wochen, tiefgefroren ca. sechs Wochen.

Crème fraîche: Im Kühlschrank ca. drei Wochen, tiefgefroren ca. drei Monate.

Achtung: Tiefgefrorene Milchprodukte können nach dem Auftauen gerinnen.

MILCHMIXGETRÄNK

Milchmixgetränke lassen sich im Handumdrehen mit Hilfe eines sogenannten "Zauberstabes" herstellen. Milch mit zerkleinerten Früchten wie z.B. Erdbeeren, Himbeeren, Bananen etc. in ein hohes Gefäß geben und mit Hilfe des Gerätes vermischen.

☺ Erst aus vorbereiteten und etwas zerkleinerten Früchten, vermischt mit gleicher Menge Milch, sowie weiteren Zutaten wie Aroma, Zucker, abgeriebener Zitronenschale etc. eine Art Grundsubstanz herstellen bzw. pürieren. Anschließend mit gewünschter Menge Milch auffüllen und erneut mit Hilfe des Gerätes mischen. So wird eine bessere Verteilung der Zutaten erreicht.

SAHNE

ergiebiger

Ein frisches geschlagenes Eiweiß an einen Becher Sahne (200 g) geben, sie wird ergiebiger, ohne den Geschmack zu verändern.

Achtung: Diese Sahne innerhalb von zwei Stunden verbrauchen. Durch das Eiweiß fällt die Sahne leichter zusammen.

sauer geworden

! Die Sahne wurde zu lange ungekühlt transportiert.

☺ Bei warmer Witterung alle Milchprodukte in Thermobeuteln transportieren.

! Die Sahne wurde falsch gelagert.

! Die Sahne wurde offen gelagert.

! Das Verbrauchsdatum war überschritten.

☺ Die frische Sahne sofort in einen unter Druck stehenden Sahnesiphon umfüllen.
siehe → Küchentechnik, Sahnesiphon

☺ Mit dem Schneebesen kurz verrühren und für Salatdressing oder Soßen weiterverarbeiten. Um ein Gerinnen in der Soße zu verhindern, vorher mit wenig Stärkemehl verrühren.

SCHLAGSAHNE

geronnen

! Das elektrische Rührgerät lief zu hochtourig.

! An den Geräten waren Spuren von Fett oder Spülmittel.

! Die Geräte waren zu warm (z.B. wenn sie gerade aus der Spülmaschine gekommen sind).

! Durch zu langes Schlagen mit einem Handrührgerät in einer Metallschüssel (Erwärmung durch Reibung).

glänzt

Fügen Sie während des Schlagens durch ein feines Sieb Puderzucker bei.

größere Stabilität

Sahne mit dem Pürierstab aufschlagen; bleibt gekühlt bis zu 24 Stunden steif.

färben

Der fertig geschlagenen Sahne folgende Zusätze vorsichtig unterheben:
Rot: Durchgesiebtes Fruchtmark aus Johannisbeeren oder Erdbeeren. Dieses vorher mit einem Schneebesen glattrühren, eventuell mit wenig Wein strecken. Oder rote Blattgelatine verwenden.
Blau: Wie rot, nur Fruchtmark aus Brombeeren oder Heidelbeeren.
Grün: Wie rot, nur Zugabe von Pfefferminzlikör, verrührt mit Stachelbeer- oder Kiwimarmelade.
Gelb: Wie rot, nur Eierlikör mit wenig Safran vermengt.
Beige: Eidotter mit Zucker schaumig rühren, etwas geschmolzene Kuvertüre beimischen.
Marmoriert: Farbzusatz ringförmig auf die Sahne gießen. Zwei- bis dreimal mit dem Schneebesen vorsichtig durchfahren und anschließend in Spritzbeutel geben.

nicht steif geworden

Die Sahne war tiefgefroren.

Variationen

siehe auch → färben

Ananassahne

Ananasscheiben gut abtropfen lassen. Sehr klein schneiden, zerdrücken und unter die Schlagsahne heben.
☺ Erst kurz vor dem Servieren unterheben, der Saft setzt sich sonst ab.

Himbeersahne

Himbeeren zerdrücken, durch ein Sieb streichen und der Menge entsprechend mit Gelatine oder Biobin (Johannisbrotkernmehl) steifen. Kurz vor dem Servieren unter die Schlagsahne heben.

Likörsahne

Zwei Esslöffel Cointreau, Maraschino oder andere Liköre unter die Sahne mischen.

Likörsahne geronnen

! Der Anteil an Likör war zu hoch.
! Es wurde ein zu dünnflüssiger Likör verwendet.
☺ Das Mischverhältnis Sahne zu Likör beträgt 80 : 20.
☺ Nur dickflüssigen Likör verwenden.

Schokoladensahne

60 g fein geriebene Schokolade oder einen Esslöffel Kakao untermischen.

Syllabub

Weinbrand, etwas Zitronensaft und abgeriebene Schale einer Zitrone mit süßer Schlagsahne mischen.
☺ Erst kurz vor dem Servieren zubereiten, lässt sich auch gut mit dem Sahnesiphon spritzen.

Verwendung eines Sahnebereiters

Wird eine verfeinerte Sahne verwendet, die Masse erst in einem Messbecher zubereiten und das Fassungsvermögen des Siphons beachten. In den Siphon umfüllen und kühl stellen.
☺ Nur Sahnemischungen verwenden, die keine Fruchtstückchen oder festen Teile enthalten. Die Düse verstopft sonst und die Sahne lässt sich nicht spritzen.

KÄSE, Allgemeines

angetrocknet

Mit Öl bepinseln und in Pergamentpapier einwickeln.

aufbewahren

Am Stück: Im verschlossenen Behälter im Kühlschrank. Größere Stücke in ein feuchtes Tuch einschlagen, das täglich erneuert werden muss.

Gerieben: In einem verschließbaren Behälter im Kühlschrank. Gelegentlich kontrollieren, da angebrochene oder zu alte Packungen zu Schimmelbefall neigen.

Geschnitten: Im verschlossenen Behälter im Kühlschrank. Vorhandene Trennpapiere zwischen den Scheiben belassen, um Verkleben zu verhindern.

Hartkäse: Bei ca. 10 bis 15 °C möglich, daher Kühlschrank nicht unbedingt notwendig. Einschlagen in ein trockenes Tuch verhindert Staubbefall.

Weichkäse: In einem geschlossenen Behälter kühl lagern. Tägliche Kontrolle und Umlegen des Käses verhindert Druckstellen.

Edelpilzkäse: Lagerung, in feuchtes Tuch eingeschlagen, auch außerhalb des Kühlschrankes für zwei bis drei Tage möglich, wenn die Temperatur nicht über Plus 18 °C steigt.

Parmesan: Am Stück in einen Keramiktopf auf eine dicke Schicht Salz legen und mit einem Baumwolltuch abbinden. Der Käse hält sich im Kühlschrank monatelang, das Salz bindet die Feuchtigkeit und sollte erneuert werden, wenn es hart geworden ist.

klebt an der Reibe

Die Reibe vor der Benutzung mit etwas Öl einpinseln, dann klebt der Käse nicht an.

Mit Käse kochen

Erst den Käse zufügen, dann salzen, da einige Käsesorten recht salzig sind.

schimmelt

Bei leichtem Schimmelbefall (dünner, weißer Überzug) Außenseite mit Messer abschaben. Anschließend baldmöglichst zum Kochen verbrauchen.

☺ Geringe Mengen Schimmel lassen sich leicht mit dem Kartoffelschäler abschaben/schälen.

☺ Einige Stücke Würfelzucker in den Käsebehälter geben. Der Zucker zieht die Feuchtigkeit an und der Käse schimmelt nicht so schnell.

schmeckt bitter

! Der Käse war zu alt.

schmeckt salzig

! Der Käse war von minderer Qualität.

schmelzen

Der Käse sollte einen Mindestfettgehalt von 40% haben. Käse mit weniger Fett lassen sich in geriebenem Zustand leichter verflüssigen.

schwitzt

! Die Lagertemperatur war zu hoch.

☺ Kurz mit heißem Wasser abwaschen, gut trockenreiben und verbrauchen.

zieht Fäden

! Der Käsebelag wurde zu stark erhitzt, das Eiweiß sondert sich ab und trennt sich vom Fett, der Käse zieht Fäden und sondert Fetttropfen ab.

! Die falsche Käsesorte wurde verwendet.

☺ Harte und ausgereifte Käse wie z.B. Parmesan und Gruyère verwenden. Diese vertragen höhere Temperaturen besser.

Frischkäse

aufbewahren

Je nach Sorte gut abgedeckt im Kühlschrank ca. zwei bis acht Tage.

☺ Frischkäse nicht einfrieren.

einkaufen

Frischkäse soll eine helle Farbe haben und feucht, aber nicht wässrig sein.

Achtung: Mindere Sorten enthalten sehr viel Säure.

färben

gelb: etwas mildes Currypulver untermischen.

grün: klein gehackte Kräuter ohne Stiele untermischen.

rot: etwas Tomatenmark oder süßes Paprikapulver untermischen.

☺ Auf runde Pumpernickelscheiben streichen und als Appetizer oder Zwischengang servieren.

Hartkäse, Schnittkäse

aufbewahren

Im Kühlschrank oder an einem kühlen Ort ca. zwei Wochen.
siehe auch → Käse, Allgemeines

einkaufen

Hartkäse soll eine trockene Rinde und eine feste, nicht angetrocknete Schnittfläche haben.

Weichkäse, Schnittkäse halbfett

aufbewahren

Aus *pasteurisierter Milch:* Im Kühlschrank ca. eine Woche.
Aus *Rohmilch:* Im Kühlschrank ca. drei Tage.

einkaufen

Halbfester Schnittkäse sollte eine feste, aber nicht trockene Rinde haben und eine weiche Mitte.
Weichkäse: Die Rinde soll weiß oder cremefarben sein und darf keine Risse haben. Der Käse soll sich beim Eindrücken weich anfühlen und beim Anschneiden etwas zerlaufen.

Blauschimmelkäse

aufbewahren

Aus pasteurisierter Milch: Im Kühlschrank ca. zwei Wochen.
Aus Rohmilch: Im Kühlschrank ca. eine Woche.

einkaufen

Die Rinde soll fest und nicht gerissen sein, sich leicht feucht, aber nicht wässrig anfühlen. Der Geruch ist würzig und nicht beißend. Das Innere ist cremig und gut von Blauschimmel durchzogen.

Camembert

Angemachter Camembert löst sich nicht vom Schüsselrand

In die fertige Käsemasse einen Schluck dunkles Bier geben und weiterrühren.

nachreifen

Den Käse an einem kühlen Ort, aber nicht im Kühlschrank lagern. Camembert reift innerhalb von drei Wochen, nach weiteren zehn Tagen ist er ausgereift.

Chesterkäse

reiben

Den Käse vorher einige Tage im Kühlschrank trocknen lassen.

Mozzarella

aufbewahren

Im Kühlschrank: In der Salzlake ca. drei Tage.

einkaufen

Mozzarella soll eine schöne weiße Farbe haben und weich und feucht sein.
Auf Qualität achten; am besten schmeckt „Mozzarella buffalo".

Gewürze, Kräuter

Alkohol als Gewürz

schmeckt metallisch

! Der verwendete Wein wurde in einem Aluminiumtopf gekocht.

schmeckt bitter

! *Sherry* oder *Portwein* wurde mitgekocht.

Bier

Leichte, untergärige Biere verwenden. Stärkere Biersorten verändern oder überlagern den Geschmack der Speisen.

Allgemeines

anbraten

Gewürze nie direkt mit heißem Fett in Verbindung bringen. Sie brennen an, werden bitter und unbrauchbar.
Ausnahme siehe → Curry
Weitere Ausnahme: Kreuzkümmel

aufbewahren

Am besten lassen sich Gewürze in dunklen Apothekengläsern oder farbigen Schraubdeckelgläsern aufbewahren. So verlieren sie durch Lichteinwirkung nicht an Aroma.
Kräuter innerhalb eines Jahres verbrauchen.
Samengewürze außerdem kühl stellen, sie können bei warmer Lagerung ranzig werden.

Mengen

Gewürze in kleinen Mengen kaufen, damit das Aroma nicht durch lange Lagerzeit verlorengeht. Vorsicht bei Sonderangeboten und Großpackungen. Die Ware ist oft schon alt und gestreckt, z.B. mit gemahlenem Reis.

mitkochen

Gewürze, die ungemahlen mitgekocht werden, in ein Mullsäckchen oder Papierfilter geben. Sie lassen sich dann leichter entfernen (z.B. Nelken).

Chilies

aufbewahren

frisch: Im Kühlschrank ca. eine Woche.
getrocknet: ca. zwölf Monate.

einkaufen

Frische Chilies: sind fest und haben eine gleichmäßige Färbung.
Gemahlene Chilies: haben ein kräftiges Aroma und eine gleichmäßige Farbe.
Getrocknete Chilies: sollten eine kräftige Farbe haben und nicht zerbrochen sein.

verarbeiten

Frische Chilies: den Stielansatz entfernen und mit kaltem Wasser abspülen.
Getrocknete Chilies: nur den Stielansatz abschneiden.

☺ Werden getrocknete Chilies als Ersatz für frische verwendet, die Schoten ca. 30 Min. in warmem Wasser oder Milch aufquellen lassen. Die Flüssigkeit nicht verwenden.

☺ Die Chilies werden milder, wenn die Samen entfernt werden.

Chiliöl

Getrocknete Schoten (mit oder ohne Kerne) in gutem Öl zart anrösten. Je länger anschließend die Schoten im Öl ziehen, desto schärfer wird es.

Curry

aufbewahren

In dunklen, gut verschlossenen Gläsern.

anbraten

Curry ist ein Mischgewürz aus bis zu 20 Zutaten (Masala). Damit er sein Aroma voll entfalten kann, muss er bei milder Hitze angebraten werden.
Curry gibt es auch als Paste.

bitter

! Der Curry wurde in zu heißes Fett gegeben.
! Der Curry war zu alt.
! Die Mischung war nicht ausgewogen.

muffig

! Der Anteil an gemahlenem Reis war zu hoch.
! Die Mischung hat Feuchtigkeit gezogen.

zu scharf

Dem Gericht Jogurt zufügen, das mildert die Schärfe, ohne den Geschmack zu verfälschen.

☺ Currygerichte ruhig mit scharfem Curry zubereiten, man benötigt dann wenig oder kein Salz und Curry ist ein sehr gesundes Gewürz. Jogurt auf den Tisch stellen, dann kann jeder nach Bedarf abmildern.

CURRYBLÄTTER

Können nicht durch Lorbeerblätter ersetzt werden.

ESSIG

trübe

! Der Essig hat zu lange gestanden.
☺ Eintrübungen wirken sich nicht auf den Geschmack aus. Den Essig zum Klären durch eine Filtertüte gießen.

INGWER

alt / frisch

Alte Ingwerknollen sehen runzlig aus und sind schlaff.
Frischer Ingwer hat eine pralle und saftige Knolle und eine glatte Oberfläche.

aufbewahren / einlegen

Frisch: im Kühlschrank ca. zwei Wochen.
Ingwer, kandiert: fast unbegrenzt.
Frischer Ingwer wird geschält und dann in trockenen Sherry eingelegt, so hält er mehrere Monate.

☺ Den Sherry ebenfalls zum Würzen nehmen, nach einiger Zeit entwickelt er ein sehr feines Aroma.

KETCHUP

aufbewahren

Bei Raumtemperatur ca. drei Monate.
Im Kühlschrank fast unbegrenzt.

KNOBLAUCH

siehe → Küchenkräuter

MARINADEN

anrühren

Marinaden nicht in Aluminiumtöpfen zubereiten, da sie Säure enthalten.

Ölmarinaden
Gewürzmarinade

Eine Zwiebel sehr fein würfeln, mit den Gewürzen, etwas Tomatenmark nach Geschmack und ca. vier Esslöffeln Öl vermischen.

Kräutermarinade

Eine Zwiebel sehr fein würfeln, die Kräuter von den Stielen zupfen und hacken, nach Geschmack würzen und eine Prise Zucker zufügen. Mit ca. vier Esslöffeln Öl vermischen.

Sherrymarinade

Gewürzmischung, etwas Ingwerpulver, milde Sojasauce und fünf Esslöffel trockenen Sherry mit vier Esslöffeln Öl vermischen.

☺ Diese Mischungen einige Stunden ziehen lassen und vor der Verwendung mit dem Schneebesen kräftig durchrühren.

☺ Die Marinade in eine kleine Flasche füllen und kühl stellen. Vor der Verwendung kräftig durchschütteln.

Kalte Marinaden werden für kurze Marinierzeiten verwendet.
Heiße Marinaden werden für alle Fleisch- und Wildarten verwendet, die ein kräftiges Aroma erhalten sollen.
Trockenmarinaden sind Kräuter- und Gewürzmischungen, mit denen Fleisch oder Geflügel eingerieben wird.

☺ Marinade gut einreiben, das Teil fest in eine Plastikfolie wickeln und die gewünschte Zeit kühl lagern. Die Marinade vor der Zubereitung abwischen.

Meerrettich

aufbewahren

In Essig eingelegt ca. sechs Monate.

einkaufen

Die Wurzel muss sauber und fest sein und nicht ausgetrocknet.

weiß

Geriebener Meerrettich bleibt weiß, wenn er sofort mit Zitronensaft beträufelt wird.

grün (Wasabi)

Wird als Pulver zum Selbstanrühren oder als Paste angeboten. Für die asiatische Küche, schmeckt aber zu kaltem Fisch auch sehr gut. **Vorsicht!** Frischer Wasabi ist extrem scharf.

zubereiten

Den Meerrettich erst kurz vor der Verwendung zubereiten, da das Aroma schnell verfliegt.

Mirepoix

Gewürfeltes Röstgemüse aus Karotten, Sellerieknolle, Petersilienwurzel, Zwiebel, Lorbeer und Thymian in Butter geröstet als Grundlage oder Würzzutat für Soßen.

Mohn

Mohn nur in kleinen Mengen kaufen, er wird durch den hohen Fettgehalt leicht ranzig.

aufbewahren

Mohn hält sich luftdicht verschlossen an einem kühlen Ort ca. 12 Monate.

ranzig

! Der Mohn wurde zu warm gelagert.

Pesto

aufbewahren

Selbst gemachtes Pesto hält sich im Kühlschrank (Schraubglas) ca. eine Woche.

einfrieren

Selbst gemachtes Pesto lässt sich bis zu sechs Monaten einfrieren.

schimmelt

! Pesto wurde zu warm aufbewahrt.

☺ Nach der Entnahme immer einen Ölspiegel auf das Pesto gießen, das Aroma bleibt erhalten, und es schimmelt nicht.

Pfeffer

Schwarzer, weißer und grüner Pfeffer sind die Früchte einer tropischen Kletterpflanze.
Schwarzer Pfeffer sind die unreifen Beeren, die durch Trocknen schwarz werden.
Weißer Pfeffer sind die reifen Beeren, deren Fruchtschale vor dem Trocknen entfernt wurde. Er ist etwas milder als schwarzer Pfeffer und wird - aus optischen Gründen - in hellen Gerichten verwendet.
Grüner Pfeffer sind die unreifen, frischen oder eingelegten oder gefriergetrockneten Beeren. Grüner Pfeffer ist schärfer als die anderen Sorten und sollte sparsam und rasch verwendet werden.
Roter Pfeffer sind die reifen Pfefferkörner mit Fruchtschale.
Rosa Pfeffer kommt aus Südamerika und hat eine weichere Beere.
Langer Pfeffer sind die etwa 2 ½ cm langen Fruchtstände mit sehr kleinen Beeren (für die asiatische Küche).
Sichuan-Pfeffer (Szechuan), Anispfeffer (die Beeren eines Gelbholzbaumgewächses gehören nicht zur Pfefferfamilie „Piper nigrum") wird hauptsächlich in der asiatischen Küche verwendet. Er muss in einer Pfanne bei milder Hitze trocken angeröstet werden. Fängt der Pfeffer an zu duften, die Pfanne sofort von der Herdplatte nehmen und den Pfeffer abkühlen lassen.

aufbewahren

Pfefferkörner ungemahlen, in dunklen, gut verschlossenen Gläsern fast unbegrenzt.
Pfeffer, gemahlen ca. drei Monate.
Grüner Pfeffer eingelegt (Lake) ungeöffnet ca. 12 Monate. Geöffnet, abgedeckt im Kühlschrank ca. fünf Tage.
Sichuanpfeffer ca. zwei Jahre. Wenn der Pfeffer beim Öffnen des Glases nicht mehr duftet, hat er seine Würzkraft verloren.

bitter

! Der zugefügte gemahlene Pfeffer wurde zu lange mitgegart.

Gericht zu sauer

! Dem Gericht wurden zu große Mengen grüner, eingelegter Pfeffer zugefügt.

Gerichte zu scharf

Passiert bei in Dosen oder im Glas eingelegtem Pfeffer.

! Der Sud wurde mitverwendet.

☺ Körner oder Rispen kurz mit warmem Wasser abspülen.

☺ Körner oder Rispen ca. eine Stunde in Buttermilch oder Orangensaft einlegen. Nur für Dekorationszwecke.

Pfefferrispen abrebeln

Die Rispen durch die Zinken einer Gabel ziehen. Danach die Hände gründlich waschen.

PILZE, GETROCKNET

als Gewürz

Die getrockneten Pilze in eine Pfeffermühle geben und direkt in das Gericht mahlen. So kann sich das Aroma voll entfalten.

PIMENT

verwenden

Piment verfeinert Suppen, Eintöpfe und kräftige Fleischgerichte.
Sparsam verwenden und die zugefügten Körner zählen und möglichst vor dem Servieren wieder herausfischen.

☺ Ein Mullbeutelchen oder ein doppeltes Teesieb verwenden.

PUDERZUCKER

herstellen

Einfachen Zucker in der Kaffeemühle oder im Mixer zerkleinern.

SENF/SENFKÖRNER

aufbewahren

Senfkörner: In einem dunklen gut verschlossenen Glas ca. 12 Monate.
Senfpulver: ca. 6 Monate.
Tafelsenf: ca. 12 Monate.

SOJASAUCE

einkaufen

Größere Gebinde kaufen, die sind preiswerter. Kleinere Mengen für den Gebrauch abfüllen.

aufbewahren

Bei Raumtemperatur ca. 6 Monate.
Im Kühlschrank unbegrenzt.
Vorsicht! Sojasaucen werden mit der Zeit dunkler und konzentrierter, d.h. salziger.

Sorten

Helle Sojasauce ist dünnflüssig und schmeckt leicht salzig;
dunkle Sojasauce ist dickflüssiger und aromatisch-süßlich.
Süße Sojasauce ist ebenfalls dickflüssig, dunkel und wird mit Malz und Zucker gesüßt.

TOMATENMARK

bitter

! Das Tomatenmark wurde zu lange in der geöffneten Dose oder Tube aufbewahrt und ist dadurch oxidiert.

☺ Tomatenmarkreste aus den Dosen in kleine Schraubgläser umfüllen. Ein paar Tropfen Olivenöl auf die Oberfläche geben.

☺ Angebrochene Tuben eindrehen; das Gewinde und den Deckel nach Gebrauch säubern.

VANILLE

aufbewahren

Bei Raumtemperatur fast unbegrenzt.

Vanillezucker herstellen

Vanilleschote ausschaben und mit Zucker in ein Schraubglas geben.

☺ Ein Stück der ausgeschabten Schote mit ins Glas geben.

ZITRONENZUCKER

herstellen

Die Schale einer ungespritzten Zitrone fein abreiben und mit derselben Menge Zucker vermischen. Die Mischung in ein dunkles Glas füllen, sie hält lange und würzt sehr intensiv.

KÜCHENKRÄUTER

FRISCHE KRÄUTER, Allgemeines

aufbewahren
❍ Frisch geschnittene Kräuter vollständig in eine Schüssel mit Wasser legen und mit einem Teller unter die Wasseroberfläche drücken. Im Kühlschrank nicht länger als maximal 48 Stunden lagern. Das Wasser nach zwölf Stunden wechseln.
❍ Grüne Kräuter wie z.B. Dill, Petersilie und Schnittlauch mit einigen Tropfen Öl beträufeln und luftdicht verschlossen im Kühlschrank nicht länger als 48 Stunden lagern.
❍ Kräuter in feuchtes Küchenkrepp wickeln und im Kühlschrank maximal 24 Stunden lagern.
☺ Bei Kräutern die Wurzeln nicht entfernen, die Wurzeln in feuchtes Küchenkrepp wickeln, so in einen Gefrierbeutel stecken, dass die Blätter herausschauen und maximal drei Tage im Kühlschrank lagern.
Getrocknet innerhalb eines Jahres verbrauchen.
Tiefgefroren ca. sechs Monate haltbar.

Kräutersträußchen
❍ Das Sträußchen wie Schnittblumen in einem hohen, zu 2/3 mit kaltem Wasser gefüllten Glas mit übergestülptem Gefrierbeutel im Kühlschrank ca drei Tage aufbewahren.
❍ Kräuter waschen, trocknen und in einem verschließbaren Behälter mit Gittereinsatz im Kühlschrank aufbewahren. So gelagerte Kräuter halten sich ca. drei bis vier Tage.
☺ Kräuter niemals bei Raumtemperatur lagern, durch die Wärme welken sie schnell und verlieren ihr Aroma.

Kräuter-Topfpflanzen
Diese Kräuter innerhalb von drei Tagen verbrauchen. Besonders im Winterhalbjahr stammen diese aus dem Unterglasanbau und sind empfindlich gegen Temperaturschwankungen und Zugluft. Auspflanzen in den Garten gelingt aus diesem Grund selten, außerdem ist das Aroma dieser Pflanzen schwächer ausgeprägt.

bitter
❗ Die Kräuter wurden mit einem stumpfen Messer oder Wiegemesser mehr zerquetscht als geschnitten.
❗ Zu viele Stiele wurden mitverarbeitet.

☺ Die Blätter mit den Fingern abzupfen und auch durch Zupfen zerkleinern.
Dies gilt für fast alle Kräuterarten. *Schnittlauch* und *Dill* mit der Schere schneiden.

einkaufen
Die Kräuter sollen frisch und intensiv riechen. Modriger Geruch ist ein Zeichen für überlagerte Ware. Die Stängel dürfen nicht verholzt sein.
Kräutersträußchen dürfen keine gelben oder trockenen Blätter haben, die Blätter dürfen bei der Schüttelprobe nicht abfallen.
☺ Auf dem Markt keine fertigen Sträußchen kaufen, sondern sie aus den angebotenen Kräutern selbst zusammenstellen. Gilt besonders für Grüne Soße.

konservieren
einsalzen:
In einem Schraubglas die gewaschenen, getrockneten, gezupften frischen Kräuter lagenweise in grobes Meersalz einschichten. Diese Kräuter halten sich einige Monate.
In Öl:
Kräuter waschen, trocknen, die Blätter abzupfen und locker in ein Schraubglas einschichten. Mit Olivenöl vollständig bedecken und kühl und dunkel aufbewahren. So eingelegte Kräuter halten sich mehrere Monate.
☺ Das Öl zum Aromatisieren von Speisen verwenden.
Als Kräutersalz: Die getrockneten Kräuter zwischen den Handballen zerreiben (rebeln) und im Verhältnis 2 : 1 Kräuter/Salz vermischen. In kleinen Gläsern gut verschlossen trocken aufbewahren. Lagerzeit fast unbegrenzt.
☺ Kräuter, die kurz vor der Blüte stehen, zum Konservieren verwenden, da sie dann ihr volles Aroma entfalten.

ranzig
❗ Die Kräuter wurden zu lange in Öl gelagert.
❗ Die eingelegten Gewürze/Kräuter wurden zu hell und zu warm gelagert.
❗ Die Kräuter wurden zerquetscht statt geschnitten.

riechen muffig
❗ Die Kräuter wurden zu lange im Wasser aufbewahrt.
❗ Die Kräuter wurden bei warmer Raumtemperatur aufbewahrt.

waschen und trocknen

Den Bund mit dem Blattwerk nach unten halten und gründlich abbrausen.

Den Bund in ein sauberes Geschirrtuch geben, die vier Ecken zusammenfassen und einige Male herumschleudern.

Im Ganzen: Bündel mit einer Schnur an den Stielenden zusammenbinden und mit den Blättern nach unten aufhängen. Nicht in der Sonne trocknen.

☺ Das Bündel mit einer Papiertüte überziehen. Die Kräuter stauben nicht ein und das Aroma bleibt besser erhalten.

Kleine Mengen lassen sich gut in der Mikrowelle oder dem Backofen trocknen.

zerkleinern

Frisch: Nach der Reinigung von groben Stielen befreien und mit einem scharfen Messer zerkleinern. Nicht quetschen, die Kräuter werden sonst leicht bitter.

☺ Dill und Schnittlauch lassen sich besser mit der Schere schneiden.

☺ Petersilie kurz in heißes Wasser tauchen - so lässt sie sich besser zerkleinern. Nicht zu fein schneiden, sonst schmeckt sie leicht „grasig".

☺ Petersilie bleibt grün, wenn die gehackte Petersilie **leicht** mit Salz überstreut wird.

☺ Schnittlauch erst unmittelbar vor dem Gebrauch schneiden, sonst wird er bitter.

☺ Basilikum mit der Schere schneiden, dann wird es nicht dunkel.

Gefroren: Mit einem Nudelholz kurz über die geöffnete Folie rollen.

BASILIKUM

bitter

! Das frische Kraut wurde direkt in das heiße Öl gegeben.

! Das frische Kraut wurde zu lange mitgekocht.

☺ Blätter kurz vor dem Anrichten zufügen.

BEIFUSS

Findet bei allen fetten Gerichten Verwendung, muss aber vor dem Anrichten entfernt werden.

BOHNENKRAUT

Ersatz

Statt Bohnenkraut Thymian verwenden, er hat eine ähnliche Würzkraft.

DILL

bitter

! Der Dill stand bei der Ernte bereits in der Blüte. Bei gekauftem Dill wurden die Blütenstände von unseriösen Händlern bereits ausgezupft. siehe auch → Allgemeines, bitter

einfrieren

Dillstängel waschen und trocknen, die Stängel zusammenbinden. In einer kleinen Plastiktüte ca. 24 Stunden gefrieren. Den gefrorenen Bund leicht auf den Tisch klopfen, und das Dillgrün fällt ab. Sofort in einen Gefrierbehälter umfüllen.

KERBEL

verarbeiten

In Öl konservierter Kerbel entwickelt sein Aroma besonders stark und eignet sich in dieser Form besonders zur Weiterverarbeitung in Salaten, Gemüsen und zur Herstellung von Buttermischungen, Kräuterölen und Soßen.

KNOBLAUCH

aufbewahren / einlegen

Knoblauch hält sich ca. zwei bis drei Monate, verliert aber an Geschmack.

In Öl: Frische Knoblauchzehen schälen und in neutralem Öl im Kühlschrank aufbewahren.

☺ Sind die Zehen verbraucht, das Öl zum Würzen verwenden, es hat dann genügend Knoblaucharoma aufgenommen.

Knoblauch, sauer eingelegt: Abgeschält in einer Essig-Kräutermarinade gut verschlossen in kleinen Gläsern lagern.

Als Knoblauchsalz: Mit einem Messer fein hacken und mit Kochsalz im Verhältnis 4 : 1 Knoblauch/Salz mischen. In Gläsern, gut verschlossen, aufbewahren.

bitter

! Der Knoblauch wurde zu stark gebräunt.

einkaufen

Frischer Knoblauch: im Sommer bis Herbst. Die Knolle sollte fest sein und nur wenig trockene Haut haben.

Geruch entfernen

An den Händen und Arbeitsgeräten durch Abreiben mit einer halben Zitrone oder leichtem Essigwasser. Bei verzehrtem Knoblauch hilft nur ein zeitweises Einsiedlerleben oder das (zeitweise) Verständnis der Umwelt. Ob man nach Knoblauch riecht, hängt nur vom Geruchsempfinden des Gegenüber ab, die verwendete Knoblauchmenge ist davon unabhängig.

☺ Knoblauch mit etwas Öl oder Salz hacken - das mindert den Duft.

milder

☺ Die Zehen kurze Zeit in kochendem Wasser blanchieren.

☺ Den Knoblauch langsam garen, dann wird sein Geschmack mild und süßlich.

☺ Den Knoblauch im Fett leicht bräunen und wieder entfernen.

☺ Den grünen Keim entfernen.

schälen

Eine Knolle in der Mikrowelle bei höchster Temperatur zehn Sekunden erhitzen und dann aus der Hülle drücken. Bei jeder weiteren Knolle um zwei Sekunden steigern. Die Knolle mit dem Wurzelansatz nach unten auf den Tisch legen und mit dem Handballen mehrmals kurz auf die Oberseite der Knolle schlagen. Dadurch werden die Zehen zur Seite gedrückt und fallen heraus.

☺ Mit der flachen Seite des Fleischklopfers die Zehen leicht behämmern. Sie lassen sich dann problemlos schälen.

Knoblauchzopf aufbewahren

In kühlen, luftigen und staubfreien Räumen. In der Küche verlieren durch Küchendunst und Wärme Knoblauchzöpfe schnell das Aroma.

LORBEERBLÄTTER

frisch

Besteht die Möglichkeit der Überwinterung ist ein „echter Lorbeer / Laurus nobilis" eine lohnende Anschaffung. Die immergrüne Kübelpflanze ist dekorativ, und die frischen Lorbeerblätter haben ein unvergleichliches Aroma.

PETERSILIE

Krause Petersilie hält sich länger und lässt sich leichter hacken.
Glatte Petersilie hat ein volleres Aroma und ist nicht so bitter.
Wurzelpetersilie wird in Eintöpfen und Suppen mitgekocht. Gehört zum Suppengrün.

einfrieren

Petersile waschen, die Blättchen abzupfen und vorsichtig trocken schleudern. Locker in eine Gefrierdose schichten und schockgefrieren. Nach einem Tag in Plastikbeutel füllen.

frittieren

Krause Petersilie waschen und sehr gut trocknen. Zu kleinen Sträußchen zusammenfassen und kurz in rauchend heißes Fett tauchen. Auf Küchenkrepp entfetten und zu Kurzgebratenem servieren.

PFEFFERMINZE

verwenden

Passt sehr gut in Bowlen, Mixgetränken und Obstsäften, sowie in Schokoladenspeisen, Soßen zu Hackfleisch, pikantem Jogurt und Tabbouleh (Bulghur-Salat).
Für Tee: einige Blätter in die Tasse geben und den frisch gebrühten Tee aufgießen.

ROSMARIN

verwenden

Rosmarin eignet sich wegen der in der Pflanze enthaltenen ätherischen Öle, die eine konservierende Wirkung haben, besonders für die Herstellung von Marinaden und Würzölen.
Achtung: Junge Rosmarin- und Lavendelpflanzen sind sich in der Blattform sehr ähnlich (Verwechslungsgefahr).

SALBEI

verwenden

Mit Salbei nur sparsam würzen, die Gerichte bekommen sonst einen Arzneigeschmack. Für Geflügelleber, Aalgerichte, Saltimbocca a la Romana und „Salbei-Mäusle".

WEINRAUTE

Ein fast vergessenens Küchengewürz, das nur sparsam verwendet werden sollte.

verwenden

Schmeckt klein gehackt auf Butterbrot, in Wildgerichten und in Wildsaucen mit Rotwein.
☺ Weinrautenaroma soll Knoblauchduft vertreiben.

WILDKRÄUTER

Vorsicht bei selbst gesammelten Wildkräutern; Verwechslung mit Giftpflanzen möglich!

YSOP

verwenden

Aalsuppen, Bohnengerichte, Tomatengerichte und kräftige Ragouts werden sparsam mit Ysop gewürzt. Bei Überdosierung kann der in der Pflanze enthaltene Bitterstoff zu Unwohlsein führen.

ZITRONENMELISSE

verwenden

Für Salate, helles Fleisch, in weißen Soßen, zum Aromatisieren von Mayonnaise und für Sorbet.
siehe auch → Pfefferminze

Gefrorene Kräuter

schmecken bitter/faulig

! Die angebrochene Packung war überlagert.
! Die Packung wurde zu warm gelagert.
! Die Kräuter waren aufgetaut, das Auftauwasser vermischt sich mit dem Bitterstoff der Kräuter und führt so zu einem fauligen Geschmack.

☺ Angebrochene Packungen in einen gut verschließbaren Behälter umfüllen und im Kühlschrank aufbewahren. Max. Lagerdauer 24 Stunden.

Getrocknete Kräuter

aufbewahren

In fest verschlossenen Behältern an einem kühlen, trockenen dunklen Ort.
☺ Getrocknete Kräuter lassen sich gut in dunklen Apothekengläsern aufbewahren.
Kräuter nicht länger als ein Jahr lagern.

einkaufen

Die Kräuter sollten eine kräftige Farbe haben und nicht ausgebleicht sein.
Ganze Blätter sind aromatischer als gehackte.

Streudosen

Diese nach Gebrauch nicht unverschlossen in der Nähe von Herd, Spüle oder Abluft stehen lassen, da sie dann Feuchtigkeit anziehen (dies gilt auch für alle anderen Gewürze).

Würzkraft

Getrocknete Gewürze sind meist wesentlich intensiver im Geschmack als frische.
Zu lange gelagerte Gewürze „rauchen aus".
Getrocknete Kräuter würzen doppelt so stark wie die gleiche Menge frischer Kräuter.

zerkleinern

Getrocknete Kräuter (z.B. Herbes de Provence) zwischen den Handballen zerreiben, dann kann sich ihr Aroma voll entwickeln.

KRÄUTERMISCHUNGEN

Bei frischen Kräutermischungen immer zwei Drittel Schnittlauch zugeben. Dann entfaltet sich das Aroma der anderen Kräuter besser.
Fines herbes: Kerbel, Schnittlauch und Estragon. Petersilie nach Geschmack .
Gremolata: Ital. Mischung aus Zitronenschale, Knoblauch, Petersilie. Salbei und Rosmarin nach Geschmack.
Herbes de Provence: Thymian, Bohnenkraut, Oregano, Rosmarin, Lorbeerblatt und manchmal wenig Fenchel.

SALATE

BLATTSALATE

aufbewahren

Zarte Sorten sollten möglichst am Einkaufstag verwendet werden. Den Salat locker in ein Küchentuch einschlagen und im Kühlschrank aufbewahren.

Blattsalate nicht länger als fünf Tage.

Chicorée, Eisbergsalat im Kühlschrank nicht länger als zehn Tage.

Eichblattsalat, grüner Salat, Radicchio, Rucola im Kühlschrank nicht länger als drei Tage.

Feldsalat im Kühlschrank ca. zwei Tage.

Für alle Salate gilt, die Verpackung entfernen und getrennt von anderen Lebensmitteln lagern. In speziellen Salatdosen mit Gittereinsatz lassen sich alle Salate gut und auch länger lagern.

Freilandsalate lassen sich länger als Treibhaussalate aufbewahren.

Angemachte Salate lassen sich länger aufbewahren, wenn die verwendeten Zwiebeln blanchiert wurden. Der Salat wird dann nicht so schnell sauer.

☺ Blattsalate nicht mit dem Messer schneiden, sondern mit den Händen zupfen - die Schnittstellen werden braun.

SALATKOMBINATIONEN

geeignete Sorten

Bataviasalat mit Kopfsalat

Brunnenkresse mit allen herzhaften Salaten, z.B. Kartoffelsalat.

Chinakohl mit Salaten, die Champignons, Paprika, Tomaten und Äpfel enthalten.

Chicorée mit Apfelsinen, Mandarinen, Weintrauben

Eichblattsalat mit Orangen oder Grapefruit, mit Nussstückchen dekoriert

Endivie (Escariol) mit Tomaten, Eiern, Schinken, mit Speckwürfeln dekoriert

Feldsalat (Ackersalat) mit Lollo rosso, Champignons, Kartoffelsalat, Radieschen, Geflügelleber, Entenbrust, geräucherter Forelle

Fenchel mit Äpfeln, Zitrusfüchte

Frisée mit Radicchio

Gurke mit Kartoffelsalat

Kopfsalat mit Portulak, Rucola, Eichblattsalat

Löwenzahnsalat mit gekochten Eiern, ausgebratenem Speck, Croutons

Paprika mit Mais, Käse, Tomaten

Portulak mit Kopfsalat, Salatmischungen

Radicchio mit gemischten Salaten

Radieschen mit allen Blattsalaten

Römischer Salat mit Radicchio

Rucola mit Salatmischungen und Tomaten

Spinatblätter mit Radieschen, rohen Champignons

Salatsoßen

Die Zutaten (keine Zwiebel!) in eine weithalsige Flasche geben und gut durchschütteln. Wird die Salatsoße nicht gleich verwendet, Flasche in den Kühlschrank stellen, vor dem Gebrauch gut durchschütteln.

GEMÜSESALATE

aufbewahren

Gemüsesalate immer abgedeckt im Kühlschrank aufbewahren.

☺ Ca. 30 Minuten vor dem Servieren aus dem Kühlschrank nehmen, bei Raumtemperatur können sich die Geschmacksstoffe besser entfalten.

braun geworden

siehe → glasiges Aussehen

glasiges Aussehen

Meist bei Paprika, Karotten, Sellerie, Rettich.

! Die Ware wurde zu warm gelagert.

! Die Ware war Frost ausgesetzt und ist unbrauchbar geworden.

schmeckt bitter

siehe → glasiges Aussehen

FERTIG GEKAUFTE SALATMISCHUNGEN

lagern

Salatmischungen im Plastikbeutel: Zur Lagerung nicht geeignet, daher möglichst noch am gleichen Tag verarbeiten. Befindet sich Saft oder Kondenswasser im Beutel, wurde die Ware bereits im Laden unsachgemäß gelagert (nur im Kühlregal). Verfallsdatum beachten.

verfeinern
Rucola in Streifen schneiden und unter die fertige Mischung geben.

waschen
Salate mehrmals in reichlich Wasser durchschwenken.
Bei besonders hoher Verschmutzung Blätter einzeln unter fließendem Wasser reinigen.
Salate nur kurz im Wasser liegen lassen (Vitaminverlust).
☺ Zugabe von wenig Kochsalz oder Essig zieht das Ungeziefer heraus.
☺ Zugabe von 1 Messerspitze Biosmon (Mineralsalzgemisch) zum Wasser, erhält Salate und Gemüse frisch und fest und verhindert ein Auslaugen (Vitaminverlust).
Feldsalat:
mindestens 3 bis 4 mal in kaltem bis lauwarmem Wasser
Kopfsalat, Lollo rosso, Frisée:
in kaltem Wasser
Radicchio, Chicorée, Endivien:
in handwarmem Wasser
Gehobeltes Kraut:
in gut warmem bis heißem Wasser (etwa 40-60 °C)

Salatsoßen
Salatsoßen und Marinaden mit einer Gabel oder einem Schneebesen vermengen; die Zutaten werden perfekt vermischt und die Soße wird sämiger.

CHICORÉESALAT
aufbewahren

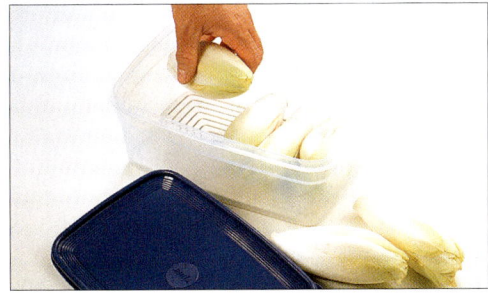

Den frischen Chicorée im Kühlschrank nicht länger als zehn Tage.

Die Verkaufsverpackung entfernen und die Köpfe nebeneinander in einem verschließbaren Behälter mit Gittereinsatz lagern. Die Köpfe nicht drücken oder stapeln.

braun
! Der Salat wurde zu lange und/oder bei zu hoher Temperatur gelagert.
! Der Salat wurde nach dem Waschen und Schneiden gelagert, ohne mit Zitronensaft beträufelt zu werden.

schmeckt bitter
! Dem Waschwasser wurde eine halbe Zitrone zugesetzt, ohne dass die Schale und Kerne entfernt wurden.
! Der geschnittene Salat wurde längere Zeit im Wasser gelagert.

schneiden

Braune Blattspitzen abschneiden. Den Kolben der Länge nach halbieren, den Sterz keilförmig mit einem spitzen Messer ausschneiden. Von der Spitze schräg nach unten je nach Verwendungsart zwischen 1 und 10 mm breite Streifen schneiden.

waschen, reinigen
Den geschnittenen Chicorée in reichlich lauwarmem Wasser unter Zusatz von Zitronensaft (je Liter Waschwasser den Saft von ca. einer Zitrone) waschen. Anschließend auf ein Sieb zum Abtropfen geben.

welk geworden
! Der Chicorée wurde zu feucht gelagert.
☺ In Eiswasser legen, der Chicorée wird wieder fest und knackig.

COLESLAW (amerikanischer Kohlsalat)

zubereiten
500 g Weißkraut ohne Strunk und ca. 150 - 200 g Karotten fein schneiden oder raspeln.

Eine Marinade aus einer Tasse saure Sahne, einer halben Tasse Mayonnaise, drei Esslöffel Essig, einem Esslöffel Zucker, weißem Pfeffer und 1/2 Teelöffel Salz rühren, Saft einer kleinen, zerdrückten Zwiebel (Knoblauchpresse) zufügen.
Die Marinade mit dem Krautsalat gut vermischen und mindestens zwei Stunden durchziehen lassen. Nochmals gut abschmecken und einen Teelöffel Selleriesamen zufügen.

☺ Den Krautsalat mit kleinen Grapefruitstückchen oder halbierten Trauben verfeinern.

matschig

! Kohl und Karotten wurden maschinell zerkleinert.

☺ Kohl und Karotten auf der Gemüseraspel fein und gleich groß raspeln.

schmeckt fade

! Der Salat ist nicht lange genug durchgezogen.

! Der Kohl war zu grob geschnitten.

EISBERGSALAT

zerteilen

Zuerst das Herz herauslösen, dann lässt sich Eisbergsalat leichter zerteilen.
Den Salat mit der Strunkseite kräftig aufschlagen, dadurch lockert sich das Herz. Den Strunk eventuell leicht einschneiden und dann das Herz herausdrehen. Den Salatkopf unter fließendes Wasser halten, die Blätter lösen sich dann leichter.

ENDIVIENSALAT

Glatte Endivie auch *Eskarol* oder *Eskariol* hat glatte, breit gezahnte Blätter. Diese Sorte ist bissfest und fällt auch nicht so rasch zusammen.
Die krause Endivie, auch *Frisée,* hat gekrauste, stark geschlitzte und fein gefiederte Blättchen. Beide Sorten gehören zur Chicoréefamilie, daher auch der leicht bittere Geschmack.

☺ Fein geschnittene Endivie eignet sich gut zum Mischen mit Kopfsalat oder Kartoffelsalat.

schmeckt bitter

! Der Salat wurde in kaltem Wasser gewaschen.

! Der Salat wurde längere Zeit im Wasser gelagert.

! Bei ausgewachsenen Köpfen wurden zu dicke Blattrippen verarbeitet.

schneiden

weiter verwenden

Abseihen und unter Kartoffelsalat mischen.

zu hart

! Der Salat wurde zu grob geschnitten.

! Zu alte und zu große Pflanzen wurden verwendet.

GURKENSALAT

siehe auch → Gemüse, Gurken

Gurken schälen

Entgegen landläufiger Meinungen ist die Schälrichtung belanglos. Der Einfachheit halber von der Spitze zum Stielansatz hin schälen. Jeweils oben und unten ca. 1 cm abschneiden. Junge, unbehandelte Gurken (besonders im Frühjahr) nur gut gewaschen und ungeschält verarbeiten.

Gurkenscheiben sind glasig

! Die Gurke war gefroren oder wurde längere Zeit bei Temperaturen unter vier °C plus gelagert.

schmeckt bitter

! Es wurde mit einem Schäler oder Hobel aus Eisen und nicht aus Chrom-Nickel-Stahl gearbeitet.

! Die Gurke war gefroren.

verfeinern

Der Salatsoße etwas mittelscharfen Senf und frisch gehackten Dill zufügen.

weiter verwenden

Für Kartoffel-Gurkensalat: Mit lauwarm angemachtem Kartoffelsalat mischen.

zu wässrig

Durch leichtes Salzen, vorsichtiges Mischen und Lagern auf einem Sieb entwässern. Gesalzenen Gurkensalat ausdrücken macht ihn nur unansehnlich.

Kartoffelsalat

bekömmlicher

Einen Teelöffel Meerrettich an die Marinade geben, das fördert die Bekömmlichkeit und schmeckt nicht vor.

haltbarer

Geschnittene Zwiebeln in wenig Essig aufkochen und heiß dem Salat zugeben. Dadurch gärt der Salat bei längerer Vorbereitungszeit nicht so leicht.

sauer geworden

! Alte und neue Kartoffeln wurden gemischt.

schmeckt ranzig

! Die Kartoffeln waren nicht richtig gar.
! Öl wurde zu heiß untergemischt.
! Kalte Kartoffeln wurden mit heißem Öl vermengt.
! Der Salat enthält zuviel Öl oder zuviel Fett von ausgelassenem Speck.
! Der Salat wurde zu lange gelagert.

verfeinern

○ Mit etwas heißer Fleischbrühe angießen.
○ Remoulade zur Soße verwenden.
○ Frühkartoffeln mit Schale und einigen Kümmelsamen kochen.
☺ Kartoffelsalat schmeckt noch würziger, wenn er nach dem Anmachen mit Essig erst eine Stunde durchzieht, bevor das Öl untergemischt wird.
☺ Kartoffelsalat wird bekömmlicher, wenn die fein geschnittenen Zwiebeln in gut gewürzter Fleischbrühe drei bis vier Minuten blanchiert werden. In die heiße Fleischbrühe frisch gemahlenen Pfeffer und Essig nach Geschmack geben, alles über die geschnittenen Kartoffeln geben und ca. eine Stunde durchziehen lassen. Durchmischen, dann erst Öl darübergeben, noch kurz stehen lassen und noch einmal vermischen.

zu bitter

! Ausgetriebene Zwiebeln wurden verwendet.

zu matschig

! Zur Herstellung wurden frisch gekochte und geschnittene Kartoffeln verwendet.
☺ Nach dem Kochen Kartoffeln handwarm abkühlen lassen, schälen und erst dann schneiden.
! Es wurde die falsche Sorte verwendet.
! Kartoffeln vom Vortag sind meistens ungeeignet, da sie leicht zu fest werden.
! Zugabe von zuviel Flüssigkeit (Fleischbrühe und/oder Essig).

Kartoffelsalat mit Speck

Speck gummiartig

! Der Speck wurde bei zu geringer Temperatur und/oder eine zu große Menge gleichzeitig ausgelassen.
☺ Wenig Öl gründlich heiß werden lassen, kleinere Mengen an Speck (evtl. Menge teilen und zweimal auslassen) zugeben und bei hoher Temperatur rasch ausbraten.

zu fettig

! Der ausgelassene Speck wurde mit dem Pfanneninhalt dem Salat zugesetzt.
☺ Den Speck in der Pfanne auslassen, alles durchsieben und nur den Speck untermischen.

Kopfsalat

braun

! Der Salat wurde neben reifem Obst gelagert.

Krautsalat

aufbewahren

Wegen des intensiven Geruchs in abgedeckten Behältern einige Tage im Kühlschrank. Salat täglich kontrollieren.

abbrühen

○ Geschnittenes Kraut kurz (2 Minuten) in kochendes Blanchierwasser, dann sofort auf ein Sieb geben.
○ Kraut direkt auf ein Sieb geben und mit heißem Wasser übergießen. Durch diese Methode wird das Kraut für Gewürze besser aufgeschlossen.

gärt

! Der Salat wurde mit rohen Zwiebeln angemacht und zu lange gelagert.

☺ Zwiebeln vor der Verarbeitung kurz blanchieren.

knackig

Sollte das Weißkraut nicht mehr ganz frisch sein, den Kopf für ca. 30 Minuten in Eiswasser legen (eventuell halbieren) und in den Kühlschrank stellen. Das Kraut wird wieder frisch und knackig.

schmeckt tranig/ranzig

! Der Salat wurde zu lange und/oder zu warm gelagert.

! Der Speck wurde mit dem Ausbratfett zugefügt.

! Heißer Speck wurde unter zu kalten Salat gemischt.

! Speck wurde nur leicht und nicht kross ausgebraten.

schneiden

Halbieren, Strunk entfernen, vierteln und quer zur Wuchsrichtung der Blätter mit dem Messer in möglichst dünne Streifen schneiden, oder einen Krauthobel verwenden.

☺ Um Schnittverletzungen zu vermeiden, den Krautkopf am Strunkende mit dem Messer begradigen, dadurch bekommt man eine Auflagefläche. Ein angefeuchtetes Tuch unter das Schneidbrett legen, dies verhindert das Wegrutschen.

unansehnlich in der Farbe

! Das Kraut war zu alt oder zu lange gelagert.

! Statt ganzen Kümmelkörnern wurde gemahlener Kümmel verwendet.

☺ Schnittlauch, gehackte Petersilie oder fein gewürfelte rote oder grüne Paprikaschoten untermischen. Paprika vorher blanchieren.

würzen

Nach dem Abbrühen das warme Kraut ohne Öl würzen und abgedeckt auskühlen lassen. Dann das ausgekühlte Kraut nachwürzen, das Öl erst zum Schluss zufügen. Öl bildet auf der Zunge einen Film, der die Geschmacksnerven überlagert. Dadurch entsteht der Eindruck, dass das Kraut "fade" schmeckt.

zu bitter

! Der Anteil an untergearbeitetem Strunk oder dicken Blattrippen war zu hoch.

! Zwiebeln wurden roh und nicht blanchiert zugegeben.

! Der Salat wurde zu lange gelagert.

zu hart

! Das Kraut war zu dick geschnitten.

! Das Kraut wurde zu kurz oder gar nicht abgebrüht.

! Zu knappes Durchziehen lässt das Kraut nicht weich werden.

zu matschig

! Das Kraut wurde zu lange blanchiert oder abgebrüht.

! Das Kraut lag zu lange abgedeckt in heißem Wasser.

zu sauer

! Zuviel Essig.

! Zu starkes Salzen.

! Zu lange Lagerzeit.

☺ Salat auf ein Sieb geben und Brühe ablaufen lassen. Anschließend mit lauwarmem Wasser erneut anmachen und ziehen lassen. Erst dann nachwürzen.

Krautsalat, rot

verfärbt

! Geschnittenes Rotkraut wurde unverarbeitet zu lange gelagert.

☺ Sofort nach dem Schneiden mit Essig und/oder Rotwein gut mischen und marinieren.

verfeinern

○ In die Marinade Rotwein, Zucker und/oder Preiselbeeren geben.

○ Den Salat hauchdünn hobeln oder schneiden.

○ Das geschnittene Kraut ohne Strunk mit einem Viertelliter heißen Rotwein übergießen und gut verschlossen über Nacht marinieren lassen. Den Wein abgießen und den Salat anrichten.

Kuttelsalat

verfeinern

Die Soße mit einem Schuss Calvados und etwas Apfelwein statt Essig anmachen.

Nudelsalat

aufbewahren

Nudelsalat immer abgedeckt im Kühlschrank aufbewahren.

matschig

! Die verwendeten Nudeln wurden zu lange gekocht.

! Die verwendeten Nudeln wurden nicht oder lauwarm abgeschreckt.

☺ Die Nudeln knapp al dente garen und sofort mit kaltem Wasser durchspülen, das verhindert das Nachgaren.

☺ Nudeln ohne Ei verwenden, diese behalten nach dem Kochen gut die Form.

Paprikasalat

Schoten putzen

Die Schote waagrecht auf ein Brett legen und den Deckel abschneiden. Den im Deckel befindlichen Fruchtansatz mit dem Daumen herausdrücken. Stege im Innern der Schote herausschneiden und die Samen durch Stülpen und Klopfen entfernen.

schneiden

In Streifen: Geputzte Paprika der Länge nach vierteln oder achteln. Mit der Hautseite nach oben auf ein Brett legen und quer zur Wuchsrichtung in Streifen schneiden. Mehrere Pa-

prikastücke aufeinanderlegen, dann geht es schneller.

In Würfel: Putzen und der Länge nach vierteln. In Wuchsrichtung von oben nach unten dünne Streifen schneiden. Diese mit den Fingern zusammenfassen und quer dazu Würfel schneiden. Die Größe der Würfel durch die Breite der Streifen regulieren.

bitter

! Die verwendeten Schoten waren zu groß.

! Die Paprika waren überlagert.

! Die Paprika wurden nicht abgezogen.

weiter verwenden

Als Garnitur: Blanchierten Paprika abseihen, mit angebratenem Speck, Zwiebeln und Tomaten vermischen (für die Kalte Küche).

Rindfleischsalat: Noch warmes Rindfleisch in Streifen schneiden, mit dem Salat mischen, und im Kühlschrank abgedeckt ziehen lassen.

Serbische Bohnensuppe: Abseihen, kleinschneiden, unter die Suppe mischen und erneut aufkochen. Nach Bedarf mit wenig Zucker nachwürzen.

Gulaschsuppe: Wie bei der Serbischen Bohnensuppe verfahren.

Chili con carne: Chili fertig zubereiten, Paprika abseihen, zufügen und in den Bohnen erwärmen.

Radieschen

"blühen auf"

Kalt abspülen und Radieschen mit scharfem, spitzen Messer von oben nach unten, schräg und blättrig einschneiden und mit dem Laub 3-4 Stunden in kaltes Wasser legen. Über das Blattwerk wird Wasser aufgenommen, dieses treibt die eingeschnittene Knolle auseinander, die „Rose blüht auf".
Vorsicht: Nicht über Nacht im Kühlschrank aufbewahren, da sonst das Laub zu faulen beginnt.

frisch halten

Mit dem Laub kalt abspülen, nicht trocknen, in verschließbarem Behälter mit Siebeinsatz im Kühlschrank max. 48 Stunden lagern.

RADIESCHENSALAT

aufbewahren

In verschlossenen Behältern im Kühlschrank nicht länger als einen Tag lagern.

schneiden

Auf dem feinen Gemüsehobel schneiden.

verfärbt

Langes Lagern verfärbt die Schale.

zu salzig

Über Nacht im Kühlschrank ziehen lassen und gewaschene, halbierte Tomaten zufügen. Vor dem Anrichten Tomaten entfernen und Salat neu abschmecken.

RETTICHSALAT
siehe auch → Gemüse, Rettich

zu hart

! Der Rettich war bereits zu groß.
! Der Rettich war holzig.
☺ Die holzigen Teile großzügig ausschneiden. Den Rettich in Stifte hobeln, leicht salzen und abgedeckt 2 Stunden ziehen lassen. Dann auf ein Sieb geben, abtropfen lassen und wie gewohnt verarbeiten.

ROHKOSTSALAT
AUS ÄPFELN UND KAROTTEN

Apfelstreifen verfärbt

Sofort nach dem Schneiden mit Zitronensaft und wenig Zucker marinieren.

aufbewahren

In verschlossenen Behältern im Kühlschrank nicht länger als einen Tag lagern.

weiter verwenden

Als Garnitur: Mit Sahne verkocht als Garnitur zu gebratenem Kalbs- oder Schweinefilet.
Für Soßen: Als Beigabe zu Rinder- oder Sauerbraten, zu Wildsoßen.

RUCOLA / RAUKE

als Vorspeise

Rucola vorsichtig (kurz) waschen und trocken tupfen, die Blätter auf Portionsteller legen. Aus Balsamicoessig, Olivenöl, Salz und Pfeffer, je einer Prise Knoblauchsalz und Zucker ein Dressing herstellen, über die Blätter gießen und bei Tisch Parmesankäse oder Pilze darüberhobeln.

Resteverwertung

Da Rucola sich schlecht lagern lässt, übrige Blätter pürieren und mit Pinienkernen, Parmesan und Olivenöl wie Pesto zu einer Soße verarbeiten und in ein Schraubglas geben. Mit einem Olivenölspiegel abgedeckt hält sich die Soße im Kühlschrank ca. sechs Tage. Passt zu Fisch-, Fleisch- und Nudelgerichten.

SPARGELSALAT

Aus passiertem und erkaltetem Spargelfond ein Salatdressing bereiten und den blanchierten Spargel darin in einem verschlossenen Behälter 24 Stunden im Kühlschrank durchziehen lassen.

TOMATENSALAT

schneiden

Mit einem feinzackigen Messer (Tomatenmesser); der Fruchtansatz bei Tomaten muss immer entfernt werden.

zu sauer

! Dünn verkochten Zucker vorsichtig zufügen.

zu wässrig

Salatsoße getrennt anmachen. Geschnittene Tomaten in eine Schüssel geben und das Dressing löffelweise unterheben.

KALTE KÜCHE

BRATHUHN

glänzt

Das warme Brathuhn mehrmals mit brauner Geflügelglace abpinseln, die mit gelöster Gelatine versetzt wurde.

Haut zu weich

Mit klarer, heißer Gelatine mehrmals abpinseln und abkühlen lassen.

schneiden

für gemischte Braten- oder Geflügelplatten: Sterz entfernen, Huhn halbieren. Rückgrat an beiden Seiten abtrennen. Flügel und Schenkel am Gelenk durchtrennen und die Enden der Schenkel vom Gelenkknorpel befreien, das Brustmittelstück halbieren.
für Canapés: Brust beidseitig entlang des Brustbeines mit spitzem, scharfen Messer einschneiden. Flügel und Schenkel entfernen. Beide Brusthälften vorsichtig mit dem Daumen ablösen. Brusthälften schräg zum Brustverlauf in Scheiben von ca. einem Zentimeter Dicke schneiden.

weiter verwenden

als Suppeneinlage: siehe → Geflügel
zu Geflügelrisotto: siehe → Geflügel
zu Geflügelsalat: siehe → Geflügel

Brathuhn gegart
zerteilen

1. Brathuhn am Brustbein entlang halbieren.
☺ Anstelle einer Geflügelschere ein großes, scharfes Messer benutzen. Der Schnitt wird glatter und verletzt die Geflügelbrust nicht.

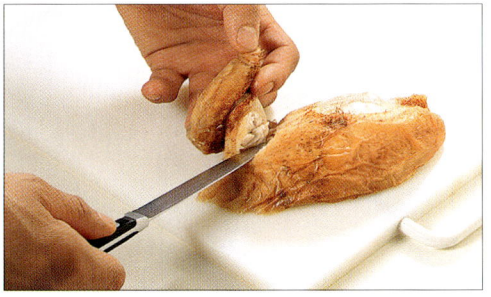

2. Den Flügel direkt an der Brustseite abtrennen
3. In gleicher Weise wird die Keule entfernt.

4. Hühnerkeule mit einem spitzen Messer am Gelenk einstechen und den Knorpel durchtrennen.

5. Knorpel am Ende der Hühnerkeule mit einer leichten Drehbewegung abtrennen. Dort werden später die Papilotten (Geflügelmanschetten) aufgesteckt.

6. Je nach Größe der Brust diese ein- oder zweimal quer und leicht nach unten durchschneiden, um die Schnittstelle zu verdecken.

Eier, gefüllte

herstellen

Knapp hart kochen und in eine Schüssel mit kaltem Wasser legen. Kaltes Wasser ständig zulaufen lassen und die Eier unter der Wasseroberfläche schälen. Geschälte Eier bis zur vollständigen Abkühlung in kaltem Wasser liegen lassen. Mit einem Messer halbieren, den Dotter mit einem Kaffeelöffel entfernen und das Ei mit kaltem Wasser abspülen. Trocken tupfen und mit einem Kaffeelöffel füllen.

☺ Die Zutaten für die Füllung unbedingt kleiner als gewohnt schneiden. Die Füllung wird wesentlich schöner.

schaukeln

Die Unterseite vor dem Füllen mit einem scharfen Messer begradigen. Darauf achten, dass dabei kein Loch entsteht. Mit Küchenkrepp trocken tupfen und kurz vor dem Anrichten in heiße Gelatine tauchen oder damit abpinseln.

schneiden

Das ganze Ei leicht mit Daumen und Zeigefinger zusammendrücken und mit einer feuchten Messerklinge schneiden.

Eihälften

aufbewahren

Zwei bis drei Tage in leicht gesalzenem, kalten Wasser, in einem abgedeckten Behälter im Kühlschrank.

Fischplatte

geeignete Sorten (Auswahl)

Aal
Forellenfilets, geräuchert
Forellen, blau gekocht
Lachs, frisch im Ganzen pochiert
Lachs, geräuchert
Matjes
Schillerlocken

Forellen

anrichten

Forellen im Rohzustand zwischen Kiemen und Schwanz mit Hilfe einer Schnur im gebo-genen Zustand fixieren und kochen (siehe → Fisch formen). Aus dem Sud nehmen und die Schnur entfernen. Mit der Unterseite auf ein Gitter zum Abtropfen stellen. Fischmaul mit kleinen Petersiliensträußchen füllen.

Geflügelbrust

gebraten auslösen *für Canapés*

1. Mit scharfem, spitzem Messer beidseitig am Brustbein nach unten einschneiden.

2. Mit dem Daumennnagel vorsichtig nach unten weiterarbeiten und so das Fleisch vom Knochen lösen.

gebraten und ausgelöst schneiden
für Canapés

Quer zur Faser von der Spitze an scheibchenweise in Abständen von ca. 5 mm.

☺ Die Brust vorher seitlich begradigen, um möglichst Scheiben gleicher Größe zu erhalten.

Hummer

anrichten

Möglichst großzügig auf nicht zu kleinen Platten. Vorher eventuell einen Gelatine-Spiegel angießen.

auf der Platte fixieren

siehe → Allgemeines
Ansonsten bei größeren Garnituren mit Holz-
zahnstochern und Gelatine arbeiten.

zerteilen

1. Scheren am Gelenk mit einer Drehbewegung
abtrennen.

2. Hummer flach auf die Arbeitsfläche legen. Mit
einem großen, scharfen Messer am Rücken
vom Schwanzende zum Kopf (oder umgekehrt) in der Mitte teilen.

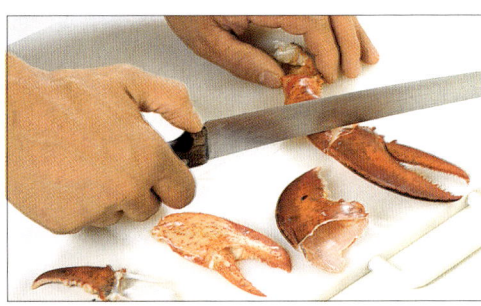

3. Mit einem Küchenbeil oder Messerrücken die
Scheren am Gelenk aufklopfen und das
Fleisch entnehmen.

☺ Eine Fonduegabel leistet hier gute Dienste.

4. Mit einer Gabel zunächst am Schwanzende
den Darm (sieht aus wie ein dickerer, bräunli-
cher Schnürsenkel) zwischen zwei Zinken
nehmen und aufwickeln. Als nächstes durch
leichtes Anheben das Hummerfleisch entnehmen.

KÄSEPLATTE

geeignete Sorten (Auswahl)

Camembert
Cheddar-Chester, aufgeschnitten
Cheddar-Chester, grün, aufgeschnitten
Edamer, aufgeschnitten
Emmentaler, aufgeschnitten
Gouda, aufgeschnitten
Mandel-Kirschwasserkäse in der Rolle
Pfefferkäse, klein, rund, schwarz
Tortenbrie
Walnusskäse
Ziegenkäse in der Rolle

Mengen

Die angegebenen Mengen rechnen sich pro
Person, sind aber nur Cirka-Angaben. Im
Schnitt rechnet man zwischen 60 und 100
Gramm Käse pro Person. Je größer die An-
zahl der Käsesorten, desto geringer ist die
Grammzahl pro Person.
Als Käseplatte mit Brot:
200 bis 250g
Als Käsespießchen:
80 bis 120g
Als vorletzter Gang bei größeren Menüs:
50 bis 70g
Zum Wein:
100 bis 150g

Reste verwerten

Für Eiersalat: In kleine Würfel schneiden, mit
Remouladensoße mischen und mit Schinken,
Eischeiben und Spargel- oder Äpfelstücken in
eine Schüssel geben.
Für Käsesalat: Käse klein schneiden und mit
Zutaten nach Geschmack mischen, würzen,
mit Mayonnaise leicht binden.
Für Käsespätzle (1): Fein gewürfelte Zwiebeln
in Butter anschwitzen, geriebenen Käse zugeben, schmelzen und mit gut gewürzten Spätzle mischen.

Für Kässpätzle (2): Mild gewürzte Spätzle schichtweise mit abgeschmolzenen Zwiebeln und Würfelkäse in eine feuerfeste Form schichten und im Backofen garen. Oder in eine Porzellan- oder Glasform geben und abgedeckt in der Mikrowelle zubereiten.

Für Kartoffelsalat: In kleine Würfel schneiden und unter den Salat mischen.

Für Schweizer Wurstsalat: In dünne Streifen schneiden und mit einfachem Wurstsalat mischen.

KALTE PLATTEN

anrichten

erhöht: Alufolie in Form einer Salatgurke zusammendrehen und der Platte als Unterbau anpassen. Wurst- und Käsescheiben etc. darüberlegen.

Soll eine Salatgurke verwendet werden, Gurke einseitig knapp mit scharfem Messer begradigen. Schnittfläche trocken tupfen und mit heißer Gelatine durch Abpinseln isolieren, um das Austreten von Gurkensaft zu verhindern.

Einfacher Turm: Orangen durch Begradigen eine Standfläche verschaffen und mit Gelatine isolieren.

Zweifacher Turm: Orange beidseitig begradigen. In die Oberseite zwei bis drei Zahnstocher zur Hälfte einstechen. Tomate einseitig begradigen und auf die herausstehenden Spitzen stecken.

Dreifacher Turm: Mit einem kleinen, beidseitig begradigten Weißkrautkopf beginnen. Auf der Oberseite zwei bis drei Holz- oder Schaschlikspieße einstechen, darauf Orangen setzen und auf diese Tomaten, die mit Zahnstochern befestigt werden.

Weitere Unterbauten: Äpfel, Melonen, Zitronen, umgedrehte Teller, Kaffeetassen u.s.w.

☺ Bei Geschirren eine feuchte Serviette unterlegen, damit sie nicht verrutschen.

auf der Platte fixieren

Das Dekorationsgut auf der Unterseite vorsichtig mit Küchenkrepp trocken tupfen. Den vorgesehenen Standort auf der Platte ebenfalls gründlich trocknen. Die trockene Unterseite mit heißer, dickflüssiger Gelatine einpinseln und kurze Zeit auf der Platte festhalten. Bei größeren Fischen (wie Forelle) tournierte (siehe → Fachausdrücke) Zitronen oder Salatgurken als Unterbau verwenden. Verbindungen gegebenenfalls mit Gelatine und/oder Zahnstochern festigen.

Schinkenscheiben-Unterbau
(beginnend in der rechten oberen Ecke)

Aufstellen von rohem Schinken

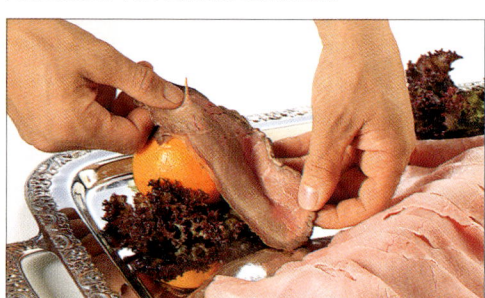

Roastbeef-Aufbau

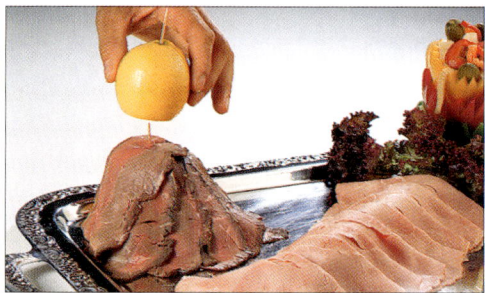

Roastbeef-Aufbau (2)

Kalte Platte, Gesamtansicht

Lauch schneiden

garnierte Platten werden nicht trocken

Pergamentpapier bogenweise in kaltes Wasser tauchen und Restfeuchte durch Schütteln entfernen. Die fertigen Platten vorsichtig damit abdecken. Anschließend Bahnen von Klarsichtfolie darüberlegen und unterhalb des Plattenrandes vorsichtig straffen.

○ Gewaschene, abgetropfte Salatblätter als Unterbau bzw. flächendeckende Garnitur verwenden.

Spiegel gießen

Gelatine nach Rezept kochen, die angegebene Flüssigkeit aber um cirka zehn Prozent reduzieren. Die Platte vorkühlen und Gelatine aufgießen. Die Platte muss völlig gerade stehen, eventuell mit Bierdeckeln ausgleichen. Im Kühlschrank oder einem kühlen Raum mindestens zwölf Stunden ruhen lassen.

☺ Die Gelatine bildet keine Blasen, wenn sie vorsichtig durch ein Teesieb direkt auf die Platte gegossen wird. Dann sollte die Platte aber handwarm und nicht gekühlt sein.

LAUCH

siehe auch → Gemüse, Lauch

blanchieren

Blätter für Kalte Küche: Möglichst große Stücke verwenden. Blätter einzeln in die Hand nehmen und ins kochende Blanchierwasser einschieben. Wenn der Lauch wellt, sofort in Eiswasser abschrecken.

schneiden

Die blanchierten Lauchblätter werden als Unterlage für Tomatenrosen zugeschnitten.
siehe →Tomatenrose

REHRÜCKEN

garnieren

Karkasse des ausgelösten Rehrückens auf ein Gitter setzen, Papier unterlegen und dort garnieren. Gerade bei Arbeiten mit Gelatine wird so eine unnötige Verschmutzung der Platte vermieden.

schneiden und garnieren

1. Den gebratenen Rehrücken der Länge nach vor sich auf ein Brett legen.

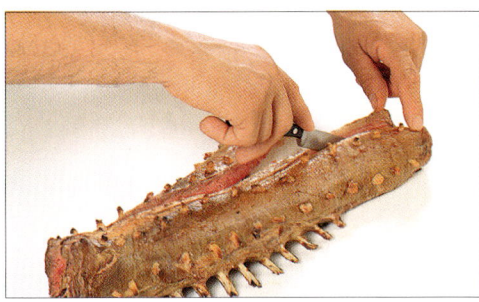

2. Von oben nach unten zu beiden Seiten die Filets herausschneiden und neben die verbleibende Karkasse legen. Nicht verwechseln!

3. Das linke Filet alle zwei Zentimeter schräg nach unten aufschneiden, dabei aber die Fleischstränge beieinander lassen. Mit der rechten Seite in gleicher Weise verfahren.

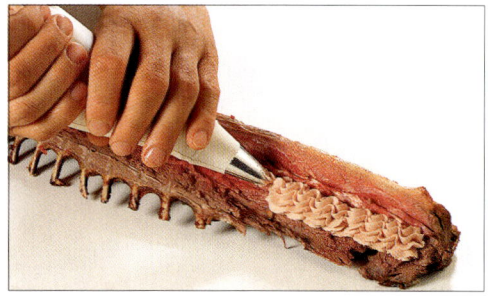

4. Die Karkasse mit Lebermus ausspritzen und glattziehen.

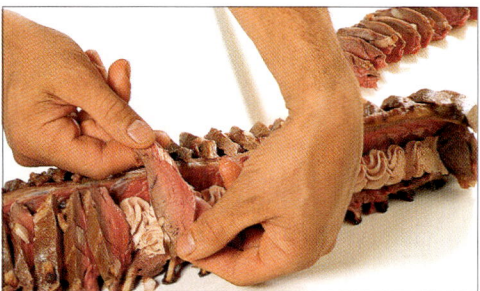

5. Die einzelnen Filetscheiben in heiße Gelatine tauchen und schuppenartig jeweils seitlich wieder ansetzen.

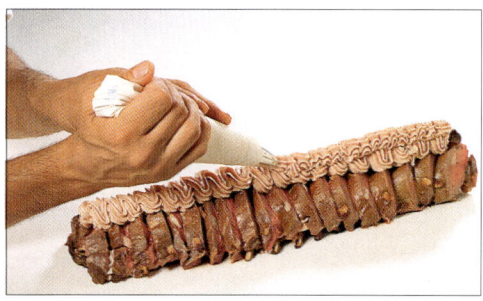

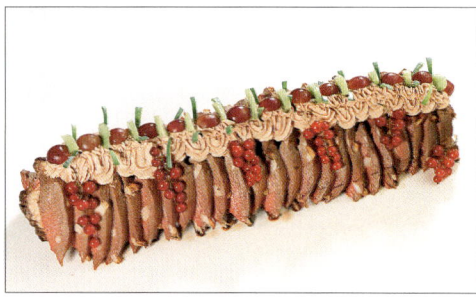

6. Den Rehrücken ausgarnieren.

Karkasse ausspritzen

! Für die Spritzmasse nur Butter verwenden, Halbfettmargarine ist ungeeignet. Die Butter festigt die Spritzmasse. Zur Stabilisation etwas flüssige Gelatine (aus Gelatinepulver) untermischen.

Reste verwerten
Als Pastetenfüllung
Für Suppe: Aus Wildfond eine Suppe bereiten, das Fleisch klein schneiden, mit Rotwein und Champignonfond verkocht als Einlage zugeben.
Zu Wildragout: Geschnitten mit Madeirasoße, Champignons oder Pfifferlingen, Zwiebeln etc. zu Ragout verkocht.

ROASTBEEF

Reste verwerten
Als Brotbelag: In dünne Scheiben geschnitten.
Als Einlage: Gewürfelt in Rotwein nachgaren und für Gulaschsuppe verwenden.
Für Eintopf: Gemüseeintopf kochen und grob gewürfeltes Roastbeef ca. 25 Minuten mitkochen lassen.
Für Rindfleischsalat: In dünne Streifen schneiden und mit Essiggurke, Zwiebel, Gewürzen etc. vermischen.
Für Zwiebelfleisch: In Scheiben schneiden, würzen, mehlieren und in Fett beidseitig anbraten. Mit Zwiebeln vermischen, glasig werden lassen und mit Jus oder anderen, braunen Soßen aufgießen und abschmecken.

SPRITZMASSEN

ALLGEMEINES

aufbewahren
○ Vorgefertigte Masse nicht über Nacht in den Kühlschrank geben oder gar bereits im Spritzbeutel eingefüllt dort lagern.
○ Lagern bei Küchentemperatur (18 bis 22 °C) für zwölf Stunden möglich.
○ Kalte Massen lassen sich schlecht spritzen.

zu blass
Mit geriebener Gelbwurz (Kurkuma) oder Safran vermischen.

zu fest zum Spritzen
Masse gründlich mit der Hand durchkneten. Die Körpertemperatur der Hände verleiht der Masse die richtige Konsistenz.

Eimassen
leichter herstellen
Dotter von frisch gekochten, noch leicht warmen Eiern verwenden, durch ein Sieb drücken und mit der Butter vermischen.

Lebermus
feiner
Die Butter gründlich schaumig rühren. Die Leberwurst durch ein feines Sieb drücken und nach und nach unter die Butter arbeiten.

SCHICHTSALAT

schmeckt fade
! Der Salat hat nicht lange genug durchgezogen.

unansehnlich
! Der Salat wurde umgerührt.
! Der Salat wurde nicht richtig eingeschichtet.
! Die Schüssel war zu groß.

zubereiten
In eine runde Schüssel mit geraden Wänden erst den abgetropften, kleingeschnittenen Selleriesalat, dann die gewürfelten, hart gekochten Eier, darauf den kleingeschnittenen gekochten Schinken, die würfelig geschnittenen Ananasstücke und den abgetropften Mais einschichten. Alles mit den Scheiben eines säuerlichen Apfels gut abdecken, das Weiße von zwei Stangen Lauch in Ringe schneiden und über die Apfeldecke streuen. Ein Glas fettreduzierte Mayonnaise (250 g), mit einem halben Becher Sahne gut verrühren und auf die Schichten gießen. **Nicht umrühren.** Mit Klarsichtfolie abdecken und 24 Stunden im Kühlschrank durchziehen lassen. Portionen abstechen und nicht vermischen.

TOMATENROSE

herstellen

1. Streifen von ca. 1 cm Breite abschneiden.

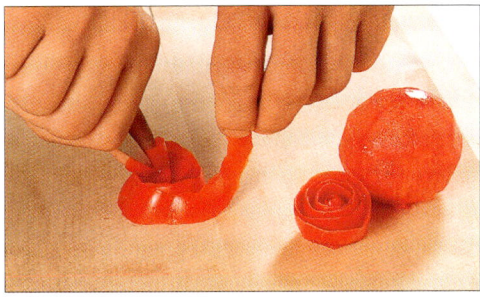

2. Die Tomatenschale mit Daumen und Messerspitze zusammendrehen.

SUPPEN

ALLGEMEINES

entfetten

○ Durch Abschöpfen mit einer Kelle.
○ Absaugen durch mehrfaches Auflegen von unbedrucktem Küchenkrepp.
○ Über Nacht in den Kühlschrank stellen und am nächsten Tag den Fettspiegel entfernen.

fertig

Das Suppenfleisch lässt sich leicht anstechen.

Knochenmark

Anmerkung der Autoren: Zur Zeit der Drucklegung dieser Auflage wurde die Verwendung von Knochenmark nicht empfohlen.

kühlt besser aus

Nach dem Kochen ein Metallgitter oder einen Kochlöffel unter den Topf legen, damit die Luft zwischen Topfboden und Abstellfläche zirkulieren kann. Nicht auf einer Marmorplatte abstellen!

schönere Farbe

Tomaten und an den Schnittflächen geschwärzte Zwiebeln mitkochen.

versalzen

❗ Durch zu starkes Einkochen und/oder wiederholtes Aufkochen.
❗ Übermäßige Zugabe von Sellerie, Lauchgewächsen sowie Kochsalz.
☺ Vorsichtig kaltes Wasser zugießen und erneut erwärmen.
☺ In einen Mullbeutel ein bis zwei Esslöffel Reis geben und etwa fünfzehn Minuten mitsieden.

zu hell

❗ Die Kochzeit war zu kurz.
❗ Zu wenig Suppengemüse und Zwiebeln.

zu scharf

Ungewürzte Brühe oder Wasser zugießen und erneut erwärmen.

SUPPEN

aufbewahren

Vollständig abgekühlt in verschlossenen Behältern im Kühlschrank max. fünf Tage.

angießen

Mit köchelnder, passierter Fleischbrühe. So wird die Kochzeit verkürzt.
Gebundene, angeschwitzte Suppen: Mit köchelnder, passierter Fleischbrühe angießen, sofort mit dem Schneebesen glatt rühren und mit einem Kochlöffel den Topfrand ausfahren. Dort brennt die Suppe leicht an, da die Drähte des Schneebesens diese Stellen nicht erreichen können.

aufwärmen

Gebundene Suppen: Kalt mit ungewürzter, kalter Fleischbrühe verdünnen und dann aufkochen. Erneutes Abschmecken erforderlich.
Klare Suppen: Vorsichtig aufkochen. Sind die Einlagen bereits zu weich, Brühe abgießen und aufkochen. Anschließend die Einlagen zugeben, aber nicht mehr kochen lassen.

einfrieren

Kochend in Vorratsbehälter einfüllen. Mindestens drei bis vier Zentimeter unter dem Behälterrand Platz lassen, da es später an der Oberfläche zu Aufwerfungen kommen kann. Auskühlen lassen, verschließen und Art der Einlage vermerken.

überkochen

☺ Topfrand mit Öl einpinseln, die überschäumende Suppe bricht sich an dieser Stelle. Dann mit einem Schneebesen in der Topfmitte rühren, und mit einem Schuss kaltem Wasser ablöschen.

pürieren

Eine Gemüse-Kartoffelsuppe wird mit Hilfe eines Stabmixers püriert.

verlängern

Klare Suppen: Mit ungewürzter Fleischbrühe und frischen Einlagen.
Gebundene Suppen: Der kalten Suppe ungewürzte Fleischbrühe zugeben, aufkochen und mit Mehlbutter nachbinden. Frische Einlagen zufügen, mit Sahne, Weißwein etc. verlängern und erneut abschmecken.

versalzen

Klare Suppen: Mit ungewürzter Brühe angießen und vorsichtig neu würzen.
Gebundene Suppen: Zwei bis drei geschälte und halbierte Kartoffeln mitkochen. Die Stärke nimmt das Salz in sich auf. Dabei kann es zum Nachdicken der Suppe kommen.

würzen, nachwürzen

Klare Suppen: Nach Beendigung der Garzeit. Anschließend nochmals leicht aufköcheln, damit sich die Gewürze besser verteilen.
Gebundene, legierte Suppen: Legieren, würzen, leicht aufköcheln, dann erst Wein bzw. Zitronensaft zugeben.

zu dick

Strecken mit ungewürzter Fleisch-/Fischbrühe, mit Milch oder süßer Sahne und erneut abschmecken.

zu dünn

Klare Suppen: Stark reduzierte Fleischbrühe zugeben. Oder die Suppe neu ansetzen und die zu dünne Suppe als Aufguss verwenden.
Gebundene Suppen: Schrittweise Zugabe von Mehlbutter (Verhältnis 1:1). Verlängert die Kochzeit um ca. 15 bis 20 Minuten, erneutes Abschmecken ist notwendig.

FLEISCHBRÜHE / KRAFTBRÜHE BOUILLON / CONSOMME

aufbewahren

Im Kühlschrank ca. zwei Tage. Den Fettspiegel belassen, da dieser abgekühlt einen natürlichen Verschluss bildet und das feine Aroma erhalten bleibt. Fettspiegel vor der Weiterverwendung abnehmen.
Tiefgefroren, völlig entfettet und ohne Einlage ca. sechs Monate.

aufwärmen

Langsam bei mäßiger Hitze auf dem Herd erwärmen. Die Suppe darf nicht mehr kochen, sie wird sonst trübe.

einfrieren

Die Brühe abseihen und kochend in Portionsbehälter einfüllen, auskühlen lassen und dann einfrieren.
☺ Klare Brühen auch in kleinen Portionen einfrieren und zum Verfeinern von Gerichten verwenden.

farblos

☺ Der Brühe eine Tomate zufügen.

Fleischessenz in Mokkatassen

Fleischessenz in Mokkatassen, gut gekühlt serviert und mit Kresseblättchen bestreut, ist ein köstlicher Zwischengang oder Appetizer. An sehr kalten Tagen heiß, mit einem Schuss Sherry, als Willkommensdrink servieren.
☺ Kalte Fleischessenz in Flaschen abfüllen und im Kühlschrank aufbewahren.
☺ Heiße Fleischessenz erwärmen und in Thermoskannen aufbewahren.

geliert

Die Consommé muss absolut fettfrei sein um als Gelee serviert zu werden.
Auf einen Liter Brühe rechnet man ca. sieben Gramm Gelatine. Die Gelatine in etwas heißer Brühe auflösen und zur Suppe geben.
Gelierprobe: Einen Esslöffel Brühe auf einen Teller geben und ca. 15 Minuten kühl stellen. Der Gelee darf nicht zu fest sein, er soll auf der Zunge zergehen.

kalt servieren

Consommé und Fleisch-Essenzen schmecken kalt ausgezeichnet. Als Einlage eignen sich Tomatenwürfel, Maiskörner, Gurkenwürfel, Spargelstückchen und frische Kräuter.

klären

Rezept für fünf Liter Brühe:
1 kg mageres Rindfleisch
2 geschälte Karotten
1/8 bis 1/4 geschälte Sellerieknolle
mittelgroße Tomaten
3 Eiweiß
500 g Crushed-Ice (zerstoßenes Eis)

Rindfleisch, Karotten und Sellerie durch die mittelgrobe Scheibe des Fleischwolfs drehen. Die Tomaten grob würfeln. Alles mit der Hand zu einer homogenen Masse verkneten. Das Eiweiß unterarbeiten, die Masse 20 Minuten kühl stellen, dann mit der Hand das Eis vorsichtig untermischen. Die Masse in einen großen Topf (mindestens 7,5 Liter Inhalt) geben.

Die Brühe darübergießen und mit einem Holzspatel vorsichtig und langsam vermengen.

Auf dem Herd bei Stufe 2-3 langsam zum Aufstoßen bringen. Während dieser Zeit **nicht rühren**. Anschließend ca. fünf Minuten wallen lassen, die Flüssigkeit darf aber nicht kochen.

Ein Sieb mit einem Passiertuch auslegen und die Flüssigkeit durch das Tuch abgießen. Wenn nötig, mehrmals wiederholen. Nicht pressen, die Brühe wird sonst trübe.

☺ Wird die Brühe einmal geklärt, erhält man *Bouillon.*

☺ Wird die Brühe zweimal geklärt, erhält man *Consommé.*

☺ Wird die Brühe dreimal geklärt, erhält man *Consommé double.*

☺ Stark eingekocht erhält man *Fleisch-Essenz.*

☺ Fleisch-Essenz in Eiswürfelbehälter einfrieren und zum Verfeinern von Gerichten verwenden.

Consommé double ist die Basis für *Fleischgelee / Aspik.*

siehe auch → trübe

Knochen verwerten

Die Knochen mit frischem Suppengrün nochmals in Salzwasser auskochen, so werden sie voll ausgenutzt. Die Brühe abseihen und zum Auffüllen von Suppen und Soßen verwenden. Restbrühe einfrieren.

Die Knochen vor dem Auskochen unbedingt blanchieren. Dadurch wird das bereits zersetzte und geronnene Fleischeiweiß (erscheint als grauer Schaum auf der Suppe) entfernt.

kräftiger

❍ In der Brühe ein Stück Rindsleber mitkochen.
❍ Die Knochen erst in einem Esslöffel Fett anrösten, die Brühe bekommt dadurch eine kräftige Farbe.

sauer

! Die Brühe wurde mit Einlagen, z.B. Gemüse, zu lange gelagert.
! Die Brühe wurde zu warm gelagert.
☺ Die Brühe durch ein Haarsieb gießen.
☺ Die Brühe möglichst schnell abkühlen lassen. siehe → kühlt besser aus

schmeckt fade

Den Fond vor dem Klären reduzieren.

trübe

! Die Brühe hat zu stark gekocht.
! Der Topf wurde während des Kochvorgangs mit dem Deckel abgedeckt.
! Die verwendeten Fleischteile wurden vor dem Zugeben nicht blanchiert.
! Die Brühe wurde mit kochendem Wasser aufgegossen.
! Während des Kochens wurde rohes Fleisch zugefügt.
! Kalte Fleischbrühe wurde zu schnell aufgekocht.
! In der fertigen Brühe wurden die Einlagen mitgekocht.
! Der Kochtopf war nicht sauber.
! Das geronnene Eiweiß wurde nicht abgeschöpft und hat sich durch zu starkes Kochen wieder mit der Brühe vermischt.
! Die Brühe wurde beim Passieren durch das Tuch gepresst.
☺ Einlagen getrennt in Würfelbrühe garen, in die Suppentasse geben und mit der heißen Brühe aufgießen.
☺ Die Suppe mit kaltem Wasser aufsetzen.
☺ Flüssigkeitsverlust mit kaltem Wasser ergänzen.
☺ Die blanchierten Fleischteile erst heiß, dann kalt abwaschen.
☺ Eine Hand voll frische, gewaschene Spargelschalen zufügen.
☺ In die kochende Brühe ein bis zwei Tassen Crushed-Eis geben, die Hitze um die Hälfte reduzieren und langsam weiterköcheln lassen. Temperatur reduzieren, zwei bis drei halbierte Tomaten zugeben und langsam weiterköcheln lassen.

überbacken

❍ Mit frisch geriebenem Käse.
❍ Mit Käsescheiben.
❍ Mit einer *Sahnehaube*: für vier Tassen Suppe, vier Esslöffel geschlagene Sahne mit einem Eigelb verrühren, die Suppe in feuerfeste Tassen füllen, Sahnehäubchen aufsetzen und goldbraun überbacken.
☺ Geht schnell, wenn ein Sahnesiphon benutzt wird.

❍ Mit einer *Blätterteighaube*: Den Backofen auf 200 °C vorheizen. Pro Suppentasse einen Kreis (der Kreis soll ca. drei Zentimeter größer als der Tassendurchmesser sein) ausschneiden. Die heiße Suppe in feuerfeste Tassen füllen, den Tassenrand mit Eigelb bestreichen, Blätterteigkreis auflegen und an den Rändern fest andrücken. Den Deckel mit dem restlichen Eigelb bestreichen und im Ofen goldgelb backen.

zu dick

! Die Brühe enthält zuviel Gelatine
☺ Gelatine in etwas heißer Kraftbrühe auflösen und in die Suppe rühren. Auf einen Liter Brühe rechnet man ca. 7 Gramm Gelatine.

Aalsuppe, Hamburger Art

zu salzig

! Der Schinkenknochen und/oder Aal waren zu lange gelagert.
! Der Schinkenknochen und/oder Aal waren zu stark geräuchert.
☺ Statt des Schinkenknochens frisch geräucherten Speck verwenden.
! Suppenreste wurden im Kühlschrank gelagert und mit gewürzter Fleischbrühe gestreckt.
☺ Die Suppe mit neutraler Brühe angießen.

BLUMENKOHLSUPPE

verfeinern
Im Blanchierwasser einige Knochen 45 Minuten auskochen. Dann Blumenkohlröschen, Butter, Salz, wenig geriebene Muskatnuss und Zitrone zugeben. Leichte Schwitze mit Brühe aufgießen und auskochen. Pürierten Blumenkohl und Sahne zusetzen.

zu wenig Einlage
Klein gezupfte, frische Blumenkohlröschen in einer Mischung aus wenig Weißwein, Wasser, etwas Salz und Zucker offen garen, bis die Flüssigkeit fast eingekocht ist, und dann der fertigen Suppe zugeben.
☺ Geht auch mit Tiefkühlgemüse.

BROTSUPPE

zu dick
Mit leicht gewürzter Fleischbrühe, oder - je nach Grundrezept - mit hellem Bier oder Weißwein strecken.

zu sauer
! Zu hoher Anteil an Broten aus Sauerteig.
☺ Wenig Zucker oder je nach Rezept auch verquirltes Ei zugeben.

CHAMPIGNONSUPPE

bitter
! Bei Dosenware wurde auch der Pilzfond aus der Dose verwendet.
! Ware war überlagert.

geronnen
! Wurde nach dem Legieren erneut aufgekocht.
! Nachträgliche Zugabe von zu vielen oder zu kalten Pilzen.
! Es wurde zuviel Weißwein und/oder Zitronensaft verwendet.
! Der Zitronensaft aus Flasche oder Dose war überlagert.
☺ Pilzeinlage mit wenig Weißwein separat kurz aufkochen und dann der heißen Suppe zugeben. Niemals nach dem Legieren erneut aufkochen.

grau
! Bereits dunkle Champignons oder Egerlinge wurden verwendet.

☺ Süße Sahne zugeben. Als Aufguss 2/3 Milch und 1/3 Pilzfond verwenden.

schmeckt fade
! Der fertigen Suppe wurden frische Champignons zugefügt.
☺ siehe → verfeinern

verfeinern
○ Frische Pilze zuerst blanchieren, zurückbleibenden Fond als Aufguss für die Mehlschwitze verwenden.
○ Die Pilzeinlage zerkleinern und mit wenig Weißwein und einer Prise Zucker separat einkochen, dann der heißen Suppe zusetzen.
○ Die Suppe mit frischen Pilzen zubereiten, abkühlen lassen und im Mixer pürieren. Erneut aufkochen und mit Sahne und Gewürzen abschmecken.

weiter verwenden
Zu *Cremechampignons:* Frische Pilze mit Butter, Zwiebeln und wenig Weißwein dünsten. Flüssigkeit bei offenem Topf einkochen. Mit der kalten Restsuppe binden und vorsichtig erneut aufkochen. Gehackte Petersilie zufügen und abschmecken.

zu dick
Die Suppe durch schrittweise Zugabe von warmem Wasser, angewärmter Milch bzw. wenig Sahne strecken. Unter häufigem Rühren vorsichtig erwärmen und mit wenig Weißwein abschmecken. Zuviel Sahne verfälscht den Geschmack.

zu dünn
siehe → schmeckt fade
Bei *Päckchensuppen:* Suppe aufkochen, ein neues mit der halben angegebenen Wassermenge angerührtes Päckchen zufügen und damit andicken. Die Suppe dann nicht mehr aufkochen. Erneut abschmecken.

zu scharf
siehe → zu dick

EINLAUFSUPPEN

luftiger
Eigelb und Gewürze mit etwas Mehl zu einer Masse verrühren. Eiweiß schlagen und unter die Masse heben.

trübe

! Es wurde nur geschlagenes Ei in eine nicht kochende Suppe gerührt.

☺ Ei mit wenig Mehl verrühren, sofort in die kochende Suppe geben, aufkochen lassen und erst dann mit dem Schneebesen nur zwei- bis dreimal umrühren.

ERBSENSUPPE

verfeinern

Der Suppe eine Prise Zucker zufügen.

FISCHSUPPE

aufbewahren

Im Kühlschrank ca. zwei Tage

aufwärmen

Vorsichtig auf dem Herd heiß werden lassen. Zarte Fischstücke erst kurz vor dem Servieren zufügen.

ölig

! Der Fisch wurde in eine nicht kochende Brühe eingelegt.

☺ Die Flüssigkeit muss nach der Zugabe weiterkochen, dann scheidet sich das Öl nicht ab.

zu wenig Einlage

Rohe, fest kochende Fischfilets würfeln, in wenig Weißwein dünsten und mit der fertigen Fischsuppe aufgießen.
Vorsicht: Die Suppe nicht nochmal aufwärmen!

GEBUNDENE SUPPEN

binden mit

○ Püreeflocken
○ fein geriebener Kartoffel
○ Speisestärke

zu flüssig

! Die Suppe hat nach dem Binden noch weitergekocht, die Speisestärke verliert dann ihre Bindefähigkeit, die Suppe wird wieder flüssig.

zubereiten

Bei Suppen, die mit Speisestärke gebunden werden, die Speisestärke mit etwas Flüssigkeit vermischen, in die kochende Suppe ein-

rühren und den Topf von der Kochstelle ziehen. Erst wenn die Platte etwas abgekühlt hat, den Topf wieder auf die Kochstelle setzen. Suppen kurz vor dem Servieren binden.

GEMÜSESUPPE

schmeckt säuerlich

! *Klare Gemüsesuppe:* Die verwendeten Gemüse wurden vorgegart und zu lange gelagert.

! *Klare Gemüsesuppe:* Die Suppe wurde zu oft aufgewärmt.

! *Gebundene Gemüsesuppe:* Die Gemüse wurden vorgegart und zu lange gelagert.

! *Gebundene Gemüsesuppe:* Zum Abschmecken wurde zu viel Wein und/oder Zitronensaft genommen.
Achtung: Gemüsesuppen nicht länger als zwei Tage im Kühlschrank aufbewahren.

GRAUPENSUPPE

schmeckt fade

! Die Graupen wurden nur in Wasser gekocht.

☺ Graupen mit Fleisch- oder Gemüsebrühe vom Vortag aufgießen.

☺ Eine Speckschwarte mitkochen.

GRIESS-SUPPE, GERÖSTET

geronnen

! Die Suppe wurde nach dem Legieren aufgekocht.

! Zu reichliche Zugabe von Weißwein und/oder Zitronensaft.

! Der Anteil an Sahne, Wein oder Zitrone war zu hoch.

! Die Suppe wurde zu lange und zu heiß (richtig: nicht wärmer als max. 80 °C) warm gestellt.

schmeckt bitter

! Der Grieß wurde zu lange in Fett geröstet und ist braun geworden.

GRÜNKERNSUPPE

farblos

! Die Aufgussbrühe war trübe.

! Die Aufgussbrühe war zu dünn.

☺ Je Liter Suppe zwei bis drei Esslöffel Brei von grünen Erbsen mitkochen (frische oder Tiefkühlware, Dosenerbsen sind ungeeignet) und anschließend alles passieren.

schmeckt fade

! Zum Aufgießen wurde Wasser oder eine ungewürzte Brühe verwendet.

☺ Am Vortag eine kräftige Fleisch- oder Gemüsebrühe kochen, anwärmen und die Suppe damit aufgießen.

☺ Etwas Erbsenbrei mitkochen, die Erbsen steigern den Eigengeschmack von Grünkern.

GULASCHSUPPE

schmeckt bitter

! Die Zwiebeln sind beim Anbraten zu dunkel geworden.

! Paprikapulver wurde direkt in heißes Fett gegeben.

! Anbrennen am Topfboden.

! Zu starkes Einkochen.

! Verwendung von überreifen Paprikaschoten.

schmeckt süßlich

! Zu hoher Anteil an Zwiebeln.

☺ Herben Rotwein oder Essig zugeben.

verfeinern

❍ Durch Aufgießen mit leicht abgeschmeckter Fleischbrühe.

❍ Die Suppe länger reduzieren.

❍ Die Suppe am Vortag kochen und aufwärmen.

zu dünn

Nachbinden mit in Rotwein verrührter Kartoffelstärke. Diese der köchelnden Suppe schrittweise zusetzen und erneut abschmecken.

zu hell

! Die Suppe wurde zu häufig angegossen.

! Die Suppe wurde nicht genügend reduziert.

! Der Kartoffelanteil ist zu hoch.

zu scharf

! Zugabe von scharfem Paprikapulver.

! Zugabe von zuviel scharfen Würzsoßen.

☺ Strecken mit ungewürzter Fleischbrühe.

☺ Zugabe von verkochtem Zucker oder Zuckercouleur.

zu wenig Einlage

siehe → Ochsenschwanzsuppe

HÜHNERSUPPE

zu wenig Einlage

Hühnerkeulen mit wenig Lorbeerblatt und Rosmarin in etwas Würfelbrühe garen. Das Fleisch klein schneiden und in die fertige Suppe geben. Die Brühe um die Hälfte reduzieren und zufügen.

KALTE SUPPEN

aufbewahren

Abgedeckt im Kühlschrank ca. zwei Tage.

Beilagen

Zur Selbstbedienung verschiedene Croutonsorten in Schüsseln auf den Tisch stellen.

dünnflüssig

❍ In Brühe eingeweichte und ausgedrückte Brotkrumen zufügen.

❍ Frische Zutaten pürieren und einrühren.

☺ Die Suppe nach dem Andicken nochmals abschmecken.

KARTOFFELSUPPE

schmeckt fade

Speck und Zwiebelwürfel in der Pfanne anbraten, mit Majoran würzen und in die fertige Suppe geben.

verfeinern

Die fertige Suppe mit feinen Räucherlachsstreifen bestreuen.

weiter verwenden

Als *Kartoffelrahmsuppe:* Mit Milch strecken, etwas Püreepulver unterrühren, aufkochen und mit Sahne verfeinern.

zu dünn

Aufkochen und wenig Püreepulver unterrühren. Nachschmecken.

KRABBENSUPPE, BÜSUMER ART

farblos

! Es wurden Tiefkühlkrabben verwendet.

! Die Krabben kamen gefroren in die Suppe.

☺ Frische Krabben oder Krabben in der Lake (ohne Flüssigkeit) verwenden.

☺ Tiefkühlkrabben gefroren in eine Schüssel geben und kurze Zeit in einer Mischung aus herbem Weißwein, Zitronensaft und Weinbrand marinieren.

schmeckt fade

siehe → farblos

schmeckt zu fischig

! Bei Krabben in der Lake wurde der Sud mit in die Suppe gegeben.

! Die Suppe wurde zu häufig erwärmt und nachgekocht.

☺ Die Lake nicht mitverwenden.

☺ Bei mäßiger Hitze aufwärmen.

LAUCHSUPPE

geronnen

! Die Suppe wurde nach dem Legieren nochmals aufgekocht.

! Die fertig gekochte Suppe wurde zu lange und/oder zu heiß warm gestellt.

☺ Erst kurz vor dem Anrichten legieren.

schmeckt bitter

! Der rohe Lauch wurde direkt ins heiße Fett gegeben.

☺ Lauch mit wenig Wasser und Weißwein blanchieren, die Mehlschwitze mit dem Blanchierwasser aufgießen, den Lauch nach dem Legieren zugeben.

LINSENSUPPE

bekömmlicher

Die Suppe kurz vor dem Servieren mit etwas Essig und einer Prise Zucker abschmecken.

MINESTRONE

schmeckt süßlich

! Der Anteil an Kraut, Karotten und Zwiebeln war zu hoch.

! Die Suppe wurde mehrfach aufgewärmt.

☺ Herben Weißwein und/oder weißen Essig zugeben.

trübe

! Nudeln oder Reis wurden im Rohzustand in der Suppe gegart.

! Vorgegarte Nudeln oder Reis wurden nicht richtig mit kaltem Wasser klargespült.

! Die Suppe wurde zu lange gegart, und das Gemüse ist zu Mus verkocht.

verfeinern

Den Gemüseansatz mit heißer Fleischbrühe aufgießen. Die Suppe kann dadurch etwas eindunkeln.

NUDELSUPPE

farblos

❍ Brühe verwenden, die vorgekocht und erneut erhitzt wurde.

❍ Die Nudeleinlage separat in Würfelbrühe kochen, mit frischem Schnittlauch mischen und erwärmt zusetzen.

schmeckt fade

! Die gekochten Nudeln wurden direkt in den Teller gegeben und mit Suppe aufgegossen.

☺ Nudeln nur knapp garen, separat mit gewürzter Fleischbrühe mischen und vorwärmen. Erst dann in den vorgewärmten Teller geben und mit der Brühe aufgießen.

trübe

! Die Nudeleinlage wurde in der Suppe gegart.

! Vorgegarte Nudeln wurden nicht richtig mit kaltem Wasser klargespült.

zu dick

! Die Suppe wurde zu lange warm gestellt. Die Nudeln quellen dann nach und können dadurch die doppelte Menge der ursprünglichen Einlage erreichen.

☺ Gekochte Nudeln würzen, in wenig Brühe geben und getrennt erwärmen (z.B. Mikrowelle).

OBSTSUPPEN

Einlagen verfärbt

Die Einlagen, z.B. Grießklößchen, wurden in der Obstsuppe gegart.

☺ Die Einlagen in wenig Salzwasser garen, in die Suppenteller oder -tassen geben, mit der Suppe auffüllen und sofort servieren.

verfeinern

❍ Das Mark einer Vanilleschote mitkochen.

❍ Streifen von Zitronenschalen mitkochen.

○ Ein Stück Zimtstange mitkochen.

○ Mit wenig Zitronensaft, Wein oder Obstbränden abschmecken.

☺ Obst nicht mitkochen, sondern der gebundenen Suppe püriert zufügen. Die Suppe dann nicht mehr aufkochen.

zubereiten

Obstsuppen lassen sich sehr gut als *Püreesuppen* zubereiten. Das Obst mit dem Pürierstab zerkleinern und grundsätzlich die Masse durch ein Sieb streichen. Dabei bleiben Kerne und Schalen zurück und die Suppe erhält eine feine Konsistenz.

☺ Die Obstsuppe mit Sahne statt mit Milch auffüllen.

OCHSENSCHWANZSUPPE

schmeckt fade

! Der zerkleinerte Ochsenschwanz wurde nicht kräftig genug angebraten.

! Die Suppe wurde nicht genügend reduziert.

! Es wurde mit Wasser aufgegossen.

! Zum Aufgießen wurde eine ungewürzte Brühe verwendet.

☺ Eine kräftige Fleischbrühe schon am Vortag kochen, anwärmen und die Suppe damit aufgießen.

☺ Stark reduzierte, ungebundene Soßen vom Schwein oder Kalb beimischen.

weiter verwenden

○ Passiert als Aufguss für *Rinder- oder Sauerbraten.*

○ Reduzieren und *Gulaschsuppe* damit angießen.

zu hell

 siehe → schmeckt fade

zu wenig Einlage

○ Klein gewürfeltes, gekochtes Rindfleisch mit etwas Rotwein, Weinbrand und Pilzfond aufkochen und zur Suppe geben.

○ Klein geschnittene Champignons zufügen.

PÜREESUPPEN, CREMESUPPEN

aufbewahren

Im Kühlschrank ca. zwei Tage.

aufwärmen

Im Topf langsam erhitzen, aber nicht kochen. Die Suppe erst kurz vor dem Servieren verfeinern.

klumpig

Die Suppe durch ein Sieb streichen.

verfeinern

Püreesuppen: Sahne, Butter oder Kräuterbutter zufügen.
Cremesuppen: Butter, Crème fraîche, Sahne, Eigelb.

zu dick

Mit Brühe oder Milch vorsichtig verdünnen.

zu dünn

Nachbinden mit in Wasser verrührter Kartoffelstärke. Diese der köchelnden Suppe schrittweise zusetzen und erneut abschmecken.

Püreesuppen zubereiten

500 g Gemüse in ca. 1/8 l guter Fleischbrühe weich dünsten, durch ein Sieb streichen oder mit dem Pürierstab pürieren. Mit der restlichen Fleischbrühe erwärmen und würzen.

☺ Eine Kartoffel mitkochen, die Suppe bindet dann besser.

☺ Mit frischen Kräutern dekorieren.

☺ Püreesuppen sind gehaltvolle Suppen, die nicht dick machen.

☺ Mit Schlagsahne oder Crème fraîche verfeinern, der vorige Tipp entfällt dann.

Püreesuppen färben

Dunkelgrün: Brokkoli pürieren; in die fertige Suppe pürierte Kräuter (ohne Stängel) geben.
Hellgrün: Frische, pürierte Erbsen verwenden, mit Kresse dekorieren.
Orange: Die Suppe mit pürierten Karotten zubereiten.
Rot: Die Suppe mit Roten Beten zubereiten.
Weiß: Einen frischen Blumenkohl ca. 30 Minuten in Essigwassser legen, dann die Suppe zubereiten. Mit wenig Zitronensaft und Muskatnuss verfeinern.

REISSUPPE

geronnen

! Die Suppe wurde nach dem Legieren erneut aufgekocht.

! Die Suppe wurde bei zu hoher Temperatur zu lange warm gestellt.

zu dick

! Die Suppe wurde zu lange warm gestellt, dadurch quillt der Reis stark nach.

☺ Strecken mit abgeschmeckter Fleischbrühe sowie süßer Sahne.

SCHAUMSUPPE

Schaumsuppen sind Rahmsuppen, die sich durch eine äußerst luftige Konsistenz auszeichnen. Auf Speisekarten wird das meist durch Verniedlichung hervorgehoben (z.B. Hummerschaumsüppchen).

Schaumsuppe geronnen

! Die Suppe wurde zu lange warm gestellt.

Schaumsuppe, herstellen

Die fertige Suppe in Tassen oder Teller füllen, mit einem Sahnesiphon etwas ungesüßte Sahne durch knappes Eintauchen der Düse in die Suppe einspritzen. Mit einer Gabel leicht unterheben und sofort servieren.

Achtung: Dies geht nur, wenn die Düse des Sahnesiphons zum Reinigen abgezogen werden kann.

SELLERIESUPPE

geronnen

! Die Suppe wurde nach der Fertigstellung erneut aufgekocht.

! Die Suppe wurde zu lange und zu heiß warm gestellt.

! Durch zu hohe Zugabe von Weißwein und/oder Zitronensaft.

! Die Suppe wurde in der falschen Reihenfolge verfeinert.

Richtig: Sahne oder Crème fraîche vor Weißwein und/oder Zitrone zugeben.

farblos

Die Suppe mit feinst geschnittenen Würfeln von Karotten und Lauch zubereiten.

schmeckt bitter

! Die verwendete Aufgussbrühe war schon zu alt.

! Die Suppe wurde zu oft aufgekocht.

schmeckt fade

○ Gesäuberte Sellerieschalen zusammen mit Fleisch gründlich auskochen und diesen Sud als Aufguss verwenden.

○ Die Gemüseeinlage in Weißwein mit wenig Zucker blanchieren und erst nach Fertigstellung zugeben.

SERBISCHE BOHNENSUPPE

verfeinern

○ Mit fertiger, heißer Fleischbrühe aufgießen.

○ Speckschwarten mitkochen.

○ Mit Rotwein abschmecken.

SPARGELBRÜHE MIT EINLAGE

schmeckt bitter

! Passiert oft bei Blaukopfspargel.

! Beim Auskochen der Schalen wurde zu wenig Wasser und/oder Wasser ohne Zusatz von Zucker verwendet.

! Der Anteil an Bruchspargel war zu hoch.

! Bereits ausgekochte Schalen und Spargelstücke sind im Sud zum Auskühlen verblieben und wurden mit dem Sud erneut zur Weiterverarbeitung erhitzt.

! Halbierte Zitronen wurden mit Schale mitgekocht.

schmeckt fade

○ Das Kochwasser der Schalen und Spargelstücke mit Zucker, Zitrone und Salz würzen.

○ Fleisch und/oder Markknochen blanchieren und dem Kochwasser zugeben.

trübe

siehe → Spargelbrühe schmeckt bitter

SPARGELCREMESUPPE

geronnen

siehe → Selleriesuppe, geronnen

grau

! Der Milchanteil in der Suppe war zu hoch.
! Die fertige Suppe wurde mit süßer Sahne aufgehellt.

zu dick

siehe → Champignonsuppe

schmeckt bitter, fade

! Zum Aufguss wurde falsch zubereitete Spargelbrühe verwendet.
siehe auch → Spargelbrühe, schmeckt bitter

zu dünn

siehe → Champignonsuppe

TOMATENSUPPE, GEBUNDEN

Einlagen

○ Gekochten Reis oder Nudeln in kaltem Wasser gründlich abspülen und in gut gewürzter Fleisch- oder Gemüsebrühe erwärmen.
○ Rohe Einlagen (z.B. Tomaten, Zwiebeln) durch Anschwitzen oder Dämpfen vorgaren, da der hohe Säureanteil der frischen Einlagen den Geschmack der Suppe verändern kann.
○ Die erwärmten Einlagen in die Teller geben und dann mit der heißen Suppe auffüllen.

farblos

! Die Suppe wurde mit Wasser statt mit Fleischbrühe aufgegossen.
! Bei der Zubereitung wurde zu wenig Tomatenpüree zugesetzt.
! Die Kochzeit war zu gering.
! Die Suppe wurde im geschlossenen Topf gegart.

schmeckt fade

! Die Suppe wurde mit Wasser statt mit Fleischbrühe aufgegossen.
! Der Anteil an frischen Tomaten war zu gering.
! Der Ansatz wurde zu wenig reduziert (vor dem Aufgießen erforderlich).
☺ Auf einen halben Liter Suppe einen Esslöffel Tomatenmark mit wenig Zucker verrühren und zufügen.

schmeckt säuerlich

! Das verwendete Tomatenmark hatte einen zu hohen Säuregehalt.
! Das verwendete Tomatenmark war zu alt.
! Die Aufgussbrühe war zu alt.
☺ Wenig Zucker und Sherry zufügen.

TOMATENSUPPE, KLARE

schmeckt fade

! Der Anteil an Tomaten in der Suppe war zu hoch. (Frische Tomaten binden Salz und andere Gewürze.)
! Als Einlage wurden ungewürzter Reis oder Nudeln verwendet.
☺ Mit einer fertigen, heißen Brühe aufgießen und erneut aufkochen. Erst nach der vollständigen Fertigstellung abschmecken.

weiter verwenden

Minestrone mit der restlichen Tomatensuppe aufgießen.

ZWIEBELSUPPE

weiter verwenden

○ Zwiebelsoße ansetzen und mit der restlichen Zwiebelsuppe aufgießen oder strecken.
Als Aufguss für Rinderschmorbraten oder Rinderrouladen.

zu bitter

! Die Zwiebeln wurden nicht mit einem scharfen Messer, sondern maschinell zerkleinert. In der Maschine werden die Zwiebeln zerquetscht und nicht zerschnitten, das macht sie bitter.
! Knoblauch wurde direkt und zu lange ins heiße Fett gegeben.
! Der Anteil an Estragon war zu hoch.

zu salzig

! Die Suppe wurde zu häufig aufgewärmt.
! Die Aufgussbrühe war zu stark konzentriert.
! Während des Anbratens der Zwiebeln wurde Salz zugegeben.
☺ Mit ungewürzter Fleischbrühe aufgießen.

zu süß

! Der Anteil an Zwiebeln war zu hoch.
! Zu viel frischer Estragon oder Kerbel in Verbindung mit Zwiebeln.
☺ Mit wenig Essig nachschmecken.

zu wenig Einlage

Zwiebelscheiben halbieren und mit gehacktem Knoblauch in Fett anschwitzen, mit Estragon würzen, mit wenig Weißwein ablöschen und kurz einkochen lassen. Mit der fertigen Suppe auffüllen, nochmals kurz aufkochen.

SUPPENEINLAGEN

CROUTONS

aufbewahren

Offen, auf fettaufsaugenden Unterlagen. In verschlossenen Behältern werden sie weich.

garen

Einlagen für klare Suppen in Salzwasser oder Würfelbrühe garen, die Einlage in die Suppentassen- oder Teller geben, mit der heißen Suppe aufgießen und sofort servieren. Die Brühe bleibt dann klar und wird nicht trübe.

quellen zu stark

! Croutons waren frisch zubereitet.

☺ Die Croutons erst unmittelbar vor dem Anrichten in den Teller geben oder aufstreuen.

schmecken bitter

! Die Croutons sind beim Rösten zu dunkel geworden.

! Mit den Croutons sind Brösel in die Pfanne und dann in die Suppe gelangt.

schmecken ranzig

! Zu lange offen und zu warm gelagert.

zu fett

Bei empfindlichem Magen oder Diätvorschriften nicht verwenden.

☺ Geschnittenes Brot trocken auf ein Backblech geben und schnell unter häufigem Wenden im Backrohr rösten oder fertigen, noch warmen Toast würfeln.

EIERSTICH
siehe → Eier/Eierspeisen

FISCHKLÖSSCHEN
Fischklößchen werden meist aus Hecht oder Lachs hergestellt, man kann aber auch sehr gut Reste von großen, festfleischigen Fischen verwenden.

GEMÜSESTERNE

aufbewahren

In leicht gesalzenem kalten Wasser, abgedeckt im Kühlschrank (max. 24 Stunden).

erwärmen

In frischer Fleischbrühe. In älteren oder mehrfach erwärmten Brühen werden die Gemüsesterne leicht braun.

farblos oder verfärbt

! Durch zu langes Lagern in Wasser.

☺ Zugabe von wenig Salz und/oder trockenem Weißwein konserviert die Farben.

! Gemeinsames Lagern von Sternen aus verschiedenen Gemüsesorten (z.B. rote Rüben und Sellerie) in einer Flüssigkeit verursacht starke Farbveränderungen.

schmecken fade

Sterne in leicht abgeschmeckter, frischer Fleischbrühe unter Zugabe eines Bouquet Garni knapp blanchieren.

zu weich

! Zu lange Blanchierzeit.

! Zu langes Warmhalten in zu heißer Flüssigkeit.

GRIESSNOCKERL

aufbewahren

○ In abgeschmeckter Brühe abgedeckt im Kühlschrank.

○ Aus der Brühe nehmen und nebeneinander mit kleinem Abstand in verschlossenen Behältern mit Gittereinsatz im Kühlschrank aufbewahren. Lagerzeit ca. drei Tage.

auftauen

Eine gewürzte Fleischbrühe zum Kochen bringen, die gefrorenen Nockerl einlegen und nur kurz aufwallen lassen. Dann bei ca. 90 °C je nach Größe zwischen 15 und 25 Minuten ziehen lassen.

einfrieren

In noch warmem Zustand nebeneinander auf ein engmaschiges Gitter oder Blech legen, drei Stunden anfrieren. Dann vorsichtig abnehmen, in Gefrierbeutel packen und die Stückzahl vermerken.

erwärmen

Gut abgeschmeckte Fleischbrühe aufkochen, Grießnockerl einlegen, kurz aufwallen lassen, vom Feuer nehmen und ca. 20 Minuten ziehen lassen.
In der Mikrowelle:
Mit Flüssigkeit (Wasser oder Fleischbrühe) beträufeln und abgedeckt erwärmen.

formen

Masse mit einem feuchten Kaffeelöffel in der leicht gewölbten Handfläche formen. Mit zwei Kaffeelöffeln gegeneinander ausstechen. Darauf achten, dass die Oberflächen stets glatt sind.

gefrorene Nockerl lösen sich nicht vom Gitter oder Blech

Gitter oder Blech kurz auf die heiße Herdplatte stellen, die Nockerl auf ein Tuch legen und möglichst schnell in Gefrierbeutel verpacken.

hart

Die Grießnockerl sind nicht aufgegangen. Einen Schuss kaltes Wasser zugeben und zum Sieden bringen, dann quellen sie nach.

kochen ab

! Die Flüssigkeit hat zu stark und zu lange gekocht.

! Die Masse wurde falsch zubereitet.

! Zu viele Nockerl kamen gleichzeitig in einen zu kleinen Topf.

Masse bei der Zubereitung geronnen

! Die verwendeten Zutaten hatten stark unterschiedliche Temperaturen. Zum Beispiel Butter aus dem Kühlschrank und Eier mit Raumtemperatur.

! Die Butter wurde vor der Zugabe der Eier nicht gründlich genug schaumig gerührt.

schmecken fade

! Die Suppe oder Brühe wurde nicht genug gewürzt.

! Der Masse wurde zu wenig oder kein Salz bzw. geriebene Muskatnuss zugesetzt.

weiter verwenden

Zu Grießsuppe: Mit Brühe und feingeschnittenen Gemüsen (Karotten, Sellerie, Lauch) verkochen, erneut abschmecken und mit Sahne und Schnittlauch verfeinern.

zu weich

Werden Grießnockerl beim Kochen nicht fest, mit einem guten Schuss eiskaltem Wasser ablöschen, erneut aufwallen lassen und die Brühe nachwürzen.

LEBERKNÖDEL

aufbewahren

siehe → Grießnockerl

auftauen

○ Über Nacht im Kühlschrank auftauen.

○ Gefroren direkt in die abgeschmeckte Brühe geben.

einfrieren

In der Brühe auskühlen lassen, herausnehmen und im Kühlschrank offen zwei bis drei Stunden abtrocknen lassen. Nebeneinander auf einem engmaschigen Gitter oder Blech sechs Stunden gefrieren, dann in Gefrierbeutel füllen.

fleckig

! Die in der Brühe gelagerten Knödel waren nicht vollständig mit Flüssigkeit bedeckt.

☺ Einen Teller auflegen, der die Knödel unter die Oberfläche der Flüssigkeit drückt.

grau

! Zu hoher Anteil an Schweinsleber.

schmecken leicht bitter

! Der Anteil an Rindermilz in der Masse war zu hoch.

! Verwendete Zwiebeln wurden maschinell gehackt.

! Zu viel Petersilienstiele in der Masse.

schmecken zu wenig nach Leber

! Der Anteil an Brot war zu hoch.

☺ Mehr Rinderleber und weniger Rindermilz in der Masse verarbeiten und das Brot sehr klein würfeln.

zerfallen

! Die Außenseite der Knödel war nicht richtig glattgestrichen.

! Die Brühe hat beim Einlegen nicht gekocht.

! Zu viele Knödel kamen gleichzeitig in einen zu kleinen Topf.

! Falsche Zubereitung der Masse.

☺ Die Eier erst dann zugeben, wenn die Milch, die angeschwitzten Zwiebeln und die Petersilie in der Masse gänzlich ausgekühlt sind. Bei Bedarf mit Paniermehl nachbinden und vor dem Abdrehen die Masse ruhen lassen.

zu fest

! Mit zuviel Paniermehl nachgebunden.

! Es wurde ausschließlich Paniermehl statt Brötchen verwendet.

! Es wurde Mehl verwendet.

NUDELN
siehe → Teigwaren

PFANNKUCHEN

aufbewahren

Schneiden, auf Küchenkrepp ausbreiten und gut durchtrocknen lassen. In einem geschlossenen Behälter bei Raumtemperatur aufbewahren.
Vorsicht: Bei längerer Lagerung im Kühlschrank werden die Pfannkuchenstreifen zu weich.

herstellen

Den Teig ähnlich den Crêpes in einer mittelgroßen Pfanne möglichst dünn ausbacken. Nach vollständigem Erkalten dünn schneiden.

schmecken fade

! Der Eigengeschmack war zu gering.

☺ Bereits bei der Herstellung kräftiger würzen und wenig geriebene Muskatnuss zufügen.

zu fett

! Die Pfannkuchen wurden zum Auskühlen nicht auf Küchenkrepp gelagert.

RISI-BISI

aufbewahren

Den gekochten Reis und die Erbsen getrennt in geschlossenen Behältern max. 48 Stunden im Kühlschrank lagern.

erwärmen

In wenig, gut gewürzter, heißer Fleischbrühe.

schmeckt fade

Den kalten Reis mit Salz und wenig geriebener Muskatnuss leicht vorwürzen und eine Stunde ziehen lassen. Die Erbsen zufügen und mit heißer Fleischbrühe übergießen.

weiter verwenden

Auf ein Sieb gießen und gut abtropfen lassen.
Risotto: Zwiebel/Butteransatz vermischt mit Zutaten nach Geschmack herstellen, Risi-Bisi beimengen und abschmecken.
Minestrone: Als Einlage in italienischer Gemüsesuppe.
Kalt: Zu Reissalat mit verschiedenen Zutaten nach Geschmack.
Passierte Reissuppe: Mit Fleischbrühe verkocht, passiert oder püriert und erneut mit Sahne und Weißwein abgeschmeckt.

zubereiten

Reis knapp garen, mit den Erbsen mischen und würzen. In den Teller geben und mit der heißen Suppe übergießen.

SCHINKENSCHÖBERL

aufbewahren

siehe → Pfannkuchen, aufbewahren

erwärmen

In den Teller oder die Tasse geben und mit heißer Suppe übergießen.

herstellen

Die Masse auf ein Blech aufstreichen und im Rohr ausbacken. Heiß vom Blech entfernen, auskühlen lassen und schneiden.

lösen sich nicht vom Blech

○ Blech mit Pflanzenfett statt mit Butter ausstreichen (höherer Schmelzpunkt).
○ Backpapier verwenden.

zu hart

! Die Masse wurde zu heiß und/oder zu schnell ausgebacken.

! Zu lange offen bei Raumtemperatur gelagert.

SPECKKNÖDEL
siehe → Klöße/Knödel

SUPPENFLEISCH

Garzeit

Suppenfleisch wird schneller weich, wenn dem Kochwasser ein Schuss Weinbrand oder Cognac beigefügt wird. Kleinwürfelig geschnitten als Einlage.

EINTÖPFE

ALLGEMEINES

- ❍ Gleichmäßig zerkleinerte Zutaten haben eine gleiche Gardauer.
- ❍ Werden Nudeln oder Reis verwendet, diese erst dann zufügen, wenn das Fleisch fast gar ist.
- ❍ Zerkleinerte Kräuter erst kurz vor dem Servieren zufügen.
- ❍ Gefrorenes Gemüse unaufgetaut verwenden.
- ❍ Bei Konservengemüse die Brühe abgießen und mitkochen, das Gemüse aber erst kurz vor der Fertigstellung des Eintopfs zugeben und erhitzen.
- ☺ Schmortöpfe gelingen am besten im Backofen zubereitet.

EINTÖPFE MIT HÜLSENFRÜCHTEN

Vorbereitung der Hülsenfrüchte

Bohnen, Linsen, Erbsen usw. von guter Qualität brauchen nicht verlesen werden. Die Hülsenfrüchte unter fließendem Wasser waschen und dann je nach Rezept einweichen oder gut abgetropft weiter verwenden.

kochen

Eintöpfe, die Hülsenfrüchte enthalten, werden kalt und ohne Salz aufgesetzt, das verkürzt die Garzeit.

GEMÜSEZUGABE, REIHENFOLGE

Eintopf verkocht nicht, wenn die Gemüse in der richtigen Reihenfolge zugegeben werden. Beispiele:
Längere Kochzeit:
Grüne Bohnen, Knollensellerie, Petersilienwurzel.
Mittlere Kochzeit:
Karotten, Kartoffeln, Kohlrabi.
Kurze Kochzeit: Blumenkohl, Lauch.

HIMMEL UND ERDE
(ÄPFEL UND KARTOFFELN)

verfeinern

- ❍ Äpfel und Kartoffeln getrennt garen.
- ❍ Den Apfelbrei aus geschälten und entkernten Äpfeln herstellen und unter die zerstampften Kartoffeln mengen.
- ❍ Statt Äpfel Birnen verwenden.

KARTOFFELEINTOPF

zu musig

- **!** Es wurde eine zu mehlig kochende Sorte verwendet.
- ☺ Bei Eintöpfen mit Kartoffeln immer eine fest kochende Sorte verwenden.

RATATOUILLE

weiter verwenden

Wenn das Gemüse feinwürfelig geschnitten wurde, kann die Ratatouille als Füllung für Fisch oder Fleisch verwendet werden.

FISCH

ALLGEMEINES

einkaufen

Fischangebote im Handel:

Nicht ausgenommene, ganze Fische: Frisch, so wie sie aus dem Wasser kommen.

Gesäuberte und ausgenommene Fische: Eingeweide und Kiemen wurden entfernt.

Küchenfertige Fische: Ausgenommen, ohne Kopf und Flossen, meist schon geschuppt.

Portionsstücke: Große Stücke von großen, festfleischigen Fischen, zum Braten geeignet.

Escalopes: Schräge, ca. ein Zentimeter dicke Scheiben eines großen Filetstücks.

Filets: Das von den Gräten abgelöste seitliche Fleisch.

Doppelfilets: Zwei Filets, die an der Bauch- oder Rückenseite noch zusammenhängen.

Filetstücke: Portionsstücke von Filets großer Fische.

Steaks oder Koteletts:

zwei bis drei Zentimeter dicke Scheiben, die senkrecht zur Mittelgräte geschnitten wurden.

abschuppen

Mit einem Messerrücken oder einem Spezialgerät mehrmals entgegen der Laufrichtung der Schuppen fahren.

☺ Um das lästige Umherspritzen der Schuppen zu vermeiden, den Fisch im kalten Wasser unter der Wasseroberfläche abschuppen.

aufbewahren

○ Im Kühlschrank in gut verschließbaren Behältern, die über einen Siebeinsatz verfügen. Dies verhindert die vorzeitige Bildung von Bakterien.

○ In einer Thermobox oder Kühltasche, die zu 1/4 mit Brucheis oder Kühlelementen gefüllt ist. Ein Tuch zwischen Eis und Fisch legen.

○ Kurzfristig in einem mit Essigwasser getränkten Tuch: zwei Esslöffel Essigessenz auf 1/2 l Wasser.

○ Gegarten Fisch gut verschlossen im Kühlschrank, um das Austrocknen zu verhindern. Auch gegarter Fisch ist nur begrenzt haltbar. Frischfisch soll nach dem Kauf sobald wie möglich verarbeitet werden.

Ganze Fische halten sich ausgenommen länger. Die Enzyme, die den Fisch schneller verderben lassen, sind dann entfernt.

Fetter Fisch verdirbt generell am schnellsten.

ausbacken

Im *Bier-* oder *Weinteig:*

75 g Mehl mit 1/8 l Bier oder Wein, zwei Eigelb, Salz und Pfeffer vermischen und zwei steifgeschlagene Eiweiß unterziehen. Fischteile leicht bemehlen, einzeln durch den Ausbackteig ziehen und zubereiten. Bei *Weinteig* noch einen Teelöffel neutrales Öl zufügen.

auftauen

Gefrorenen Fisch auf einen Siebeinsatz legen und in einem verschließbaren Behälter, am besten über Nacht, im Kühlschrank auftauen lassen.

ausnehmen

Zum Füllen mit Massen (z.B. Pariser Butter oder Kräuterfarce):

1. Auf der Bauchseite vom Schwanzansatz bis ca. drei Zentimeter vor dem Kopf aufschlitzen und unter fließend kaltem Wasser auswaschen. Wichtig ist, dass hierbei die Gallenbla-

se nicht verletzt wird, da diese sonst Bitterstoffe freisetzt.

2. Die Innereien mit Hilfe von Daumen und Zeigefinger bzw. einer großen Häkelnadel enfernen und die Bauchhöhle mit fließendem kalten Wasser ausspülen.
Alternativ durch die Kiemen. Mit dem Zeigefinger hinter die Kiemen haken und diese vorsichtig herausziehen. Dann mit den Fingern die Eingeweide aus dem vorderen Teil der Bauchhöhle ziehen. Die übrigen Eingeweide durch einen kleinen Einschnitt aus der Afteröffnung ziehen.
Bei dieser Methode behalten pochierte Fische ihre Form besser.

blau kochen

Wasser mit Essig, Salz und/oder Zitrone und Weißwein zum Kochen bringen und den Fisch einlegen. Ca. fünf bis zehn Minuten garziehen lassen. Wichtig ist, z.B. bei Forellen, dass der Schleim vor der Zubereitung nicht entfernt wird, da sich sonst der Fisch nicht verfärbt.

braten

Fisch wird am besten in neutralem Öl gebraten. Butter nur nach Abgießen des Bratfettes zur Geschmacksverbesserung nehmen. Erst die Hitze herunterschalten, dann die Butter zugeben, sie wird sonst schwarz.

einfrieren

1. Ganze Fische vorher ausnehmen. Fischfilets einzeln in Gefrierbeutel einpacken und gefrieren. Aluminiumfolie ist nicht geeignet, da sie den Geschmack verändert.
2. Köpfe und Schwänze für Fischfonds gefrieren.
3. Alle Teile mit Gewicht, Art und Teilbezeichnung sowie Einfrierdatum versehen.
☺ Fischfilets verpackt auf einem Brett oder ähnl. gefrieren, dies verhindert unansehnliche Verformungen. Sind die Teile durchgefrostet, Auflagefläche entfernen.

entgräten

Filets über eine Brettkante legen, dann stehen die Gräten hoch und lassen sich leichter entfernen.
Bei kleineren oder festsitzenden Gräten, diese möglichst tief mit einer Pinzette fassen und herausziehen.
Plattfische lassen sich leichter entgräten, wenn der Kopf links und der Bauchschlitz vorn am Tellerrand liegt.

fettarm zubereiten

Den Fisch mit Gewürzen, Gemüse und wenig Butter im Bratschlauch zubereiten.
Den Fisch in der Pergamentpapierhülle *en papillote* zubereiten.
Hierfür eignen sich *Felchen, Fischfilet* jeder Art, *Forelle, Hecht, Lachs, Makrele, Seezunge.*
siehe → Fisch in der Papierhülle (en papillote)

filetieren, Rohfisch

1. Hinter dem Fischkopf nach unten bis zur Mittelgräte einschneiden.

2. Am Kopf festhalten und in Richtung Schwanzende mit waagrecht gehaltenem Messer Filets
   herausschneiden und häuten.
3. Den Fischschwanz mit einem Tuch festhalten,
   die Haut ein wenig aufschaben und abziehen.
4. Vorhandene Gräten und Flossenteile wegschneiden.
   Plattfische wie Seezunge, Butte etc. ergeben
   pro Seite je zwei Filets.
   Gräten und andere Abschnitte zu Fonds verarbeiten und gefrieren.

Fischfond

Fischfond immer wieder abschäumen, sonst
wird er bitter. Fischfond von Meeresfischen
nicht länger als 20-30 Minuten köcheln.

Forelle gebraten, entgräten

1. Zunächst Kopf und Schwanz durch Einstechen mit einer Gabel zum Abtrennen vorbereiten.

2. Dann mit einem Fisch- oder Tafelmesser oder
   auch mit einer Gabel und einem Löffel entlang

des Rückgrates leicht einritzen und oberhalb
der Bogengräten das Filet zur Seite klappen.

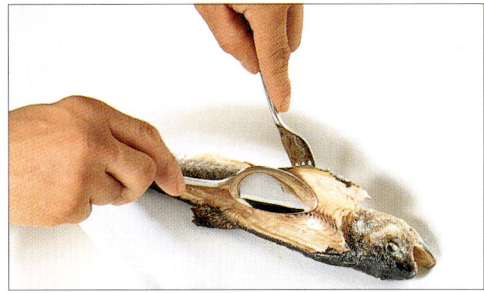

3. Dann den Fisch wenden und auf der Gegen-
   seite in gleicher Weise verfahren.

formen

blau gekocht:

1. Eine Dressiernadel mit einem ungeleimten
   Faden versehen, diese am Schwanzansatz
   sowie hinter den Kiemen durchstechen und
   mit Hilfe des Fadens den Fisch zusammenziehen und verknoten.

71

2. Nach Beendigung der Garzeit stehend (nicht auf der Seite liegend) auf einem Gitter auskühlen lassen.
3. Anschließend den Faden vorsichtig entfernen.

frisch

Frischer Fisch hat klare Augen, leuchtend scharlachrote Kiemen und glänzende Schuppen. Wird das Fleisch mit dem Finger eingedrückt, muss die Druckstelle sofort wieder verschwinden. Die ausgenommene Bauchhöhle darf nicht fischig riechen.
Wird frischer Fisch in kaltes Wasser gelegt, so steigt er nach oben.

garen, stehend

Den Fisch mit auseinandergezogenen Bauchlappen auf eine umgedrehte Tasse setzen, direkt servieren.
Bei kleineren Fischen wie z.B. Forellen, Timbalformen oder große Spritztüllen verwenden. Ein Korpus aus mehreren Lagen geformter Alufolie kann exakt der Fischgröße angepasst werden.
☺ Damit der Fisch mehr Halt hat, in die Bauchhöhle eine Mohrrübe oder Kartoffel geben.

Garprobe

Ganze Fische sind gar, wenn die Flossen leicht herauszuziehen sind und die Augen hervortreten.

gratinieren

Fast alle Fische, Fischreste und Schaltiere können gratiniert werden. Der Käse darf keinen zu ausgeprägten Eigengeschmack haben. Deshalb sparsam verwenden und nach Geschmack mit Sahne vermischen. Das Gratinieren soll rasch erfolgen, die Speise wird sonst trocken.

grillen

Pro 500 g Fisch rechnet man zehn bis zwölf Minuten Grillzeit.

Der Fisch ist gar, wenn das Fleisch hinter den Kiemen weiß ist und sich leicht ablösen lässt.

platzen nicht

Die Fische werden vor dem Dämpfen, Grillen oder der Zubereitung im Backofen zisiliert. D.h., den Fisch auf jeder Seite einige Male schräg einschneiden. Das erleichtert auch das gleichmäßige Garen.

Reste verwerten

Bleiben beim Filetieren kleine Fischfilets übrig, Eiswasser in eine Gefrierdose füllen und die Filets im Block schockgefrieren. Bei Bedarf in einem geschlossenen Behälter mit Siebeinsatz im Kühlschrank langsam auftauen lassen. Die aufgetauten Filets für Fischsuppen verwenden, die Suppe schmeckt wie mit frischem Fisch zubereitet.
Reste von gekochtem oder gedämpftem Fisch lassen sich gut zu *Fischsülzchen*, *Fischsalat* oder Vorspeisen in Mayonnaise verarbeiten. Gebratener Fisch eignet sich gut zur Verfeinerung von Fischsuppen.

riecht

Nicht der Fisch riecht, sondern das Blut. Die einzige Blutader im Fisch liegt im Rückgrat. Wird diese beim Filetieren nicht entfernt, riecht der Fisch.
☺ Sofort das Rückgrat mit der Blutlinie herausschneiden, damit werden auch die kleinen Gräten des Rückgrats entfernt.
☺ Den Fisch mit kaltem schwarzen Tee abtupfen, das vertreibt den Geruch kurzzeitig. Den Fisch dann aber sofort verbrauchen.

Die drei "S"

säubern

Nur kurz im Wasser liegen lassen. Bei kleineren Fischen kräftig mit dem Wasserstrahl durch die Maulöffnung spülen. Anschließend sofort innen und außen trocken tupfen. Abreiben der Haut vermeiden, da sonst der für das Blaukochen wichtige Schleim verloren geht. Fischfilets nur abtupfen.

säuern

❍ Kurz vor dem Braten mit Zitronen- oder Limettensaft, zusammen mit anderen Gewürzen oder Gewürzsoßen.
❍ Eine Stunde vorher den Fisch mit Zitronenscheiben und den Gewürzen in einen geschlossenen Behälter geben und durchziehen lassen.

salzen

Unmittelbar vor der Zubereitung salzen. Längeres Vorsalzen kann zum Austrocknen führen. Bei der Kombination mit Gewürzsoßen Salzanteil reduzieren.

transportieren

Kurzfristig in gut verschließbaren Behältern mit Siebeinsatz, unter den Brucheis kommt. Wird Fisch in geschlossenen Behältern längere Zeit direkt auf Eis gelagert, verändert sich seine Qualität.

trocken

! Zu hohe Temperatur beim Warmstellen.

! Zu schnell und zu heiß gebraten.

! Der Fisch wurde gekocht oder zu lange offenstehend warmgehalten.

vorbereiten

Frische Fische schuppen, ausnehmen, säubern und gegebenenfalls filetieren. Vorbereitete Fische oder Filets nicht zu lange in der warmen Küche liegen lassen.

☺ Nie auf ein Holzbrett legen, das Holz zieht die Flüssigkeit heraus.

warm stellen

Bei einer Temperatur von ca. 60 bis 80 °C offen im Bratrohr. *Mehlierte* und *gebratene* Fische oder Filets haben eine geringere Warmhaltezeit, da das gebräunte Mehl an der Außenseite Feuchtigkeit zieht und diese daher zu sehr nachdämpfen. Unterlagen wie Bleche vorher leicht einölen, um ein Ankleben zu verhindern.
Kochfisch in flache Behälter umlegen und mit stark aromatisierter, möglichst ungesalzener Brühe (Fischfond) begießen und abdecken. Warmhaltetemperatur ca. 80 °C.

FISCHE GEBACKEN

klebt beim Braten in der Pfanne

! Meist zu kaltes Fett.

☺ Grundsätzlich erst die leere Pfanne gut vorwärmen, dann erst Öl oder Pflanzenfett zugeben.
Butter ist für dieses Verfahren ungeeignet, da sie sofort schwarz wird. Butter erst nach dem Abgießen des Bratfettes zugeben, dann verfeinert sie den Geschmack.

! Fische, oder Teile davon, sind zu frühzeitig mehliert worden. Sie kleben leicht an, da das Mehl Feuchtigkeit anzieht und klebt.

! Unsaubere oder verkratzte Pfannen.

! Zu viele Fische zur gleichen Zeit in einer Pfanne gebraten. Die Temperatur des Bratfettes sinkt rapide und der Fisch kocht, statt zu braten.

Panade (Semmelbrösel) löst sich beim Braten

! Reihenfolge oder Zutaten beim Panieren nicht beachtet (Mehl, geschlagenes Ei, Semmelbrösel).

! Panade nicht fest genug angeklopft.

! In zu viel Fett gegart.

! Fett war nicht heiß genug.

schmeckt fade

lässt sich vermeiden, wenn der Fisch eine Stunde vor dem Garen gewürzt und zugedeckt im Kühlschrank ziehen kann. Erst kurz vor dem Zubereiten salzen, da Salz über einen längeren Zeitraum dem Fisch Wasser entzieht und dieser dadurch austrocknet.

zerfällt

! Zu langsam, bei zu geringer Temperatur gebraten.

! Beim Braten zu oft gewendet.

! Zu lange abgedeckt warm gestellt. (Der Dampf kann dann nicht abziehen. Es entsteht zuviel Flüssigkeit, in der der Fisch zerfällt.)

! Bei gekochtem Fisch zu lange Kochzeit.

! Bei gekochtem Fisch zu lange Warmhaltezeit.

! Warmhaltung von gekochtem Fisch bei zu hoher Temperatur.

! Wenn der Fisch zusammen mit der Garnitur (z.B. Tomaten, Champignons, Zwiebeln etc.) warm gehalten wird, zerfällt der Fisch durch den zu hohen Flüssigkeitsanteil.

☺ Garnitur und Fisch immer getrennt warm stellen.

zu dunkel

! Das Fett war zu heiß.

! Es wurde mit Butter gebraten und zu stark erhitzt.

! Die Semmelbrösel (Paniermehl) enthielten einen zu hohen Anteil von dunklem Brot oder Brotrinden.

! Zu hohe Temperatur beim Warmstellen im Bratrohr.

zu nass / feucht

! Vor dem Panieren nicht abgetropft.

! Zu reichlich Würzsoßen oder Zitronensaft verwendet.

zu trocken

! Zu langes Braten bei zu geringer Temperatur.

! Zu frühes Vorwürzen mit Salz.

! Zu dick aufgetragene Fertigpanaden.

! Nachpanieren von restlichem Fisch am nächsten Tag.

FISCH IN DER PAPIERHÜLLE (EN PAPILLOTE)

einpacken

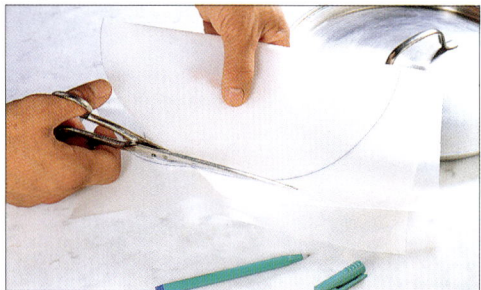

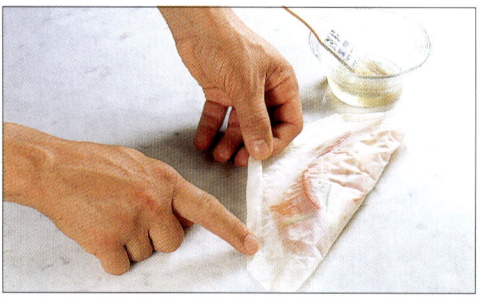

Pergamentpapier großzügig herzförmig zuschneiden. Leicht mit Eiweiß bestreichen und den Fisch mit den Zutaten darin wie in einem Päckchen verpacken und im Backofen garen. Vor dem Verschließen übereinanderliegende Papierteile mit leicht geschlagenem Eiweiß bestreichen. An diesen Stellen nicht einfetten.

gar

Das Pergamentpapier verfärbt sich braun und bläht sich wie ein Ballon auf.

Päckchen geplatzt, Papierhülle geht auf

! Das Pergamentpapier war zu knapp bemessen.

Papier verbrannt

! Die Oberhitze war zu hoch.

! Die Backofentemperatur war zu hoch.

! Pergamentersatz wurde statt echtem Pergament verwendet.

☺ Papier vor der Zubereitung gründlich einölen oder mit Pflanzenfett einfetten.
Wird die Papierhülle schwarz, darüber ein Backblech einschieben. Das schirmt die zu starke Oberhitze ab.

servieren

In der Papierhülle servieren, nicht warm stellen.

FISCH IN DER SALZKRUSTE

Kruste vorbereiten

Für 1,5 kg Seefisch rechnet man ca. zwei bis zweieinhalb Kilo grobes Meersalz.
Das Meersalz mit vier leicht geschlagenen Eiweiß vermischen, evtl. wenig Wasser zugeben. Ein tiefes Backblech mit starker Alufolie auslegen, eine Schicht Salz in Fischgröße aufstreichen, den Fisch auflegen und mit dem restlichen Salz gut umhüllen. Dabei leicht andrücken. Den Fisch wie angegeben garen.

Krustenmasse zu weich

Etwas Mehl in die Masse einarbeiten.

servieren

Den Fisch in der Form servieren und das Salz erst bei Tisch abklopfen.

FISCHFILET IN BIERTEIG GEBACKEN

schmeckt fade

! Back- oder Fritiergut zu wenig, zu schwach oder zu kurzfristig vorgewürzt.

! Backteig ungenügend abgeschmeckt.

Teigmantel ist nicht aufgegangen

! Teig zu wenig verrührt.

! Teig zu kurzzeitig aufgeschlagen.

! Zu viel Mehl verwendet.

! Zu alte Eier verwendet.

! Restteig vom Vortag verwendet.

☺ Unterziehen von fest geschlagenem Eiweiß oder Zugabe einer Messerspitze Backpulver bringt ein zufriedenstellendes Ergebnis.

Teigmantel löst sich beim Ausbacken

! Zu kaltes oder falsches Fett.

! Zu dünnflüssigen Teig verwendet.

Teigmantel zu grobporig oder gar zerrissen

! Zu hoher Anteil an ganzen Eiern, Eidottern, geschlagenem Eiweiß oder Backpulver.

warm stellen

Im Bratrohr nicht länger als max. 30 Minuten auf einem Gitterrost bei ca. 60-80 °C.
Vorsicht: Nie in geschlossenen Behältern warm stellen, da sonst Kondenswasser den knusprigen Teigmantel aufweicht.

FISCH(FILET) "MÜLLERIN ART"

schmeckt fade

! Zu wenig gewürzt.

! Gewürze zu wenig eingezogen.

☺ Fisch bei höherer Temperatur schnell anbraten, das verbessert den Eigengeschmack.

trocken

! Zu lange bei zu hoher Temperatur gegart.

! Zu lange warm gestellt.

warm stellen

Max. 45 Minuten bei 80 °C, mit Pergamentpapier abgedeckt im Bratrohr auf einem Backblech.

weiter verwenden

In Fischaufläufen: Den zerkleinerten Fisch vor der Weiterverarbeitung ca. 30 Minuten in einer Mischung aus geschlagenem Ei und Sahne marinieren, um das Austrocknen zu verhindern.
In Fischsuppen: als Einlage. Die zerkleinerten Fischteile vorher in Weiß-, Port-, oder Madeirawein marinieren.
In Fischsalaten: Die Fischteile erst zum Schluss zugeben und den Salat anschließend im Kühlschrank durchziehen lassen.
Achtung: Der Fisch muss durchgegart und vollständig frei von Gräten sein.

zu fett

Bei der Zubereitung eine beschichtete Pfanne mit wenig Fett verwenden. Nach dem Braten den Fisch kurz mit Küchenkrepp abtupfen.

☺ Statt Butter oder Margarine, wenig Öl mit etwas höherer Brattemperatur benutzen.

Soße zu fett

Fettspiegel bei fertiger, nicht mehr kochender Soße mit einem Esslöffel abschöpfen oder durch wiederholtes Auflegen und Entfernen von unbedrucktem Küchenkrepp absaugen.

Soße zu hell

Zur Glace eingekochten Kalbs- oder braunen Fischfond beimengen.

Soße zu sauer

! Zuviel Zitronensaft.
Die fertige Soße mit wenig Zucker nachschmecken, dann kurz erneut aufkochen und mit dem Schneebesen durchrühren.

Soße zu wenig

Soße aus gebräunter Butter mit gebundenem, braunem Fischfond strecken und erneut abschmecken.

FISCHGULASCH

Fisch zerfallen

! Zu lange gekocht.
! Erst den Fisch und dann die weiteren Zutaten verarbeitet. Die umgekehrte Reihenfolge ist richtig.

zubereiten

1. Zwiebeln, Tomaten, Champignons, Oliven etc. zu einer kräftig abgeschmeckten Soße verarbeiten.
2. Dann die Würfel von rohem Fisch zugeben, und auf kleiner Flamme kurzzeitig köcheln lassen.

FISCHPASTETEN

weniger Fett

Schillerlocken statt geräuchertem Heilbutt verwenden, das ist weniger fett und schmeckt auch gut.

FISCHRÖLLCHEN

füllen

Filets mit Gewürzen (ohne Salz) durchziehen lassen. Vorgegarte Füllungen (z.B. aus Blattspinat oder Spinat-Champignon- und Fischfarcen) erst vollkommen ausgekühlt verarbeiten (Erhöhung der Stabilität).

rollen

Immer mit der Hautseite nach außen aufrollen, dann bleiben sie gut in Form.

Rollen gehen auf

Keine Zwischenräume freilassen und die Rollen dicht an dicht legen.

gefüllte Rollen bleiben bei der Entnahme hängen

Form oder Gefäß vorher gut ausbuttern und mit Semmelbrösel (Paniermehl) ausstreuen.

FISCHSTÄBCHEN, PANIERTE FISCHPORTIONEN

kleben in der Pfanne, zerfallen

! Zu viele Teile kamen gleichzeitig in die Pfanne.
! Das Bratfett hatte eine zu geringe Temperatur.
! Margarine oder Butter wurde als Bratfett verwendet.
! Bei Tiefkühlkost: Der Fisch kam bereits an- oder aufgetaut in die Pfanne.
! Die Pfanne mit dem gefrorenen Fisch wurde abgedeckt.
☺ Fischstäbchen gefroren in die Pfanne geben, Bratfett auf richtige Temperatur bringen (Öl zeichnet leichte Kreise, zarte Rauchentwicklung).

spritzen beim Ausbacken.

! Bei tiefgefrorenem Fisch war die Panade stark mit Eiskristallen überzogen. Diese schmelzen beim Eintauchen in heißes Fett und es spritzt.
☺ Eiskristalle mit Küchenkrepp vorsichtig abtupfen, bei Bedarf leicht nachpanieren.

FISCHSTEAKS

farblos

! Beim Braten falsches Fett (Butter/Margarine) verwendet.
! Fett hatte zu geringe Temperatur.
☺ Leichtes Mehlieren und Verwendung von richtig temperiertem Öl (Schlierenbildung in der Pfanne) verbessert die Farbe.

schmecken tranig

Passiert bei Thunfisch und Hai.

! Vorher Innereien oder Bauchlappen nicht sorgfältig entfernt.
! Mit Schuppenkleid zubereitet.
! In zu viel Fett gebraten und den Fisch darin warmgestellt.

trocken

! Zu scharfes Braten.
! Warmstellen bei zu hoher Temperatur.
! Zu frühzeitiges Salzen.
! Offenes Lagern in der Küche oder im Kühlschrank.
! Unsachgemäßes Auftauen (im heißen Wasser).
! Vorgegarte Steaks in ausgekühltem Zustand nachgebraten.
! In der Mikrowelle unabgedeckt erhitzt.

AAL

entgräten

Wie Aal enthäuten, s. u., nur rechts und links am Rückgrat entlang nach unten tief einschneiden und Filets heraustrennen.

enthäuten

1. Kopf und Schwanz abtrennen.
2. Die Haut am Rücken mittig der Länge nach einritzen und zur Seite abziehen.
☺ Vorher mit grobem Salz einreiben, dann lässt sich der Aal besser festhalten.

FORELLE BLAU

farblos

! Vor der Zubereitung Fischschleim entfernt.
! Dem Kochwasser wurde zu wenig Säure zugesetzt (Essig und/oder Weißwein, Zitrone).

gar

Der Bauchlappen lässt sich leicht nach außen biegen, die Bauchflosse lässt sich leicht herausziehen und die Augen treten heraus.

schmeckt fade

! Zu wenig gewürztes Kochwasser.
☺ Mitkochen von Fischabschnitten und Suppengemüsen verbessert den Geschmack erheblich.

warm stellen

Garvorgang verkürzen, den Tiegel sofort von der Feuerstelle ziehen und auf eine zweite Herdplatte, die auf Warmhaltestufe (Elektroherd Stufe 2-3) vorgeheizt wurde, stellen.
Vorsicht: Nicht abdecken, sonst gart der Fisch im Wasserdampf nach.

zerfällt

! Lag zu lange im heißen Kochwasser.
! Wurde zu lange warm gestellt.

FORELLE GEBACKEN

nicht durch, ungleichmäßige Bräunung

Panierte Forellen unter 250 g im tiefen Fett garen. Während des Bratens in der Pfanne häufig wenden. Dabei darauf achten, dass stets ein Zwischenraum bleibt. Größere Fische über 250 g möglichst einzeln in der Fritteuse garen. Temperatur 160 bis 170 °C.

FORELLE GEBRATEN

nicht durch

Größere Fische (ab ca. 350 g) während des Garvorganges häufig wenden und mit eigenem Bratfett begießen. Bei mehreren oder sehr großen Fischen Bratrohr auf 220 °C vorheizen und auf dem leicht geölten Blech garen. Dabei darauf achten, dass zwischen den Forellen jeweils 2-3 cm Abstand bleibt.

FORELLE GEFÜLLT

bitter geworden

Es wurden zu viele, verschiedene, frische Kräuter verwendet.
☺ Weniger Kräuter verwenden und unbedingt die Stiele entfernen, sie enthalten Bitterstoffe.
! Es wurden gefrorene Zwiebeln zugefügt.
! Die Zwiebeln sind maschinell zerkleinert worden. Dadurch werden sie zerquetscht (und werden bitter).
☺ Zwiebeln immer mit einem scharfen Messer zerkleinern und vorher kurz andünsten.

HECHT BLAU

außen gar, innen noch blutig

! Der Hecht war groß und dick, und das Fleisch wurde nicht eingeschnitten.

☺ Auf jeder Seite zwei bis drei Einschnitte bis zu den Gräten machen.
Der Fisch wird auch innen gar und die Kochzeit verkürzt sich *(Krimpkochen)*.

HECHTKLÖßCHEN

abgekocht

! Die Klößchen lösen sich auf, wenn zu viele auf einmal in das Kochwasser eingelegt werden. Das Wasser kocht nicht mehr, und die Klößchen kochen ab.

! Das passiert auch, wenn die eingelegten Klöße weiterhin stark aufgekocht werden.

Rohmasse geronnen

! Zu warm verarbeitet.

☺ Zutaten und Geräte müssen gut gekühlt sein. Schüssel in eine größere mit Eis gefüllte Schale stellen.

trocken

! Falsches (z.B. trocken in einer Schüssel) oder zu langes warm halten und dadurch hervorgerufenes Einkochen des Fischfonds.
siehe → warm stellen

warm stellen

Abgedeckt im tiefen Fischfond bei einer Temperatur von ca. 80 °C im Ofen max. 20 Minuten. Durch wiederholtes Rütteln am Geschirr Gefahr von Fleckenbildung vermeiden.

zerfallen

! Fehlerhafte Zubereitung der Masse.

! Falsche Mengen der Zutaten.

! Der Fischfond hat beim Einlegen der Klößchen nicht gekocht.

zubereiten

Die Zubereitung geht am einfachsten in der Küchenmaschine.
Mischungen, die zusätzlich Flüssigkeit enthalten, können auch im Mixer püriert werden.

☺ Für eine besonders feine Konsistenz wird die Masse durch ein Passier- oder Rundsieb gestrichen.

HERINGSSTIPP "HAUSFRAUEN ART"

Apfeleinlage zu hart und/oder zu sauer

! Die Apfelsorte war zu sauer.

! Die Äpfel waren zu unreif.

☺ Apfelschnitze in Weißwein mit wenig Zucker knapp blanchieren und ausgekühlt dem Gericht zufügen.

ist schlecht geworden

! Dem Gericht wurden rohe Zwiebeln zugefügt.

! Die Mayonnaise war zu alt.

! Das Lagergeschirr war unsauber.

! Durch unsachgemäße, offene oder zu warme Lagerung.

☺ Soll der Heringsstipp vorgefertigt werden, die Zwiebeln in wenig Essig blanchieren und ausgekühlt untermischen. Dann aber den ursprünglich vorgesehenen Essiganteil reduzieren.

zu sauer

Einen Teelöffel Zucker mit drei Esslöffeln Wasser zu einem dünnflüssigen Sirup verkochen. Das fertige Gericht dann vorsichtig abschmecken. Kristallzucker ist ungeeignet, er löst sich in der Mayonnaise nur schlecht auf.

HUCHEN (DONAULACHS)

schmeckt fade

! Der Huchen wurde wie Lachs zubereitet und nicht eingesalzen.

☺ Das weiße Huchenfleisch ist nicht so zart wie der Lachs. Den Fisch einige Tage einsalzen und kühl stellen, dann wie Lachs zubereiten.

KOCHFISCH GAREN

Den Fisch **nicht kochen**, nur ziehen lassen, sonst flockt das Eiweiß aus.

○ Pro zwei Zentimeter Durchmesser acht bis zehn Minuten Garzeit rechnen.

○ Pro 500 g Fisch zehn bis fünfzehn Minuten Garzeit rechnen.

LABSKAUS

schmeckt bitter

! Die Zwiebeln wurden roh zugefügt.

☺ Zwiebeln kurz andünsten.

schmeckt zu stark nach Fisch

Heringe vor dem Verarbeiten ca. fünf bis zehn Minuten in kalten schwarzen Tee, Milch, Buttermilch oder Naturjogurt tauchen.

zu fest

Mit Brühe von gekochtem Pökelfleisch strecken.

zu rot

! Der Anteil an Roten Beten war zu hoch.
☺ Rote Bete kurz vorher unter kaltem Wasser abspülen.

zu scharf

! Das Pökelfleisch oder die Heringe waren zu stark gewürzt.
! Der große Salzgehalt von Fisch und Fleisch zusammen mit der Säure der Essiggurke.
☺ Grundzutaten vor dem Kochen immer probieren. Sind diese zu scharf, die benötigten Kartoffeln ohne Salz kochen und deren Anteil entsprechend erhöhen.

LACHSSTEAKS

zerfallen

! Zu langsames Braten.
! Wurden abgedeckt im gleichen Gargeschirr warm gestellt.
☺ Lachs getrennt von der Soße warm stellen, und die Soße erst kurz vor dem Servieren übergießen.

LACHSTRANCHEN

schneiden

1. Das Filet von der Rückengräte lösen.

2. Aus dem Lachsfilet Tranchen schneiden.

MOUSSELINES (SCHAUMBRÖTCHEN)

Masse herstellen

250 g rohen Fisch pürieren, ein Eiweiß unterziehen und mit Salz und Pfeffer würzen. Solange durcharbeiten, bis die Mischung glatt und fest ist. Die Schüssel in eine Schale mit Eis stellen, 125 g Crème double unterziehen und mit Salz, Pfeffer und einer Prise Muskat würzen.
☺ Die Masse hat die richtige Konsistenz, wenn sie dick ist und Stand hat. Dafür stellt man sie bis zu einer Stunde in den Kühlschrank.
☺ Mousselines lassen sich auch aus rohen *Krustentieren, Kalb-* oder *Hühnerfleisch* zubereiten.

schmecken fade

! Die Masse enthielt zu wenig Fisch.

zu fest

! Die Masse enthielt zu viel Eiweiß.

zu schwer

! Die Masse enthielt zu viel Fisch.

zerfallen beim Garen

! Die Masse enthielt zu wenig Eiweiß.
! Die Masse enthielt zu viel Sahne.

RÄUCHERFISCH

alt/frisch

Alt: Bei zu lang gelagertem Räucherfisch ist die Haut trocken und beschlagen.
Frisch: Die Haut muss hell und fettglänzend sein.

angelaufen

Den Fisch mit etwas Essig abreiben.

aufbewahren

Am besten trocken im Kühlschrank. Bei längerer Lagerung entsteht durch die vom Pökelsalz angezogene Feuchtigkeit ein weißer Belag. Vorsichtig mit Küchenkrepp abwischen.

☺ Den Fisch mit neutralem Pflanzenöl leicht einölen, er behält sein frisches Aussehen und verfärbt sich nicht.

verwenden

○ Mit einigen Spritzern Zitronensaft auf Toast mit einer Meerrettich-Sahne-Soße servieren.
○ Zerpflückt für pikante Salate.
○ Als Grundlage für ein Soufflé, eine Pastete oder eine Mousse.

SARDELLENFILETS

zu scharf

Vor der Verarbeitung gründlich wässern.

☺ Kurz in kalten schwarzen Tee, Milch, Buttermilch oder Naturjogurt tauchen.

SCHOLLE

filetieren

1. Den Flossenkranz abschneiden.

2. Die Filets herauslösen.

3. Bauchlappen abschneiden und die Filets häuten.

herzhafter

Frühstücksspeck auslassen und die Scholle in dem Fett braten.

SCHWERTFISCH

trocken

Der Fisch wurde zu lange gegart.

SEEZUNGE, STEINBUTT

abziehen

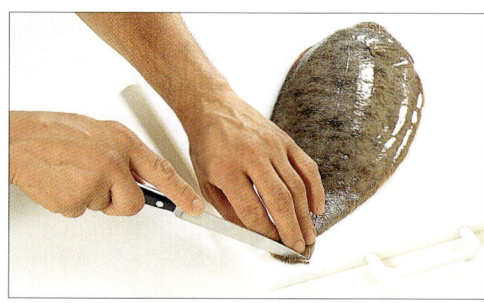

1. Nach dem Ausnehmen mit der dunklen Seite nach oben auf den Tisch legen.

2. Am Schwanzende festhalten und mit dem Messer etwa 3 bis 4 cm oberhalb des Schwanzendes quer zur Flosse einschneiden.

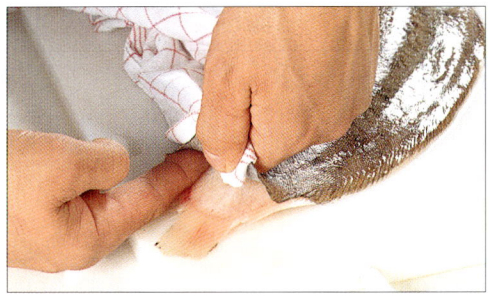

3. Mit dem Messer die Haut leicht abheben und mit einem Handtuch fassen. So nach oben gleichmäßig abziehen.

Bei Verarbeitung als Filets beide Seiten abziehen, sonst nur die dunkle Seite.
Soll pochiert werden, die Haut erst danach entfernen.

Seeteufel

zäh

! Der Fisch war nicht durchgegart.

Thunfisch

gegrillt verfeinern

Auf beiden Seiten mit Zwiebelsaft einreiben, das verfeinert den Geschmack.

schmeckt streng

! Der Fisch war zu alt.

zäh

! Der Fisch wurde zu lange gegart.

Trockenfisch

Sorten

Es werden zwei Sorten angeboten:
Klippfisch (Dorsch), gesalzen und getrocknet, *Stockfisch*, nicht gesalzen, getrocknet.

vorbereiten

Der zerkleinerte Klippfisch muss mindestens 24 Stunden in mehrmals gewechseltem kalten Wasser eingeweicht werden. Wer ihn noch milder möchte, legt ihn einen weiteren Tag ein. Der Fisch hat sein Volumen dann etwa verdoppelt. Den abgetropften Fisch in reichlich frischem Wasser aufsetzen, kurz aufkochen lassen und dann ca. fünf Minuten ziehen lassen. Den Fisch abtropfen lassen, zerkleinern, eventuelle Grätenreste entfernen und den Fisch nach Rezept weiterverarbeiten.

SCHALTIERE, KRUSTENTIERE

ALLGEMEINES

aufbewahren

Austern

geöffnete: Geöffnete Austern nicht aufbewahren, sondern als gebackene Austern oder zu Austernsoße verwenden.

lebend, in der Schale: An einem kühlen Ort, nicht zu trocken (z. B. in Seetang), ca. ein bis zwei Wochen (nicht unter Null °C!).

rohes Austernfleisch mit Flüssigkeit: Im Kühlschrank ca. drei Tage.

gegart: Im Kühlschrank ca. zwei Tage.

Flusskrebse

lebend: Feucht gehalten an einem kühlen Ort ca. zwölf Stunden.

gekochte, ganze Krebse: Im Kühlschrank ca. einen Tag, tiefgefroren ca. zwei Monate.

gekochtes Krebsfleisch: Im Kühlschrank ca. zwei Tage, tiefgefroren ca. vier Wochen.

Garnelen, Scampi

roh, mit Schale: Im Kühlschrank ca. zwei Tage, tiefgefroren ca. sechs Monate.

gekocht, mit oder ohne Schale: Im Kühlschrank ca. zwei Tage, tiefgefroren ca. vier Wochen.

Hummer, Krebse, Langusten

lebend: In einer gut isolierten Kiste mit feuchtem Seetang oder in einem Korb, bedeckt mit nassen Zeitungen.

An einem kühlen Ort lassen sich die Tiere so bis zu 18 Stunden aufbewahren.

gekocht, mit Panzer: Im Kühlschrank ca. zwei Tage, tiefgekühlt ca. 6 Monate.

gekocht, ohne Panzer: Im Kühlschrank ca. zwei Tage, tiefgekühlt ca. zwei Monate.

Krabben

lebend: Feucht gehalten an einem kühlen Ort ein bis zwei Tage.

gekocht, mit Panzer: Im Kühlschrank ca. zwei Tage, tiefgekühlt ca. drei Monate.

Krabbenfleisch: Im Kühlschrank ca. drei Tage, tiefgekühlt ca. vier Wochen.

Muscheln

Herzmuscheln, Venusmuscheln

lebend, in der Schale: An einem kühlen Ort ca. 24 bis 36 Stunden.

Rohes Muschelfleisch mit Flüssigkeit: Im Kühlschrank ca. drei Tage.

gekocht: Im Kühlschrank ca. zwei Tage.

Jakobsmuscheln

roh, ohne Schale: Im Kühlschrank ca. einen Tag.

gekocht: Im Kühlschrank ca. zwei Tage.

Miesmuscheln

roh, in der Schale: An einem kühlen Ort ca. einen Tag.

gekocht, mit Flüssigkeit: Im Kühlschrank ca. zwei Tage.

Schnecken:

Abalone, Strand- und Wellhornschnecken

lebend: An einem kühlen Ort nicht länger als 36 Stunden.

gekocht: Im Kühlschrank ca. zwei Tage.

roh, ohne Gehäuse: Im Kühlschrank nicht länger als 24 Stunden.

Achat- und Weinbergschnecken

lebend: Feucht gehalten an einem kühlen Ort ca. ein bis zwei Wochen.

gegart: Im Kühlschrank ca. zwei Tage.

Tintenfisch, Krake

gesäubert, roh oder gekocht: Im Kühlschrank ca. zwei Tage, tiefgekühlt ca. drei Monate.

AUSTERN

öffnen

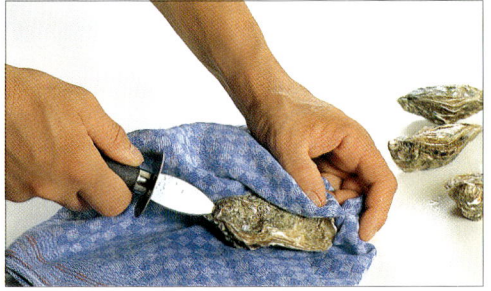

1. Die tiefe Auster (Creuse): Messer an der dicksten Stelle ansetzen, zwischen die Schalenhälften schieben.

2. Den Muskel durchtrennen und aus der Schale lösen.

Die flache Auster: Am Scharnier lösen und aufklappen und das Fleisch entnehmen.

○ Mit einem Austernbrecher, einem starken Messer mit kurzer, stumpfer Klinge, das mit einem Schild zum Schutz der Hände ausgestattet ist.
Den Öffner am Scharnier zwischen beiden Schalen ansetzen und die Auster aufbrechen.

CALAMARI

auftauen

In eine Schüssel geben und mit einer Mischung aus Weißwein, Zitronensaft und wenig Zucker und Salz begießen. Abgedeckt im Kühlschrank aufbewahren, den Sud vor Gebrauch abgießen.

☺ Zur Geschmacksverfeinerung eine Prise getrocknete Dillspitzen untermengen.

kleben zusammen

! Die Calamari waren bereits an- oder aufgetaut.

! Zu viele kamen gleichzeitig ins Ausbackfett.

☺ Portionsweise auf Holzstäbchen oder Stricknadel auffädeln, kurz abklopfen und kreisförmig ins Fett gleiten lassen.

zu fettig

Die ausgebackenen Calamari auf ein mit Küchenkrepp ausgelegtes Backblech geben und vorsichtig mit Krepp abtupfen.

HUMMER, LANGUSTEN

einkaufen

Die Tiere müssen lebhaft sein und sich bewegen. Wenn man sie am Schwanzende berührt, müssen sie reagieren.

frisch (nicht lebend)

In rohem Zustand den Schwanz vom Körper abbrechen. Läuft Wasser aus, ist das Tier frisch. Bei aufgetauter Ware kommt keine Flüssigkeit.

einfrieren

Hummer und Langusten möglichst liegend mit viel Freiraum im Gefriergerät. Abstehende Teile brechen sonst leicht ab. Gerät frühzeitig auf „Superfrost" schalten, erst nach mindestens sechs Stunden auf Normalbetrieb zurückgehen. In Gefrierbeutel umpacken und mit Gewicht, Art und Kaufdatum versehen.

gefroren, zubereiten

Tiefkühlhummer 20 Minuten kochen, dann ist er gar.

ist nicht rot geworden

Vorsicht! Meistens ein Zeichen, dass das Tier zum Zeitpunkt des Abkochens bereits tot oder keinesfalls mehr frisch war.
Vorsicht: Bei Verzehr besteht Vergiftungsgefahr!

Schalen verarbeiten

Hummerschalen als Grundlage für einen Fond oder eine Soße verwenden.
☺ Schalen einfrieren und bei Bedarf gefroren verwenden.

schmeckt wässrig

Sud mit Meersalz, Suppengrün, Weißwein und ganzen Kümmelkörnern kräftig abschmecken. Nach Beendigung des Garvorganges den Hummer im Sud auskühlen lassen, am Tier verbleibende Eiweißstippen mit trockenem Tuch entfernen.

HUMMERKRABBEN

einkaufen

Hummerkrabben sind meistens schon gekocht erhältlich.
Ungekochte Hummerkrabben (mit und ohne Schale zu kaufen) haben eine grau-gelbliche Färbung.

JACOBSMUSCHELN

öffnen

Die Muschel mit einem Tuch, flache Schalenhälfte nach oben, festhalten. Mit einem kurzen Messer (Austernbrecher) am Schalenrand entlangfahren, bis eine Öffnung gefunden ist. Dort die Klinge hineinschieben und den inneren Muskel durchtrennen.

Muschelfleisch auslösen

Mit der Messerklinge das Fleisch aus der tiefen Schalenhälfte lösen, den weißen Muskel (die Nuss) und den Corail (den orangeroten Rogen). Den grauen Rand evtl. für ein Fumet

(siehe → Fumet de poisson) verwenden. Nuss und Corail zusammen oder gesondert weiter verwenden.

KREBSE

kalt servieren

Einen weiten Steingut- oder Porzellantopf mit Dill auslegen, die gekochten Krebse auflegen und mit durchgesiebtem Sud begießen. Die Krebse beschweren, sie sollten unbedingt mit Sud bedeckt sein. Für ca. 24 Stunden kühl stellen. Die Krebse aus dem Sud nehmen und auf frischem Dill anrichten.

kochen

Die gesäuberten, lebenden Krebse portionsweise in einem großen Topf mit genügend Salzwassser unter Zugabe von Weißwein, Zitrone, einigen Kümmelkörnern und Dill ca. drei bis vier Minuten kochen.

trocken

! Die Krebse wurden zu lange gegart.

unansehnlich

! Die Krebse wurden nach dem fertig garen nicht aus dem Sud genommen.
! Das ausgelöste Krebsfleisch wurde zu lange nicht verarbeitet.
☺ Krebse sofort nach Beendigung der Garzeit in Eiswasser abschrecken und trocken tupfen.
☺ Krebse erst unmittelbar vor der Weiterverwendung aus der Schale lösen, das Fleisch verfärbt sich schnell.

MUSCHELN (MIESMUSCHELN)

blanchieren

Klassisch: In leicht gesalzenem Wasser mit gespickter Zwiebel und etwas Suppengemüse mindestens zehn Minuten sprudelnd kochen und dann ziehen lassen.

Im Cognac-Dampf: Butter schmelzen, aus Rotwein, Cognac und Zitrone ca. einen Liter Flüssigkeit herstellen und die Butter damit ablöschen. Einen umgedrehten Teller in den Topf geben, Muscheln zufügen und abgedeckt 15 bis 20 Minuten dämpfen lassen.

In Rotwein: Öl-Gemüseansatz und Gewürze mit Rotwein aufgießen und zum Kochen bringen. Blanchiergut zugeben und den Topf abdecken.

Vorsicht: Muscheln, die sich nach dem Kochen nicht geöffnet haben, wegwerfen!

frisch

Zwischen den Monaten September und April sind Muscheln frisch zu haben und schmecken am besten.

Bei geöffneten Schalen sind die Tiere zumeist abgestorben. Diese nicht mehr verwenden. Frische Ware ist geschlossen.

säubern

Die Miesmuscheln mit einer Bürste säubern und anschließend entbarten.

schmecken fade

! Das Kochwasser war zu wenig gewürzt.
siehe → blanchieren

weiter verwenden

Zu Salat: Muschelfleisch auslösen und als Beigabe zu Salaten verwenden.

Für Pizza: Das ausgelöste Fleisch in etwas Weißwein marinieren und dann als Belag verwenden.

Für Suppe: Das Fleisch mit Zwiebeln, Knoblauch und anderen Gemüsen und Gewürzen in Öl angehen lassen und mit Brühe aufgießen.

Für italienische Nudelgerichte: Das Fleisch auslösen und wie im Rezept angegeben verwenden.

Scampi

einkaufen

Frische Scampi haben helles, durchsichtiges Fleisch. *Gekochte* Scampi haben weiß-rosafarbenes Fleisch und dürfen keine dunklen Flecke haben.

☺ Weitere Namen: Prawn und Kaisergranat.

riechen nach Chlor

Die Scampi sind verdorben und müssen aussortiert werden.

Vorsicht: Der Chlorgeruch ist meist sehr leicht.

Schaltiere

enthülsen

1. Schwanzende abdrehen, Kopf entfernen.

2. Das Fleisch aus dem Panzer ziehen.

säubern

Die Schalen unter fließendem kaltem Wasser abbürsten und dabei Seetang, Seepocken und Entenmuscheln entfernen.

Sand wird entfernt indem man die Schaltiere zum Reinigen ca. zwei bis drei Stunden in einen Eimer mit Salzwasser (pro Liter ca. eine Hand voll Salz) gibt.

☺ Dem Wasser zwei Esslöffel Mehl oder Kleie zufügen, dann wird das Fleisch schön prall.

FLEISCH

ALLGEMEINES

Fleischqualität ist Vertrauenssache. Fragen Sie Ihren Metzger nach der Herkunft seiner Schlachttiere. In den meisten Metzgereien hängt eine Information über die Herkunft der Tiere und eine Selbstverpflichtung der Metzger, nur Tiere von einwandfreier Herkunft zu verarbeiten. Auch Handelsketten geben mittlerweile eine sogenannte Gütesiegel-Garantie. Der Metzger kann durch seinen Einkauf direkt beim Züchter die Fleischqualität garantieren und indem er nur Fleisch von Schlachtern abnimmt, die das BQP (Basisqualitätsprüfung) Gütesiegel haben. BQP ermöglicht den Herkunftsnachweis der Tiere und der eingesetzten Produkte.

anstechen

Während des Garens das Fleisch niemals mit dem Messer oder der Gabel anstechen, der Fleischsaft läuft aus und das Fleisch wird trocken.

abhängen

Beim Abhängen werden die Muskelfasern durch Enzyme aufgebrochen, das Fleisch gewinnt an Aroma, wird zart, mürbe und besser verdaulich. Kühlschränke und Kellerräume in Privathäusern eignen sich nicht zum Abhängen von Fleisch. In guten Metzgereien ist das Fleisch bereits abgehangen.
Rinderkeule, Lende und Filet wird mindestens zwei Wochen abgehangen.
Für festliche Einladungen das Fleisch "frisch" kaufen und im Kühlhaus der Metzgerei abhängen lassen. Die Menge reichlich bemessen, Fleisch schrumpft während des Abhängens. Der Gewichtsverlust ist dabei vom Fettmantel des Fleischteils abhängig, je vollständiger der Fettmantel, desto langsamer trocknet das Fleisch aus.
Kaltes Fleisch: 0,5 % pro Tag.
Warmes Fleisch: Vom Moment der Schlachtung bis zur vollständigen Auskühlung 2 % pro Tag.

aufbewahren

Fleisch wird im kältesten Bereich des Kühlschranks aufbewahrt.
Die Verpackung entfernen, Fleisch in einen geschlossenen Behälter mit Abtropfeinlage legen oder einen umgedrehten Dessertteller in eine Schüssel geben und das Fleisch gut abgedeckt darin lagern. Den Behälter täglich säubern, Reste von Spülmittel vollständig entfernen.
☺ Dunkles Fleisch hält sich länger als helles Fleisch.

auftauen

Das Fleisch in einen geschlossenen Behälter mit Siebeinsatz oder in eine Schüssel mit umgedrehtem Dessertteller geben und darin über Nacht im Kühlschrank abgedeckt auftauen lassen.

einfrieren

Fleisch nicht waschen, aber trocken tupfen.
Steaks erst auf einer ebenen Unterlage gefrieren und diese nach 24 Stunden entfernen.
Rouladen werden gerollt eingefroren.
Fleischteile mit hohem Fettanteil (Schweinehalsgrat, Ochsenbrust etc.) haben eine max. Lagerdauer von 12 Wochen.
☺ Durch das Einfrieren wird jede Fleischsorte zarter, da die Zellen aufgebrochen werden.
Die Lagerzeit darf aber auf keinen Fall überzogen werden, das Fleisch trocknet aus.
☺ Fleisch möglichst vakuumverpackt einfrieren. Beim Einkauf von größeren Mengen gleich vom Metzger portionieren und einsiegeln lassen. Mageres Fleisch hält sich länger als fettes Fleisch. Das Fett wird leichter ranzig und verdirbt das Fleisch.

einkaufen

Die Fleischfarbe soll klar aber nicht grell sein. Graues Fleisch ist nicht in Ordnung.

Das Fleisch soll ohne dicke Sehnen sein, aber noch soviel Fett (Marmorierung) enthalten, dass es nicht austrocknet. Gelbes Fett ist ein Zeichen für alte Tiere (außer bei Jersey- oder Guernsey-Rindern oder Maisfütterung).

Kleine Stücke sollen eine gleiche Dicke oder Größe haben, damit sie gleichzeitig gar werden.

☺ Bei warmer Witterung und längeren Transportzeiten eine Thermotasche benutzen.

einsalzen
geeignete Fleischsorten

Kalbszunge, Ochsenfleisch, Ochsenzunge. Schweinefleisch: Bauchlappen, Bug, Füße, Haxen, Kamm, Schlegel, Schwanz, Waden, Zunge.

Lake

Die Lake muss immer abgekühlt sein. Wird das Fleisch in heißer oder warmer Lake eingelegt, ist dies eine Art von Vorgaren, und die Salzlake kann nicht richtig einziehen.

vorbereiten

500 g Nitritpökelsalz (NPS), ca. 60 g Zucker, 1-1,5 l Wasser, einige Lorbeerblätter, Pfefferkörner, eine Zwiebel in Scheiben, Nelken, 15 Wacholderbeeren.

Das gewaschene Fleisch gut abtrocknen und mit 250 g Salz kräftig einreiben, besonders im Umkreis der Knochen. Das restliche Salz mit Wasser, Salpeter, Zucker und Gewürzen aufkochen und die abgekühlte Lake über das Fleisch gießen. Zum Einlegen einen Steintopf verwenden. Die größeren Fleischstücke zuerst einlegen, dann alles mit einem Holzdeckel beschweren und kühl stellen. Kleinere Stücke können schon nach acht Tagen, größere erst nach drei bis vier Wochen herausgenommen und nach kurzem Wässern zubereitet werden.

gart schneller

Das Fleisch einige Stunden vor dem Braten mit Weinbrand beträufeln. Abgedeckt im Kühlschrank einige Zeit ziehen lassen.

gepökelt

Zu stark gepökeltes Fleisch wird vor dem Braten in eine Mischung aus Wasser und Milch gelegt. Das Fleisch wird weich und milder und nicht salzig und trocken.

Gewürze fallen nicht ab

Fleischstück von allen Seiten dünn mit mittelscharfem Senf einreiben. Die Gewürze darüberstreuen und ebenfalls einmassieren.

panieren

Die Panade erst kurz vor dem Braten oder frittieren auf das Fleisch geben. Die Masse wird sonst feucht, bräunt schlecht, löst sich und wird schwarz.

salzen

❍ Fleisch niemals längere Zeit in gesalzenem Zustand offen liegen lassen, dann trocknet es aus.

❍ Klein geschnittene Fleischstücke (z.B. für Ragouts) erst nach der Hälfte der Garzeit salzen.

❍ Kurzgebratenes erst kurz vor der Zubereitung salzen.

schneiden

Roh: Immer gegen die Faser schneiden, dies gilt besonders für Gulasch. Das Fleisch wird sonst zäh.

Bratenfleisch wird mit der Faser zerteilt, der fertige Braten aber gegen die Faser aufgeschnitten.

Gegart: Gebratenes, Gedämpftes und Gekochtes nach der Fertigstellung ca. 10 Minuten ruhen lassen, dann gegen die Faser aufschneiden.

Fleisch mit Kruste: Mit einer Fleischgabel mit dünnen langen Zinken einstechen und an den Zinken nach unten schneiden. Je dünner und länger die beiden Zinken der Gabel sind, umso weniger Bratensaft tritt aus.

Bratenstücke im Teigmantel:
Fleischstücke, die im Teigmantel zubereitet werden, zuerst mit einem Sägemesser anschneiden, dann mit einem Messer mit glatter Klinge aufschneiden.

spicken

Speck ca. eine Stunde bei Minus 18 °C vorfrieren, dann lässt er sich besser verarbeiten.

trocken

❗ Das Fleisch wurde nicht sachgerecht gelagert.

❗ Passiert, wenn der Schlachtkörper zu schnell heruntergekühlt wurde.

☺ Auf blasse Farbe und eine nasse Verpackung achten.

verdorben

❗ Das Fleisch hat eine schmierige Oberfläche.

! Das Fleisch ist grünlich verfärbt.

! Das Fleisch hat einen unangenehmen Geruch.
Passiert, wenn das Fleisch zu lange oder bei zu hohen Temperaturen gelagert wurde.

vorbereiten

Rohes Fleisch niemals auf einem Holzbrett lagern. Das Holz zieht den Saft heraus, und das Fleisch wird trocken.

ERWÄRMEN IN DER MIKROWELLE

Einzelportionen werden trocken und rollen sich auf

! Das Fleisch wurde nicht abgedeckt.

! Das Fleisch wurde trocken erwärmt.

☺ Die Portion mit vorgewärmter Soße knapp übergießen, abdecken und erwärmen. Mit der restlichen, aufgekochten Soße anrichten.

Ganze Bratenstücke sind trocken und faserig geworden

! Das Fleisch ist nicht mit der Haube abgedeckt worden.

! Es wurde zu wenig oder keine Flüssigkeit zugegeben.

☺ Mit Wasser oder Brühe verdünnte Soße in einen Topf geben, Braten einlegen, mit der Mischung begießen, abdecken und erhitzen. Den Braten bei geringerer Temperatur länger garen.

BRATEN

angießen

Häufiges und knappes Angießen ist entscheidend für den Geschmack und die spätere Farbe der Soße. Brühen oder Fonds immer erwärmt angießen, sonst schockt das Fleisch und trocknet aus, da der Garvorgang unterbrochen wird.

aufschneiden

Nach Beendigung der Garzeit den Braten je nach Größe fünf bis fünfzehn Minuten ruhen lassen, damit sich der Fleischsaft gleichmäßig verteilt.

Das Fleisch quer zur Faser in gleichmäßige Scheiben schneiden. Je zarter das Fleisch, desto dicker können die Scheiben geschnitten werden.

☺ Den Braten beim Schneiden mit der flachen Seite der Fleischgabel festhalten und nicht einstechen. Dann verliert das Fleisch keinen Saft.

auftauen

Fertige, tiefgefrorene Braten stets in geschlossenen Behältern über Nacht und im Kühlschrank auftauen.

einfrieren

Braten und Soße in völlig ausgekühltem Zustand getrennt einfrieren. Dies verhindert beim späteren Erwärmen das Anbrennen. Soße in Beutel füllen, anfrieren, flachdrücken und weiterfrosten.
Einzelportionen mit der Soße einfrieren und erwärmen.

erwärmen

Auf dem Herd:
Bratensoße aufkochen, Fleisch einlegen, erneut aufkochen und bei ca. 90 °C ziehen lassen, aber nicht mehr kochen. Der Eigengeschmack der Soße verstärkt sich dadurch. Bei Bedarf mit ungesalzener Brühe oder Fond strecken.
In der Mikrowelle unzerteilt: Den Braten mit Flüssigkeit beträufeln, abgedeckt bei geringerer Energie erhitzen. Die Soße getrennt erwärmen.
In der Mikrowelle, portionsweise: Braten und Soße in getrennten Gefäßen, bei geringerer Energie und längerer Laufzeit vorwärmen und in abgedeckten Tellern erhitzen.

Garzeit

Die Gardauer eines Bratens richtet sich nach dem Fleischgewicht und nicht nach der Bratenhöhe.

☺ Den Gargrad mit einem Fleischthermometer überprüfen. Das Thermometer in der Mitte des Bratens, nicht in der Nähe des Knochens einstechen.

☺ Eine Metallstricknadel einstechen: Fühlt sie sich nach dem Herausziehen warm an, so ist das Fleisch noch blutig. Ist die Nadel heiß, so ist das Fleisch durchgebraten.

☺ Für Braten errechnet man die Bratzeit nach folgender Faustregel:
Rind- und Hammelfleisch: je 500 g ca. 50 Minuten.
Schweinefleisch: je 500 g ca. 40 Minuten.
Kalb- und Lammfleisch: je 500 g ca. 30 Minuten.
Achtung: Große Braten garen wegen der eingeschlossenen Hitze nach dem Herausnehmen aus dem Ofen noch bis zu zehn Minuten nach.

Kruste hart
Kurzzeitig (ca. 10 Min.) den Braten wenden und mit der Kruste nach unten in der Soße anweichen.

marmoriert
Einen Braten mit einer Fettschicht und marmoriertem Fleisch verwenden. Er benötigt weniger Fett beim Anbraten und wird aromatischer und saftiger.

trocken
! Der fertige Braten wurde ohne Zugabe von Flüssigkeit zu lange warmgestellt.
! Der fertige Braten wurde zu heiß warmgestellt.
! Der Braten wurde unsachgemäß erwärmt.
! Das Fleisch wurde zu lange im Kühlschrank gelagert.

warm stellen
❍ Die Garzeit verkürzen, den Backofen auf ca. 80 °C vorheizen oder auf diese Temperatur absenken. Ein Blech mit Flüssigkeit (Wasser, verdünnte Brühe oder Soße) zu 2/3 füllen. Den abgedeckten Braten auf ein Gitter legen und über das Blech schieben.
❍ Einen umgedrehten Dessertteller in einen flachen Topf geben, ca. 1 cm Flüssigkeit einfüllen. Den Braten auf den Teller legen und abgedeckt warm halten.
❍ Bei Krustenbraten das Blech leicht einfetten und den Braten direkt, unabgedeckt auflegen.

HACKBRATEN

aufbewahren
Den Braten nicht völlig auskühlen lassen, in Alufolie packen und im Kühlschrank aufbewahren. In der Aluhülle entsteht Feuchtigkeit, und der Braten trocknet nicht aus. Da er im Kühlschrank auskühlt, setzt sich der Braten

langsamer und wird dadurch nicht hart. Zu langes oder offenes Lagern bei Kühlschranktemperatur lässt den Braten austrocknen und hart werden. Lagerzeit max. drei Tage.

beim Braten gerissen
! Die Oberfläche wurde nicht glatt gestrichen.
! Die Hackmasse war zu grob.
! Der Anteil an Eiern war zu hoch.
! Die Masse wurde nicht genügend durchgeknetet. Im Innern bilden sich dann Luftblasen, die sich bei Erwärmung ausdehnen.

formen
Der Hackbraten erhält eine gleichmäßige Form, wenn er in einer mit Butter ausgestrichenen und mit Semmelbrösel ausgestreuten Form zubereitet wird.

Hackmasse zu locker
Mit Semmelbrösel nachbinden und die Masse erneut durcharbeiten. Fünfzehn Minuten ruhen lassen, dann abermals durchkneten.

schneiden
Nach Beendigung der Garzeit ca. 10 Minuten offen ruhen lassen. Mit einem leicht gezackten Sägemesser schneiden. Bei Messern mit glatter Klinge direkt an der Fleischgabel nach unten schneiden.

warm stellen
Fertigen Hackbraten ca. 10 Minuten offen ruhen lassen, auf ein Gitter setzen und mit Alufolie abdecken. Die Fettpfanne mit gewürzter Brühe oder dünner Soße füllen und unter das Gitter schieben. Bei ca. 80 °C im Bratrohr warm stellen.

zu dunkel
! Die Oberhitze war zu hoch eingestellt.
! Bei Umluftherden war die Brattemperatur zu hoch.
! Die Masse bestand zum großen Teil oder ausschließlich aus Rinder-oder Lammhack.

ROLLBRATEN

Netz lässt sich nicht abziehen
! Der Braten ist verkrustet, beim Abziehen bleiben Fleischstückchen im Netz hängen.
☺ In der zweiten Hälfte der Garzeit den Braten häufiger wenden. Bei Bedarf Flüssigkeit zugeben, damit das Netz anweichen kann.

SCHMORBRATEN

geeignete Fleischsorten

siehe → Kalbfleisch, Lamm/Hammelfleisch, Rindfleisch, Schweinefleisch
Garmethode: Schmoren

verfeinern

Durch Zugabe von Rotwein, Cognac, trockenem Sherry und wenig verkochtem Karamell.
☺ Die mitgedünsteten Gemüse im Mixer pürieren und an die Soße geben (Samtsoße).

zubereiten

Schmorbraten benötigt einen perfekt schließenden Deckel, damit nicht zuviel Aroma entweicht. Erst den Topf mit Alufolie abdecken, dann den Deckel aufsetzen. Schmorbraten muss immer von Flüssigkeit umgeben, darf aber nie von ihr bedeckt sein.

BRATWURST

krosser

❍ In Milch oder Sahne einlegen.
❍ Mit Paprikapulver bestreuen.
❍ In Öl anbraten.
❍ Etwas Zucker in das Bratfett streuen.

platzt nicht

❍ Vor dem Braten an mehreren Stellen mit einem Kartoffelstecher einstechen. Bei Verwendung einer Essgabel reißt die Haut auf.
❍ Vor dem Braten kurz in kalte Milch tauchen.

weiter verwenden

❍ Bratwurst in Tiefkühlblätterteig rollen und auf einem abgespülten Backblech fünfzehn Minuten in den vorgeheizten Ofen schieben. Mit Sauerkraut servieren.
❍ Klein geschnitten zu Bauernomelett.

GRILLFLEISCH

geeignete Fleischsorten

siehe → Kalbfleisch, Lamm/Hammelfleisch, Rindfleisch, Schweinefleisch

trocken geworden

! Das Fleisch wurde beim Wenden mit einer Gabel mehrmals angestochen und der Saft ist ausgelaufen.

☺ Zum Wenden eine Grillzange benutzen.
! Das Fleisch wurde vor dem Grillen gesalzen. Das Salz entzieht den Fleischsaft.
☺ Grillfleisch während und nach dem Grillen salzen.
! Zum Grillen wurde sehr mageres Fleisch (z.B. Kalbfleisch) verwendet.
☺ Mageres Fleisch mit Barbecuesoße bestreichen oder das Fleisch mit Öl und Zitronensaft bestreichen.

vorbereiten

Grillfleisch soll nicht direkt aus dem Kühlschrank verwendet werden.
Das Fleisch soll nicht dicker als fünf Zentimeter und gut mit Fett durchzogen sein. Fettrand nicht wegschneiden, nur einschneiden.
Dickere Stücke zuerst grillen und dann im Backofen fertig garen.

zu blass, bräunt nicht

Das Fleisch wurde vor dem Grillen gesalzen.

GRILLSPIESSE

anordnen

Zwischen das Fleisch vorgegarte oder blanchierte Zwiebelscheiben oder Paprikastücke stecken, sonst kocht das Fleisch und die Garzeit verkürzt sich.

GULASCH

anbraten

Kalb: Fett erhitzen, Speck- und Zwiebelwürfel anbraten, leicht paprizieren, mit Weißwein ablöschen und einkochen. Gewürztes Fleisch zugeben und abgedeckt anbraten.
Lamm: Fleisch mit Knoblauch und anderen Gewürzen, außer Salz, marinieren. Fett erhitzen und das Fleisch offen anbraten, bis es von allen Seiten Farbe angenommen hat.
Rind: Fett erhitzen, Zwiebel braun rösten, paprizieren und sofort mit Essig ablöschen. Ge-

würztes Fleisch zugeben und zugedeckt anbraten.

Schwein: Fett erhitzen, gewürztes Fleisch zugeben und offen unter häufigem Umrühren von allen Seiten gut anbraten. Dann Zwiebeln und weitere Zutaten beigeben.

Gemischtes Gulasch: Zuerst das Rind, dann Schwein und schließlich Kalb anbraten.

☺ Größere Mengen in mehreren Arbeitsgängen anbraten, die Fleischstücke bräunen dann besser.

aufwärmen

Auf dem Herd: Mit etwas ungewürzter Brühe leicht strecken und unter häufigem Rühren langsam aufkochen.

In der Mikrowelle: Wie aufwärmen auf dem Herd, nur in mikrowellengeeignetes Geschirr geben und den Erwärmungsvorgang zweimal durch Umrühren unterbrechen. Geringere Energiestufe, aber längere Laufzeit einstellen.

einfrieren

Aus dem kochenden Gulasch das Fleisch mit einem Sieblöffel entnehmen und gleichmäßig auf die Gefrierbehälter verteilen. Die kochende Soße mit einem Schöpflöffel über das portionierte Fleisch geben (bis 3 cm unter den Rand). Unter jedes Gefäß ein Streichholz legen, damit dieses gleichmäßig auskühlen kann. Das vollständig abgekühlte Gulasch einfrieren.

farblos

Verkochten, dunklen Karamell oder einige Tropfen Zuckercouleur zugeben. Mit stark eingekochter Fleischglace angießen. Gulasch neu abschmecken.

geeignete Fleischsorten

siehe → Kalbfleisch, Lamm/Hammelfleisch, Rindfleisch, Schweinefleisch
Garmethode: Schmoren

schmeckt bitter

Passiert leicht bei *Dosengulasch.*

! Die angebrochene Dose wurde mehrere Tage im Kühlschrank gelagert.

☺ Angebrochene Ware umleeren und abdecken.

schmeckt fade

Kalbsgulasch: Zwiebel in Fett glasig werden lassen, mit wenig Paprikapulver bestreuen und mit Weißwein ablöschen. Kurz aufkochen lassen, das Fleisch zugeben und mit einem Stück Zitronenschale, einem Lorbeerblatt und wenig Piment würzen. Mit Salz und Pfeffer abschmecken.

Lammgulasch: Aus angebratenen Knochen, Fleischabschnitten, Zwiebeln, Suppengrün, Gewürzen und Brühe eine kräftige Soße kochen, abseihen und damit das Gulasch aufgießen.

Rindergulasch:
Grob geschnittene Zwiebeln in Fett bräunen, mit Paprikapulver bestreuen und mit wenig Essig ablöschen. Mit etwas Majoran, gemahlenem Kümmel, wenig gehacktem Knoblauch und abgeriebener Zitronenschale würzen. Mit etwas Rotwein angießen und die Flüssigkeit noch ca. zehn Minuten einkochen lassen. Mit etwas Tomatenmark binden, das Gulasch zufügen und nochmals aufkochen lassen.

Schweinegulasch: siehe Rindergulasch.

☺ Schweinefleisch in der Pfanne scharf anbraten, dann in den Topf geben, bei größeren Mengen den Vorgang mehrmals wiederholen. Dann erst Zwiebeln und Gewürze zufügen.

schmeckt süßlich

! Der Anteil an Zwiebeln war zu hoch.

! Zu lange eingefrorenes Schweinefleisch wurde verwendet.

trocken

! Das Gulasch wurde in bereits fertiger Soße gekocht.

! Das Fleisch wurde unaufgetaut verarbeitet.

! Fertiges, gefrorenes Gulasch wurde aus dem Gefrierschrank direkt in die Mikrowelle gegeben.

verfeinern

Mit wenig süßer Sahne, Rotwein, Madeira, Sherry und Worcestersauce.

Durch Zugabe von Pilzen oder Paprikaschoten. Diese in Fett anschwitzen und dem Gulasch zufügen.

Achtung: Bei Zugabe von Pilzen oder Verwendung von Dosen das Gulasch nicht mehr aufwärmen.

weiter verwenden

Jägergulasch: Speckwürfel und Zwiebel anschwitzen, Pfifferlinge und gehackte Petersilie zufügen, mit süßer Sahne einkochen und mit dem fertigen Gulasch erneut aufkochen.

Zigeunergulasch: Speckwürfel oder Streifen von geräucherter Ochsenzunge mit Zwiebeln und Paprikastreifen anschwitzen, mit Rotwein einkochen und mit dem fertigen Gulasch erneut aufkochen.

Rahmgulasch: Süße Sahne mit Speisestärke verrühren und in das kochende Gulasch einlaufen lassen. Abschmecken mit Weißwein, Salz und Worcestersauce.

Gulasch "Bürgerlich":
Speck- und Zwiebelwürfel anschwitzen, Karotten, Erbsen und gehackte Petersilie unterheben, erneut mit dem fertigen Gulasch aufkochen. Mit Salz und Pfeffer abschmecken.

Herrengulasch: Soße vom Fleisch trennen und separat um ein Viertel einkochen. Fleisch und Soße wieder vermischen, mit Cognac, Rotwein und wenig süßer Sahne abschmecken. Mit aufgelegtem Spiegelei servieren.

Stroganoffgulasch:
Streifen von Zwiebeln und Gurke anschwitzen, Champignons beifügen, mit Senf binden und mit Rotwein einkochen. Fertiges Gulasch zugeben und erneut aufkochen. Mit Cognac und wenig Zucker nachschmecken.

zäh

! Das Fleisch wurde nicht rasch genug und bei zu geringer Temperatur angebraten.

! Das Fleisch war von minderer Qualität.

! Das Fleisch wurde falsch zugeschnitten.

! Die Garzeit war zu kurz.

! Rohes Fleisch wurde in fertiger Soße gegart.

zieht zuviel Saft

Den Saft abgießen und später zum Schmoren wieder angießen.

zu fett

○ Gulasch vom Herd nehmen und ca. fünf Minuten ruhen lassen. Unbedrucktes Küchenkrepp auflegen und die Fettschicht damit absaugen.

○ Das ausgekühlte Gulasch über Nacht in den Kühlschrank stellen und am nächsten Tag die Fettschicht abnehmen.

GULASCHSOSSE

schmeckt bitter

! Die Zwiebeln wurden maschinell gehackt.

! Es wurden gefrorene Zwiebeln verwendet.

! Paprikapulver wurde direkt in heißes Fett gegeben.

☺ Die Zwiebel anbraten, mit wenig Flüssigkeit angießen und das Paprikapulver einrühren.

zu dick

Mit leicht abgeschmeckter Fleischbrühe oder dünner Vorratssoße strecken.

zu dünn

Schwein, Rind, Lamm:
Kartoffelstärke mit Rotwein verrühren, Gulasch aufkochen und langsam die Mischung einfließen lassen, bis die gewünschte Konsistenz erreicht ist.

Kalb: Wie oben angegeben, nur Weißwein verwenden.

HACKFLEISCH

Angebotsformen bei Hackfleisch

Beefsteakhack, Schabefleisch, Tatar:
Feinzerkleinertes, schieres, rohes Muskelfleisch vom Rind. Darf max. 6% Fett enthalten.

Rinderhack:
Durchwachsenes Rindfleisch. Darf max. 20% Fett enthalten.

Schweinehack:
Durchwachsenes Schweinefleisch. Darf max. 35% Fett enthalten.

Hackfleisch, gemischt:
Wird je zur Hälfte aus durchwachsenem Rind- und Schweinefleisch hergestellt. Darf max. 30% Fett enthalten.

Je dunkler das Hackfleisch, desto größer der Anteil an Rindfleisch.

Je heller das Hackfleisch, desto größer der Anteil an Schweine- oder Kalbfleisch.

Ist das Hackfleisch sehr weiß, ist der Anteil an Fett und Flechsen sehr hoch.

! Grau marmoriertes Hackfleisch: alte Ware wurde mit frischer gemischt.

☺ Fleisch aussuchen und dann erst vom Metzger durchdrehen lassen.

aufbewahren

Frisches Hackfleisch innerhalb von 24 Stunden verbrauchen. Tiefgefroren ca. vier Wochen.

Angebratenes Hackfleisch im Kühlschrank nicht länger als 48 Stunden lagern. Tiefgefroren ca. drei Monate.

CEVAPCICI

lockerer

Unter den Fleischteig eine Messerspitze Natron (Backsoda) mischen und den Teig über Nacht durchziehen lassen.

FRIKADELLEN

aufbewahren

Lauwarm in einem verschließbaren Behälter auf einem Siebeinsatz. Die Frikadellen sollten leicht schräg aneinandergelehnt sein, dies sorgt für ein gleichmäßiges Abkühlen. Maximale Lagerzeit im Kühlschrank vier bis fünf Tage.

auftauen

In verschließbarem Behälter über Nacht im Kühlschrank auftauen.

bekömmlicher

Zwiebeln und Petersilie glasig dünsten und dann der Masse zufügen. Werden die Frikadellen nicht sofort gebraten, Zwiebel und Petersilie erkalten lassen und dann erst zufügen.

braten in großen Mengen

Das Bratrohr mit dem Blech auf 150 °C vorheizen. Blech gut mit Öl einpinseln und die Frikadellen auflegen. Sie dürfen sich nicht berühren. Die Temperatur auf 200 °C erhöhen. Sind die Frikadellen auf einer Seite angebraten, wenden und fertig garen.

einfrieren

Die Frikadelle muss durchgebraten sein. Lauwarm einfrieren, dies erhält nicht nur das Aroma, sondern lässt sie auch nach dem Auftauen locker bleiben.

kleben beim Abdrehen an den Händen fest

Die Hände hin und wieder mit lauwarmem Wasser befeuchten. Dabei darauf achten, dass nicht zu viel Feuchtigkeit in die Hackmasse eingearbeitet wird.

kleben in der Pfanne an

! Verkratzte Pfanne, Pfanne mit Waffelboden, unsaubere Pfanne.

! Falsches Fett (Margarine und Butter ungeeignet, Öl verwenden).

! Das Fett hatte eine zu geringe Temperatur.

! Die Hackmasse enthielt zu viele Eier und war zu flüssig.

! Zu viele Frikadellen waren gleichzeitig und ohne Zwischenraum in der Pfanne.

portionieren

Einen Suppenschöpfer kurz in lauwarmes Wasser tauchen, mit der Hackmasse füllen, in die Hand stülpen und Frikadellen abdrehen.

reißen beim Braten auf

! Die Zutaten waren zu grob.

! Die Masse wurde zu wenig durchgeknetet, und die Luftblasen dehnen sich beim Braten aus.

! Die Oberfläche der Frikadellen wurde nicht glatt gestrichen.

! Die Hackmasse enthielt keine Brötchen.

! Reines Rinderhack wurde verarbeitet.

! Das Hackfleisch wurde durch eine zu feine Scheibe des Fleischwolfs gedreht.

! Die Frikadellen wurden zu lange ohne Flüssigkeit warmgestellt.

! Die Frikadellen wurden bei zu hoher Temperatur warmgestellt.

saftiger

❍ Hackfleisch durch die mittelgrobe Scheibe drehen (normal durch die Feinste). Dadurch wird das vorzeitige Austrocknen während der Zubereitung vermieden.

❍ Kartoffel-, feine Haferflocken oder etwas zerdrückte Kartoffel zugeben. Eingeweichtes Brötchen ist dann nicht mehr nötig.

schmecken bitter

! Es wurde zu viel geriebene Muskatnuss verwendet.

! Es wurden Zwiebeln verarbeitet, die gefroren, gequetscht, bereits ausgetrieben oder zu grob geschnitten waren.

! In der Hackmasse waren zu viel Stiele statt Petersilienbätter.

verfeinern

❍ Als Gewürze zusätzlich gemahlenen Kümmel, Kreuzkümmel, Majoran und eine Messerspitze geriebene Muskatnuss verwenden.

❍ Der Masse etwas geriebenen Käse zufügen.

❍ Der Masse etwas Currypulver zufügen.

vorbereiten in großen Mengen

Ein Blech gut anfeuchten, Frikadellen abdrehen und in gleichmäßigem Abstand auf das Blech legen. Die Frikadellen dürfen sich nicht berühren. Mit Klarsichtfolie abdecken und kühl lagern.

warm stellen

Einen Gittereinsatz in eine Bratreine geben, die Frikadellen schräg auffächern und mit Alufolie abdecken, damit sie nicht austrocknen. Etwa 1 cm leicht gewürzte Brühe oder verdünnte Soße in die Reine gießen, und die Frikadellen bei 80 °C im Bratrohr warm stellen. Bei größeren Mengen von Vorteil.

weiter verwenden

○ In dünne Scheiben geschnitten, mit Essiggurke und Salatblatt garniert auf gebuttertem Senfbrot.
○ Als Beigabe in pikantem Fleischhaschee.
○ In grobe Würfel geschnitten zu pikanten Käsespießchen.
○ Kalt mit Kartoffel/Gurkensalat.

zerfallen beim Braten

❗ Die Frikadellen wurden auf einer Seite nicht lang genug angebraten,
❗ Die Frikadellen wurden zu früh gewendet.
❗ Der Anteil an Brot war zu hoch.
❗ Das Brot war noch zu grob.
❗ Die verarbeiteten Zwiebeln waren in zu grobe Würfel geschnitten.
☺ Alle Zutaten (inklusive der Gewürze) zusammen durch den Wolf drehen. Die Masse wird besser vermischt und dadurch homogener.

zu dunkel

❗ Das Fett war zu heiß.
❗ Die Pfanne war zu groß bei zu wenig Frikadellen.
☺ In eine Pfanne mit 25 cm Durchmesser passen fünf bis sechs Frikadellen mit einem Einzelgewicht von ca. 120 Gramm.
❗ Zu lange bei zu hoher Temperatur warm gestellt, die Frikadellen dunkeln dann nach.
❗ Die Hackmasse bestand aus reinem Rindfleisch.

zu fest

❗ Es wurde zu viel Semmelbrösel oder Paniermehl zugefügt.

HACKEPETER

schmeckt bitter

❗ Die verwendeten Zwiebeln waren zu grob geschnitten, bereits ausgetrieben, gequetscht statt geschnitten, wurden in der Küchenmaschine zerkleinert.
❗ Die Hackmasse enthielt zu viele Petersilienstiele.
☺ Fleisch zweimal durch die feine Scheibe des Fleischwolfs drehen. Zwiebeln mit einem scharfen Messer von Hand fein hacken. Die Petersilie ohne Stiele verarbeiten.

zu trocken

❗ Das verwendete Schweinefleisch war zu trocken. Hackepeter sollte eine Fettanteil von 25 bis 30 % haben.

KÖNIGSBERGER KLOPSE

deftiger

Die Zwiebelwürfel in wenig Fett goldgelb dünsten und dann der Masse zufügen.

schmecken fade

❗ Die Masse war zu wenig gewürzt.
❗ Die Klopse wurden nur in Wasser gegart.
❗ Die Soße wurde mit Wasser oder ungewürzter Brühe angegossen.
☺ Das Kochwasser mit Knochen, Suppengrün, einer gespickten Zwiebel und etwas Salz 45 Minuten köcheln lassen, dann erst die Klopse einlegen.
☺ Die Soße mit passierter Garbrühe angießen.

zerfallen beim Kochen

❗ Die Hackmasse war zu grob.
❗ Die Hackmasse wurde nicht richtig vermengt.
❗ Zu viele Klopse wurden in einem zu kleinen Topf gegart.
❗ Nach dem Einlegen der Klopse ist die Temperatur des Kochwassers zu stark gesunken. Kleine Klopse von ca. 4-5 cm Durchmesser formen. Eine zweite Kochplatte auf voller Leistung vorheizen, den Topf nach dem Einlegen der Klopse auf diese Platte ziehen. Die Flüssigkeit wallt sofort auf.

HAXEN

auslösen

1. Die Haxe mit dem dicken Ende nach unten auf ein Brett stellen, das andere Ende mit einem Tuch festhalten.
2. Mit einem scharfen Messer auf der vorderen und hinteren Seite am Knochen entlang nach unten schneiden.

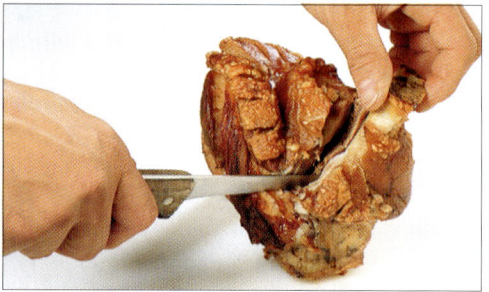

3. Mit der Klinge die Fleischteile seitlich herausbiegen.

glasieren

50 g Zucker in 25 g erhitzter Butter karamellisieren lassen und mit vier Esslöffeln Bratensaft ablöschen. Die Haxen mit der Flüssigkeit bestreichen und im Ofen oder unter dem Grill glasieren. Den Vorgang mehrmals wiederholen. Das Fleisch wird glänzend, und die Kruste bekommt einen feinen Geschmack.

knuspriger

Gegarte Haxen während des letzten Viertels der Garzeit mit Bier überpinseln und im vorgeheizten Ofen bei Oberhitze oder im Grill kurz bräunen.

warm stellen

Kalbshaxen: Abgedeckt, auf einem Gitter mit untergeschobenem Blech bei 80 °C im Backrohr.
Schweinshaxen: Wie Kalbshaxen, aber nicht abdecken, da sonst die Kruste weich wird.

weiter verwenden

Ausgelöstes Haxenfleisch in einer kräftigen Soße erwärmen und mit passenden Beilagen (z.B. Knödel) servieren.
Für Haschee:
Durch den Wolf gedreht, zusammen mit rohem, gehacktem Fleisch.
Als Ragout für Pastetenfüllungen:
Fein gewürfelt, mit Pilzen oder anderen Beigaben in Madeira-oder Portweinsoße verkocht.
Als Bratensülze:
Fein aufgeschnitten, mit Gurke und Eischeibe verarbeitet.
Als Brotbelag: Kalt und dünn aufgeschnitten mit Pfeffer und Salz.

GRILLHAXEN

außen fertig, innen noch roh

○ Mit einer Zinkengabel oder Dressiernadel am Gelenk anstechen. Tritt rötlicher Fleischsaft aus, ist die Haxe nicht durch. Mit Alufolie abdecken und fertig garen.
○ Das Fleisch der rohen Haxe einseitig etwa drei bis vier Zentimeter tief vom Knochen lösen und die Haxe in Salzwasser 45 Minuten kochen. Dann die Karos in die Schwarte schneiden. Die Haxe abtupfen, würzen, mit flüssiger Butter oder Butterschmalz einpinseln. Mit dunklem Bier begießen und fertig grillen.

SURHAXEN

verfeinern

Statt Essig Weißwein zum Kochen nehmen.

KURZGEBRATENES

Filetscheiben formen, bridieren

1. Die Scheiben mit dem Handballen leicht klopfen.

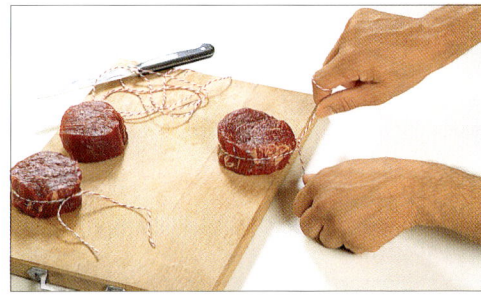

2. Die Scheiben mit Küchengarn umwickeln.
3. Die Scheiben mit Speck umwickeln und mit Küchengarn festbinden. Der Speck verfeinert den Geschmack und verhindert das Austrocknen.
Vorsicht: Kalbsfiletscheiben nicht mit Speck umwickeln, er überlagert den feinen Eigengeschmack.

Garprobe für Steaks

Blau (engl. very rare; franz. bleu)

Das Fleisch bei hoher Temperatur auf beiden Seiten je eine Minute braten.
Das Fleisch hat eine dünne braune Kruste und ist innen blutig-roh.
Bei Fingerdruck ist kein Widerstand spürbar.
Blutig (engl. rare; franz. saignant)
Das Fleisch auf beiden Seiten je Seite zwei Minuten braten.
Sobald Blutstropfen an der Oberfläche sichtbar werden, das Fleisch wenden und die zweite Seite bräunen.
Das Fleisch hat eine braune Kruste und ist innen rosa mit einem blutigen Kern.
Bei Fingerdruck fühlt sich das Fleisch elastisch an.

Rosa (engl. medium; franz. à point)
Das Fleisch je Seite eine Minute scharf anbraten, dann drei Minuten weiterbraten.
Wenn Tropfen von Fleischsaft an der Oberfläche sichtbar werden, wenden und die zweite Seite bräunen.
Das angeschnittene Fleisch ist bis auf einen rosa Kern in der Mitte durchgebraten.
Bei Fingerdruck ist Widerstand spürbar.

Durchgebraten (engl. welldone; franz. bien cuit)
Das Fleisch je Seite ein Minute scharf anbraten, die Temperatur reduzieren und vier Minuten unter mehrmaligem Wenden weiterbraten bis es sich fest anfühlt.
Das Fleisch hat keinen rosa Kern mehr und ist gleichmäßig durchgebraten.
still moving

Wird manchmal in amerikanischen Restaurants angeboten. Das Fleisch hat auf seinem Weg zum Teller höflicherweise die Pfanne gestreift und befindet sich fast noch im Urzustand.
Achtung: Die Garprobe wird immer mit dem Mittelfinger ausgeführt!

Geeignete Fleischsorten

siehe → Kalbfleisch, Lamm/Hammelfleisch, Rindfleisch, Schweinefleisch Garmethoden

kocht

! Das Fleisch berührte sich in der Pfanne und der austretende Fleischsaft senkt die Fetttemperatur. Die Poren können sich nicht schnell genug schließen, das Fleisch beginnt zu kochen und wird zäh.
☺ Zwischen den Fleischteilen genügend Abstand lassen, damit sie sich nicht berühren.
Die austretende Flüssigkeit verdampft sehr schnell und die Fetttemperatur bleibt konstant.

Panade abgefallen

! Das panierte Schnitzel wurde nicht sofort gebraten, die Panade hat Feuchtigkeit gezogen und ist abgefallen.
☺ Nochmals in Paniermehl wälzen und sofort braten.
! Die Panade wurde nicht fest genug angedrückt.
! Zum Panieren wurde nur Ei und Paniermehl, aber kein Mehl verwendet.
! Zu viele Schnitzel kamen gleichzeitig in die Pfanne.
☺ Die Schnitzel mit Abstand in die Pfanne geben, das Fleisch soll sich nicht berühren.
☺ Die fertig gebratenen Schnitzel bei ca. 70 °C im Backofen warm stellen.
! Die Brattemperatur war zu niedrig.
! Das falsche Fett wurde verwendet.
siehe → welches Fett für welches Gericht

panieren

gleichmäßiger: Dem geschlagenen Ei etwas kaltes Wasser zufügen, dann verteilt es sich besser auf dem Fleisch.
größere Mengen: Aus geschlagenem Ei, wenig kaltem Wasser und den Gewürzen einen dünnflüssigen Teig bereiten. Die Schnitzel durch den Teig ziehen und dann die Semmelbrösel anklopfen.

Taschen schneiden

Steaks und Schnitzel:
1. Steak an die Tischkante legen, die Hautseite zeigt zur Tischmitte.

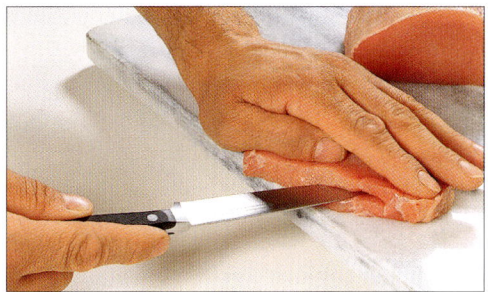

2. Eine Hand flach auf das Steak legen, mit einem kleinen spitzen Messer zu 3/4 in das Fleisch einstechen und waagerecht in der Mitte des Steaks eine Tasche schneiden.
3. An der Außenseite sollte ein Steg von ca. 1 cm Breite bleiben.

Große Bratenstücke (z.B. für *Kräuterfüllungen*):
1. Mit einem langen, dünnen und spitzen Messer bis zur gewünschten Tiefe einstechen.
2. Seitlich mit der Klinge oder einem dicken Kochlöffelstiel ausweiten.

Taschen füllen

1. Fleisch mit der Tasche nach oben aufstellen und mit der Masse zu dreiviertel füllen.
2. Das aufgestellte Fleisch mit geöltem Küchengarn zunähen.

warm stellen

Kurz gebratenes im Backofen bei 80 °C nicht länger als 15 Minuten in Alufolie gewickelt warm stellen.

wölbt sich beim Braten

Die Fleischränder mehrmals knapp einschneiden.

Parüren verwenden

Abfälle und Abschnitte (Sehnen, Fett), die beim Parieren entstehen, kleinschneiden und mitbraten, um den Geschmack zu verbessern.
☺ Lassen sich gut einfrieren für eine spätere Verwendung; auch zur Zubereitung von separaten Soßen und Fonds.

KALBFLEISCH

ALLGEMEINES

anbraten

Als Bratfett Margarine oder eine Mischung aus Öl und Butter verwenden. Ausschließlich Öl lässt das Fleisch hart und faserig werden.

angießen

Stets Weißwein verwenden. Rotwein erzeugt eine rosa Farbe und Roséwein eine schmutzig graue Farbe.

aufbewahren

Ganze Stücke: im Kühlschrank ca. zwei bis drei Tage, tiefgefroren ca. sechs Monate.
Filet, Schnitzel, Hackfleisch: im Kühlschrank ca. ein bis zwei Tage, tiefgefroren ca. drei Monate.

einkaufen

Das Fleisch hat eine helle Farbe und wenig Fett. Die Knochen sollen weiß oder rosa sein. Nasse Verpackung zeigt, dass das Fleisch eingefroren oder sehr frisch war.

gar

Braten soll eine Innentemperatur von 70 °C haben, beim Anstechen tritt weißlich klarer Saft aus.
Gulasch und *Ragout:* Widerstand bei der Druckprobe, Safttropfen sind an der Oberfläche sichtbar. Die Fleischstücke lassen sich mit einer Gabel mühelos teilen.

Garmethoden

Braten:
Brust, Filet (Lende), falsches Filet, Haxen, Hüfte, Kamm, Keule, Kotelettstück, Nuss (Kugel), Oberschale, Unterschale (Frikandeau), Rücken, Schulter.
Grillen, Kurzbraten:
Brust, Bug, Blatt, Filet, Haxen, Hüfte, Koteletts, Keule, Medaillons, große und kleine Nuss (Kugel), Rücken, Oberschale, Schnitzel, Schulter.
Kochen, Pochieren:
Bauchlappen, Brust, Hals (Nacken), Haxen, kleine Nuss, Querrippe.
Pfannenrühren (Geschnetzeltes oder in kleinen Würfel):
Filet, Hüfte, Lende.

Schmoren:
Blatt, Brust, Bug, Haxen, Kamm, Kugel (Keule), große und kleine Nuss (Kugel), Oberschale, Rücken, Schulter.

**Geeignete Fleischsorten für
Braten:**
Falsches Filet, Keule, große und kleine Nuss (Kugel), Oberschale, Unterschale (Frikandeau).
Filetbraten:
Filet.
Lendenbraten:
Lende.
Nierenbraten:
Bauch, Rücken, Schulter.
Rollbraten:
Bauch, Brust, Schulter.
Rostbraten:
Filet, Lende, Rücken.
Schmorbraten:
Blatt, Bug, falsches Filet, Rose, Schulter, Tafelspitz.
Eintöpfe:
Bauch, Brust, falsches Filet, Haxen, Schulter.
Fleischbrühe:
Beinscheibe, Markknochen, gespaltene Röhrenknochen, Schwanz, Wade.
Fleischspießchen:
Blatt, Bug, falsches Filet, kleine und große Nuss, Lende, Unterschale (Frikandeau), Schulter.
Fondue:
Filet (Lende), kleine Nuss.
Frikassee:
Blatt, Bug, Hals (Nacken), kleine und große Nuss, Oberschale, Schulter.
Geschnetzeltes:
Blatt, Bug, Keule, Lende, kleine und große Nuss (Kugel), Schulter, Unterschale (Frikandeau).
Gulasch:
Blatt, Bug, Hals (Nacken), kleine und große Nuss, Ober- und Unterschale, Schulter.
Kalbsbrust, gefüllt:
Brust.
Kalbshaxe:
Vorder- und Hinterhaxen.
Medaillons:
Brust, Filet (Lende).
Ossobuco (Kalbshaxe):
Vorder- und Hinterhaxe.
Ragouts:
Brust, falsches Filet, große und kleine Nuss, Vorder- und Hinterhaxe, Ober- und Unterschale.

Ragout fin:
Blatt, Bug, Schulter.
Rouladen:
Unterschale.
Schnitzel:
Lende, Oberschale, Unterschale (Frikandeau), Rücken.
Steaks:
Unterschale (Frikandeau).
Rückensteaks:
Rücken.

würzen
Beigabe von wenig Piment oder Koriander sowie Salbei erhöht den Eigengeschmack des Fleisches.

KALBSBRÄT

aufbewahren
Wegen der hohen Empfindlichkeit möglichst nur kurze Zeit in der Küche stehen lassen. Stets gut verschlossen im Kühlschrank aufbewahren. Lagerzeit stark begrenzt (max. 24 Stunden).

verarbeiten
Arbeitsschüsseln in Eiswasser stellen. Geräte (z.B. Fleischwolf) durch Einfrieren vorkühlen. Längere Betriebszeiten vermeiden, da die entstehende Reibungswärme das Brät gerinnen lässt.

zäh
Kalbsbrät wird nicht zäh, wenn die Masse mit Milch oder Sahne glatt und geschmeidig gerührt wird. Erst dann Eier, Semmelbrösel und Gewürze zugeben. Zu 500 g Brät ca. eine halbe Tasse Milch oder Sahne geben.

KALBSBRATEN

schmackhafter
Den Braten in einer offenen Kasserolle im Backofen unter häufigem Begießen braten.

**gespickter Kalbsbraten, Frikandeau
verfeinern**
Das Fleisch am Abend zuvor spicken und in ein mit Weißwein getränktes Tuch einschlagen. Am nächsten Tag nach Rezept braten.

KALBSBRUST

füllen

Die Tasche nur zu dreiviertel füllen. Die Füll-masse dehnt sich durch die Wärme aus und kann den Braten zum Platzen bringen.

☺ Die Brust in ein kleines, enges Gefäß stellen. Mit einer Hand am Rand festhalten und mit der anderen Hand füllen.

Taschen schneiden

siehe → Allgemeines, Taschen schneiden
siehe → gefüllte Schweinebrust

KALBSFRIKASSEE

verfeinern

Im Frikassee einige blanchierte Spargelspit-zen und geschälte Krabben erwärmen. Die Soße mit Crème double, klein gehacktem Sar-dellenfilet oder Kapern verfeinern.

KALBSGESCHNETZELTES

Soße zu dick

! Die Soße wurde mit flüssiger süßer Sahne aufgegossen und zu lange eingekocht.
☺ Die Sahne vorher steif schlagen (Sahnesi-phon verwenden) und dann zugeben.

Soße zu dünnflüssig

! Die verwendeten Champignons waren frisch und wurden vorher nicht blanchiert.
! Zum Aufgießen wurde nur flüssige Sahne ver-wendet.

☺ Die Pilze vorher in Weißwein blanchieren.
☺ Das angebratene Fleisch mit einer fertigen Rahmsoße angießen und mit ungesüßter, ge-schlagener Sahne verfeinern.

zäh

! Das Fleisch war zu frisch.
! Das falsche Fleisch wurde verwendet.
! Das Fleisch war falsch und/oder zu dick ge-schnitten.
☺ Das Fleisch immer gegen die Faser und gleichmäßig dünn schneiden.
! Das Fleisch wurde bereits geschnetzelt ge-kauft und bestand aus minderwertiger Ware.
☺ Fleisch aussuchen und dann vom Metzger schnetzeln lassen.
! Die richtige Reihenfolge der Zubereitung wur-de nicht beachtet.

☺ Zwiebel anschwitzen, das Fleisch zugeben, würzen, mit Weißwein ablöschen, Soße an-gießen, Pilze zugeben und mit Sahne verfei-nern.

KALBSHAXEN

siehe → Haxen

KALBSKEULE, GESPICKT

verfeinern

Nach dem Anbraten die Keule mit brennen-dem Cognac begießen und flambieren. Dann nach Rezept weitergaren.

LAMM/HAMMELFLEISCH

ALLGEMEINES

aufbewahren

Große und kleine Stücke: Im Kühlschrank ca. zwei bis vier Tage, tiefgefroren ca. neun Monate.
Hackfleisch: Im Kühlschrank höchstens zwei Tage, tiefgefroren ca. drei Monate.

einkaufen

Beim *Milchlamm* soll das Fleisch hellrosa und feucht und die Knochen sehr klein sein.
Beim *Mastlamm* soll das Fleisch dunkelrosa (nicht rot) und gut marmoriert sein. Das Fett hat eine weiße Farbe.
Pré salé („vorgesalzenes" Schaf): Schafe, die auf den salzigen Meereswiesen weiden und deren Fleisch deshalb einen kräftigen Geschmack hat.
Beim *Hammel* ist das Fleisch dunkel, gut marmoriert und von feiner Struktur. Das Fett ist gelblich.
Je älter das Tier, desto dunkler (braun- bis violettrot) ist die Farbe.

einlegen

Die Gewürze durch Zerquetschen zerkleinern, damit der zugefügte Essig und/oder Rotwein durch die enthaltene Säure das Gewürzaroma besser aufschließen kann. Zwiebeln oder andere Gemüse dürfen keine Druckstellen haben, da diese in kurzer Zeit die Marinade schlecht werden lassen.
Die richtige Reihenfolge ist: Erst das Gemüse (Karotten, Sellerie, Zwiebeln) und die Gewürze in das Gefäß geben. Darauf die Fleischteile legen und das Ganze mit der Beize so begießen, dass alles zugedeckt ist. Damit nichts aufschwimmt, mit einem umgedrehten Porzellanteller beschweren und dann das Gefäß verschließen.

gar

Braten, ganze Stücke: Blutig, das Fleisch hat eine Innentemperatur von 50 °C.
Rosa, das Fleisch hat eine Innentemperatur von 60 °C. Durchgebraten, das Fleisch hat eine Innentemperatur von 70 °C.
Koteletts, Steaks gegrillt oder kurz gebraten: Rosa, das Fleisch fühlt sich bei der Druckprobe elastisch an. Durchgebraten, das Fleisch fühlt sich bei der Druckprobe fest an.

Garmethoden

Braten:
Brust, Bug, Hals, Keule, Rücken (Sattel), Schulter.
Grillen, Kurzbraten:
Koteletts, Lende, Scheiben aus der Keule.
Kochen, Pochieren:
Bauchlappen, Brust, Bug, Hals, Haxe, Nacken, Schulter.
Schmoren:
Bauchlappen, Brust, Bug, Hals, Haxe, Nacken, Schulter.

Geeignete Fleischsorten für
Braten:
Rücken, Schulter.
Eintöpfe:
Bauchlappen, Brust, Bug, Hals, Haxe.
Bohneneintopf:
Schulter.
Sauerkrautgerichte:
Schulter.
Frikassee:
Bauchlappen, Brust, Bug, Hals, Haxe.
Gefüllte Lammbrust:
Bauchlappen, Brust, Bug, Hals, Haxe.
Gulasch:
Rücken, Schulter.
Hammelkrone:
Rücken.
Pastete:
Bauchlappen, Brust, Bug, Hals, Haxe.
Pilaf:
Rücken.
Ragouts:
Bauchlappen, Brust, Bug, Hals, Haxe, Rücken.
Spießbraten:
Rücken.
Stews:
Bauchlappen, Brust, Bug, Hals, Haxe.

Knochen verarbeiten

Die Knochen fein hacken und zusammen mit Fett, gewürfelten Zwiebeln, Karotten, Sellerie sowie Gewürzen und Aufgussbrühe einen Lammjus (Grundsoße) zubereiten und einfrieren. Sehnen, Knorpel und andere Abschnitte werden genauso verarbeitet.

milder

Hammelfleisch zwei Tage in Buttermilch einlegen, das mildert den Geschmack.
Oder rundum mit einer Mischung aus scharfem und mildem Paprikapulver einreiben.

schmeckt streng

! Das Fleisch wurde aufgewärmt.
! Die äußere Haut (Balg) wurde nicht vollständig entfernt.
! Das Tier war zu alt.
! Zu viel Fett wurde am Fleisch belassen.

servieren

Das Anrichtgeschirr stets gut vorwärmen.

LAMMHAXE

siehe → Haxen

LAMMKEULE

auslösen

Am besten gleich vom Metzger "hohl auslösen" lassen. Das bedeutet, die Knochen so zu entfernen, dass die Keule von außen nicht zerschnitten werden muss und lediglich im Inneren ein Hohlraum entsteht. Dieser ist besonders geeignet, um Lammkeulen zu füllen, da sie dann nur noch an zwei Seiten verschlossen werden müssen.

LAMMKOTELETT

braten

In einer Mischung aus Butter und Olivenöl (Verhältnis 1:1) werden die Koteletts besonders saftig.

überbacken

Das Fleisch beidseitig mit rosa Kern braten. Die Masse zum Überbacken(z.B. Artischockenmus, Cremechampignons oder Knoblauch/Käsecreme) vorbereiten und völlig ausgekühlt auftragen.
Bei hoher Temperatur (220 °C) schnell überbacken, das verhindert das Herunterlaufen der Masse.

☺ Ein wenig Semmelbrösel in die Masse geben, das erhöht die Festigkeit. Die Masse lässt sich auch leichter formen.

verfeinern

Aus gehacktem Knoblauch, gestoßenem Pfeffer, Rosmarin und wenig Öl eine Gewürzpaste herstellen und die Koteletts damit einreiben. In einem gut verschließbaren Behälter max. 12 Stunden im Kühlschrank ziehen lassen.

vorbereiten

An beiden Seiten des Knochens kurz einschneiden, damit sich das Fleisch beim Braten nicht einrollt. Um das Verbrennen von aufgetragenen Gewürzen beim Braten zu verhindern, die Koteletts 24 Stunden mit den Gewürzen einlegen und vor dem Garen mit Küchenkrepp abtupfen.

LAMMRAGOUT

verfeinern

Gemüsewürfel, die in Lammragouts (z.B.Navarin) mitgekocht werden, behalten eine bessere Form und Farbe, wenn sie separat in wenig Fleischbrühe und Weißwein blanchiert und erst kurz vor Beendigung des Garvorganges dem Ragout zugegeben werden.

☺ Um den guten Geschmack der Gemüseeinlage nicht zu verlieren, den Blanchierfond als Aufguss für das Ragout verwenden.

LAMMRÜCKEN (LENDE)

rosa gebraten

Durch den geringen Durchmesser ist ein "rosa braten" relativ schwierig. Lammrücken gut mit Öl einmassieren, die Gewürze zerkleinert auftragen und das Fleisch in einer beschichteten Pfanne ohne weitere Zugabe von Fett auf allen Seiten kurz anbraten. Danach in Alufolie einpacken und im Bratrohr bei 90 °C etwa 10 Minuten ziehen lassen.

Rindfleisch

aufbewahren

Große oder kleine Stücke: abgedeckt im Kühlschrank ca. drei bis fünf Tage, tiefgefroren ca. ein Jahr.
Rinderhack: abgedeckt im Kühlschrank nicht länger als 24 Stunden, tiefgefroren ca. zwei Monate.

einkaufen

Das Fleisch soll dunkelrot, feucht und gut mit weißem Fett marmoriert sein.

Gelbes Fett lässt auf alte Tiere schließen, kann aber auch ein Zeichen von Weidehaltung oder Maisfütterung sein (den Metzger befragen).

Nach dem Anschneiden ist das Fleisch dunkelrot, wird an der Luft jedoch schnell heller.

☺ Das Fleisch muss sich beim Schneiden sofort von der Klinge lösen.

gar

Braten, große Stücke:

Blutig: das Fleisch hat eine Innentemperatur von 50 °C.

Rosa: das Fleisch hat eine Innentemperatur von 60 °C.

Durchgebraten: das Fleisch hat eine Innentemperatur von 70 °C.

Steaks siehe → Kurzgebratenes

Garmethoden

Braten:

Brustspitze, Bürgermeisterstück, Bugschaufel, Dicker Bug, Filet, Hohe Rippe (Zwischenrippenstück), Hüfte, Hüftdeckel, Kugel (Nuss), Lende, Mittelbugstück, Oberschale (Kluft), Roastbeef (Rumpsteak), Schwanzrolle, Schwanzstück.

Grillen, Kurzbraten:

Bauchlappen, Bürgermeisterstück, Filet, Hohe Rippe (Zwischenrippenstück), Hüfte, Hüftdeckel, Keule, Kugel (Nuss), Oberschale (Kluft), Schulter, Zungenstück(Hals).

Kochen, Pochieren:

Bauchlappen, Beinscheibe, Brustspitze, Bugschaufelstück, Bürgermeisterstück, Hesse (Rinderwade), Hohe Rippe (Zwischenrippenstück), Keule, Mittelbrust, Mittelbugstück, Kugel (Nuss), Nacken (Hals), Ochsenzunge, Querrippe, Schulter, Schwanzrolle, Schwanzstück, Beinscheibe.

Pfannenrühren (Geschnetzeltes, kleine Würfel):

alle Stücke, die für Kurzbraten und Braten geeignet sind.

Schmoren:

Brustspitze, Bürgermeisterstück, Bugschaufelstück, Dicker Bug, Falsches Filet (Falsche Lende, Schulterspitze), Flachrippe, Hesse (Rinderwade), Hohe Rippe (Zwischenstück), Keule, Kugel (Nuss), Lende (Filet), Mittelbrust, Mittelbugstück, Oberschale (Kluft), Querrippe, Schulter, Schwanzrolle, Schwanzstück, Zungenstück (Hals).

Geeignete Fleischsorten für

Entrecôte:
Lende, Oberschale (Kluft).

Fondue:
Filet, Hüfte, Lende.

Geschnetzeltes:
Bugschaufelstück, Dicker Bug, Lende (Filet), Mittelbugstück.

Grilladen:
Zungenstück (Hals).

Gulasch:
Flachrippe, Querrippe, Zungenstück (Hals), Schwanzstück, Schwanzrolle, Lende (Filet), Hesse (Rinderwade).

Klären von Brühen:
Hesse (Rinderwade, Schulter).

Lungenbraten:
Lende (Filet).

Ragouts:
Bugschaufelstück, Falsches Filet (Falsche Lende, Schulterspitze), Mittelbugstück.

Rinderbraten:
Brustspitze, Bugschaufel, falsches Filet, Hohe Rippe (Zwischenrippenstück), Hüfte, Mittelbrust, Oberschale, Schwanzstück.

Rinderbrust:
Brustspitze, Mittelbrust.

Rinderhackfleischgerichte:
Zungenstück (Hals).

Roastbeef:
Oberschale (Kluft), Roastbeef (Rumpsteak).

Roastbeef / Kurzbraten:
Hohe Rippe (Zwischenrippe).

Rollbraten:
Brustkern, Dicker Bug.

Rostbraten:
Hüfte, Hüftdeckel, Roastbeef (Rumpsteak), Schwanzrolle, Schwanzstück.

Rouladen:
Bürgermeisterstück, Dicker Bug, Hüfte, Hüftdeckel, Keule, Kugel (Nuss), Oberschale (Kluft), Schulter.

Sauerbraten:
Bürgermeisterstück, Bugschaufelstück, Falsches Filet (Falsche Lende, Schulterspitze), Flachrippe, Keule, Kugel (Nuss), Mittelbugstück, Oberschale (Kluft), Querrippe, Schulter, Schwanzrolle, Schwanzstück, Zungenstück (Hals).

Schlachtbraten:
Lende (Filet).

Schmorbraten:
Bürgermeisterstück, Dicker Bug, Flachrippe, Hohe Rippe, Hüfte, Hüftdeckel, Keule, Kugel (Nuss), Oberschale (Kluft), Querrippe, Schulter, Schwanzrolle, Schwanzstück.

Spickbraten:

Bugschaufelstück, Bürgermeisterstück, Hüfte, Hüftdeckel, Keule (Nuss), Kugel, Lende (Filet), Mittelbugstück, Roastbeef (Rumpsteak), Schulter, Schwanzrolle, Schwanzstück.

Spießchen:

Bürgermeisterstück, Hüfte, Lende (Filet), Oberschale.

Steaks:

Bürgermeisterstück, Keule, Kugel (Nuss), Lende (Filet), Oberschale (Kluft), Schulter.

Beefsteaks:

Bugschaufel, Bürgermeisterstück, falsches Filet, Hüfte, Hüftdeckel, Schwanzstück, Oberschale.

Hüftsteak:

Hüfte, Hüftdeckel.

Rumpsteak:

Hohe Rippe (Zwischenstück), Oberschale (Kluft).

Tafelspitz:

Bürgermeisterstück, Kugel (Nuss), Lende (Filet), Keule, Schulter.

Tellerfleisch

Brustkern, Hohe Rippe, Zwerchrippe.

Tournedos:

Lende (Filet).

weicher

Nach dem Anbraten einen Esslöffel Rum oder Weinbrand zufügen.

PFEFFERPOTTHAST, WESTFÄLISCHER

Soße zu dünn

Mit geriebenem Zwieback andicken und abschmecken.

RINDERBRUST

verfeinern

Nach dem Blanchieren dem kalten Kochwasser nicht nur Suppengrün zugeben, sondern auch eine halbierte Zwiebel, die an den Schnittflächen in einer Pfanne mit wenig Öl vorher geschwärzt wurde. Ein Lorbeerblatt und je nach Menge des Kochwassers Liebstöckel und zwei bis vier Gewürznelken zufügen.

vorkochen

Je nach Gewicht kann die Rinderbrust zwischen 30 und 60 Minuten vorgekocht werden. Dann die Energie abstellen, Deckel auflegen und einen Kochlöffel dazwischenklemmen. So bis zum nächsten Tag stehen lassen.

☺ Um zu testen, ob der angebene Zeitraum zwischen 30 und 60 Minuten ausreichend war, das Fleischstück mit einer Zinkengabel einstechen und anheben. Rutscht dieses langsam von der Gabel ab, so reichen am Folgetag 30 bis 45 Minuten Nachkochzeit. Bleibt die Rinderbrust fest an der Gabel stecken, muss noch 60 bis 90 Minuten nachgegart werden.

weiter verwenden

Zu Rindfleisch-, Teufels- oder Fleischsalat: In dünne Streifen geschnitten.

Als Suppen- und Eintopfeinlage: In kleine Würfel geschnitten.

Zu Tiroler Gröstl' oder Bauernomelette: In Würfel geschnitten.

Zu Zwiebelfleisch: In Scheiben geschnitten.

RINDERFILET

einkaufen

Das Fleisch soll eine gleichmäßige, dunkle Farbe haben, dies ist ein Zeichen für gut abgelagertes Fleisch. Je länger das Filet im Kühlhaus abgehangen wird, desto besser (und teurer) wird das Fleisch.

portionieren

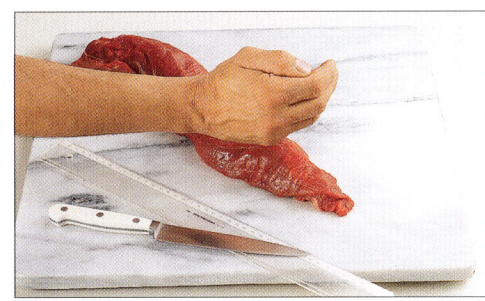

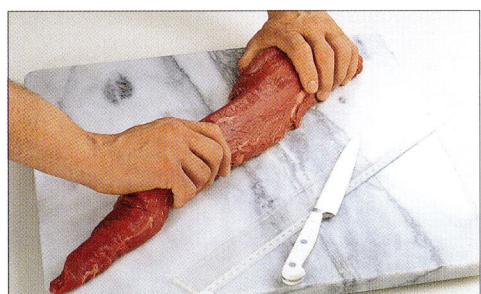

Das ganze Filet auf die Arbeitsfläche legen und gleichmäßig von oben (Filetkopf) nach unten (Filetspitze) durch leichtes Klopfen mit dem Handballen das Filet strecken.

Mit der hohlen Hand über das Fleisch strei-

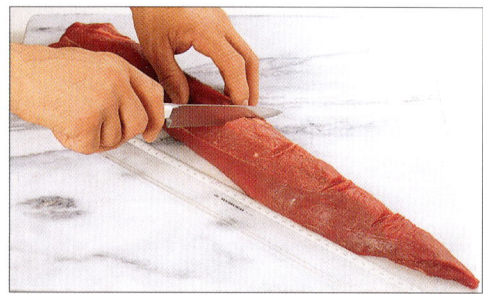

chen, damit der Fleischstrang eine gerade Form erhält. Mit einem Lineal die gewünschten Schnittstellen ausmessen und mit einem kleinen, scharfen Messer (Officemesser) einritzen. Die schmale Filetspitze entsprechend breiter markieren.

RINDERSCHMORBRATEN

verfeinern

○ Einen *Kalbsfuß* in Salzwasser mit Suppengemüse gut auskochen, die Brühe durchseihen und zum Auffüllen der Bratensoße verwenden.
○ Den *Kalbsfuß* auslösen, zerkleinern und mit dem Braten noch ca. 40 Minuten mitschmoren.

weiter verwenden

Den Schmorbraten kalt servieren. Die Soße muss völlig fettfrei sein, sie geliert durch die Beigabe des Kalbsfußes zu einem feinen *Aspik*.
Als *Aufschnitt*, für *Rindfleischsalate*, als Einlage für *Gemüseeintöpfe*.

zarter

○ Das Fleisch einen Tag vor der Zubereitung mit Senf bestreichen.
○ Das Fleisch zwei Tage in Buttermilch einlegen.

RINDERZUNGE
siehe → Innereien, Zunge

ROASTBEEF

aufbewahren

roh siehe → Allgemeines, aufbewahren

zubereitet:
○ Lauwarm von allen Seiten mit Öl einpinseln und auf einem Gitter völlig auskühlen lassen.
○ Eine Fleischglace aufkochen und mit wenig Gelatine vermengen. Das Roastbeef damit von allen Seiten einpinseln und abkühlen lassen. In Alufolie packen und im Kühlschrank aufbewahren. Innerhalb von drei Tagen verbrauchen.

braten

Backofen auf höchster Stufe mindestens 15 Minuten vorheizen. Das Backblech zehn Minuten in den Herd schieben und aufheizen. Mit wenig Öl begießen und sofort das gewürzte Roastbeef auflegen. Je nach Gewicht beträgt die Garzeit zwischen fünfzehn und fünfundzwanzig Minuten. Häufig mit entstandenem Bratenfond bzw. Bratenfett begießen. Nach der Fertigstellung das Roastbeef auf einem Gitter in Alufolie gewickelt abkühlen lassen.

braten, Fleischthermometer

Beim Braten von großen Fleischstücken ist ein Fleischthermometer hilfreich. Dieses Thermometer, ins Fleisch gesteckt, zeigt die Innentemperatur an.
Blutig, englisch: ca. 40 °C Innentemperatur, das Fleisch ist noch fast blutig.
Rosa, medium: ca. 60 °C Innentemperatur, das Fleisch ist halbgar und saftig.
Durchgebraten: ca. 80 °C Innentemperatur, das Fleisch ist ganz durchgebraten.
siehe → Rinderfilet im Ganzen braten

Fleisch grau geworden

! Es wurde bei zu geringer Temperatur gebraten.
! Beim Braten wurde zu viel Fett verwendet.
! Roastbeef wurde vorgeschnitten verwendet.
! Das Fleisch wurde zu lange bei Küchentemperatur gelagert.

Garprobe

Ohne das Fleisch anzustechen, gibt es nur eine verlässliche Methode. Mit dem Mittelfinger kurz auf das Bratenstück drücken. Je weiter dieses durch ist, desto größer ist der Widerstand bei der Druckprobe.

Garzeit

Roastbeef nach dem Anbraten bei 220 °C in den Ofen geben. Nach zwanzig Minuten Garzeit je Kilo ist das Fleisch rosa. Nach dreißig Minuten Garzeit je Kilo ist das Fleisch fast durch.

innen noch zu roh

Den angeschnittenen Braten wieder zusammensetzen und fest in Alufolie einpacken. Bei 180 °C im Backofen auf einem Gitter je nach gewünschter Garstufe zwischen zehn und zwanzig Minuten nachziehen lassen und dann auspacken.

saftiger

Im Bratrohr oder in der Pfanne mehr rot als rosa braten. Anschließend sofort in mehrere Lagen Alufolie packen und zusätzlich noch in Küchentücher einschlagen. Das Fleisch bleibt innen saftig und trocknet nicht aus. Fünfzehn bis zwanzig Minuten nachziehen lassen.

warm stellen

Soll das Roastbeef warmgestellt werden, muss es nach der Methode "saftiger" zubereitet werden. Dann bleibt es bis zu fünfundvierzig Minuten heiß.
siehe → saftiger

SAUERBRATEN

zu sauer

! Durch zu hohe Beigabe von Essig oder zu starker Beize.
! Bei zu langer Lagerzeit des Fleisches in der Beize.
☺ Korrektur durch Beigabe von Rüben- oder Apfelkraut sowie verkochtem Zucker.

Soße zu dick

Die kochende Soße mit heißer, neutraler Rinderbrühe strecken, bis die gewünschte Konsistenz erreicht ist. Verlängern mit Rotwein lässt die Soße leicht zu scharf werden.

Soße zu dünn

Soße erneut aufkochen und mit einer Mischung aus Kartoffelstärke, in Rotwein angerührt, nachbinden (einen Teelöffel Stärke auf vier Esslöffel Wein).

Soße zu dunkel

Der köchelnden Soße vorsichtig soviel süße Sahne zufügen, bis der gewünschte Farbton erreicht ist.

SAUERBRATEN "RHEINISCHE ART"

Soße zu scharf

! Die Soße stand zu lange im Kühlschrank.
! Die Soße wurde zu oft aufgekocht.
☺ Die lauwarme Soße mit neutraler Brühe strecken.

zu süß

! Der Anteil an Apfel- oder Rübenkraut und/oder Mandeln war zu hoch.
! Rosinen und Mandeln wurden nur untergemischt.
☺ Mandeln und Rosinen kurz in Butter anschwitzen, mit Essig ablöschen und kurz aufkochen. Die Soße zufügen, aufkochen und mit wenig Apfel- oder Rübenkraut abschmecken.

TAFELSPITZ

saftig

Vor der eigentlichen Zubereitung den Tafelspitz zehn Minuten in sprudelnd kochendem Wasser blanchieren. Danach erst heiß, dann kalt abwaschen.

schneller weich

Einen Schuss Cognac ins Kochwasser geben.

weiter verwenden

siehe → Rinderbrust, weiter verwenden

SCHWEINEFLEISCH

aufbewahren

Braten und *Gulaschwürfel*:
Im Kühlschrank ca. zwei bis vier Tage, tiefgefroren ca. neun Monate.
Hackfleisch: Im Kühlschrank nicht länger als 24 Stunden, tiefgefroren ca. drei Monate.

einfrieren

Schweinefleisch nicht länger als sechs Monate einfrieren. Dies gilt besonders für Teile, die stark von Fettgeweben durchzogen sind, wie z.B. Halsgrat, Haxe oder Schulter. Werden diese Teile jedoch zu lange eingefroren, schmecken sie bei der Zubereitung süßlich.

einkaufen

Das Fleisch soll dunkelrosa, aber nicht blass, rot oder grau sein. Das Fett ist weiß oder cremefarben. Die Anschnittfläche soll fast trocken sein. Nasse Verpackung ist ein Zeichen für unsachgemäße Behandlung.

Garmethoden

Braten:
Bug, Filet, Frikandeau, Hals, Haxen, Hüfte, Kluft, Kugel (Nuss), Kamm, Kotelettstück, Kronenbraten, Lende, Nacken, Oberschale, Unterschale, Vorderblatt, Schinken, Schulter, Kopf bei Spanferkel.

Grillen, Kurzbraten:
Bug, Filetkoteletts, Eisbein, Filetscheiben, Filetwürfel für Spieße, Frikandeau, Kluft, Lende, Nackenkoteletts, Nuss (Kugel), Oberschale, Schinken, Schweinebauch in Scheiben, Unterschale, Spareribs, Vorderblatt.

Kochen, Pochieren:
Bauch, Brust, (Dicke Rippe), Eisbein, Nacken, Schulter, Schweinebauch.

Pfannnenrühren:
Geschnetzeltes von fleischigen Stücken, die sich auch zum Braten oder Grillen eignen.

Schmoren:
Bauch, Brust (Dicke Rippe), Bug, Eisbein, Frikandeau, Hals, Haxe, Kamm, Kluft, Nacken, Nuss (Kugel), Oberschale, Rippen, Schinken, Schulter, Vorderblatt.

Geeignete Fleischsorten für

Braten:
Frikandeau, Hals, Hüfte, Kamm, Kluft, Kugel (Nuss), Nacken, Oberschale.

Filetbraten:
Filet, Lende.

Rollbraten:
Bauch, Brust, Bug, Oberschale, Schulter, Vorderblatt.

Schmorbraten:
Frikandeau, Kluft, Oberschale.

Eintöpfe:
Bauch, Brust, Dicke Rippe, Nacken, Oberschale, Schulter.

Eisbein:
Vorder- und Hintereisbein.

Fondue:
Filet, Lende, Nuss (Kugel).

Fleischspieße:
Filet, Lende, Nuss (Kugel).

Gulasch:
Brust, Bug, Dicke Rippe, Schinken, Schulter, Vorderblatt.

Kassler Rippenspeer:
Kotelettstück.

Koteletts:
Kotelettstück, Nacken, Schinken, Schulter.

Medaillons:
Filet, Lende.

Pökelfleisch:
Kotelettstück.

Rippchen:
Kotelettstück.

Schälrippchen:
Brust, Dicke Rippe, Kotelettstück.

Schinken im Brotteig:
Bug, Schinken, Schulter, Vorderblatt.

Schnitzel:
Frikandeau, Kluft, Oberschale, Unterschale.

Schweinebauch, gefüllt:
Bauch.

Schweinepfeffer:
Brust, Hals, Kamm, Nacken, Schulter.

Schweinerippe, gefüllt:
Brust, Dicke Rippe.

Schweinshaxe:
Vorder- und Hintereisbein.

Steaks:
Unterschale.

Surhaxe:
Vorder- und Hintereisbein.

Wellfleisch:
Schweinebauch.

EISBEIN

schmeckt fade

Ein bis zwei Suppengrünbündel und eine gespickte Zwiebel mitkochen.
Ca. zehn Minuten vor Beendigung der Kochzeit je Liter Wasser einen Esslöffel Essig zufügen.

Schwarte, Fett zu weich

Dem Kochwasser einen Schuss Essig (pro Liter einen Esslöffel) zufügen.

weiterverwenden

Das Fleisch würfeln und für Bauernomelett, Sülzen oder Eintöpfe verwenden.

SCHASCHLIKSPIESSE

anordnen

siehe → Grillspieße anordnen

SCHINKEN IN BROTTEIG

Kruste zu hart

Eine Tasse Wasser mit in den Backofen stellen. Der Wasserdampf verhindert, dass die Kruste zu hart wird.

Saft läuft aus

! Der Schinken war nicht völlig mit Teig eingehüllt.

☺ Den Schinken so einschlagen, dass eine doppelte Teiglage unten liegt.

☺ Den Teig während des Backens mehrmals mit leichtem Salzwasser bestreichen.

Schinken innen noch roh

! Der Schinken war dick und rund und ist deshalb nicht durchgegart.

☺ Große Schinken vor dem Backen mit einer gespickten Zwiebel in Wasser kochen. Ca. 15 Minuten pro Kilogramm Schinken. Der Schinken soll nicht vollständig durchgaren.

☺ Möglichst einen flachen, breiten Schinken wählen.

☺ Den Schinken im Kochwasser auskühlen lassen, er wird dann saftiger.

Teigmantel innen weich / matschig

Vor dem Backen in den Teigmantel mit einer Stricknadel Löcher vorstechen und Makkaronistücke einsetzen. Dadurch kann die hohe Innenfeuchtigkeit wie durch einen Kamin abziehen.

SCHWÄRTELBRATEN
(SCHWARTENBRATEN)

Kruste zu weich

! Der Braten wurde zuerst mit der Schwarte nach unten in die Reine gelegt.

! Der Braten wurde zu häufig aufgegossen und mehr gekocht als gebraten.

☺ Den Braten mit der Fleischseite nach unten auf Schweinerippenknochen legen. Häufiger, aber knapp angießen.

☺ In den letzten 20 Minuten mehr Oberhitze zuschalten und den Braten mit einer Mischung aus dunklem Bier und Öl (75:25) bepinseln.

SCHWEINEBAUCH

vorbereiten

1. Die Schwarte in späterer Scheibengröße (Tranchen) mit einem scharfen Messer einschneiden.

2. Rückwärtig liegende Rippenknochen beidseitig einritzen und die Knorpelenden aufstechen.

3. Nach der Fertigstellung hier kurz mit der Gabel anheben und mit einem Tuch die Knochen herausziehen.

SCHWEINEBRATEN

braten

Schulter oder Halsgrat: Hierzu kein zusätzliches Fett verwenden.

Ganze Schweineschultern bei Bratbeginn mit der Schwarte nach unten einlegen, bis das Wasser in der Bratreine verdunstet ist, danach umdrehen. Dadurch erhält der Braten eine schöne Kruste.

riecht

! Der Braten war noch nicht ganz durch.

! Der Braten ist im Kühlschrank zu lange gelagert und erneut erwärmt worden.
Achtung: Gefahr von Salmonellen!

schmeckt süßlich

! Der Braten wurde aus zu lange oder unsachgemäß eingefrorenem Halsgrat zubereitet.

verfeinern

○ Mit Kümmel, gehacktem Knoblauch und geschrotetem Pfeffer gut einreiben und zugedeckt im Kühlschrank 24 Stunden marinieren. Während des Bratens mehrmals mit dunklem Bier begießen.

○ Den Braten auf gehackte Schweineknochen legen. Haben diese eine braune Farbe bekommen, noch zusätzlich geviertelte Zwiebeln beigeben und mitschmoren. Dies verbessert den Geschmack der Soße.

○ Den Braten mit Rôtisseur-Senf (Moutarde de Meaux) bestreichen. Der Senf besteht aus ganzen und geschroteten Senfkörnern und ist gut gewürzt. Der Braten bekommt einen pikanten Geschmack und eine schöne Kruste.

vorbereiten

Den Schwartendeckel mit einer Rasierklinge rautenförmig bis zum darunterliegenden Fett einritzen, und die Knochen als Unterbau in Topf oder Reine legen. Fingerhoch Wasser einfüllen und den Braten mit der Schwarte nach unten 30 Minuten braten. Dann umdrehen und fertig braten.

weiterverwenden, kalt

Als Brotbelag: Dünn aufgeschnitten.
Als Bratensülze: Mit Eischeibe garniert.
Mit Kartoffelsalat: Aufgeschnitten serviert.

Sosse

zu dick

Die kochende Soße mit heißer, neutraler Rinderbrühe strecken, bis die gewünschte Konsistenz erreicht ist. Verlängern mit Rotwein lässt die Soße leicht zu scharf werden.

zu dünn

Mit etwas angerührter Kartoffelstärke nachbinden

SCHWEINEBRUST

einkaufen

Beim Metzger/Fleischer unbedingt ein Endstück verlangen, sonst läuft die Füllung aus (Gewicht ca. 1,5 bis 2 kg).
siehe → Kalbsbrust

SCHWEINEFILET

einkaufen

Bei Sonderangeboten handelt es sich oft nur um Schweinefiletköpfe. Diese enthalten mehr Sehnen und Fett als das übrige Filet.

portionieren

siehe → Rinderfilet portionieren

SCHWEINSKARREE

verfeinern

Ist das Karree mit der Schwarte gebraten, in die eingekerbte Schwarte ganze Nelken stecken, das ergibt einen feinen Geschmack.

SPANFERKEL

Füße schwarz geworden

Die Füße vor der Zubereitung abtrennen und neben dem Körper mitbraten.

Kruste zu schwach

! Der Braten wurde mehr gedünstet als gebraten.
! Die Bratreine wurde abgedeckt.
☺ Offen im Bratrohr garen, mit der Schwarte nach oben.
☺ In den letzten 20 Minuten mehr Oberhitze zuschalten und den Braten mit einer Mischung aus dunklem Bier und Öl (75:25) bepinseln.

vorbereiten

Einen Gewürzbrei aus etwas getrocknetem Estragon, geschroteten, schwarzen Pfefferkörnern, gehacktem Knoblauch, ganzen Kümmelkörnern sowie 100 g Gewürzmischung für Spanferkel und einer Tasse dunklem Starkbier zubereiten. Die Mischung mit einem sauberen Pinsel auftragen, das Fleisch in einen verschließbaren Behälter geben und zwei Tage im Kühlschrank marinieren lassen.

Soße schmeckt fade

Ein Stück vom Schweinehals oder eine Speckschwarte mitbraten.

Soße schmeckt süßlich

Spanferkelfleisch schmeckt im allgemeinen leicht süßlich.
Fleischteile vor dem Braten marinieren.
siehe → vorbereiten.

warm stellen

Bei ca. 60 bis 70 °C im Backofen.

SPARERIBS/GRILLRIPPCHEN

zubereiten

Die sicherste Methode ist: entweder das ganze Rippenstück ca. 30 Minuten vorkochen, bis es knapp weich ist, oder bei 175 °C ca. 45 Minuten im Ofen vorgaren. Dann erst in Stücke schneiden, mit der Barbecuesoße bestreichen und grillen.

SPIESSBRATEN (SCHWENKGRILL)

fertige Fleischstücke warm stellen

Das Fleisch in feste Alufolie packen und am Gitterrand lagern.

schmeckt verbrannt

! Die Zwiebelauflage der Marinade wurde nicht entfernt und über dem offenen Feuer mitverbrannt.
☺ Zwiebel in grobe Ringe schneiden, die lassen sich leichter entfernen.

vorbereiten

Das Fleisch in eine flache Reine legen, würzen und mit den Zwiebeln belegen. Ein Brett auflegen, einen Ziegelstein in Alufolie packen und damit das Brett beschweren. Der entstehende Zwiebelsaft verbindet sich mit den Gewürzen und zieht besser in das Fleisch ein.

GEFLÜGEL

ALLGEMEINES

aufbewahren

Kleine Vögel: abgedeckt bis zu zwei Tagen im Kühlschrank.

Gänse, Puten: Im Kühlschrank nicht länger als vier Tage.

Zubereitetes Geflügel: Im Kühlschrank nicht länger als fünf Tage.

Tiefgefrorenes, gegartes Geflügel: innerhalb von vier Wochen verwenden, es wird sonst trocken.

Tiefgefrorenes, rohes Geflügel: ca. zwei Monate.

Tiefgefrorenes und aufgetautes Geflügel: innerhalb von zwei Tagen verarbeiten.

☺ Schlachtfrisches Geflügel vor dem Aufbewahren unbedingt ausnehmen. Bei küchenfertigen Tieren den Beutel mit den Innereien entfernen.

❍ Untergelegte Saugfließe sollen sauber und nicht vollgesogen sein.

❍ Das Geflügel muss frei von Flecken und anderen Veränderungen sein, besonders Gefrierbrand: großporige weiße Flecken, die durch Löcher in der Folie entstehen.

❍ Frische Ware auspacken und in einen Behälter mit Abtropfgitter (Superline-Siebkasserolle, emsa) oder auf einen umgedrehten Teller in eine Schüssel geben.
Das Lagergut darf niemals im eigenen Saft liegen und muss abgedeckt werden.

auftauen

❍ Die Verpackung entfernen und das Geflügel auf einem Abtropfgitter oder umgedrehten Teller im Kühlschrank auftauen.

❍ Schneller geht es, wenn man das Geflügel in einem gut verschlossenen Plastikbeutel in kaltes Wasser legt.
Vorsicht: Niemals in warmem Wasser auftauen, dann zersetzt sich das Eiweiß und das Geflügel wird trocken.
Vorsicht: Tiefgefrorenes Geflügel muss vor der Zubereitung **vollständig** aufgetaut sein (am besten im Kühlschrank).

binden

Damit das Geflügel in Form bleibt, muss es gebunden, d.h. dressiert werden.

Dazu nimmt man einen Baumwollfaden (Küchengarn). Dieser muss so dick sein, dass er nicht in das Fleisch einschneidet, damit es nicht trocken wird. Als normales Maß rechnet man eine Armspannweite.

1. Die Mitte der Schnur zunächst gespannt unter die Enden der beiden Geflügelbeine legen.

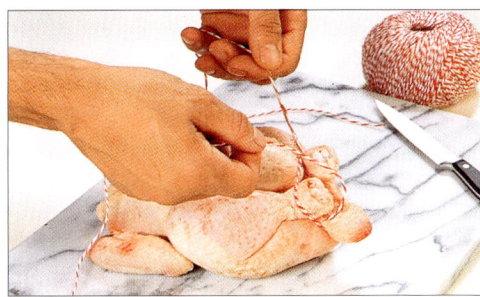

2. Die Enden nun straff nach oben führen und über den Geflügelbeinen kreuzen.

3. Als nächstes diese von unten nach oben einschlaufen, erneut kreuzen und stramm ziehen. So bildet sich ein fester Knoten.

4. Nun die Schnurenden an den Keulen außen herum zu den Flügeln weiterführen, dort ebenfalls einschlaufen und am Halsende mit einem festen Knoten verbinden. Dieses Ver-

fahren hebt die Brust an und verhindert zusätzlich, dass abstehende Teile, wie die Flügelspitzen, beim Braten schwarz werden.

braten

Bei Gänsen und großen Enten kein zusätzliches Bratfett verwenden, sondern lediglich einen Wasserspiegel von etwa 1 cm Höhe in die Reine eingießen, da diese Geflügelarten einen hohen Anteil an Eigenfett mitbringen.
Bei Wildgeflügel wie z.B. Fasan, Wachteln, Rebhühnern etc. ist es genau umgekehrt. Diese Sorten vor dem Braten und nach dem Würzen mit großen, dünnen Stücken von fettem Speck (Spickspeck) vollkommen einpacken (siehe → bardieren) und den Speck durch zusätzliches, mehrfaches Binden befestigen.
Truthahn häufig mit einer Fettmischung aus Butter und Öl (50:50) begießen. Dies verhindert das vorzeitige Aufreißen von Brust oder Keulen. Bei großen Tieren sollte die Temperatur eher niedriger (ca 160 bis 180 °C) und die Bratzeit dafür länger sein.

einfrieren

Vor dem Einfrieren das Gefriergut innen und außen säubern, trocken tupfen, gut einpacken und Gewicht sowie Kaufdatum vermerken.

einkaufen

Die Haut soll hell, fleckenfrei und nicht ausgetrocknet sein.
Gelbliche Farbe bedeutet gelbes Futtermittel, z.B. Mais.

Folie entfernen

Die Verpackungsfolie lässt sich leichter entfernen, wenn das Geflügel so lange in lauwarmes Wasser getaucht wird, bis die Folie durchsichtig wird.

Freilandgeflügel

Freilandgeflügel erkennt man an der stark ausgebildeten Hornhaut der Füße, dem festen Fleisch, der dicken Fettschicht unter der Haut

und am hohen Preis. Bei jungen Tieren ist das Ende des Brustbeins knorpelig und biegsam.

füllen

Pro 500 g Geflügel rechnet man 175 g Füllmasse.
Rohes Geflügel mit Hilfe eines Spritzbeutels füllen.
Geflügel nicht länger als drei Stunden im voraus füllen.
Bei warmen Füllungen muss das Geflügel sofort zubereitet werden.

Füllung läuft aus

! Die Füllung hatte einen zu großen Anteil an Butter oder Eiern.

☺ Den Hohlraum nur zu dreiviertel mit der Masse füllen. Läuft die Füllung dennoch aus, an der Austrittstelle mit einem Löffel Masse entnehmen und mit dem Hautlappen verschließen. Diese Stellen mehrmals mit heißem Bratfett begießen.

Geflügel en crapaudine

siehe → Küchentechnik en crapaudine

Geflügel en papillote

Kann mit *Hühner- und Putenbrust* und *Gänseleber* zubereitet werden.
Bereits gedämpftes Geflügel eignet sich ebenfalls, muss aber gut gewürzt werden, sonst schmeckt es fade.
siehe → auch Fisch en papillote

knuspriger

Das Geflügel gegen Ende der Bratzeit mit einem Schuss Bier oder Wein übergießen oder mit Salzwasser bestreichen. Dann nochmals kurz bei Oberhitze bräunen.

rupfen

Geflügel soll gerupft werden, solange es noch körperwarm ist (Technik, siehe nächste Seite).

1. Wasser zum Kochen bringen, den Topf vom Herd nehmen und den Vogel kurz eintauchen.
2. Mit dem Rupfen an der Brust beginnen und zum Hals hin arbeiten.
3. Den Vogel drehen und in Richtung Schwanzfedern weiterrupfen.
4. Mit der Brustseite nach unten legen und die Federn am Rücken entfernen.
5. Die Flügel nach außen ziehen und die Flügelfedern rupfen.
6. Flügelspitzen einschließlich der Federn mit einem scharfen Messer abtrennen.
7. Die Schwanzfedern herausziehen.
☺ Nicht zu viele Federn auf einmal und nicht zu ruckartig herausziehen, die Haut wird sonst verletzt.
☺ Stoppeln lassen sich mit einer Pinzette entfernen.
☺ Hartnäckige Restdaunen oder Kiele mit Kerzenwachs (Stearin) beträufeln und mit einem trockenen Tuch abreiben.

Sehnen entfernen

Bei größerem Geflügel müssen die kräftigen Sehnen in den Beinen entfernt werden.
Die Sehnen verlaufen entlang der Knochen und werden mit Hilfe einer Flachzange oder eines Wetzstahls entfernt.
1. Die Haut an den Füßen mit einem scharfen Messer einschneiden.
2. Den Wetzstahl unter die Sehnen schieben und vorsichtig drehen, damit die Sehnen gelöst werden.
3. Solange weiterdrehen, bis die Sehnen vollständig aus dem Fleisch herausgezogen sind.
4. Die Füße dann abschneiden.

tranchieren, roh (6 Teile):

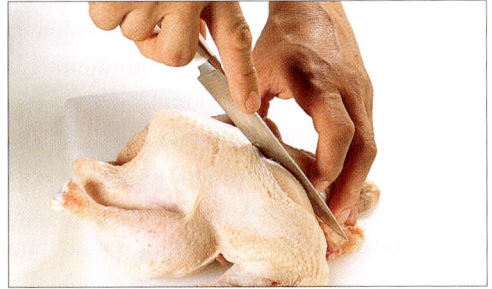

1. Vom Kopfende am Brustbein entlang nach hinten schneiden.
2. In gleicher Richtung weiter nach unten das Rückgrat durchtrennen, jede Hälfte mit der Schnittfläche nach unten legen.

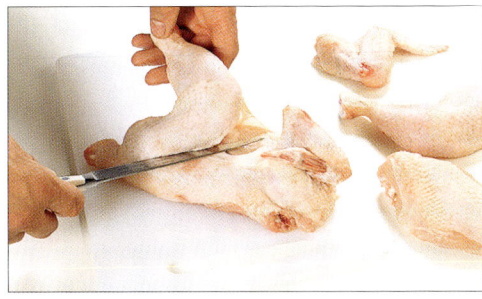

3. Dann unterhalb des Flügels schräg zerteilen, unterhalb der Keulen schräg einschneiden und teilen. Das entstandene Mittelstück vom Grat befreien.

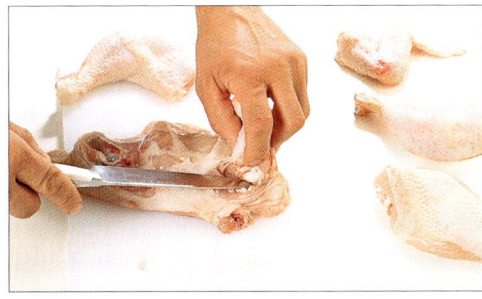

4. Anschließend das Gelenk freilegen und nach hinten wegknicken.

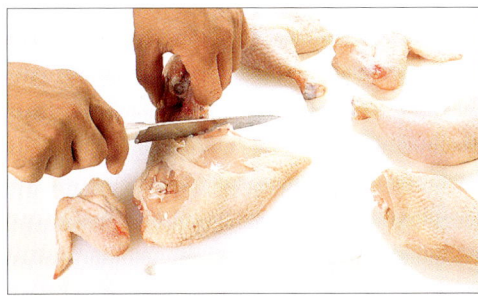

5. Nach dem Abtrennen der Keule am Gelenk den Hautlappen durchschneiden.

roh (8 Teile)

Wie bei 6 Teilen, nur unterhalb von Flügeln und Keulen knapper schneiden und das Mittelstück schräg zweimal zerteilen.
Die äußeren Flügelenden in beiden Fällen abtrennen und für Soße verwenden.
☺ Da es manchmal schwierig ist, mit einer Geflügelschere zu arbeiten, kann man auch eine saubere Rosenschere benutzen.

tranchieren, zubereitetes ganzes Geflügel

1. Nach der Fertigstellung das Geflügel ca. zehn Minuten ruhen lassen, damit sich das Fleisch "setzen" kann (erster Dampf und Wärme entweichen).
2. Bei einem Brathuhn oder einer gekochten Poularde nun mit einem spitzen Messer an beiden Seiten des Brustbeins entlangfahren und mit den Daumen die Brustfilets unter vorsichtigem Hin- und Herfahren auseinanderdrücken.
3. Die Keulen seitlich an der Gelenkhaut einschneiden und herausdrehen.
4. Anschließend auf der Unterseite sowie erneut am Gelenk einkerben, und den Knochen durch Drehen herausziehen.

verfeinern

○ Bereits während des Bratens mit einer Mischung aus Öl, flüssiger Butter und Gewürzen regelmäßig von allen Seiten bepinseln.
○ Zusätze wie Honig, Gewürzsoßen oder Alkohol erhöhen den Eigengeschmack.
○ Brust oder Keule vor der Zubereitung gründlich marinieren.

verschließen

○ Durch Bardieren (mit Speck umwickeln) und dressieren.

○ Durch Dressieren (schnüren) binden.
○ Durch Vernähen mit geöltem, nicht zu dünnem Küchengarn. Ein dünner Faden schneidet ins Fleisch und der Fleischsaft tritt vorzeitig aus.

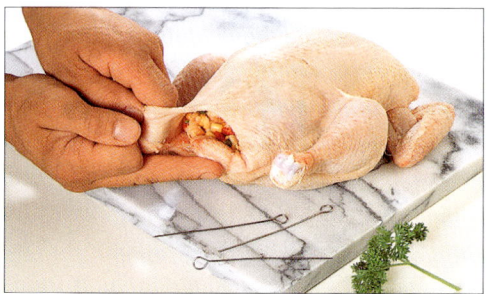

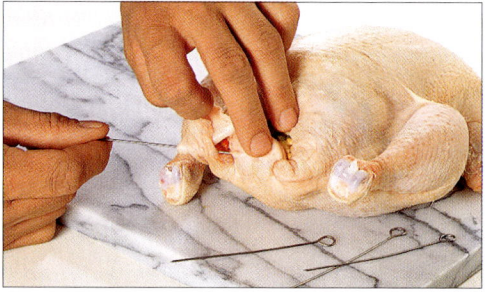

○ Durch Zustecken mit Rouladennadeln.
○ Zu große Öffnungen werden mit einem Hautlappen unterlegt. Dieser befindet sich am Kragen (Kopfende), ins Geflügel eingesteckt.
○ Großes Geflügel (Gans, Truthahn etc.) kann mit einem halben Apfel oder einem halben Brötchen verschlossen werden.

vorbereiten

Arbeitsgerät nach dem Hantieren mit Geflügel sorgfältig reinigen.
Die Hände müssen gründlichst gewaschen werden.
Niemals mit denselben Messern Gemüse usw. schneiden, mit denen das Geflügel bearbeitet wurde. Geflügel ist sehr anfällig für Salmonellenverseuchung, die zu einer Lebensmittelvergiftung führt.
☺ Arbeitsgeräte nach dem Spülen mit Essig oder Zitronenwasser abreiben.

warm stellen

Den Backofen auf 60 bis 70 °C erhitzen. Geflügel oder Geflügelteile mit gefettetem Pergamentpapier abdecken. Das Papier mit Margarine oder Butter bestreichen, diese Fette verhindern das Austrocknen.

Das Geflügel auf einen umgedrehten Teller legen. Dies verhindert, dass das Geflügel im eigenen Saft liegt und dadurch einseitig weitergart.

weiter verwenden

Geflügelrisotto: Zwiebel/Butter-Ölansatz mit Schinken und Erbsen mischen. Mit wenig Weißwein angießen und gewürfeltes Geflügelfleisch zugeben. Mit gekochtem Reis vermengen, würzen und im Backofen erwärmen.

Geflügelsalat: Haut ablösen, das Fleisch in Streifen schneiden und mit den gewünschten Zutaten vermengen. Leicht mit Remoulade oder Mayonnaise binden.

Suppeneinlage: Haut entfernen und in gewürzter Bouillon bei ca. 80 °C erwärmen. Zugabe von wenig Butter verhindert das vorzeitige Austrocknen.

würzen

Allgemein: Beim Würzen fällt oft Salz, Pfeffer, Rosmarin, Knoblauch herunter. Wird die Haut vorher mit Öl eingepinselt, bleiben die Gewürze besser haften.

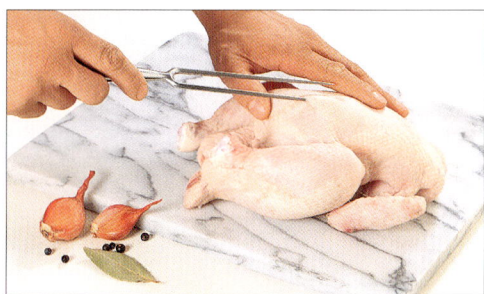

Vorstechen eines Einspritzloches

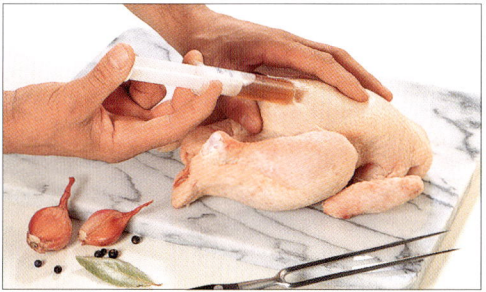

Injektion der Gewürzflüssigkeit mit Hilfe einer Kunststoffspritze.

Würzen unter der Haut: Einen Gewürzsud aus Weißwein, Rosmarin, geschroteten Pfefferkörnern, einer Knoblauchzehe und einem Zwiebelstückchen herstellen, die Mischung auf ein Viertel der ursprünglichen Menge einkochen, auskühlen lassen und durchseihen. Auf eine Plastikspritze aufziehen und vorsichtig unter die Haut spritzen. Weitere Gewürzzutaten, je nach gewünschter Geschmacksrichtung: Zitronenschale, Cognac, Sojasauce, Salbei, Honig, Curry und Salz verwenden. Salz sollte jedoch nur zur Abrundung des Geschmacks beigefügt werden.

☺ Nach dem Würzen das Geflügel in Folie gewickelt einige Stunden im Kühlschrank ziehen lassen.

zäh

! Das Tier war alt.

! Beim Anbraten war die Temperatur zu gering, die Poren schließen sich zu langsam und der Saft tritt frühzeitig aus.

! Die Haut wurde beim Wenden mit scharfen Gegenständen verletzt.

☺ Zum Wenden zwei Holzkochlöffel benutzen, dann wird die Haut nicht verletzt.

GEFLÜGELBRUST

auslösen, roh

siehe → entbeinen

braten

Die Geflügelbrust auf der Hautseite zuerst anbraten, das verhindert das vorzeitige Austrocknen. Als Bratfett Margarine oder Mischung aus Butter und Öl im Verhältnis 50 : 50. So entstehen keine scharfen Krusten.

☺ Die Brust mit einer Mischung aus Wasser und Zucker bestreichen, das ergibt eine schöne Farbe.

entbeinen

roh, für gefüllte Hühnerbrust:

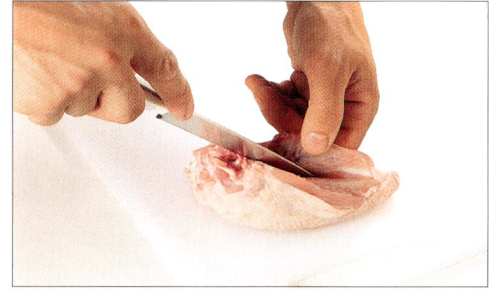

1. Die Geflügelbrust mit dem Brustbein nach unten auf die Arbeitsfläche legen. Nun mit einem Officemesser beidseitig an der Außenseite der Rippenknochen entlang nach unten durch Nachschneiden das Fleisch nur soweit ablösen, dass es noch am Brustbein hängt.

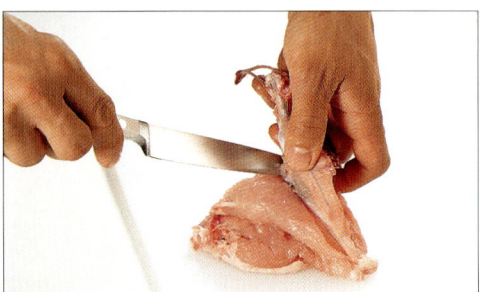

2. Nach beidseitigem Ablösen des Geflügelfleisches am Brustmittelknochen, mit der Hand an der Karkasse festhalten, bei gleichzeitiger Restablösung direkt am Brustbein.

3. Um ein späteres Austreten der Füllmasse zu vermeiden, ist es wichtig, dass die Geflügelhaut unbeschädigt bleibt.

schmeckt fade

! Die Brust wurde nur in Wasser gekocht.
☺ Am Vortag eine Brühe aus Geflügelklein, Suppengrün, herbem Weißwein und einer gespickten Zwiebel kochen. Erneut aufkochen, passieren und die Geflügelbrust darin garen.

Schnitzel schneiden

Die Brust vom Knochen befreien und mit einem scharfen Messer möglichst schräg, quer zur Faser schneiden.

☺ Gleich die endgültige Stärke schneiden, da sich Geflügelfleisch relativ schlecht plattieren (klopfen) lässt.

tranchieren

Zunächst der Länge nach in Richtung Brustbein in zwei Hälften teilen. Dann auslösen und schräg, quer zur Faser schneiden.

würzen

siehe → Allgemeines; würzen

GEFLÜGELKEULEN

auslösen (roh)

1. Abtrennen des Fleisches am unteren Ende duch ringförmiges Einschneiden am Knochen entlang.

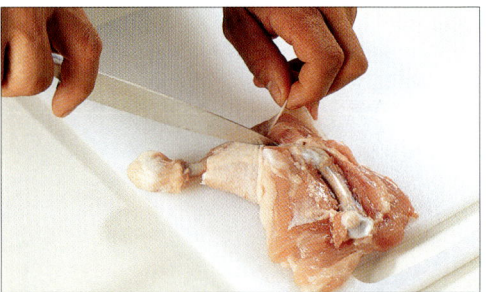

2. Auslösen des Röhrenknochens durch Aufschlitzen der Keule an der Unterseite entlang des Knochens.

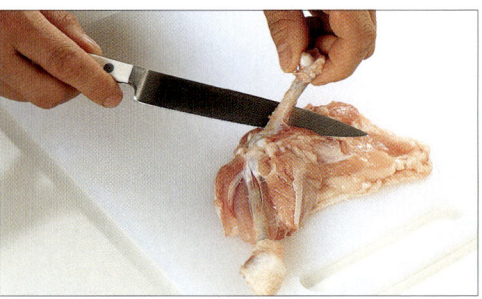

3. Herausziehen des Knochens, um das Fleisch an dessen Unterseite abzulösen.
Ausgelöste Knochen zur späteren Verwendung (Brühen, Fonds) einfrieren.

durch

Mit einem kleinen, spitzen Messer genau am Gelenk einstechen. Um das Gelenk genau zu treffen, die Keule mit einem Tuch hinten und vorn festhalten und die untere Hälfte bewegen. Am Gelenk runzelt die Haut. Tritt nun roter Fleischsaft aus, sind die Keulen nicht fertig.

außen fertig, innen roh

Passiert bei panierten Hühnerkeulen (Wiener Backhuhn z.B.) häufig.

☺ Vor dem Panieren die rohen Keulen zehn Minuten in kochender Brühe blanchieren und darin herunterkühlen lassen. Lauwarm herausnehmen, würzen und gänzlich auskühlen lassen. Dann erst panieren. Die Panade hält besser, wenn am Vortag blanchiert und in lauwarmem Zustand (ohne Salz!) gewürzt wird.

GEFLÜGELRAGOUT

andicken

Weißes Ragout: Auf ein grobes Sieb geben, abtropfen lassen und die Soße getrennt aufkochen. Je nach Soßenmenge zwischen 50 und 100 g (1/2 Becher) süße Sahne mit 1/2 Teelöffel Kartoffelstärke verrühren und diese in die kochende Soße geben. Nach etwa zehn Minuten erneut abschmecken und den Inhalt des Siebes wieder beifügen, wieder aufkochen.
Braunes Ragout: Je nach Menge zwei bis drei Teelöffel Kartoffelstärke in 1/2 Glas Rotwein auflösen und direkt in die kochende Soße geben. Dann nach etwa zehn Minuten erneut abschmecken und den Inhalt des Siebes wieder beifügen. Abermals aufkochen. Mit Mehlbutter im Verhältnis 1:1 andicken.

trocken

! Einem frisch zubereiteten Ragout wurden Würfel von bereits gekochtem Geflügel zugesetzt.

☺ Soll aus rohem Geflügelfleisch und einer fertigen Soße ein Ragout hergestellt werden, so muss das Geflügelfleisch in gewürztem Zustand von allen Seiten gut angebraten werden, um es dann mit der kochenden Soße aufzugießen.

GEFLÜGELTEILE

braten

fettarm: Die Teile mit wenig Öl bestreichen und würzen. Geflügel in einer beschichteten Pfanne ohne Fett bei mittlerer Temperatur anbraten. Mit wenig Mineralwasser angießen und zugedeckt bei gleicher Temperatur fertig garen. Die Kohlensäure verhindert, dass das Geflügelfleisch austrocknet.

paniert

Wenn Geflügelteile einzeln paniert, aber zusammen frittiert werden, die größeren Teile im Backofen nachgaren lassen, dann verbrennt die Panade nicht.

ENTEN

alt/jung

jung: Bei jungen Tieren sitzen die Kielfedern noch relativ locker in der Haut. Ein einfaches Zupfen bringt hier schnell eine Antwort. Außerdem lässt sich die Speiseröhre leicht eindrücken, der Unterschnabel lässt sich abbiegen und die Schwimmhäute reißen leicht ein.

braten

Die Fettansätze unter der Haut mehrmals einstechen, das Fett fließt während des Bratens ab.

einkaufen

Die Haut soll hell, das Tier vollfleischig, aber nicht fett sein.

gar

Durchgebraten: Beim Anheben mit der Tranchiergabel läuft klarer Saft aus der Bauchhöhle.
Rosa: Beim Einstechen in die Brust tritt rosa Saft aus.
Ententeile: Fleisch fällt beim Anheben von der Tranchiergabel.

Garmethoden
Braten:
ganze Ente.

Grillen, Kurzbraten:
Leber, Herz, Keulen, Brust.

Schmoren:
Entenschmorbraten.

im Backofen gegart

Wird die Ente nicht auf dem Herd in Fett angebraten, sondern gleich in den Backofen gestellt, folgendes beachten: Die Ente mit der Brust nach unten auf den Rost legen, kochendes Salzwasser in die Fettpfanne füllen, den Rost darauflegen und dann erst den Backofen anheizen.

lackiert

1. Die Ente innen und außen sehr gut abtrocknen und auf den Grillrost des Backofens, mittlere Schiene, legen.
2. Den Ofen bei 50 °C einschalten und die Tür etwa 10 cm weit offen lassen.
3. Die Ente so lange trocknen, bis die Haut sich trocken und pergamentartig anfühlt. Die Ente darf aber nicht austrocknen!
4. Nun die Ente mit einer Marinade aus zwei Esslöffeln Honig, der in sechs Esslöffeln kochendem Wasser aufgelöst wurde, sechs Esslöffeln süßer Chilisoße, zwei Esslöffeln Sojasauce und zwei Esslöffeln Weinessig bestreichen.
5. Auf dem Rost fertig braten.

schmeckt tranig

Die Fettdrüsen wurden nicht entfernt.

☺ Die Fettdrüsen sehen aus wie weiße Bohnen und liegen rechts und links oberhalb des Bürzels.

ENTENLEBER

braten

Entenleberscheiben bis kurz vor dem Braten kühl stellen, salzen, pfeffern, in wenig Mehl wenden und minutenschnell in sehr heißer Butter braten. Bildet sich eine Kruste, die Hitze sofort abschalten. Entenleber verliert beim Braten ca. 20 -30 % ihrer Masse, deshalb immer dicke Scheiben schneiden und in viel Butter braten.

gar

Tritt auf der Oberfläche ein Blutstropfen aus, ist die Entenleber à point (gerade richtig)

FLUGENTEN

Flugenten werden wie alle Enten zubereitet. Ihr Fleisch ist dunkler und fester. Die Oberhaut ist dicker als die der anderen Enten. Flugenten sind Zuchtenten, sie nisten aber auf Bäumen. Diese sind nur im Flug zu erreichen, daher der Name. Massentierhaltung ist bei Flugenten nicht möglich.

GÄNSE

alt/jung

alt: Die Fettansätze haben eine gelbe bis dunkelgelbe Färbung. Das Brustbein ist leicht eingefallen.

jung: Eine relativ junge Gans hat eine gleichmäßige, helle Hautfärbung. Das Brustbein ist nicht zu erkennen, die Keulen weisen ein festes Fleisch auf.

einkaufen

Gänse sollten eine gut ausgebildete Brustpartie mit vollem Fleischansatz haben, sowie eine helle Haut und biegsame Rückenknochen.

Frühmastgänse sind mit ca. fünf Monaten schlachtreif und sollten ca. vier Kilo schwer sein.

Mastgänse sind mit neun Monaten schlachtreif und sollten sieben bis acht Kilo schwer sein. Mastgänse werden im Spätherbst und Winter angeboten.

Einjährige Gänse ergeben den besten Braten. Man erkennt sie an der blassgelben Farbe des Schnabels und der Füße, an der weichen Gurgel und den leicht auszupfbaren Federn.

gar

Ganze Gänse: Beim Einstechen mit einer Gabel tritt klarer Saft aus.

Gänseteile: Fleisch fällt beim Hineinstechen von der Tranchiergabel.

Die Garprobe wird immer am Keulengelenk durchgeführt.

Garmethoden

Braten:
ganze Gans, Flügel, Füße, Hals, Herz, Kopf, Magen.

Grillen, Kurzbraten:
Leber.

Kochen:
Flügel, Füße, Hals, Herz, Kopf, Magen zu Gänseklein und Gänseweißsauer.

Schmoren:
alle Gänseteile zu Ragout.

werden beim Braten unförmig.

Gänse geraten durch ihr hohes Gewicht leicht aus der Form.

☺ Durch fachgerechtes Schnüren wird dies verhindert. Siehe auch → binden

werden beim Braten zu dunkel

Bei großem Geflügel eine geringere Brattemperatur wählen und die Garzeit verlängern. Die Flügel und Keulenenden gleich zu Beginn mit Alufolie umwickeln. Wird das Fleisch zu dunkel, Oberhitze zurücknehmen und ebenfalls mit Alufolie abdecken.

zu fett

Macht die Gans einen zu fetten Eindruck, das Tier nach dem Waschen in eine große Schüssel legen und mit zwei Liter sehr heißem Wasser übergießen. Dabei wird ein Teil des Fettes ausgeschwemmt.

GÄNSEFLEISCH

weiter verwenden

Als Brotaufstrich: Gänsefleischreste in kleine Würfel schneiden, mit gebratenen Zwiebelwürfeln, hart gekochtem Eigelb und geschmolzenem Gänseschmalz vermischen und ausgekühlt verwenden.
Zu Salaten: Die Brustteile in dünne Streifen schneiden und dem Salat zufügen.
Als Ragout in Pasteten: Keulen auslösen, mit dunkler Geflügelsoße und Champignons mischen und einfüllen.
Als Suppeneinlage: Gänsefleisch würfeln und in der Suppe erwärmen.

GÄNSELEBER "EN PAPILLOTE"

Papier verbrannt

! Zu hohe Ober- oder Allgemeintemperatur im Backofen.

! Pergamentersatz wurde statt echtem Pergament verwendet.

☺ Papier vor der Zubereitung gründlich einölen oder Pflanzenfett verwenden. Butter nur geeignet bei Temperaturen unter 160 °C.

☺ Bei drohender Schwärzung der Papierhülle knapp darüber ein Backblech einschieben, um zu starke Oberhitze abzuschirmen.

Papierhülle geht auf

! Wenn die Hülle zu knapp zugeschnitten oder der Inhalt zu groß im Verhältnis zum Papier war.

☺ Papier reichlicher bemessen. Vor dem Verschließen übereinanderliegende Teile mit leicht geschlagenem Eiweiß bestreichen. An diesen Stellen jedoch nicht fetten.

GÄNSERAGOUT

Von den Gänseteilen die Haut ablösen, das ist verträglicher. Für Fans die Haut knusprig braten und auf das fertige Ragout legen.

SOSSE

schmeckt fade

Die Innereien wie Magen, Schlund und Herz in Gänseschmalz mit groben Zwiebelwürfeln gut anbraten, mit der vorhandenen Soße aufgießen, gut durchkochen lassen und erneut abschmecken.
Trockener Sherry und guter Portwein verfeinern die Soße. Ebenfalls verbessert das offene Kochen in der Bratröhre den Geschmack wesentlich.

zu dick

Mit einer kräftigen, ungewürzten Geflügel- oder Rindsbrühe verlängern. Nachträgliches Abschmecken mit zuviel Rotwein, Sherry oder Portwein verfälscht den Geschmack.

zu dünn

Soße zum Köcheln bringen. Kartoffelstärke mit Wasser verrühren und vorsichtig der Soße beigeben.
Etwa zehn Minuten kochen lassen und abschmecken.

zu fett

1. Die Soße über Nacht in den Kühlschrank stellen und am nächsten Tag den hart gewordenen Fettspiegel abheben.

2. Auf die nicht mehr kochende Soße vorsichtig Blätter einer unbedruckten Küchenrolle auflegen, das Papier saugt den Fettspiegel ab. Vorgang mehrmals wiederholen.

3. Soll ein Restfett auf der Soße verbleiben, das überschüssige Fett mit einer Schöpfkelle abziehen.

zu salzig

Je Liter Soße ca. 100 g rohe, geschälte Kartoffeln mitkochen; dies entzieht das Salz.

Hähnchen / Hühner

alt/jung

alt: Die Beine sind rauh und schuppig, der Hals dünn und die Krallen lang. Der Fettansatz ist gelb bis dunkelgelb.
jung: Der Fettansatz ist hell. Die Flaumfedern (bei Frischware) sind weiß und leicht zu entfernen. Das Brustbein lässt sich leicht biegen und die Beine sind glatt.

braten

Alufolie: Die Folie innen mit Öl bestreichen und durch Umfalzen an der Oberseite fest verschließen, dann läuft der Bratensaft nicht aus. Keine Butter verwenden, da diese schnell schwarz wird und nur schlecht auf der Folie haftet. Nicht so kräftig wie bei Brathühnern würzen.

Dreh-Grill: Bei Grillhähnchen vor dem Braten eine Öl-Gewürzmischung herstellen und mit einem Pinsel von allen Seiten gut einfetten. Bei Drehspießen diesen Vorgang öfter wiederholen.

einkaufen

Die Haut soll unbeschädigt und ohne dunkle Flecken sein, die Brust vollfleischig, der Brustbeinfortsatz biegsam sein. Das Tier hat einen frischen Geruch.

Hähnchen sind junge, vor der Geschlechtsreife geschlachtete Tiere mit einem Gewicht von ca. 700 bis 1200 g. Geeignet zum Braten, Grillen und Schmoren.

Poularden sind ca. sechs Monate alte, besonders gemästete Tiere. Ihr Fleisch ist weiß und fest und eignet sich besonders zum Braten, Pochieren und Poelieren.Die besten Poularden kommen aus Frankreich (*Bresse*) und Belgien (*Brüsseler Poularde*). Sie wiegen über 1200 g.

Suppenhühner werden im Alter von ca. 12 bis 15 Monaten, nach der Geschlechtsreife, geschlachtet. Die Tiere sind bis zu 1,5 kg schwer.

Stubenküken sind ca. zwei bis drei Monate alt und haben ein Gewicht von ca. 250 bis 350 g.

frittieren

Als Frittierfett eignet sich neutrales Öl oder je nach Geschmack auch Schweineschmalz.
Die Stücke sollten nicht zu groß und unbedingt von gleicher Größe sein.
Meist werden Flügel oder Unterschenkel verwendet.

☺ Die Haut wird besonders knusprig, wenn zum Panieren Milch statt Ei und eine Mischung aus Weizen- und Maismehl statt Semmelbrösel verwendet wird.

gar

Ganze Hühner: Beim Anheben mit einer Tranchiergabel tritt klarer Saft aus der Bauchhöhle.

Pochierte Hühner: Beim Einstechen in den Oberschenkel tritt klarer Saft aus.

Hühnerteile: Das Fleisch fällt beim Hineinstechen von der Tranchiergabel.

Garmethoden

Braten:

Hähnchen zu Braten, gefüllte Hähnchen, Paprikahuhn, Wiener Backhendl.
Hühnerbrust, Keulen, Ober- und Unterschenkel.

Grillen, Kurzbraten:

Grillhähnchen, Hühnerflügel (Chicken und Hot Wings), Hühnerleber.

Kochen:

Suppenhühner für Bouillon, Eintöpfe, Frikassee, Aspik, Geflügelsalate.
Keulen, Ober- und Unterschenkel für Eintöpfe, Coq au vin.

Schmoren:

Suppenhühner, Hähnchen für Ragout, Hähnchenbrüste, Keulen, Ober- und Unterschenkel.

Tauben

alt/jung

alt: Das Fleisch ist dunkel und fest, die Haut hat eine dunkelbläuliche Färbung. Die Tiere eignen sich nur noch für Taubenbrühe.

jung: Das Fleisch ist weiß und zart, die Tiere haben eine helle Hautfarbe und biegsame Knochen.

fallen auseinander

Die Tauben in einem gewässerten Schweinenetz zubereiten.

Innereien noch hart

Magen und Herz der Tauben bleiben auch bei längerem Kochen oder Braten meist hart.

☺ Magen und Herz fein hacken oder durchdrehen.

☺ Magen und Herz zur Verfeinerung der Brühe im Sud mitkochen.

Naht geplatzt

! Die Füllung enthielt zu viel Eier.

! Es wurde zu viel Masse eingefüllt. Die Füllmasse dehnt sich beim Erwärmen aus und die Naht platzt auf.

! Es wurde nicht sorgfältig genug vernäht.

! Die Brattemperatur war zu hoch, und es wurde gleichzeitig zu häufig aufgegossen. Der zu hohe Flüssigkeitsanteil treibt die Füllmasse explosionsartig auseinander.

saftiger

Die Tauben in einem gewässerten Schweinenetz zubereiten.

Soße schmeckt fade

! Es wurde zu häufig aufgegossen.

! Zum Aufgießen wurde Wasser verwendet.

☺ Tauben haben eine relativ kurze Garzeit, deshalb bleibt wenig Zeit, um eine gehaltvolle Soße zu ziehen. Gehacktes, gewürztes und mit gewürfelten Suppengemüsen vermischtes Hühnerklein separat in einer Pfanne kurz anbraten. Danach die Masse zu den Tauben in die Bratreine geben.

zu blaß

! In der Bratreine war zuviel Flüssigkeit. Das Geflügel brät nicht, sondern kocht.

☺ 3/4 der Flüssigkeit abgießen und separat in einem Topf reduzieren. Den Fond später der Bratensoße wieder zufügen und alles leicht nachwürzen.

TRUTHAHN / PUTE

alt/jung

alt: Die Beine sind schuppig und die Oberhaut hat eine Elfenbeinfärbung.
jung: Die Oberhaut ist fest und straff mit einer gleichmäßigen hellen Färbung, die Beine glatt und der Brustkorb weich.

einkaufen

Ganze Puten, Putenteile: Die Haut soll unbeschädigt und ohne dunkle Flecken sein, die Brust vollfleischig. Das Tier hat einen frischen Geruch.
Die Tiere sollten nicht älter als ein Jahr sein, das Fleisch ist dann besonders zart und fleischig. Das Fleisch von weiblichen Tieren ist zarter und leichter verdaulich.

gar

Ganze Tiere:
○ Es tritt klarer Saft aus, wenn man in den Oberschenkel sticht.
○ Die Keulen beginnen sich vom eigentlichen Korpus zu lösen.
○ Die Haut an den Oberkeulen beginnt einzureißen.
Scheiben:
Der Saft bildet Tropfen an der Oberfläche.
Teile:
Das Fleisch fällt beim Hineinstechen von der Tranchiergabel.
Vorsicht: Niemals die Brust anstechen.

Garmethoden

Braten:
ganze Pute, Keulen, Brust.
Grillen, Kurzbraten:
Putenfleisch für Steaks, Schnitzel, Spießchen.
Kochen:
Keulen für Sülze.

nicht fertig geworden

Grob zerteilen durch Abtrennen von Keulen und Flügeln. Mit Brühe verdünnte Soße in einen flachen Topf geben, einen umgedrehten Teller einlegen, Geflügelteile auflegen und abgedeckt im Backofen bei 120 °C zwischen 15 und 45 Minuten nachziehen lassen. Vor dem Anrichten Oberhitze (200 °C) zuschalten und offen etwa zehn Minuten die weich gewordene Geflügelhaut nachgrillen.

☺ Zu scharfen Geschmack mit süßer Sahne und Zucker mildern.

tranchieren

Es ist einfacher, den Truthahn bereits in der Küche zu tranchieren.

1. Man schneidet von der Unterseite am Brustbein entlang nach oben.
2. Dann die Keulen und Flügel abtrennen.
3. Ähnlich wie bei der Gans wird auch die Brust tranchiert, nur dass man aus jeder Brusthälfte bis zu acht Portionen schräg zum Brustbein schneidet.
4. Bei den Keulen wird zusätzlich noch am Gelenk getrennt, der Knochen im Uhrzeigersinn herausgedreht und diese anschließend ebenfalls schräg geteilt.

☺ Am besten lassen sich die starken ungenießbaren Sehnen der Schenkel mit einer Flachzange entfernen. Bei großen Tieren ist die Geflügelschere oft zu schwach. Zum Tranchieren eine saubere Rosenschere benutzen.

verschließen

Die Haut zusammenziehen, quer zum Schnitt Holzspießchen durchstecken, diese dann kreuzweise mit einem Faden binden.

weiter verwenden

Aufwärmen: Sollen ganze Teile erneut erwärmt werden, diese mit Haut, aber ausgebeint in heißer Soße ziehen lassen.
Braune Ragouts: Haut und Knochen entfernen, Geflügelfleisch würfeln, Truthahnsoße etwas einkochen, Geflügelfleisch mit weiteren angeschwitzten Zutaten zugeben.

☺ Zu scharfen Geschmack mit süßer Sahne und Zucker abmildern.

Weiße Ragouts: Brustfleisch würfeln und mit angeschwitzten Zutaten und weißer Geflügelsoße vermischen, mit Sherry und Sahne verfeinern.

Geflügelsuppe: Ragoutreste mit Geflügelbrühe strecken, aufkochen und zur Suppe verarbeiten.

Salate: Aus Brust- und Keulenfleisch (entbeint und ohne Knochen) Reis- und Nudelsalate herstellen.

zu groß für Backofen

Truthahn im Rohzustand halbieren, eine Hälfte zubereiten, die andere Hälfte einfrieren.

TRUTHAHNBRUST, ROH

schneiden

Schmetterlingsschnitzel: Das Fleisch zunächst am äußersten Ende begradigen. Nun mit dem Messer halbschräg und quer zur Faser dreiviertel nach unten einschneiden. Der zweite Schnitt wird im gleichen Abstand so dahinter gesetzt, dass das Schnitzel durchgeschnitten wird. Nachträglich mit der flachen Hand leicht klopfen.

SOSSE

schmeckt bitter

Zucker in einer trockenen Pfanne bei niedriger Temperatur hellbraun karamellisieren lassen. Mit Orangensaft und wenig Rotwein aufgießen, einkochen. Soße damit nachschmecken.

schmeckt fade

○ Die Soße teilen und einen Teil der Soße um die Hälfte reduzieren. Dann die Soßen wieder zusammenmischen und neu abschmecken.

○ Einen neuen Ansatz aus angebratenem Hühnerklein, Zwiebel, Suppengrün mit Gewürzen

dunkel rösten, mit 1/4 l Soße angießen und zu Glace verkochen. Restliche Soße dazugeben, passieren, erneut abschmecken.

☺ Rosmarin und Beifuß heben den Geflügelgeschmack.

zu dick

Mit Geflügelbrühe bis zur gewünschten Konsistenz strecken und erneut aufkochen.

zu dünn

Je Liter Soße, ca. 1/2 Glas Rotwein mit zwei Teelöffeln Kartoffelstärke vermischen und der köchelnden Soße beigeben.

☺ Wird die Soße zu säuerlich, wenig Zucker zugeben.

zu fett

siehe → Gänse, Soße zu fett

WILD, WILDGEFLÜGEL

HAARWILD

ALLGEMEINES

abhängen

Das ausgeweidete, aber nicht abgezogene Tier an den Füßen an einem kühlen, luftigen Ort abhängen. Je dunkler das Fleisch, desto reifer ist es.
Bei kühlem und trockenem Wetter in professionellen Kühlanlagen:
Große Tiere ca. zwei bis drei Wochen.
Kleine Tiere ca. eine Woche.
Wildhase entwickelt durch Abhängen sein volles Aroma.
Stallkaninchen werden nicht abgehängt.

abgehängtes Fleisch hat einen grünlichen Schimmer, riecht unangenehm streng

! Das Fleisch wurde bei zu warmer und feuchter Witterung zu lange abgehängt.
! Das Fleisch wurde unsachgemäß, in nicht geeigneten Räumen abgehängt.

aufbewahren

Große und kleine Stücke im Kühlschrank ca. ein bis zwei Tage.
Tiefgefroren ca. sechs bis neun Monate.
☺ Das Wild in eine Mischung aus Buttermilch, Rotwein oder Essig einlegen.
☺ In ein mit Essig getränktes Tuch einschlagen.

auftauen

Über Nacht in verschließbarem Behälter mit Gittereinsatz im Kühlschrank. Größere Stücke in einen flachen Behälter geben, umgedrehten Porzellanteller unterlegen, mit Alufolie abdecken und im Kühlschrank aufbewahren.
☺ Große Bratenstücke werden besonders aromatisch, wenn sie zum Auftauen in eine milde Beize gelegt werden.
Kleine Stücke wie Wildsteaks oder Wildkoteletts nur kurz angetaut anbraten.

aufwärmen

Das Fleisch portionieren, Wildbrühe oder verdünnte Soße aufkochen und das Wild einlegen und darin erwärmen.
Bei ca. 80 bis 90 °C ziehen, aber nicht kochen lassen.

aufgewärmt, Fleisch trocken

! Das Fleisch wurde in der Mikrowelle ohne Flüssigkeit aufgewärmt.
siehe → aufwärmen

beizen

Dunkles Wildfleisch wird in einer heiß zubereiteten Rotweinmarinade eingelegt. Rotweinmarinade vermittelt die Gewürze besser.
Frischlinge und *Kaninchen* in einer leicht gewürzten, kalt zubereiteten Marinade beizen.

einfrieren

Wildfleisch wird mürber / zarter, wenn es vor der Zubreitung einige Zeit eingefroren wurde. Die Kälte bricht die Zellen auf, das Fleisch wird zarter.

einkaufen

Wildteile sollen trocken und abgehangen sein. Bei kleinerem Wild wie Hasen etc. muss der Kopf noch am Rumpf vorhanden sein.
Das Fleisch von *jungen* Tieren hat eine feine Struktur und klare rote Farbe. Das Fett ist weiß und nicht gelblich.
Alte Tiere erkennt man am Abschliff der Zähne.

Garmethoden
Braten / Schmoren:
Alle Stücke, die sich nicht zum Kurzbraten eignen und das Fleisch älterer Tiere.
Kurzbraten, Grillen:
Zartes Fleisch wie Filets, Lendensteaks vom Rücken und Schnitzel aus der Keule.

Geeignete Fleischsorten für
Braten:
Hase: Hinterläufe, Rücken, Schenkel.
Hirsch: Brust, Keule.
Reh: Keule, Rücken.
Wildschwein: Keule, Schlegel.
Spickbraten:
Hase: Keule.
Hirsch: Blatt, Vorderziemer.
Reh: Blatt, Keule.

Spießbraten:
Hase: Der ganze Hase.
Hirsch: Ziemer.

Kurzbraten, Grillen:
Hase: Koteletts aus Rücken und Hinterläufen. Medaillons aus Lende und Filet; Innereien.
Hirsch: Steaks und Frikadellen aus der Keule; Innereien.
Reh: Koteletts und Rehnüsschen aus dem Rücken.
Schnitzel und Steaks aus der Keule; Innereien.
Wildschwein: Innereien.

Schmoren
Hase: Gulasch aus Bug, Hals und Keule.
Hasenpfeffer aus Bauchlappen, Hals, Kopf, Herz und Leber.
Ragouts aus Bauchlappen, Hals, Hinterläufe, Keule, Kopf, Rücken, Herz und Leber.
Hirsch: Hirschpfeffer aus Blatt, Brust, Hals und Rippen. Pastete aus der Keule.
Reh: Ragout aus Bauchlappen, Bug und Hals.
Wildschwein: Ragout aus dem Blatt.

gar

Braten im Backofen:
Rosa bei 65 °C Innentemperatur; durchgegart: bei 70 °C Innentemperatur Bratthermometer.
Kurzbraten:
Bei der Druckprobe mit dem Mittelfinger ist leichter Widerstand spürbar.
Schmoren:
Das Fleisch ist beim Einstechen mit einer Gabel weich.

Milchbeizen

Zartes Wildfleisch wird in Beizen aus Milch, Buttermilch aber auch Kefir und Jogurt eingelegt.
Vorsicht: Bei warmem Wetter muss die Beize täglich gewechselt werden.

spicken

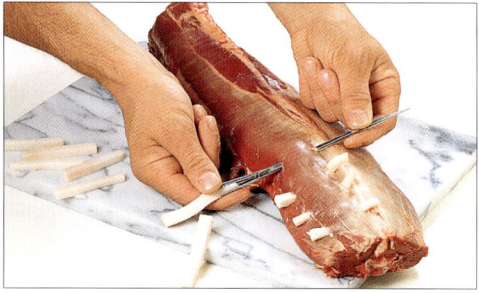

Mit Daumen und Zeigefinger eine Hautfalte zusammendrücken und Speckstreifen mit Hilfe einer Spicknadel alle 2 bis 3 cm setzen.
siehe → Küchentechnik, spicken

☺ Den Spickspeck ca. zwei Stunden anfrieren, das erleichtert die Arbeit.

☺ Speckstreifen an einem Ende spitz zuschneiden und schockfrieren. Mit einem spitzen Messer ca. ein Zentimeter tiefe Einschnitte in das Fleisch machen, und die gefrorenen Speckstreifen vorsichtig einstechen.

warm stellen

In wenig mit neutraler Brühe gestreckter Soße bei ca. 90 °C. Das Fleisch darf nicht mehr kochen. Bei längeren Warmhaltezeiten die Garzeit reduzieren. Nicht abdecken, da selbst bei kleinster Einstellung am Herd die Gefahr besteht, dass das Wild weiter kocht und zerfällt.

weiter verwenden

Für Wildsuppe: Die Soße mit Brühe und/oder Rotwein strecken und aufkochen. Ansatz aus Zwiebeln, Pilzen mit wenig Rotwein ablöschen, gewürfeltes Wildfleisch zugeben und einkochen. Mit gestreckter Soße auffüllen und erneut abschmecken.
Für Pastetenfüllung: Wie Wildsuppe, nur angeschwitzte Zwiebeln, Pilze und gewürfeltes Wild mischen und mit der Soße knapp angießen und einkochen. Abschmecken mit Portwein, Madeira oder Rotwein.

Wildfleisch riecht streng

! Das Wild wurde nicht unmittelbar nach dem Schuss ausgeweidet.

! Das Wild wurde während der Brunst erlegt.

☺ Fleisch mit einer leicht rosa gefärbten Lösung von übermangansaurem Kali abreiben.

☺ Fleisch mit rohen Kartoffelscheiben abreiben.

☺ Wild in eine Rotweinbeize einlegen.

Wildfleisch schmeckt streng

Eine Hand voll Linsen beim Braten dem Fleisch beigeben und verkochen lassen.

zu trocken

! Bei zu hohen Temperaturen gebraten.

☺ Temperatur verringern, Bratzeit verlängern. Wild immer abgedeckt braten, das Fleisch bleibt dann saftiger.
Große Fleischmengen in der Fettpfanne zubereiten. Diese locker mit Alufolie abdecken und die Folien am Rand fest andrücken.

SOSSE

verfeinern

Etwas Johannisbeergelee an die Wildsoße geben.

zu dick

Mit ungewürzter Fleischbrühe strecken.

zu dünn

Süße Sahne mit wenig Kartoffelstärke binden und in die kochende Soße geben, erneut abschmecken.

zu hell

❍ Zugabe von stark reduzierter Kalbsglace, Soße von Ochsenschwanz oder Rinderherz.
❍ Einige Tropfen Zuckercouleur zufügen.

ELCH

zubereiten

Elchfleisch wird wie Hirsch- oder Rindfleisch zubereitet.

GEMSE

tranig

! Das Fleisch wurde lauwarm serviert und hat, wie Hammelfleisch, einen talgigen Beigeschmack bekommen.
☺ Alle Gamsgerichte sehr heiß servieren und nicht warm stellen.

zubereiten

Am besten schmecken junge Tiere, die gut abgehangen sind.
Das Fleisch auf jeden Fall einige Tage in eine Beize einlegen.
Gamsfleisch kann nach den Rezepten für Reh zubereitet werden.

HASE, KANINCHEN

aufbewahren

Im Kühlschrank ca. ein bis zwei Tage, tiefgefroren ca. sechs bis neun Monate.

auftauen

Tiefgefrorenes Fleisch von Hasen oder Kaninchen in einer Buttermilchbeize auftauen.

beizen

Ältere Tiere 3 Tage in Buttermilch einlegen. Junge Tiere bis zur Zubereitung in einem feuchten Essigtuch aufbewahren.

einkaufen

Junge *Hasen* haben eine lange buschige Blume, weiche Löffel die sich leicht einreißen lassen und eine schmale Scharte in der Lippe. *Kaninchen* haben helles, feuchtes Fleisch und weiße Knochen.

Fleisch ungenießbar

! Die Blase der Tiere wurde nicht ausgedrückt, entleert.

gar

Hase ganz oder in Stücken: das Fleisch sollte sehr weich sein.
Kaninchen: Das Fleisch sollte sehr weich sein.

nicht braun geworden

Bei jungen Kaninchen tritt sehr viel Saft aus und verhindert das Bräunen.
☺ Den Saft abschöpfen und das Fleisch später damit angießen.

vorbereiten

Vor der Zubereitung oder dem Einfrieren sorgfältig alles sichtbare, wachsfarbene Fett entfernen. Es kann den Geschmack negativ beeinflussen.

HASENKEULE IN WACHOLDERRAHM

aufbewahren

In der Soße auskühlen lassen, abdecken und im Kühlschrank lagern.

warm stellen

Die Keulen in heißer Soße und auf kleiner Stufe (Elektroplatte 2-3) warm halten. Nicht abdecken, damit das Fleisch nicht unkontrolliert weiterkocht.
☺ Keulen mit einem umgedrehten Porzellanteller abdecken, so bleiben sie gleichmäßig warm.

weiter verwenden

siehe → Wild, weiter verwenden

zäh

! Das Tier war zu alt.
! Garen oder Kochen in zu dünner Soße.

SOSSE

schmeckt zu wenig nach Wacholder

Zucker bräunen und mit Rotwein knapp ablöschen. Zerdrückte Wacholderbeeren zugeben und ca. 20 Minuten kochen. Passieren und unter die fertige Soße mischen.
Mischverhältnis: 20% Zucker, 60 % Rotwein, 20% Wacholderbeeren.

zu dick, zu dünn, zu hell

siehe → Allgemeines

weiter verwenden

Zum Binden für Pfifferlinge und Wildpilze: Speck und Zwiebel glasig werden lassen, Pilze zufügen, würzen, dünsten und mit der Soße bis zur gewünschten Konsistenz aufgießen. Mit Sahne erneut abziehen.
Für Wildsuppe: Das rohe Wildfleisch kleinschneiden, würzen, mit Zwiebeln, Pilzen, Rotwein etc. andünsten und mit der Soße aufgießen. Nach Bedarf mit etwas Brühe strecken und abschmecken.
Pilzragout für Pastetenfüllung: Speck und Zwiebeln angehen lassen, frische gehackte Pilze zugeben, mit Rotwein garen, einkochen. Soße nach und nach bis zur gewünschten Konsistenz beigeben. Mit gehackter Petersilie verfeinern.
Für Wildkurzgebratenes: Die Steaks braten, Fleisch warm stellen und den Fond mit wenig Rotwein ablöschen und einkochen. Mit der Soße aufgießen und reduzieren. Ohne erneute Zugabe von Sahne dunkelt die Soße nach.
Für Reh- oder Hirschgulasch: Gulasch ansetzen, die Soße mit ungewürzter Brühe strecken und damit aufgießen.

HASENPFEFFER

siehe auch → Reh- oder Hasenpfeffer

zubereiten

Hasenpfeffer wird aus Bauchlappen, Hals, Herz, Kopf, Leber und Lunge wie Rehragout zubereitet.

☺ Unter die Soße statt Mehl Hasenblut, mit etwas Essig verrührt, mischen, kurz aufkochen, durchsieben und die Hasenteile in der Soße servieren. Hasenblut beim Händler vorbestellen.

☺ Unter die Soße Rübenkraut oder Schokolade mischen - das ergibt einen feinen Geschmack und eine schöne Farbe.

HIRSCHMEDAILLONS

marinieren

In einem abgedeckten Gefäß ca. zwei bis drei Stunden im Kühlschrank wie angegeben ziehen lassen.
❍ Mit Weinbrand beträufeln.
❍ In reduzierten und erkalteten Fond von Champignons legen.
❍ Bestreichen mit Dijonsenf.
❍ Einlegen in kalte Wacholderbeize.
❍ Mit frischen, grob gehackten Gartenkräutern und/oder Knoblauchzehen einlegen.
❍ Mit frischen Trüffeln einlegen.
Je länger mariniert wird, um so intensiver wird der Geschmack. Vorsicht vor Überlagerung des Eigengeschmacks.

warm stellen

Den Backofen auf 80 °C vorheizen. Die Fleischstücke in ein flaches Gefäß auf einen umgedrehten Teller setzen und mit gebuttertem Pergamentpapier abdecken. Nicht länger als 30 Minuten warm stellen, vorher die Garzeit verkürzen.

schmecken fade

Die Medaillons vorher marinieren.

zu trocken, zäh

! Das Fleisch war nicht lange genug abgehangen.
! Das Fleisch war zu nass.
! Die Medaillons haben in gesalzenem Zustand zu lange gelegen.
! Das Fleisch kam in zu kaltes Bratfett.
! Zu viele Medaillons kamen gleichzeitig ohne Zwischenraum in die Pfanne.
! Das Fleisch wurde zu lange und/oder bei zu hoher Temperatur warmgestellt.

KANINCHENFILET (Vorspeise)

zubereiten

Die Filets mit der Spitze zur Pfannenmitte kurz in Butter braten (rosa), ein bis zwei Minuten ruhen lassen und dünn aufschneiden.

MUFFLON, WILDSCHAF

schmeckt tranig

! Das Fleisch wurde lauwarm serviert und hat, wie Hammelfleisch einen talgigen Beigeschmack bekommen.

☺ Alle Mufflongerichte sehr heiß servieren und nicht warm stellen.

zubereiten

Das Fleisch junger Tiere schmeckt am besten, ältere Tiere einige Tage vor der Verwendung in Beize einlegen.
Das Fleisch kann nach den Rehrezepten zubereitet werden.

REH

Rehfilet zubereiten

Das Rehfilet nicht in kleine Scheiben sondern in Längsrichtung schneiden.
Das ergibt schmale lange Scheiben und das Fleisch brät gleichmäßig durch.

REH- ODER HASENPFEFFER

schmeckt fade

! Der Anteil an Schweinefleisch war zu hoch.
! Das Wildfleisch wurde nicht gebeizt.
☺ Das Schweinefleisch einige Zeit mit dem Wildfleisch beizen. Beize teilweise als Aufguss verwenden.

Schweinefleisch verkocht zu schnell

! Das Wildfleisch hat eine festere Konsistenz (Dichte) als das Schweinefleisch und braucht deshalb eine längere Garzeit.
☺ Das Wildfleisch vier Tage beizen, das Schweinefleisch aber erst nach zwei Tagen zufügen.

zu fett

! Der mitgeschmorte Schweinebauch war zu fett.
☺ Statt Schweinebauch eine kleine Nuss aus der Keule verwenden.

REHRÜCKEN

Rehrücken ergänzen, beizen für Rehrückenimitat

Rohes Roastbeef (Rinderlende) in kräftiger Rotweinbeize unter Zugabe von zerdrücktem Knoblauch, Wacholderbeeren, getrocknetem Thymian sowie Rehgulasch ca. drei bis vier Tage beizen. Dann wie Rehrücken würzen und braten.

Filets noch zu blutig

In der Pfanne Öl erhitzen und die Filetstücke knapp nachbraten.

Garprobe

Das Filet am oberen Knochen mit einer Gabel einstechen und den austretenden Saft überprüfen:
rot / wässrig: Fleisch ist noch blutig.
klar / leicht rosa: Fleisch ist rosa.
klar: Fleisch ist durchgebraten.
Saft tritt kaum oder garnicht aus: Fleisch ist trocken, die Bratzeit wurde überschritten.

Karkasse zu unförmig / hat sich verzogen

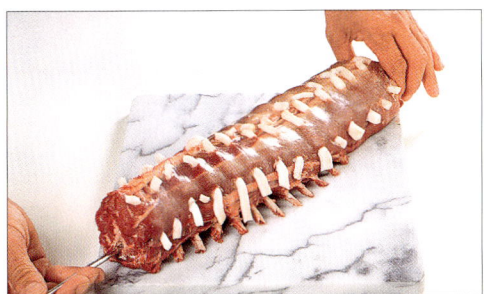

Vor dem Braten durch den Rückenmarkskanal einen Stab aus Chrom-Nickel-Stahl mit einem Durchmesser von etwa 2-3 mm schieben. Dies verhindert das Verziehen während des Garvorgangs.

Rücken hat unterschiedliche Stärke

Die unterschiedliche Stärke eines Rehrückens gleicht man während des Bratens aus, indem man das dünnere Ende mit Alu-Folie umwickelt, um so ein gleichmäßiges Garen zu erreichen.

Rücken wird beim Braten an einem Ende zu dunkel

Unter dieses Ende während des Bratens einen umgedrehten Porzellanteller legen. Dadurch wird das Schwarzwerden der Rückenunterseite verhindert.

schneiden

Kalte Küche → siehe dort

Warme Küche:
1. Im Ganzen braten. Dann auf beiden Seiten rechts und links entlang des Rückgrates mit einem spitzen, scharfen Messer nach unten schneiden. Den Rippenbögen entlang bis zum Ende weiterschneiden.

2. Filets abnehmen und von oben, schräg nach unten, alle zwei bis drei Zentimeter Scheiben schneiden.
3. Einzelstücke wieder zu einem Filet zusammenschieben, auf den alten Platz zurücksetzen und so servieren.

warm stellen

Wenn, dann nur kurzfristig. Ansonsten ist davon abzuraten. Ein Rehrücken sollte rosa gebraten werden. Anschließendes Warmstellen lässt ihn zu schnell durchziehen.

weiter verarbeiten

Als Suppeneinlage: Ausgelöstes Fleisch würfeln, in Rotwein und Cognac/Weinbrand im Verhältnis 50:50 aufkochen und Wildsuppe oder Pilzsuppe zugeben.
Für Pastetenfüllung: Gewürfelt, in wenig gut gewürzter Wildsoße unter Zugabe von Pilzen einkochen und abschmecken.

zu trocken, zäh

! Der Rehrücken wurde zu lange warmgestellt.
! Das Fleisch wurde zu lange in zu kaltem Fett gebraten.

REN

zubereiten

Renfleisch lässt sich nach den Rezepten für Reh zubereiten.

WILDGULASCH, GEMISCHT

warm stellen

Am besten im Wasserbad: nach Beendigung des Garvorganges in einen Topf umfüllen, der in einen großen Topf mit siedendem Wasser gehängt wird, ohne den Boden zu berühren (Bain-Marie). Gelegentlich umrühren, um eine Hautbildung zu vermeiden.

weiter verwenden

Für Ragout zur Pastetetenfüllung: Gulasch erwärmen, Fleisch aus der Soße nehmen und kleinschneiden. Nach Geschmack Pilze zugeben. Die Soße einkochen (reduzieren) und das Fleisch zugeben, abschmecken.
Für Wildsamtsuppe: Alles im Mixer gut zerkleinern, mit ungewürzter Brühe nach Bedarf strecken und abschmecken.

Fleisch teilweise noch zäh

! Es wurde Wildfleisch mit unterschiedlichen Garzeiten verwendet.

SOSSE

schmeckt fade

! Das Gulasch wurde nicht oder nicht lange genug mariniert.
! Das Gulasch wurde zu wenig gewürzt.
! Das Fleisch wurde nicht lange genug angebraten.
! Die Soße wurde nicht genug reduziert.

zu dick, zu dünn, zu hell

siehe → Allgemeines

WILDSCHWEIN

vorbereiten

Frischlingsfleisch kann sofort verwendet werden.
Überläufer (zweijährige Tiere), das Fleisch muss nur kurz in Beize eingelegt werden.
Bei älteren Tieren muss das Fleisch gut abgehangen und gebeizt werden.
☺ Wildschweinkeulen von älteren Tieren als Sauerbraten mit Rotwein zubereiten.

WILDGEFLÜGEL

ALLGEMEINES

abhängen

Das Geflügel vor dem Rupfen und Säubern an einem kühlen, luftigen Ort abhängen.
Die Zeit hängt von der Geflügelart und vom Wetter ab.
Bei kühlem und trockenem Wetter:
Fasane: ca. drei Wochen.
Moorschneehühner: bis zu zehn Tagen.
Rebhühner: ca. zwei Wochen.
Tauben: kein Abhängen nötig.
Wildenten: ca. zwei bis drei Tage.
Wildgänse: ca. zwei Wochen.
Bei warmer und feuchter Witterung reichen für jede Wildgeflügelart ca. zwei bis drei Tage.

ausnehmen

Bei Wildgeflügel immer den Kropf entfernen.

einkaufen

Die Altersbestimmung bei Wildgeflügel ist relativ schwierig.

126

Die Tiere sollen ein weiches, pralles Brustfleisch haben.
Die Füße sollen nicht zu stark vernarbt und schwielig sein.
Den Vogel am Schnabel hochheben, bei jungen Tieren bricht er.
Das Brustbein sollte biegsam sein.
Bei Wasservögeln lassen sich die Schwimmhäute leicht einreißen.

☺ Hat man doch einen alten Vogel erwischt, eine Wildpastete zubereiten.

gar

Ganze Vögel, nicht ganz durchgebraten: Beim Anheben oder Einstechen mit einer Tranchiergabel tritt rosafarbener Saft aus.
Ganze Vögel, durchgebraten: Fleisch fällt beim Einstechen von der Tranchiergabel.

Garmethoden

Braten:
Fasan ganz, Fasanenbrust, Perlhuhn, Rebhuhn gespickt, Rebhuhn gefüllt, Schnepfe, Taube, Wachtel, Wildente.
Grillen, Kurzbraten:
Wachtelbrüstchen, Rebhuhntournedos.
Schmoren:
Rebhuhn im Topf, Perlhuhnragouts, Perlhuhnschmorgerichte, Wildentenragout.

☺ Ältere oder große Tiere ausziehen, d.h. das Federkleid mit der Haut entfernen, mit Speck umwickeln (siehe → *bardieren*) und im Backofen braten.

Innereien

Innereien von Wildgeflügel nur verwenden, wenn die Herkunft der Tiere bekannt ist. Die Ware muss frisch und einwandfrei sein.

rupfen

siehe → *Geflügel, rupfen*

schmeckt nach Fisch

Passiert bei Vögeln, die in Küstennähe leben.

im Speckmantel

Den Speckmantel kurz vor dem Garwerden abnehmen, die Haut wird dann in der letzten Bratzeit knusprig.

tranig

Ältere Wasserhühner, Wildenten und Wildgänse können leicht tranig schmecken.

☺ Die Tiere ausziehen (siehe → Tip: Fasan, zäh) und bardieren. Eine Füllung aus frischen Karotten, die vor dem Servieren wieder entfernt wird, mindert ebenfalls den tranigen Geschmack.

FASAN

alt / jung

Alte Tiere haben schuppige Beine.
Junge Tiere haben graue Füße, ein biegsames Brustbein und einen kleinen Spornansatz.

☺ Fasane schmecken in der Zeit von August bis September am besten.

braten

Fasane immer rosa oder blutig garen, da sie während des Warmstellens nachgaren und das Fleisch sonst zu trocken wird.

zäh, zu trocken

! Das Tier wurde ohne Speckmantel gebraten.

! Die Speckummantelung hat sich während des Bratens gelöst.
siehe → Küchentechnik: bardieren

! Die Brattemperatur war zu hoch.

! Das Tiere wurde zu lange ohne Zugabe von Flüssigkeit warmgestellt.

! Das Tier war zu alt.

☺ Ältere oder große Tiere ausziehen, d.h. das Federkleid mit der Haut entfernen, mit Speck umwickeln und im Backofen braten.

KRICKENTE

Die Krickente wird wie Wildente zubereitet, benötigt aber nur 40 bis 50 Minuten Bratzeit.

PERLHUHN

füllen

Die Füllung in einen Spritzbeutel geben und die Masse vorsichtig einspritzen.

REBHUHN

alt / jung

Alte Tiere haben graugelbe bis bis blaugraue Füße, der Schaft einer ausgerupften Feder ist nicht mit Blut gefüllt sondern hohl.

Junge Tiere haben hellgelbe Füße und einen leicht biegbaren Unterschnabel. Eine zur Probe ausgezupfte Feder ist weich und der Kiel mit Blut gefüllt.

☺ Rebhühner schmecken in der Zeit von August bis September am besten.

☺ Einjährige Rebhühner schmecken am besten, denn nur sie haben zartes, leicht verdauliches Fleisch.

☺ Das Fleisch älterer Rebhühner ergibt würzige Suppen und eignet sich auch zu Ragout und als Füllung für Pasteten.

sandig

Kein Sand, sondern Schrotkugeln! Passiert leicht bei Ragouts, Pasteten, Suppen oder Füllungen mit Rebhuhnfleisch. Für diese Zubereitung werden zerschossene Tiere verwendet. Entweder sehr vorsichtig kauen oder in einem Happen herunterschlucken. Gefährlich sind die Schrotkugeln nur für die Rebhühner.

TAUBEN

siehe → Geflügel, Tauben

WACHTELN

einpacken

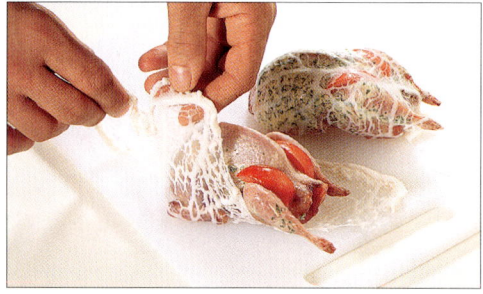

1. Gefüllte Wachteln in ein gewässertes Schweinenetz einpacken.
2. Zum Verschließen wird das Schweinenetz fest über die Wachtel gezogen.
   siehe → ins Netz ziehen.

fallen auseinander,

siehe → Geflügel, Tauben

füllen

Die Füllmasse in einen Spritzbeutel mit kleiner Öffnung ohne Tülle, oder mit einer Tülle mittlerer Öffnung geben und damit die Masse einspritzen.

saftiger

siehe → Geflügel, Tauben

tranchieren

Mit scharfer, glatter Klinge vom Brustbein nach unten teilen. Ein Sägemesser ist ungeeignet, es zerfetzt das zarte Geflügel.

verschließen

Mit Rouladennadeln, oder noch besser mit einem geölten Küchengarn vernähen.

weiter verwenden

Salat: Auslösen und kalt zu Waldorfsalat mit Sauce Cumberland als Vorspeise reichen.
Ragout: Warm als Ragout mit Pfifferlingen in Blätterteigpastetchen servieren.

SOSSE

zu dunkel

100 g süße Sahne mit einer Messerspitze Kartoffelstärke verrühren und solange unter ständigem Rühren in die köchelnde Soße zulaufen lassen, bis die gewünschte Farbe erreicht ist.

WILDENTEN

alt / jung

Alte Enten haben steife Beine und zähe Schwimmhäute.
Junge Enten haben einen grünen Schnabel, biegsame Beine und leicht einreißende Schwimmhäute.

☺ Wildenten schmecken in der Zeit von August bis Ende Januar am besten.

tranig

! Die Wildente wurde zu lange abgehängt.

☺ Die Ente vor dem Braten kurz in heißes Wasser tauchen.
Die Haut abziehen und die Ente bardieren.
Die Ente ca. ein bis zwei Tage in eine Beize aus Essig oder Sauermilch einlegen, dies empfiehlt sich besonders bei älteren Tieren.

INNEREIEN

ALLGEMEINES

aufbewahren

Nach Sorten getrennt in abgedeckten Behältern, nicht länger als zwei Tage im Kühlschrank.

blanchieren

Damit zarte Innereien wie *Bries, Hirn* und *Kutteln* fester werden und sich leichter säubern lassen, werden sie vor dem Garen blanchiert. Die Innereien gründlich unter kaltem Wasser abspülen und in einem Topf mit kaltem Wasser langsam zum Kochen bringen. Einige Minuten köcheln lassen, dabei den Schaum abschöpfen. Abgießen und gut abspülen.

auftauen

In verschließbaren Behältern auf einem Gittereinsatz über Nacht im Kühlschrank auftauen. Verschiedene Sorten immer getrennt aufbewahren, ansonsten überträgt sich der Geschmack. Das passiert besonders leicht, wenn Nieren dabei sind.

einfrieren

Die Innereien putzen (das Fett entfernen) und einfrieren. Das Fett muss unbedingt entfernt werden, da die aufgetauten Innereien sonst ranzig schmecken.

einkaufen

Innereien nur beim Fleischer/Metzger Ihres Vertrauens kaufen.
Frische Innereien sind feucht, glänzend und haben keine trockenen Stellen.
Grünliche Farbe, schleimige Oberfläche und ein strenger Geruch sind Zeichen für verdorbene Ware.

Garmethoden

Braten
Rind: Leberscheiben.
Kochen
Kalb: Bries, Herz, Hirn, Leber, Leberklöße, Lunge, Zunge.
Lamm/Hammel: Herz, Nieren, Hammelzunge.
Rind: Herz, Kuheuter, Kutteln, Ochsenzunge.
Schwein: Herz, Hirn, Nieren, Zunge.
Kurzbraten, Grillen
Kalb: Scheiben von Bries, Hirn, Leber, Nieren.
Lamm/Hammel: Scheiben von Leber, Nieren.
Rind: Kuheuter.
Schwein: Herz, Leber, Nieren.
Schmoren
Kalb: Herz.
Lamm/Hammel: Leber.
Rind: Herz; Ragouts, Saure Leber, Saure Nieren.
Schwein: Herz, Leber, Nieren.

BRIES (KALB, LAMM)

aufbewahren

Frisch im Kühlschrank einen Tag, blanchiert zwei Tage.
Bries in einem abgedeckten Behälter mit Gittereinsatz lagern.

blanchieren

In einem Topf mit leicht gewürztem Kalbsfond angießen, aufkochen und im Fond auskühlen lassen.

einkaufen

Das Bries soll eine kompakte Struktur haben, von fast weißer oder hellrosa Farbe sein und keine dunklen Verfärbungen aufweisen.

formen

Das Bries ca. acht Minuten blanchieren, unter kaltem Wasser abschrecken und enthäuten. Über Nacht zwischen zwei Brettchen pressen.

gar

Das Bries hat eine feste Konsistenz und das Bindegewebe hat sich aufgelöst.

gebacken, Panade zu dunkel

! Der Anteil an Schwarzbrot im Paniermehl bzw. Roggengetreide im Brot war zu hoch.

! Die Fetttemperatur beim Einlegen war zu hoch.

☺ Margarine statt Öl verwenden, das ergibt beim Ausbacken eine schöne goldgelbe Farbe.

gebacken, schmeckt fade

Das Bries vor dem Panieren würzen, aber nicht salzen und abgedeckt mindestens eine Stunde stehen lassen.

gebacken, zu hart

! Beim Marinieren wurde Salz verwendet, dies entzieht dem Bries Feuchtigkeit und trocknet es aus.

! Das Bries wurde zu schnell in zu heißem Fett gegart.

! Das Bries wurde zu lange im Backofen warmgestellt.

säubern

Das Bries in eine Schüssel mit kaltem Wasser legen und solange frisches Wasser zulaufen lassen, bis alle Verunreinigungen ausgespült sind. Dadurch wird das Bries in seiner Konsistenz noch fester.

zäh

! Das Bries wurde zu lange gegart.

zerfällt

! Es wurde zuviel Haut entfernt.

EUTER

verwenden

Paniert als "Berliner Schnitzel" oder als Einlage für helle Ragouts.

☺ Die Milchdrüse wird meist schon weich gekocht und in Scheiben geschnitten zum Verkauf angeboten.

HERZ (KALB, RIND, SCHWEIN)

aufbewahren

Im Kühlschrank ca. ein bis zwei Tage, tiefgefroren ca. drei Monate.

einkaufen

Das Herz soll eine kräftige Farbe, nicht hellrot oder braun, und einen frischen Geruch haben.

säubern

Die Adern und Fettansätze entfernen, unter fließend kaltem Wasser gründlich ausspülen und mit Küchenkrepp abtupfen.

verfeinern

Gekochtes Kalbs- und Schweineherz: Zugabe von wenig Essig und gespickter Zwiebel sowie Salz und Suppengrün erhält und steigert den Eigengeschmack.

zu hart

! Das Herz wurde zu schnell gegart.

! Das Herz wurde nicht lange genug gegart.

schneiden, gegart

Vom Herzeingang, schräg im leichten Winkel der Form entsprechend zur Spitze.

warm stellen

Geschmortes Herz: Einen umgedrehten Teller in den Topf legen. Das Herz auf den Teller geben, ca. 1/4 der fertigen Soße mit etwas neutraler Brühe verlängern und davon soviel zugießen, dass die Flüssigkeit gerade den oberen Tellerrand erreicht. Den Topf abdecken und auf der niedrigsten Stufe der Herdplatte warm stellen. Bei längeren Warmhaltezeiten kann die Soße eindicken, den Flüssigkeitsverlust dann durch Brühe ausgleichen. Darauf achten, dass das Herz dadurch nicht zu weich wird.
Gekochtes Herz: Leicht bedeckt im Kochsud oder leicht gewürzter Fleischbrühe.

weiter verwenden, geschmortes Herz

Zum Füllen: Kleingewürfelt der Hackfleischfüllung für Stallhase beimengen.

Fleischhaschee: Haschee fertig zubereiten, geschmortes Herz durch den Wolf drehen, beigeben, aufkochen und erneut abschmecken. Herz nicht zum rohen Fleisch geben und dann zubereiten, da sonst das Haschee trocken schmeckt.

Pastetenfüllung: Wie "Ragout" zubereiten, nur dicker einkochen. Wenn nötig, etwas Stärke in Rotwein auflösen und nachbinden.

Ragout: Einen Ansatz aus Zwiebeln und anderen Gemüsen mit der vorhandenen Herzsoße knapp angießen, das gewürfelte Herz zugeben und erneut abschmecken.

zu hart

! Durch zu langes, trockenes Warmstellen ohne Zugabe von Flüssigkeit.

SOSSE

schmeckt fade

! Das Herz wurde nicht, zu kurz oder falsch mariniert.

! Die Soße wurde zu wenig eingekocht (reduziert).

! Es wurde zu viel Flüssigkeit angegossen.

! Falsche Dosierung und Auswahl der Gewürze.

! Aufgießen mit Wasser statt mit Brühe oder Fond.

versalzen

! Zu langes Warmstellen oder mehrmaliges Aufwärmen.

! Zu starkes Anbraten mit zu kurzer Schmorzeit.

☺ Zugabe von halbierten, rohen Kartoffeln in die siedende Soße bindet einen Teil des Salzes.

zu dick

Strecken mit ungewürzter Brühe oder Herzfond, dann erneut abschmecken.

zu dünn

Braune Soße mit in Rotwein aufgelöster Kartoffel- oder Maisstärke nachbinden. Dies verlängert die Kochzeit um ca. 25%. Erneutes Abschmecken erforderlich.

zu hell

Eindunkeln durch langsames Reduzieren und/oder Zugabe von Zuckercouleur.

zu sauer

Verkochten Zucker oder in Rotwein gelösten Puderzucker vorsichtig zugeben. Erneut aufkochen und abschmecken.

weiter verwenden

❍ Die Soße durch ein Sieb gießen und einfrieren.

❍ Als Fond verwenden für Soßen von: Wild, Schmorbraten, Stallhase, Sauerbraten, braune Geflügelsoßen, Madeirasoße, Portweinsoße, Demi Glace, Glace, Jus.

❍ Zur Herstellung von Pastetenfüllungen, braunen Geflügelragouts, Wildragouts und Ochsenschwanzragouts.

Hirn (Kalb, Lamm, Rind, Schwein)

aufbewahren

Im Kühlschrank einen Tag.

einkaufen

Kompakt, weiße Farbe, wenig Blut oder Verfärbungen, frischer Geruch.

gar

Das Hirn ist fest und in der Mitte nicht mehr durchsichtig.

gebacken, schmeckt fade

siehe → Bries gebacken, schmeckt fade

grau

! Das Hirn wurde nicht lange genug gewässert und das Blut nicht vollständig entfernt. Dadurch wird es nach dem Blanchieren grau.

säubern

Das Hirn in eine Schüssel mit kaltem Wasser legen und solange frisches Wasser zulaufen lassen, bis alle Verunreinigungen ausgespült sind. Dann das Hirn in lauwarmes Wasser legen, vorsichtig mit dem Daumennagel die Haut einritzen und unter Wasser abziehen.

schmeckt fade

siehe → Bries, schmeckt fade

warm stellen

Nach Möglichkeit vermeiden, da auch kurze Warmhaltezeiten das Hirn hart werden lassen.

zu dunkel

siehe → Bries gebacken, Panade zu dunkel

zu hart

siehe → Bries, zu hart

KUTTELN (KALDAUNEN)

aufbewahren

Blanchiert und in ein feuchtes Tuch einge-schlagen im Kühlschrank ca. ein bis zwei Tage, tiefgefroren ca. drei Monate.

einkaufen

Die Kutteln sollen feucht sein, von weißer Far-be und frischem Geruch.

grau und/oder hart

! Die Kutteln wurden zu lange gegart.
! Die Kutteln wurden zu lange gekocht.
! Das Wasser wurde nicht gewechselt.
! Die Kutteln wurden nur in Wasser gekocht.
☺ Dem Kochwasser etwas Essig und wenig Salz zusetzen. Die Kutteln jeweils nach ca. 20 Min. Kochzeit abgießen, waschen und erneut mit kaltem Wasser aufsetzen.

säubern

Gründlich unter fließend kaltem Wasser aus-waschen und abbürsten. Eventuell mit Koch-salz abreiben und klarspülen.

schneiden

Kutteln möglichst fein schneiden.

schmecken streng

! Die Kutteln waren zu alt.

weiter verwenden

Eine Mehlschwitze mit Fleischbrühe aufgie-ßen, mit etwas Weißwein und Zitronensaft ab-schmecken, würzen und eine helle Suppe be-reiten. Gekochte Kutteln in dünne Streifen schneiden und mit viel gehackter Petersilie als Einlage zugeben.

zellig, glatt

Der erste Magen liefert die glatten Kutteln.
Der zweite Magen liefert die zelligen Kutteln.
☺ Die zelligen Kutteln sind zarter.

LEBER (KALB, LAMM, RIND, SCHWEIN)

aufbewahren

Am Stück: im Kühlschrank zwei Tage.
In Scheiben: im Kühlschrank einen Tag.

einkaufen

Die Leber von jungen Tieren ist bräunlich-rosa, die von ausgewachsenen Tieren hat eine dunklere Farbe. Der Geruch soll frisch und angenehm sein.

gar

Bei der Druckprobe ist Widerstand spürbar, auf der Oberfläche erscheinen Safttropfen.

hart

! Die Leber wurde vor dem Braten gesalzen und nicht sofort verarbeitet. Das Salz entzieht der Leber Flüssigkeit und sie wird beim Anbraten hart.
! Die Leber wurde in zu heißem Öl gebraten.
! Das Bratfett war zu kalt.
! Die Leber wurde zu lange gebraten.
! Die gebratene Leber wurde zu lange und/oder zu heiß warmgestellt.
☺ Die Leber in Margarine oder Butterschmalz braten, dabei häufiger wenden. Kurz vor Ende der Garzeit salzen und pfeffern, nochmals wenden und sofort servieren.
☺ *Rinderleber* vor dem Braten ca. 15 Minuten in Mineralwasser einlegen.

milder

Ca. eine Stunde vor der Verarbeitung in Milch einlegen, dann durch Abtupfen trocknen.

salzen

Die Leber erst kurz vor dem Braten salzen, dann wird sie nicht hart.

schmeckt bitter

! Die Leber wurde zu lange gelagert.
! Die Leber war zu lange eingefroren.
! Die Leber wurde zu schnell und zu heiß gebra-ten.

vorbereiten

Die Fettansätze und Adern entfernen. Bei Rinder- oder Schweinsleber die Haut mit einem spitzen Messer vorsichtig einritzen, durch Unterfahren mit dem Daumen lösen und anschließend abziehen.

warm stellen

Bei 80 °C abgedeckt im Bratrohr nicht länger als ca. 20 bis 30 Minuten warm stellen. Die vorhergehende Garzeit verkürzen, so dass die Leber innen noch rot bis rosa ist. Test durch Druckprobe: je weicher sich die Leber anfühlt, um so weniger ist sie im Inneren durchgebraten.

BERLINER ART

Apfelringe unansehnlich

! Die Äpfel wurden mit der Leber zusammen in der Pfanne gebraten.

☺ Die Apfelringe vor der Leber in der sauberen Pfanne anbraten und zur Seite stellen.

☺ Die Leber knapp garen, die Apfelscheiben auf die Leber legen und alles ca. zehn Minuten bei 80 °C im Backofen warm stellen.

Apfelringe zu weich

! Die Apfelringe wurden zu dünn geschnitten und sind durchgeweicht.

☺ Eine feste Apfelsorte nehmen und in ca. 8 mm dicke Ringe schneiden.

LEBER, SAUER

schmeckt bitter

! Die Zwiebeln wurden in heißem Fett zu dunkel angebraten und dann die Leber zugegeben.

! Bei süßsaurer Leber kam der Zucker direkt ins heiße Fett.

! Die Leber wurde erst nach dem Anbraten mit Mehl gestaubt und dann zu stark gebraten.

zu hart

! Geschnetzelte Leber wurde zu heiß angebraten.

! Die Leber wurde zu lange in der Soße gekocht.

! Das Lebergericht wurde aufgewärmt.

LUNGE

aufbewahren

Abgedeckt im Kühlschrank nicht länger als 48 Stunden.
Saure Lunge unbedingt in einem säurebeständigen (keinesfalls Aluminium) Behälter lagern.

säubern

Gründlich unter fließend kaltem Wasser ausspülen, Fett und Adern entfernen und nochmals abspülen.

schmeckt bitter

! Die Einbrenne war zu dunkel und/oder nicht lange genug ausgekocht.

! Zugefügtes Tomatenmark wurde in der Einbrenne zu lange mitgeröstet.

! Wacholderbeeren sind direkt mit heißem Fett in Berührung gekommen.

schmeckt fade

! Es wurde zu wenig gewürzt.

! Statt Fleischbrühe oder Jus wurde Wasser als Aufguss verwendet.

schneiden

Nach dem Garen im Sud auskühlen lassen. Der Länge nach in Scheiben schneiden und diese anschließend in dünne Streifen von cirka 3 cm Länge aufschneiden.

☺ Die Lunge ein bis zwei Sunden pressen, dann lässt sie sich leichter in Scheiben schneiden.

warm stellen

❍ In einem Behälter, der in einem siedenden Wasserbad steht (Bain-Marie).

❍ Im verschlossenen Topf auf einem Gitter im Backofen bei 80 °C.
Vorsicht: Direktes warm halten auf der Herdplatte kann schnell zum Anbrennen führen.

weiter verwenden

Zu Haschee: Ein Fleischhaschee wie gewohnt zubereiten, gegarte Lunge durch den Wolf drehen, zufügen und erneut abschmecken. Der Lungenanteil sollte nicht mehr als 1/4 der Gesamtmenge betragen.

zu dick

Strecken mit abgeschmeckter Fleischbrühe, Jus oder anderen verdünnten braunen Soßen.

☺ Die Einbrenne erst gründlich auskochen und ein Drittel der Soße abnehmen. Dann die Lunge zugeben und die Restsoße nach Bedarf angießen. Restsoße für Haschee verwenden.

zu dünn

Die Soßenmenge um ein Drittel bis ein Viertel durch Abgießen über ein Sieb reduzieren. Mit einer Mischung aus süßer Sahne/saurer Sahne, separat verrührt mit etwas Kartoffelstärke, nachbinden und der kochenden Lunge beigeben.
Braune Soße durch Unterheben von angerührter Kartoffelstärke stark eindicken und diese anschließend in die kochende Lunge rühren. Erneut abschmecken.

zu sauer

Nachschmecken mit verkochtem Zucker (Sirup), dann erneut Aufkochen. Leichte Abmilderung kann durch Zugabe von süßer Sahne erreicht werden.

Mɪʟz

verwenden

Geschabt und gut gewürzt als Milzschnitten, Milzsuppe, Milzwurst.

Nɪᴇʀᴇɴ (KALB, LAMM, RIND, SCHWEIN)

aufbewahren

Im Kühlschrank einen Tag.

einkaufen

Frischer Geruch.
Lammnieren: Farbe tiefrosa, nicht rot.
Kalbsnieren: Farbe tiefrosa oder beigebraun, nicht rot.
Rinder/Schweineniere: Farbe braunrot, nicht schwarz.

gar

Ganze Nieren: beim Einstechen tritt rosa Saft aus.
Kalbs/Lammnieren geschnetzelt: die Nierenmitte ist rosa.
Rinder/Schweineniere:
durchgegart und weich.

riechen nach Ammoniak

! Die Niere war verdorben.
! Die Niere wurde unsachgemäß behandelt.

säubern

In lauwarmes Essigwasser einlegen und mit den Händen gründlich abreiben. Anschließend mit fließend kaltem Wasser nachspülen.
☺ Ist nach dem Säubern noch ein starker Geruch wahrnehmbar, die Nieren zusätzlich noch ca. eine Stunde in kaltes Wasser legen.

vorbereiten

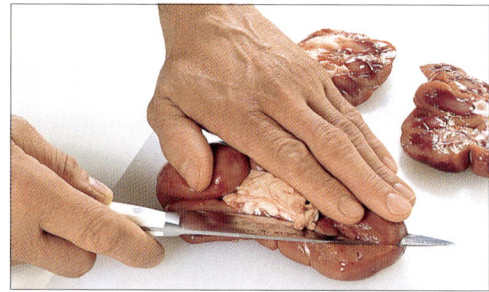

Die Niere auf ein Brett legen und mit der flach aufgelegten Hand festhalten. Seitlich in der Mitte mit dem Messer auftrennen, und die Fett- und Aderansätze herausschneiden (Abb. Kalbsniere).
☺ Ein feuchtes Tuch unter das Brett legen, dann rutscht es nicht weg.
☺ Fett und Aderansätze mit der Küchenschere herausschneiden.

warm stellen

siehe → Leber, warm stellen

zu hart

! Die Nieren wurden in zu kaltem Fett zu lange gebraten.
! Die Nieren wurden zu lange bei zu hoher Temperatur gebraten.
! Die Nieren wurden trocken warm gestellt.
☺ Rasches, gleichmäßiges Anbraten sowie Warmstellen unter Zugabe von etwas Brühe oder Soße in abgedecktem Behälter bei 80 °C im Bratrohr. Die Nieren auf einen umgedrehten Teller geben, damit sie nicht direkt in der Flüssigkeit liegen.

NIEREN, GEBRATEN

schmecken bitter

! Die Nieren sind nicht richtig gesäubert worden.
! Die Nieren wurden in zu heißem Fett zu schnell gebraten.

134

schwarze Ränder beim Braten

! In zu heißem Fett und/oder zu lange gebraten, besonders wenn vorher mehliert wurde.

NIEREN, SAUER

schmecken bitter

! Fett- und Aderansätze, vor allem im Inneren der Nieren, wurden nicht gründlich entfernt.

! Durch mehrmaliges Aufwärmen.

zu hart

siehe → Leber, zu hart

SOSSE

zu dick

siehe → Lunge, zu dick

zu dünn

Die Soße abgießen, zum Kochen bringen und mit in Rotwein separat angerührter Kartoffelstärke nachbinden. Erneut aufkochen lassen, die Nieren zugeben und abschmecken.

zu sauer

siehe → Lunge, zu sauer

ZUNGE (KALB, LAMM, RIND, SCHWEIN)

abziehen

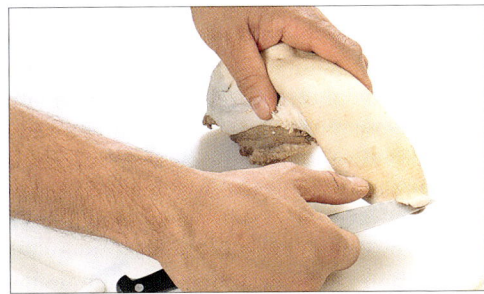

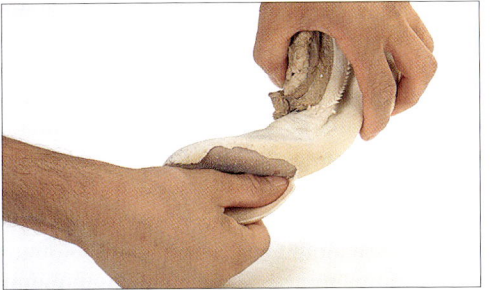

Die fertige Zunge heiß aus dem Kochwasser nehmen und in ein kaltes Wasserbad legen. Die Haut mit Hilfe eines kleinen Messers anritzen und vom Zungenansatz zur Spitze hin abziehen.

☺ Die Zunge lässt sich leichter abziehen, wenn sie im Kochwasser erkaltet ist.

aufbewahren

Die Zunge im Sud belassen und abgedeckt im Kühlschrank nicht länger als drei Tage lagern, tiefgefroren ca. sechs Monate.

☺ Soll die Zunge geschnitten werden, wird sie vorher 12 Stunden im Sud gelagert und abgetupft weitere 12 Stunden in Folie eingeschlagen im Kühlschrank gelagert. Diese Methode festigt das Zungenfleisch.

gar

Lässt sich die Zungenspitze leicht einstechen, ist die Zunge gar.

einkaufen

Die Zunge hat eine klare rosarötliche Farbe.

schneiden

Die Zunge seitlich auf ein Brett legen und mit einem scharfen Messer am Zungenansatz beginnend schräg bis zur Spitze schneiden.

verfeinern

○ Halbgar blanchierte Zunge in leicht köchelnde Madeira- oder Portweinsoße einlegen und fertig garen.

○ Rinderzunge in halb Apfelwein (Cidre) und halb Gemüsebrühe garen.

○ Ein Stück Kalbsfuß mitkochen.

weiter verwenden

Die Madeira- oder Portweinsoße mit Gelatine binden, die fertige Zunge mehrmals in diese Flüssigkeit eintauchen und auskühlen lassen. Für die Kalte Küche aufschneiden.
Paniert oder gebraten zu Gemüsegerichten.

☺ Restliche Zunge lässt sich gut einfrieren.

ZUNGENBRÜHE

verfeinern

Einige Stücke Kalbsfuß mitkochen.

zu scharf

Mit ungewürzter Fleischbrühe strecken.

Wurst, Sülzen, Aspik

Aufschnitt

aufbewahren

Die Wurstsorten trennen und in verschließbaren Behältern im Kühlschrank aufbewahren. Die Lagerzeit ist von der Wurstsorte abhängig. Geräucherte Wurst/Schinken niemals mit frischer Ware zusammen aufbewahren.

einkaufen

Darauf achten, dass die ausgestellte Ware in nicht zu hohen Stapeln aufeinanderliegt und bei Sonderangeboten diese klar von normaler Ware zu unterscheiden ist. Wurstanschnitte dürfen nicht untergemengt werden.

Bratwurst

füllen

Der Länge nach aufschneiden, mit Käse, Paprika o.ä. füllen, zusammenklappen und mit Zahnstocher, Rouladennadeln oder Küchengarn zusammenhalten.

leicht angebrannt

Ein trockenes Tuch mit etwas kaltem Öl tränken und die heiße Wurst abwischen.

nicht richtig braun

! Die Würste waren zu alt.

! Die Würste waren noch zu feucht.

! Zu viele Würste auf zu engem Raum kamen gleichzeitig in die Pfanne.

☺ Die Würste vor der Zubereitung trocken abreiben. In Öl braten. Platz zwischen den Würsten lassen, damit entstehender Dampf schnell abziehen kann. Sonst sinkt die Gartemperatur rapide ab, das Fett beginnt zu kochen.

☺ Kalbsbratwürste werden schön braun, wenn sie vor dem Braten durch eine dünnflüssige Wasser-Mehl-Schlämme gezogen werden.

geplatzt

! Der Wasseranteil im Brät war zu hoch.

! Die Wurst kam direkt aus dem Kühlschrank ins heiße Fett.

☺ Mehrmaliges Anstechen mit einer feinen Nadel lässt das Wasser entweichen. Keine groben Nadeln oder Messerspitzen verwenden.

leicht schmierig

! Die Wurst war stark unterschiedlichen Temperaturen ausgesetzt.

! Unsachgemäße Lagerung.

☺ In kaltes Essigwasser tauchen und anschließend trockenreiben. Danach sofort verbrauchen. Keine weitere Lagerung.

Leberkäse, ganzer Laib

aufbewahren

Auf einer Porzellanplatte, abgedeckt mit Pergamentpapier im Kühlschrank. Frische Leberkäsmasse innerhalb von 24 Stunden zubereiten; *gebackenen Leberkäse* im Kühlschrank nicht länger als drei Tage aufbewahren.

beim Backen gerissen

! Bei zu hoher Temperatur zu schnell gegart.

! Fehlendes Wasserbad.

! Zuviel Ober- oder Allgemeinhitze
Richtig: 180 °C / Gas Stufe 2-3.

erwärmen

Wasserwanne mit umgedrehten Teller oder Kuchengitter in den vorgeheizten Backofen (150 °C) geben. Wasserwanne etwa 4-5 cm mit Wasser auffüllen und den Leberkäs auf das Gitter legen. Je Kilogramm ca. 45 bis 60 Minuten im Backofen erwärmen.

warm stellen

Nach Ende der Garzeit Backofen öffnen, Temperatureinstellung auf 80 °C reduzieren und den Leberkäs mit Alufolie abdecken, evtl. den Wasservorrat in der Wasserwanne ergänzen. Backofentür schließen. Max. Warmhaltezeit je nach Größe zwischen 60 und 120 Minuten.

weiter verarbeiten

Am besten über Nacht auskühlen lassen und dann schneiden.

Zu italienischem Salat: In Streifen geschnitten, vermischt mit Apfel, Gurke und Mayonnaise.
Zu Fleischsalat: In Streifen geschnitten, vermischt mit Essiggurke und Mayonnaise.
Für Nudelsalat: In mittelgroße Würfel geschnitten, vermischt mit vielerlei Zutaten und Nudeln.
Für Leberkäse, gebraten: In Scheiben von je 150 g geschnitten und angebraten. Evtl. ein Spiegelei aufsetzen.
Für Eintöpfe: In Würfel schneiden, in der Pfanne abbräunen und in den Eintopf geben.

zu braun, zu trocken

siehe → beim Backen gerissen

Schinken

einkaufen

Das Fleisch soll fest und weder zu trocken noch zu feucht sein.

lagern

Ganze *rohe Schinken*: An einem kühlen, trockenen Ort.
Ganze *gekochte Schinken*: Im Kühlschrank ca. zehn Tage.
Schinkenscheiben: Im Kühlschrank ca. drei Tage, tiefgefroren max. vier Wochen.

GEKOCHTER SCHINKEN

gar

Das Fleisch fühlt sich beim Einstechen weich an, die Innentemperatur beträgt 75 °C.
Der Schlussknochen lässt sich leicht herausziehen.

☺ Mit einer dünnen Nadel einstechen, sonst verliert der Schinken zuviel Saft.

schmeckt fade

! Der Schinken wurde nur in Wasser gekocht.
☺ Den Schinken in einer Mischung aus Apfelwein und Wasser, dem Zwiebel, Lorbeerblatt, Piment- und Pfefferkörner und Nelken zugesetzt sind, garen.
In der Kochflüssigkeit auskühlen lassen, dann erst die Schwarte abziehen und das Fett bis auf eine ca. einen Zentimeter dicke Schicht abschneiden.

überziehen

Den gegarten Schinken bei ca. 200 °C im Ofen backen, dabei mit der Glasur überziehen.

☺ Apfelsaft mit milder Sojasauce, Honig, wenig Ahornsirup, etwas braunem Zucker und nach Geschmack Medium Sherry erwärmen und den Schinken im Backofen ständig damit bestreichen.
☺ Den Schinken einritzen, dann dringt die Glasur besser in das Fleisch ein.

zu salzig

! Der gepökelte Schinken war sehr salzig und wurde im ersten Kochwasser gegart.
☺ Den Schinken mit kaltem Wasser aufsetzen und 30 Minuten köcheln lassen. Schmeckt das Wasser sehr salzig, den Schinken mit frischem Wasser erneut aufsetzen, die Garzeit dann um 30 Minuten verkürzen.

Speck

aufbewahren

Stark geräuchert: An einem kühlen, trockenen Ort ca. ein bis zwei Monate.
Mild geräuchert: Im Kühlschrank ca. eine Woche.

einkaufen

Bauchspeck: Die Farbe ist klar rosa, das Fett hat eine weiße Farbe.
Magerer Speck: Der Speck darf keine trockenen Ränder haben, das Fett hat eine blasse Farbe.
Fetter Speck: Blasse Farbe und eine feste Konsistenz.

Wurst

aufbewahren

gekocht: Im Kühlschrank ca. eine Woche.
ungekocht: Im Kühlschrank ca. zwei Tage, tiefgefroren nicht länger als drei Monate.
luftgetrocknet: An einem kühlen, luftigen Ort ca. sechs Monate. Im Kühlschrank fest in Pergamentpaier gewickelt ca. vier Wochen.
☺ Die Wurst in einem geräumigen Leinen- oder Baumwollbeutel aufhängen.

einkaufen

Die Wurst riecht angenehm frisch, hat keine trockenen Stellen und keine graue Farbe.

Haltbarkeit

Leicht angeräuchert (z.B. Wiener/Frankfurter) nach dem Kauf ca. zwei bis drei Tage.

Kalbsleberwurst

Kalbsleberwurst enthält Schweineleber und Kalbfleisch, Kalbsleber ist nicht enthalten.

Luftgetrocknete Wurst hat einen weißen Überzug

Die Ablagerung ist ausgetretenes Salz und kein Zeichen von Verderben oder Ungenießbarkeit. Einfach mit einem trockenen Tuch abwischen.

KOCHWURST

Kochwürste für Eintöpfe mit einem Holzstäbchen mehrmals einstechen, damit das Fett austreten kann. Der Eintopf wird deftiger.

NÜRNBERGER ROSTBRAT-WÜRSTEL/SCHWEINSWÜRSTEL

zu dunkel, zu trocken

! Bei zu hoher Temperatur zu schnell gegart.

! Bei zu niedriger Temperatur zu lange in der Pfanne belassen.

! Im Backofen zu lange warmgestellt.

SAURE ZIPFEL

geplatzt

! Der Sud hat nach dem Einlegen der Würste gekocht.

! Wurden direkt aus dem Kühlschrank in den heißen Sud (80 °C) gelegt.

WEISSWÜRSTE

einfrieren, aufwärmen

Würste im Wasser erkalten lassen, einen Dessertteller in den Topf geben um die Würste unter Wasser zu drücken, damit die Haut sich nicht verfärbt. Die erkalteten Würste trocken tupfen und in Gefriertüten nicht länger als acht Wochen einfrieren. Die gefrorenen Würste in kaltem Wasser auftauen lassen und wie frische Weißwürste erwärmen.

geplatzt

! Das Wasser war zu heiß.

! Das Wasser hat nach dem Einlegen der Würste gekocht.

! Es wurde kein Salz zugegeben. Dieses Salz bildet ein Gegengewicht zum Salz in der Wurst. Ohne Salzzugabe im Siedewasser dringt das Wurstsalz beim Erwärmen nach außen und dadurch reißt die Wursthaut.

! Der Topf war abgedeckt.

schmecken wässrig

! Dem Wasser wurde kein Salz zugesetzt.

ASPIK

aufbewahren

Überzogenes *Fleisch*, überzogenes *Geflügel*: Im Kühlschrank zwei Tage.
Überzogener *Fisch*: Im Kühlschrank einen Tag.
Überzogene *Fleischgerichte,* überzogene *Geflügelgerichte*: Im Kühlschrank ca. fünf Tage.
Überzogene Gerichte mit *Eiern* und *Fisch*: Im Kühlschrank zwei Tage.

blasig

! Der Aspik wurde zu kräftig gerührt.

☺ Den flüssigen Aspik durch ein Teesieb direkt aufgießen.

dekorieren

Den gut gekühlten Aspik mit einem feuchten Messer in Scheiben schneiden, auf ein angefeuchtetesTuch oder Pergamentpapier legen und Muster ausstechen, ausschneiden oder hacken.

☺ Den Aspik nicht zu fein hacken, größere Stücke reflektieren das Licht besser.

dick, gummiartig

! Der Aspik enthielt zuviel Gelatine.

klebt

! Der Aspik wurde ungekühlt bearbeitet.

! Das Messer war nicht angefeuchtet und der Aspik blieb an der Schneide kleben.

nicht fest geworden

! Der Aspik enthielt zu wenig Gelatine.

lösen

Die Formen für Aspik mit kaltem Wasser ausspülen und leicht einölen.

trübe

! Der Aspik wurde mit den Händen berührt.

! Der Aspik enthielt Fett.

GELATINE

Ersatz

Agar-Agar, ein aus Rotalgen gewonnener Pflanzenstoff von hoher Gelierkraft.
Biobin, wird aus der Johannisbrotbaumfrucht hergestellt (besonders für Süßspeisen geeignet).

klumpt

! Die Gelatine wurde nicht richtig angerührt oder verrührt.

! Die Flüssigkeit hat nicht gekocht.

☺ Gelatine sofort unter ständigem Rühren mit dem Schneebesen in die kochende Flüssigkeit einrühren.

Sülzen

Einlagen
Ananas, Kiwi

Diese Sülzen mit Agar-Agar oder Johannisbrotkernmehl zu Gelieren bringen.
Ananas und Kiwis enthalten ein Enzym, das Gelatine aus tierischem Eiweiß **nicht** gelieren lässt.

Fette Einlagen

Aal, Gänseleber oder Schwarzwild vorher in den flüssigen Sülzsud eintauchen und erstarren lassen. Dann wird die Sülze beim Auffüllen nicht trübe.

Gemüse-Einlage

Zuerst etwas Sülzflüssigkeit in die Form gießen und erstarren lassen. Dann die Gemüsegarnitur einlegen, mit Sülze abdecken.

garnieren

Eine Porzellanplatte mit Rand oder eine flache Schüssel kalt ausspülen, den Sülzspiegel gießen und im Kühlschrank erstarren lassen.

Zum Garnieren in Formen schneiden oder mit dem Plätzchenausstecher (vorher in warmes Wasser tauchen) Figuren ausstechen.
Platten gießen und darauf Beilagen zum kalten Büffet anrichten.

herstellen

Für die Herstellung von Sülzen eignen sich Füße, Gelenke, Kopf, Ohren, Schwänze, Zungen.
Feine Sülzen werden aus entfetteten Brühen hergestellt, sonst wird der Aspik trübe.
siehe auch → Fleischbrühe

☺ Die Sülze im Schnellkochtopf herstellen, die Garzeit des Fleisches verkürzt sich um ca. 1/3 der angegebenen Zeit. Durch die Abdichtung wird das Fleisch optimal ausgenutzt, die Sülze wird schneller fest und der Geschmack aromatischer.

BRATENSÜLZE, SÜLZWURST

aufbewahren

Die Verpackung entfernen und getrennt von anderen Wurstsorten in einem verschlossenen Behälter nicht länger als max. drei Tage im Kühlschrank aufbewahren.
Vorsicht: Zu warmes Lagern führt zum Erweichen bzw. Auflösen der Sülzverbindung.

einkaufen

Negativbeispiel:
Speziell bei den *Bratensülzen* auf den Vermerk „hausgemacht" achten. Es besteht sonst die Möglichkeit von zu hohem Anteil an Bratenanschnitten, Fett und Füllstoffen.
Bei *Sülzwurstsorten* ist die Verwendung von Knorpeln und Schwartenanteilen möglich.

verfärbt, Geschmack hat sich verändert

Der hohe Anteil an Essig kann bei längerer Lagerung zu Farb- und Geschmacksveränderungen führen.

Sossen, Fonds

ALLGEMEINES

ablöschen

Den Topf von der Herdplatte ziehen und dann erst ablöschen.

angebrannt

! Dicke Soße wurde kalt und unverdünnt auf die vorgeheizte Herdplatte gestellt.

! Soße wurde nicht gerührt.

angießen

Angießen oder Aufgießen mit bereits siedenden oder kochenden Brühen oder Fonds verkürzt die Kochzeit und mindert die Gefahr des Klumpens. Bei Soßen auf Mehlbasis gleichzeitig mit dem Schneebesen kräftig durchschlagen.

Ausnahme: Bei Rezepten, die einen Kaltaufguss verlangen.

aufbewahren

Die kochende Soße in Behälter gießen und vollständig auskühlen lassen.

Im Kühlschrank ca. drei Tage. Um 50 % reduzierte Soßen ca. zehn Tage, tiefgefroren ca. ein Jahr.

binden

Brotbindung:
Frische Brotwürfel oder Brotscheiben einweichen, ausdrücken und pürieren. Passt zu gekochten und ungekochten Soßen. Keine Semmelbrösel verwenden, diese nehmen die Flüssigkeit nicht auf und die Soße wird bröselig.

☺ Brotgebundene Soßen im Mixer pürieren, sie werden glatt und geschmeidig.

Butterbindung:
Den Topf von der Herdplatte nehmen und in die stark konzentrierte Soße eiskalte Butterstückchen einarbeiten (montieren) bis die Soße andickt. Sofort servieren.

Eigelb-Sahne-Bindung:
Ein Eigelb mit zwei Esslöffel Sahne verrühren, den Topf von der Herdplatte nehmen und die Mischung mit einem Schneebesen in die Soße schlagen. Eignet sich für alle hellen Soßen zu Huhn oder Fisch.

Mehlbutter-Bindung:
siehe → Butter, Fette, Öle, Mehlbutter

Mehlschwitze, Einbrenne, Roux:
Eine Mischung aus gleichen Teilen Butter oder Öl mit Mehl. Butter erhitzen bis sie schäumt, dann das Mehl einrühren, bis zur gewünschten Farbe unter Rühren dünsten, dann mit der Flüssigkeit ablöschen. Je dunkler die Farbe der Mehlschwitze, desto intensiver der Geschmack und die Farbe der Soße.

Weiße Mehlschwitze: ca. eine Minute.
Hellgelbe Mehlschwitze: ca. zwei bis drei Minuten.
Hellbraune Mehlschwitze: ca. fünf Minuten.
Dunkle Mehlschwitze: je nach gewünschter Farbe bis zu 20 Minuten.

Roux mit Schweineschmalz:
Wird meist in der Cajunküche* verwendet, der Nussartige Geschmack verfeinert aber alle deftigen Speisen mit südlichem Flair. Dazu 225 g Schweineschmalz bei mittlerer Temperatur erhitzen und 100 g Mehl langsam zufügen. Ständig rühren, bis die Masse glatt ist.

Hellbrauner Roux: ca. acht Minuten.
Mittelbrauner Roux: ca. fünfzehn Minuten.
Dunkelbrauner Roux: zwischen 45 und 60 Minuten.

Den Roux ständig gut rühren, wenn die gewünschte Farbe auftritt, sofort von der Herdplatte nehmen, der Roux darf nicht mehr weiterkochen.

☺ Restlichen Roux einfrieren.

Püreebindung:
Mitgebratenes Gemüse, getrennt gedünstetes Gemüse oder gedünstete Zwiebel pürieren und die Soße damit binden.

Sahnebindung:
Bratensaft, Dünstflüssigkeit und Soßenfonds werden mit Sahne, Sauerrahm, Crème fraîche oder Crème double durch kurzes Einkochen gebunden.

Speisestärkebindung:
Einen Teelöffel Kartoffelstärke, Maisstärke oder Pfeilwurzmehl mit etwas kaltem Wasser verrühren, in der Flüssigkeit einmal aufkochen und den Topf von der Herdplatte nehmen.

---

* Cajun-Küche ist die ländliche, etwas derbe Küche Louisanas (USA) im Gegensatz zu eleganteren kreolischen Zubereitungen.

Für 1/4 Liter Soße benötigt man knapp einen Teelöffel angerührte Speisestärke.

Instantsoßenbinder:
werden direkt in die kochende Flüssigkeit gerührt.

Legieren:
Abziehen einer Soße auf Mehlschwitze- oder Speisestärkebasis. Zwei Eigelb mit knapp 1/4 Liter Sahne oder Milch verquirlen, mit etwas heißer Soße vermischen, in die nicht mehr kochende Flüssigkeit einrühren und kurz andicken lassen. Auch zum Legieren von Suppen und Gemüsegerichten geeignet.
Durch Zugabe von *Glace, Kartoffelflocken und Gelatine.*

binden mit Quark/Topfen

Topf von der Kochstelle nehmen, Quark mit dem Schneebesen einrühren und nur erwärmen, nicht kochen. Sofort servieren.

binden ohne Bindemittel

○ Längere Kochzeiten; dadurch reduziert sich die Flüssigkeit.
○ Mitkochen von einigen Stücken Kalbsfuß; das verbessert gleichzeitig den Geschmack.

durchschlagen

Soßen, die stark erhitzt werden, werden mit dem Achterschlag durchgeschlagen. Den Schneebesen von allen Seiten in Form einer Acht durch die Soße ziehen, damit werden auch Klümpchen vermieden.

einfrieren

Soßen in kochendem Zustand in Gefrierbehälter einfüllen, gänzlich auskühlen lassen und entfetten. Ein hoher Anteil an Fett führt zum Gerinnen bei der Wiederverwertung.
Vorsicht: Soßen, die mit Eiern, Butter oder Sahne gebunden wurden, lassen sich nicht so gut einfrieren; durch das Eiweiß zersetzen sie sich beim Aufwärmen. Der Geschmack wird allerdings kaum beeinträchtigt.
☺ Schonendes Auftauen über Nacht im Kühlschrank verringert diese Gefahr.

erwärmen

○ Die Soße kalt verdünnen, das verringert die Gefahr des Anbrennens.
○ Durch langsames Aufkochen bleibt das Aroma erhalten.
○ Erwärmen in der Mikrowelle durch geringere Energiezufuhr bei gleichzeitiger Verlängerung der Laufzeit. Abdecken erforderlich, da erhöhte Spritzgefahr besteht.

geronnen

! Kochende Soße wurde legiert.
! Unter nicht mehr kochende Soßen wurde zu kalte Sahne gerührt und die Soße dann abrupt zum Kochen gebracht.
! In die stark kochende Soße wurde die vorgesehene Menge von Sahne, Crème double oder Schmand auf einmal zugegeben. Das passiert auch bei Soßen mit hohem Fettgehalt.
! Bei aufgeschlagenen Soßen war der Topfboden zu heiß, das Eigelb wurde fest und die Soße ist geronnen.
☺ Die Soße im Wasserbad zubereiten und die Butter sehr langsam zu der Eigelbmasse geben, bis diese dick wird.
☺ In die Soße schnell etwas kaltes Wasser einrühren.
☺ Soße erneut aufkochen und mit angerührter Kartoffelstärke nachbinden. Dies kann die Soße meistens retten.
☺ Wird die Sahne vor der Zugabe mit etwas Speisestärke verquirlt, gerinnt sie nicht.

klumpt

! Die zugefügte Einbrenne war zu heiß, die Flüssigkeit dickt zu schnell an und klumpt.
☺ Die Soße durch ein Sieb streichen.

Mehlgeschmack

! Die Mehlschwitze wurde nicht genügend durchgekocht.

Mehlschwitze ohne Fett (dextriniertes Mehl)

Mehl in beliebiger Menge in einer trockenen Pfanne, unter ständigem Rühren hellgelb oder dunkler rösten - je nach Verwendungszweck. Die Pfanne von der Herdplatte ziehen, ca. fünf Minuten unter Rühren weiterrösten und in einem kühlen trockenen Raum auskühlen lassen. In ein Schraubglas füllen und trocken aufbewahren.
Bei Verwendung das Mehl mit wenig Wasser glattrühren. Kurz vor dem Anrichten unter das Gericht rühren und einige Minuten mitkochen.
☺ Durch das dextrinierte Mehl werden die Speisen leichter verdaulich.

passieren

Mit den verschiedensten Geräten und Hilfsmitteln von grob bis extrem fein.
○ Mit einem Durchschlag, um grobe Teile auszufiltern.
○ Mit einem Küchensieb, um eine feinere Konsistenz zu erreichen.

○ Mit einem Spitzsieb, um Soßen mit größerem Druck durchzupressen.

○ Mit einem Spitzhaarsieb, um bei größerem Druck kleinste Partikel auszusondern.

○ Mit einem Passiertuch, um eine klare Soße ohne Schwebeteilchen zu erhalten.

☺ Bei kleinsten Mengen mit zwei ineinandergelegten Teesieben.

☺ Bei klaren Brühen ein unbehandeltes Stofftaschentuch zwischen die Siebe legen.

reduzieren

Die Soße nur leicht köcheln lassen und unter Rühren reduzieren. Kochende Soßen werden trübe.

☺ Hat ein Gericht sehr viel Flüssigkeit gezogen, werden die Einlagen bei längerem Reduzieren zäh und hart. Flüssigkeit abgießen und die Einlagen warm stellen. Die Flüssigkeit auf die gewünschte Menge reduzieren und die Einlagen wieder zufügen. Dann nicht mehr kochen lassen.

reduzieren, schneller

Die Flüssigkeit in eine große Pfanne geben, leicht köchelnd unter ständigem Rühren reduzieren.

schmeckt fade

! Zum Auf- oder Angießen wurde Wasser statt Brühe oder Fond verwendet.

! Die Kochzeit war zu gering.

! Die Soße wurde nicht genügend reduziert.

☺ Die Zubereitung am Vortag und erneutes langsames Aufwärmen verstärkt den Soßengeschmack. Dies gilt besonders für alle Brat- oder Schmorgerichte aus Rind, Lamm oder Wild.

warm stellen

In Wärmebehältern (Bain-Marie), die in siedendem Wasserbad stehen (nicht bei Sauce Hollandaise oder ähnlichen Soßen). Bei längeren Warmhaltezeiten nachschmecken bzw. mit ungewürzter Brühe verdünnen.

☺ Die Soße in einen kleinen Topf geben und diesen in einen Topf mit siedendem Wasser hängen.

weiter verwenden

Für *Ragouts*.
Als Basis für *Gulaschsuppe*.
Zum Überziehen von *Geflügel* in der Kalten Küche.

zu bitter

! Die Soße wurde zu stark reduziert.

! Die Soße wurde mit zu konzentriertem Fond aufgegossen.

! Die Knochen für die Soße wurden zu scharf angebraten.

! Zwiebeln oder Lauch sind ins heiße Öl gegeben worden.

! Stark reduzierte Soße wurde zu lange gelagert.

! Die Soße ist angebrannt.

☺ Soße mit ungewürzter Brühe angießen und langsam bei geringer Temperatur unter häufigem Umrühren erhitzen.

zu dick

! Durch zu starkes Binden oder zu lange Kochzeit.

☺ Die Soße mit neutraler oder nur leicht gewürzter Brühe strecken. Wein oder Wasser sind ungeeignet, sie verändern den Geschmack zu stark. Süße Sahne nur bei weißen Soßen und in geringen Mengen zugeben, die Soße wird sonst grau.

☺ Farbe mit Zuckercouleur korrigieren.

zu dünn

○ Nachbinden mit in Wasser aufgelöster Kartoffelstärke oder mit Hilfe von Mehlbutter, die in kleinen Portionen während des Kochens zugegeben wird. Dies empfiehlt sich besonders bei hellen Soßen.

○ Das Fleisch herausnehmen und warm stellen, die Soße dann bei offenem Topf einkochen.
Vorsicht: Die Zugabe von Wein oder Wasser ist nur bedingt zu empfehlen, sie verändert den Geschmack.

zu dunkel

○ Aufhellen durch langsame und vorsichtige Zugabe von süßer Sahne.

○ Bei dickeren Soßen nimmt man Milch, dann wird die Soße nicht zu mächtig.
Vorsicht: Einfaches Strecken mit Flüssigkeit verändert und verflacht den Geschmack.

zu farblos

! Zu frühes Aufgießen.

! Der Bratenfond wurde nicht oder zu wenig reduziert.

☺ Einige Tropfen Zuckercouleur zugeben.

zu fett

❍ Entfetten durch Kühlen (über Nacht im Kühlschrank) und Abnahme der fest gewordenen Fettschicht.

❍ Durch Degraissieren mit einem Schöpflöffel. Siehe → abfetten

❍ Absaugen durch mehrmaliges Auflegen von unbedrucktem Küchenkrepp auf die heiße, aber nicht mehr kochende Soße.

zu glasig

! Zu hoher Anteil an verwendeter Kartoffelstärke und/oder zu geringe Kochzeit.

zu salzig

! Zu langes Kochen.

! Zu langes Warmstellen.

! Hohe Zugabe von salzhaltigen Gewürzsoßen.

☺ Das Mitkochen einer geschälten, halbierten Kartoffel mindert den Salzgehalt (je Liter fertige Soße ca. 100 g Kartoffel). Dadurch kann es aber zum ungewollten Nachdicken der Soße kommen.

zu sauer

! Durch Verwendung von stark säurehaltigen Zutaten wie Wein, Essig, Tomaten etc.

☺ Hellen, verkochten Karamell oder Läuterzucker zugeben.

☺ Wenig angerührten Puderzucker verwenden, der löst sich leichter und schneller in der Soße.

zu scharf

! Zu langes Köcheln.

! Zu langes Warmstellen.

! Übermäßige oder falsche Verwendung von Würzmitteln.

! Zu scharfes Anbraten.

☺ Die Schärfe wird durch Beimischen von ungewürzter, entfetteter Fleischbrühe gemindert. Wasser verändert den Geschmack.

zu süß

! Zu viel Karotten oder Zwiebeln.

! Zu viel süßer Wein und Likör.

☺ Die Beigabe von Essig oder herbem Wein nimmt den süßen Geschmack.

Vorsicht, die Soße kann dadurch den Geschmack stark verändern.

Béarnaise

aufbewahren

Abgedeckt im Kühlschrank nicht länger als zwei Tage.

Fertigsoße verfeinern

Bratenfond mit wenig Weißwein ablösen und sirupartig einkochen. Dann den leicht abgekühlten Fond im Wasserbad (60 °C) unter die vorgewärmte Fertigsoße rühren. Mit frisch gehackter Petersilie und getrockneten Estragonblättern nachwürzen.

schmeckt bitter

! Die Knochen wurden zu stark und bei zu großer Hitze angebraten.

! Es wurde Lauch zugesetzt.

! Verwendetes Tomatenmark ist direkt und vor dem ersten Ablösen und Reduzieren mit heißem Bratfett in Berührung gekommen.

! Der Anteil an Estragon war zu hoch.

! Zuviel Saft aus Pflanzenstielen kam hinein.

☺ Mit Hollandaise strecken und mit wenig Zucker nachwürzen.

schmeckt fade

! Die Béarnaise war ein Fertigprodukt und die Kräuter wurden direkt in die kalte Soße gerührt.

☺ Soße im Wasserbad vorwärmen, Kräuter in eine Schüssel geben, mit wenig heißem Weißwein überbrühen, kurz ziehen lassen und unter die Soße rühren.

verwenden

❍ Zum Aufgießen von Bratenfonds bei Kurzgebratenem.

❍ Zum Aromatisieren oder Steigern des Eigengeschmacks von faden Soßen.

❍ Zum Nachdunkeln zu heller Soßen.

❍ Zum Überziehen von Bratenteilen (Beimischung v. Gelatine) in der Kalten Küche.

❍ Zum Glacieren von Bratenstücken mit wenig oder keinem eigenen Bratensaft.

☺ Glace in verschiedenen Gebrauchsmengen einfrieren.

warm stellen

Im lauwarmen Wasserbad nicht länger als 30 Minuten.

zu dünn

! Die Soße wurde zu wenig abgelöscht und wieder eingekocht.

! Zu kurze Kochzeit.

☺ Nachträgliches Andicken mit angerührter Kartoffelstärke.

zu dunkel

! Zu häufiges Ablöschen und Einkochen.

! Kaltstellen und Aufkochen wurde zu oft wiederholt.

☺ Strecken mit fertigen Soßen vom Schweine- und Kalbsbraten oder neutralen Brühen.

zu fett

! Verwendung von zuviel Bratfett.

! Zu fette Fleischabschnitte bei der Fondzubereitung.

! Zu fette Aufgussbrühe.

☺ Auskühlen lassen, im Kühlschrank über Nacht lagern und die Fettschicht abnehmen.

zu scharf

siehe → zu dunkel

BÉCHAMEL

verfeinern

○ Die Milch mit dem Lorbeerblatt, den Pfefferkörnern und einem Stück Zwiebel aufkochen und einige Zeit durchziehen lassen.

○ Mit Zitronensaft abschmecken.

○ Mit Eigelb legieren.

○ Geriebenen Käse zufügen.

○ Mit Crème fraîche abschmecken.

○ Fein gehackte Pilze zufügen.

○ Fein gehackten gekochten Schinken zufügen.

○ Fein gewiegtes Hühner- oder Kalbfleisch zufügen.

verwenden

Dicke Béchamel eignet sich zum Binden.
Dickflüssige Béchamel eignet sich zum Nappieren.
Dünne Béchamel als Grundlage für helle Soßen und Suppen.

BUTTERSOSSEN

Bröselbutter:
100 g Butter erhitzen, drei bis vier Esslöffel Paniermehl in der Butter unter Rühren anrösten. Passt zu Blumenkohl, Rosenkohl, Klößen und Nudeln.

Estragonbutter:
100 g Butter erhitzen, einen Esslöffel gehackten Estragon zufügen. passt gut zu Fisch.

Fischbutter:
100 g Butter erhitzen, mit einer halben Tasse Fischfond ablöschen und sofort servieren.

Geklärte Buttersoße (beurre fondue):
Zwei Schalotten fein hacken und mit einem Esslöffel Wasser zum Kochen bringen. Einen Esslöffel Sahne zufügen, aufkochen lassen und mit 200 g weicher Butter aufschlagen, aber nicht mehr kochen lassen. Passt zu feinem Gemüse und Fisch.

Knoblauchbutter:
100 g Butter erhitzen, Knoblauchzehen nach Geschmack zerdrücken oder durch die Presse drücken und kurz mitdünsten. Passt zu Nudelgerichten und Krabben.

Nussbutter:
100 g Butter erhitzen, zwei Esslöffel zerstoßene Haselnusskerne oder Mandelblättchen kurz in der Butter mitrösten. Passt zu allen leicht süßlichen Gemüsen und hellen Fleisch- und Geflügelgerichten.

Weiße Buttersoße (beurre blanc):
Fünf fein gehackte Schalotten in einen Topf geben, mit 1/4 Liter Weißwein auffüllen und zum Kochen bringen. Die Flüssigkeit fast ganz einkochen lassen. 200 g eiskalte Butter in Stücken zufügen, mit einem Schneebesen aufschlagen und mit Salz und Pfeffer würzen.
Passt zu fast allen Gerichten, da sie sich durch Zufügen von Kräutern und Gewürzen auf alle Gerichte abstimmen lässt.

Rote Buttersoße (beurre rouge):
Zubereitung wie weiße Buttersoße, statt Weißwein Rotwein verwenden.

☺ 2/3 Rotwein und 1/3 Portwein verwenden.

☺ Die Farbe durch Zufügen von Tomatenpüree verstärken.

Zitronen-Petersilienbutter:
100 g Butter erhitzen, mit dem Saft einer halben Zitrone und gehackten Petersilienblättern schaumig rühren. Passt zu gebratenem Fisch und feinen Gemüsen.

☺ Buttersoßen müssen kräftig mit dem Schneebesen durchgerührt werden. Der Topf darf nur warm sein, die Butter soll geschmeidig werden, aber nicht schmelzen.

Buttersoße, geronnen

! Die Soße wurde zu heiß oder hat gekocht.

! Die Butter wurde zu schnell untergerührt.

☺ Einen Eiswürfel einrühren.

Buttersoße, leichter

1/3 der Butter durch Magerjogurt ersetzen.

Buttersoße warm stellen

Im warmen Backofen auf einen Gitterrost über einen Topf mit heißem Wasser stellen. Nicht länger als 15 Minuten warm stellen.

GRUNDSOSSE

BRAUN (JUS)

aufbewahren

Im Kühlschrank ca. drei Tage, tiefgefroren nicht länger als zwölf Monate.

aufwärmen

Im Topf oder Wasserbad unter Rühren vorsichtig erhitzen.

binden

Dunkle Soßen können auch mit Blut oder fein gehackter roher Leber gebunden werden. Das passt besonders gut zu *Wildsoßen*. Um Blut einige Tage aufzubewahren, ohne dass es gerinnt, wird es mit zwei Esslöffeln Essig vermischt und luftdicht verschlossen im Kühlschrank gelagert.

☺ Soßen, die mit Blut oder Leber gebunden wurden, nur vorsichtig erwärmen, nicht stark erhitzen oder kochen, sie gerinnen sonst.

einfrieren

Vor dem Einfrieren entfetten, da es bei längerer Gefrierdauer zu unangenehmen Geschmacksveränderungen kommen kann. Fette Soßen gerinnen während des Aufkochens auf dem Herd oder in der Mikrowelle.

leicht bitter

! Die Soße wurde zu stark konzentriert.
☺ Mit Fond oder Brühe verdünnen.

Mehlschwitze herstellen

Bei dunklen Soßen kann die Mehlschwitze auch mit Butterschmalz, Schweineschmalz oder Kokosfett hergestellt werden.

säuerlich

Einige Späne Bitterschokolade zufügen.

verwenden

siehe → Fleischglace verwenden

Zwiebel zufügen

Dunklen Soßen die gewiegten Zwiebeln erst zugeben, wenn das Mehl gebräunt ist. Zwiebel zufügen, kurz mitrösten und ablöschen.

GRUNDSOSSE, WEISS (VELOUTÉ)

aufbewahren

Im Kühlschrank ca. zwei Tage, tiefgefroren nicht länger als zwölf Monate.

aufwärmen

Im Topf oder Wasserbad unter Rühren vorsichtig erhitzen.

einfrieren

Unlegierte Grundsoßen können eingefroren werden.
Legierte Soßen zersetzen sich beim Wiedererwärmen durch das im Ei und in der Sahne enthaltene Eiweiß.

Kleistergeschmack

! Zu geringe Kochzeit.
! Nachbinden mit Kartoffelstärke.

schmeckt fade

! Die Soße wurde zu lange gekocht und hat dadurch den feinen Buttergeschmack verloren.
☺ Helle Soßen nicht länger als zehn Minuten kochen.

verwenden

○ Als Grundstock für Weißwein-, Meerrettich-, Kräuter-, Senf-, Choron-, Dillrahm-, Petersilienrahm-, oder Schnittlauchsoße.
○ Als Überzug von Geflügel in der Kalten Küche.

zu dick

Strecken mit leicht gewürzter, entfetteter Fleischbrühe sowie süßer Sahne.

zu dünn

Nachbinden durch schrittweise Zugabe von ungesalzener Mehlbutter. Dadurch verlängert sich die Kochzeit um ca. 30%.

zu dunkel

Aufhellen durch vorsichtige Zugabe von wenig süßer Sahne (sonst verliert die Soße die gewünschte Konsistenz).

zu fett

! Der Mehlschwitze wurde zuviel Butter zugefügt.

☺ Neue Mehlschwitze mit sehr wenig Butter ansetzen, auskochen und mit der vorhandenen Soße vermischen.

Zwiebelgeschmack

In der hellen Soße nach dem Ablöschen eine ganze, geschälte Zwiebel mitkochen.

☺ Die Zwiebel mit einer Nelke bestecken.

HOLLANDAISE

aufbewahren

Abgedeckt im Kühlschrank nicht länger als zwei Tage.

Fertigsoße geht schlecht aus der Packung

Packung ungeöffnet ins Wasserbad stellen (nicht über 80 °C). Anschließend eine Ecke abschneiden und den Inhalt herausdrücken.

rutscht beim Überbacken von Früchten (z.B. Pfirsich)

Pfirsichkugel mit dem Messer leicht begradigen und mit dieser Seite auflegen.
Den Hohlraum des Pfirsichs mit der Soße füllen und überbacken.

zerläuft beim Überbacken

! Die Soße wurde vor dem Überbacken erwärmt.

☺ Soße vor dem Überbacken ca. eine Stunde in den Kühlschrank stellen.

geronnen

! Die Zutaten waren zu warm.

! Der Temperaturunterschied der einzelnen Zutaten war zu groß.

! Das Wasserbad war zu heiß.

! Die Soße stand zu lange im heißen Wasserbad.

☺ Korrektur mit einem neuen Ansatz, unter den die geronnene Soße vorsichtig untergeschlagen wird.

☺ Durch Einrühren von wenig kaltem oder heißem Wasser.

☺ Soße von der Kochstelle nehmen und rasch einen Eiswürfel einrühren.

warm stellen

Im lauwarmen Wasserbad nicht länger als 30 Minuten.

weiter verwenden

Cocktailsoße: Kühlschrankkalte Soße mit Tomatenmark, Worcestersauce, Cognac, wenig Zucker und Salz umwürzen.

☺ Tomatenmark mit Cognac und Worcestersauce separat vermischen und erst dann unter die Soße geben.
Fonduesoße: Kühlschrankkalte Soße mit Mayonnaise vermischen. Verhältnis 60:40.
Sauce Béarnaise: Vermischen mit etwas kalter oder lauwarmer Bratensoße und mit Estragon und Petersilie abschmecken.
Sauce Mousseline (z.B. für Fisch): Im Wasserbad erwärmen und ungesüßte steif geschlagene Sahne im Verhältnis 75:25 unterziehen.
Zitronensoße/Lemonsauce (zu kaltem Fisch): Zitronensaft mit etwas Zucker verrühren, abgeriebene Zitronenschale, Cayennepfeffer, fein gehackte Petersilie zufügen und unter die kühlschrankkalte Hollandaise ziehen.

zu sauer

☺ Der Masse während des Einkochens wenig Zucker zugeben.

JÄGERSOSSE

verfeinern

Kleine Speckwürfel in wenig Öl ausbraten, fein gewürfelte Zwiebel und gehackte Champignons mit Tomatenpüree anschwitzen und mit der fertigen Soße aufgießen. Vor dem Servieren mit frischem, fein gehacktem Kerbel und Estragon bestreuen.

KÄSESOSSE

bitter geworden beim Überbacken

! Reibkäse wurde direkt auf die Soße gestreut.

! Es wurde geriebener Hartkäse (Parmesan) verwendet.

☺ Käsesorten mit mindestens 35 % Fettgehalt verwenden.

☺ Hartkäse in wenig süßer Sahne quellen lassen und dann die Masse auftragen.

☺ Verlängerte Garzeit und reduzierte Temperatur verbessern das Ergebnis.

geronnen

! Die Soße wurde zu stark erhitzt oder hat gekocht.

☺ Die Soße nur leicht und vorsichtig erhitzen, bis der Käse geschmolzen ist.

schmeckt fade

Unter die heiße Soße zerkleinerten Rahmgorgonzola oder Roquefort mischen.

schmeckt sandig

! Die Soße enthielt zuviel geriebenen Parmesan.

unansehnliches Aussehen

! Die Soße war vom Vortag.
! Die Soße wurde aufgewärmt oder mehrmals erwärmt.

weiter verwenden

Kalt auftragen und mit Käsescheiben abgedeckt zum Überbacken verwenden.

zerläuft beim Überbacken

! Die Soße wurde vor dem Überbacken erwärmt.
☺ Soße vor dem Überbacken ca. eine Stunde in den Kühlschrank stellen.
Achtung: Mager- oder Diätkäse eignet sich nicht zum Überbacken.

zieht Fäden

siehe → geronnen

zu salzig

! Die bereits gesalzene Soße wurde mit sehr salzhaltigem Käse zubereitet.
☺ Käsesoßen erst kurz vor dem Servieren salzen.

KÄSERAHMSOSSE AUS SCHMELZKÄSE

Steaks oder Schnitzel braten und warm stellen. Den Bratenfond mit etwas Weißwein ablöschen, aufkochen und darin eine Ecke Schmelzkäse unter Rühren zergehen lassen. Mit wenig süßer Sahne, Salz und Pfeffer abschmecken.
☺ Kurz vor dem Anrichten mit frisch gehackten Kräutern vermischen und ca. fünf Minuten nachziehen lassen.

KÄSERAHMSOSSE MIT KRÄUTERN

schmeckt bitter

! Es wurden zu viele Pflanzenstiele verarbeitet.
! Ungeeignete Kräuter wurden verwendet (zuviel Estragon, Thymian etc.).

☺ Eine Mischung aus Petersilie, Schnittlauch und Dill zufügen. ca. zwei bis drei Esslöffel auf einen halben Liter Soße.

geronnen

! Der Fettanteil im verbleibenden Bratenfond war zu hoch.
! Der Schmelzkäse kam direkt aus dem Kühlschrank in die Pfanne.
! Der Kochvorgang wurde während der Zubereitung der Soße unterbrochen und wieder aufgenommen.

KRÄUTERSOSSEN

grau

! Die aufgetauten Kräuter wurden in die kochende Soße gegeben und darin weitergekocht.

☺ Soße nur leicht köcheln lassen, Kräuter im gefrorenen Zustand mit dem Schneebesen einrühren und nach erneutem, kurzen Aufstoßen sofort vom Feuer nehmen.

verfeinern

Päckchen- oder Fertigsoße: Ca. 20 % weniger Flüssigkeit als angegeben verwenden und die fertige Soße mit süßer Sahne, wenig Weißwein und Worcestersauce abschmecken.

zu grün, bitter

! Die vollständig aufgetauten Kräuter wurden mit dem Pflanzensaft in die Soße gegeben.

zubereiten

Die Kräuter erst nach dem Kochen zufügen, dann behalten sie ihr Aroma und die Farbe.

MAYONNAISE

aufbewahren

Im Kühlschrank höchstens eine Woche, da die Mayonnaise rohes Eigelb enthält.

☺ Die Mayonnaise einige Zeit vor der Verwendung aus dem Kühlschrank nehmen und nochmals aufschlagen.

bekömmlicher, lockerer

Etwas Jogurt, Milch, Quark oder Sahne unterrühren.

falsche Mayonnaise

In 20 g heißer Butter 30 g Mehl hellgelb schwitzen und mit 1/4 l Wasser ablöschen. Zehn Minuten köcheln lassen, nach ca. fünf Minuten etwas Salz und ein Lorbeerblatt zufügen. Den Topf von der Herdplatte ziehen und unter ständigem Rühren erkalten lassen. Durch ein Sieb streichen, und abwechselnd ein Eigelb, drei Esslöffel Öl, einen Teelöffel Essig und den Saft einer halben Zitrone unterrühren. Bei Bedarf mit Milch verdünnen.

☺ Diese Mayonnaise ist weniger fett, länger haltbar und stabiler.

gerinnt nicht

Öl und Eier müssen die gleiche Temperatur haben.

geronnen

○ Unter vorsichtigem Rühren langsam wenig heißes Wasser zugeben.
○ Ein weiteres Eigelb unterschlagen.
○ Einen Esslöffel Kondensmilch tropfenweise unterrühren.

VARIATIONEN

Knoblauchmayonnaise:
Den Senf durch durchgepresste Knoblauchzehen ersetzen.
Paprikamayonnaise:
○ Sauer oder scharf eingelegte Paprika fein hacken und mit der Mayonnaise vermischen.
○ Mayonnaise mit Paprikapulver oder Paprikamark vermischen.

Sülzmayonnaise:
Unter 1/4 l Mayonnaise ca. zwei bis drei Esslöffel dickflüssige Sülze rühren.

☺ Diese Mayonnaise ist zum Nappieren von Speisen vorzüglich geeignet.
Tomatenmayonnaise:
Mayonnaise mit Tomatenmark oder stark konzentrierter Tomatensoße vermischen.

zu fett

siehe → Remoulade zu fett

zu flüssig

Vorsichtig einige Tropfen kochendes Wasser unterschlagen.

MEERRETTICHSOSSE

verfärbt

Dem geriebenen Meerrettich sofort Essig oder Zitronensaft zufügen.

verfeinern

Der Meerrettichsoße süße Sahne nach Geschmack zufügen.

☺ Sahnemeerrettich kann eingefroren und leicht angetaut wieder weiter verwendet werden.

NUSS-SOSSE

aufbewahren

Im Kühlschrank ca. eine Woche, tiefgefroren ca. sechs Monate.

zu grob

! Die Nüsse sind gehackt und nicht püriert worden.

☺ Die Nüsse zusammen mit den anderen Zutaten zu einer glatten Paste pürieren, dann das Öl zufügen und abschmecken.

RAGOUTSOSSE

pikant

Statt saurer Sahne eine Scheibe Schnittkäse mitkochen oder einen Löffel Meerrettich zugeben.

Rahmsosse, Sahnesosse

verfeinern

Mit wenig Zitronensaft abschmecken und zum Schluss einen Schuss süße Sahne zugeben.

☺ Päckchen- oder Fertigsoße: siehe → Kräutersoße

Remoulade

aufbewahren

In gut verschließbaren Gläsern (Schraubdeckelgläser) im Kühlschrank, so sind Veränderungen frühzeitig erkennbar. Nach dem Gebrauch die Gefäßränder sorgfältig mit Küchenkrepp reinigen, da sich dort gern Bakterien bilden.
Tuben stets eng zusammenrollen.
Tubenende abwischen und verschließen, dadurch wird die Luft im Inneren entfernt, und es können sich keine Bakterien bilden.

bekömmlicher, lockerer

siehe → Mayonnaise

geronnen

! Die Remoulade wurde zu warm gelagert.

! Die Remoulade wurde direkter Sonnen- oder Wärmestrahlung ausgesetzt.

! Bei selbst gemachter Remoulade war die Mayonnaise nicht kalt genug oder hatte einen zu hohen Fettgehalt.

! Die verwendeten Geschirre waren zu warm (z.B. direkt aus der Spülmaschine).

! Zwischen der Mayonnaise und den beigefügten Zutaten bestand ein zu hoher Temperaturunterschied.

! Säuregehalt der Zutaten war zu hoch.

schmeckt bitter

! Die verwendeten Zutaten, besonders aber rohe Zwiebeln und Petersilie, wurden maschinell zerkleinert.

! Es wurden zuviel Zwiebeln, Petersilie oder Kapern zugefügt.

☺ Korrektur mit verkochtem Zucker. Normaler Zucker löst sich nur sehr schwer.

zu fett

! Der Mayonnaise-Fettgehalt war zu hoch.

☺ Korrektur durch Vermischen mit einer Schwitze aus 1/4 Öl und 3/4 Mehl. Diese mit wenig Wasser aufgießen, mit Lorbeerblatt und Salz würzen und 20 Minuten auskochen lassen. Die erkaltete Soße passieren und die Mayonnaise damit strecken.

Senfsosse

verfeinern

Zusätzlich mit etwas Muskat und getrockneter, zerriebener Zitronenmelisse würzen.

Sossen mit Alkohol

einfrieren

Die Soßen ohne Alkohol einfrieren, da dessen Geschmack sich beim Aufwärmen verflüchtigt. Fertigen Soßen, die mit Alkohol gewürzt wurden, nach dem Aufwärmen nochmals etwas Alkohol zufügen.

schmeckt leicht bitter

! Die Soße wurde zu stark reduziert.

! Zu viel Alkohol zugegeben (besonders bei Cognac oder Weinbrand).

! Die Soße wurde zu häufig abgekühlt und wieder aufgewärmt.

☺ Korrektur mit wenig Läuterzucker oder süßem Orangensaft.

verfeinern

Den berühmten „Schuss" immer erst kurz vor der Fertigstellung zufügen, um den Eigengeschmack zu erhalten.

weiter verwenden

Bei der Weiterverwendung ist eine nochmalige Beigabe von Alkohol notwendig. Die Flüssigkeit vorsichtig zum Köcheln bringen, vom Herd nehmen und mit Alkohol nachschmecken. Den zu scharfen Geschmack mit leichter Fleischbrühe oder süßer Sahne korrigieren.

zu süß

! Es wurde zu viel Likör oder Likör in Verbindung mit Orangensaft und süßer Sahne zugesetzt. Passiert leicht bei Rahm- oder Sahnesoßen.

Sossen mit Meerrettich

bitter

! Die Soße wurde nach der Zugabe von Meerrettich nochmals aufgekocht.

Specksosse

bitter, schwarz geworden

! Die Zwiebeln wurden vor dem Mehl zugefügt.

Tomatensosse

aufbewahren

Rohe Soße nicht länger als acht Stunden im Kühlschrank aufbewahren.
Gekochte Soße im Kühlschrank ca. drei Tage, *tiefgefroren* ca. zwei Monate.

farblos

siehe → Tomatensuppe

☺ Die Soße länger köcheln.

☺ Der Soße etwas mit Sahne verrührtem Tomatenmark zufügen.

schmeckt fade

siehe → Tomatensuppe

☺ Die Soße unter ständigem Rühren weiter reduzieren.

☺ Einen Löffel Fleischglace zufügen.

schmeckt säuerlich

siehe → Tomatensuppe

☺ Der Soße eine Prise Zucker zufügen.

warm stellen

Bei geringer Temperatur auf dem Herd. Dabei häufiger umrühren.

zu dünn

☺ Tomatenmark mit wenig Zucker verrühren und in die fertige Soße geben.

☺ In die fertige Soße die halbe Menge einer Päckchensoße einrühren.

Vinaigrette

aufbewahren

Größere Mengen Vinaigrette können - ohne Zwiebel und Kräuter - bis zu einer Woche in einem Schraubglas im Kühlschrank aufbewahrt werden.

bitter

! Die Zutaten, insbesondere rohe Zwiebeln und Petersilie, wurden maschinell zerkleinert und/oder ihr Anteil war in der Soße zu hoch.

leichter

Den Essig- und Öl-Anteil reduzieren und stattdessen Apfelsaft oder frisch gepressten Orangensaft oder entfettete Brühe zugeben.

schmeckt fade

! Die Soße wurde nach der Zugabe von Öl abgeschmeckt. Das Öl überzieht die Zunge mit einem feinen Film, der ein genaues Abschmecken nicht möglich macht. Dadurch entsteht der Eindruck, die Soße schmeckt fade.

☺ Die Soße erst würzen, dann Öl zugeben.

trübe

! Eidotter ist in die Vinaigrette gelangt.

! Bei zu langer Lagerzeit

! Zu kühl gelagert (optimal sind 6 °C).

verfeinern

Kurz vor der Verwendung frische, gehackte Kräuter zufügen.

vermischen

Alle Zutaten mit einem Tassenschneebesen miteinander kräftig verschlagen.

zu ölig

Mehr Gewürze und Essig/Wassermischung zufügen.

zu sauer

Öl, verkochten Zucker und wenig Salz zufügen.

Fonds

siehe auch → Fleischbrühe, Consommé

☺ Fonds wenig salzen, durch das Reduzieren wird die Flüssigkeit salziger.
Pfefferkörner statt gemahlenem Pfeffer verwenden. Gemahlener Pfeffer schmeckt nach langer Garzeit bitter.

Bratenfond

Durch Ablöschen, Aufgießen und Einkochen gewonnene Grundsoße.

Bratenfond bitter geworden

! Das verwendete Fett wurde vor dem Ablöschen nicht weggegossen, der Fond wird bitter und ist außerdem schwer verdaulich.

Fischfond

In Wasser verkochte Fischteile wie Köpfe, Schwänze u.s.w. Keine Fettfische (wie z.B. Aal) und keine Haut verwenden. Gemüse, Gewürze und Wein zum Verfeinern zufügen.

☺ Für einen klaren Fond die Gräten kalt abspülen und die Kiemen herausschneiden.

Geflügelfond
Langsames Köcheln von Geflügelklein oder ganzem Geflügel unter Zugabe von Suppengemüsen, Gewürzen und Wein.

Gemüsefond
Immer extra aus einer Mischung von vielerlei Gemüsen herstellen. Die Gemüse nach der Zubereitung nicht weiter verwenden.

Gemüsefond schmeckt fade
Flüssigkeit von blanchiertem Gemüse wurde verwendet. Bei korrekter Zubereitung gibt das Gemüse nicht genug Aroma für den Fond ab.

Kalbsfond

Kalbsknochen fettfrei anrösten und mit Wasser, Wein, Gemüsen und Gewürzen aufkochen und langsam fertigköcheln.

Den Fond öfter abschäumen.

Pilzfond
Verschiedenen Pilzsorten blanchieren, mit Zitrone, Butter und Weißwein abschmecken.

Rinderfond siehe → Kalbsfond

Wildfond

Klein gehackte Wildknochen und Fleischabschnitte mit Mirepoix (siehe → Gewürze) anbräunen, mit Wasser aufgießen.

☺ Knochen und Parüren vom Federwild zufügen.

Knochen und Gemüse in einen Topf umfüllen. Den Bratansatz mit heißem Wasser lösen.

Den Fond durch ein feines Sieb gießen und aufkochen lassen.

Passieren des Fonds

☺ Alle Fonds dürfen nur köcheln und müssen häufig abgeschäumt werden. Nach der Fertigstellung werden die Fonds durchpassiert.

aufbewahren
Im Kühlschrank zwei bis drei Tage. Dann wieder aufkochen, ca. zehn Minuten köcheln lassen und wieder kühl stellen.
Tiefgefroren ca. ein Jahr.

bitter
❗ Der Fond wurde zu lange gekocht.
☺ Den Fond sehr langsam reduzieren.

einfrieren
Entfettete Fonds lassen sich problemlos einfrieren und sind ca. ein Jahr haltbar.
☺ In verschiedenen Portionsgrößen einfrieren (Eiswürfelbehälter bis 1/2 l Dose), dann sind sie für jeden Zweck sofort verfügbar.

entfetten
○ Das Fett mit Küchenkrepp absaugen.
○ Den Fond einige Stunden kühl stellen und das erstarrte Fett dann vollständig abheben.

gar
Der Fond hat ein konzentriertes, starkes Aroma.

klären
siehe → Fleischbrühe, Consommé

Meisterfond ziehen
Fond I: Fonds in verschiedenen Mengen wie 1/8 l, 1/4 l, 1/2 l einfrieren.
Fond II: Den vorgefertigten Fond zugeben und damit die gewünschte Soße oder Brühe in ausreichenden Mengen zubereiten. Vor dem Andicken die zugefügte Fondmenge wieder abnehmen, entfetten und passieren. In einen Gefrierbeutel füllen und als Nr. II bezeichnen. Dieser Vorgang kann unbegrenzt wiederholt werden, je höher die Zahl, desto köstlicher der Fond. Durch das Aufkochen bei jeder Verwendung ist ein Meisterfond unbegrenzt haltbar.

trübe
❗ Der Fond wurde zu lange bei zu großer Hitze gekocht.
☺ Mit Eiweiß klären.
☺ Den Fond nur leise köcheln lassen und den aufsteigenden Schaum sofort abschöpfen.

GLACE

aufbewahren
Im Kühlschrank in einem verschlossenen Behälter ca. vier Wochen, tiefgefroren ca. ein Jahr.

zubereiten
Für Glace wird Kalbs- Hühner- oder Fischfond so stark eingekocht, bis eine sirupartige Essenz entsteht.
☺ Ein Liter Fond ergibt ca. 250 g Glace.

GEMÜSE

ALLGEMEINES

aufbewahren

Ausgereiftes Gemüse wird im Gemüsefach des Kühlschranks aufbewahrt. Gemüse, das nachreifen soll oder länger lagerfähig ist, in einem kühlen, dunklen, trockenen Raum. Ausnahmen oder besondere Hinweise bei den einzelnen Sorten.

Grundsätzlich: Gemüse kommt kaum unbehandelt auf den Markt. Künstlich zur Reife gebrachtes Gemüse und nachgereiftes Gemüse verdirbt schneller. Genmanipuliertes Gemüse ist angeblich länger haltbar und weniger anfällig. Bei Drucklegung dieser Auflage gab es noch keine EU-Entscheidung über genmanipulierte Lebensmittel, deshalb sind Auskünfte über deren Eigenschaften in dieser Auflage noch nicht möglich.

auftauen, roh

○ Aus der Verpackung nehmen, in ein verschließbares Gefäß umfüllen und über Nacht schonend im Kühlschrank auftauen lassen.

○ Direkt aus der Verpackung in kochendes Blanchierwasser geben. Nach dem Aufkochen in kaltes Wasser oder ein Eisbad tauchen und auf einem Sieb abtropfen lassen.

blanchieren

In kochendem Salzwasser (je Liter ca. 1/2 Teelöffel Salz). Blanchiergut in ein Sieb geben und in eine Schüssel mit Eiswasser tauchen. Die Blanchierzeit ist abhängig von der Sorte, der Größe sowie Beschaffenheit der jeweiligen Gemüse.

☺ Grünes Gemüse behält die Farbe, wenn dem Blanchierwasser je Liter eine Messerspitze Haushaltsnatron zugesetzt wird, dann aber auf Salz verzichten.

einfrieren

Je nach Sorte im Rohzustand oder blanchiert. Wichtig ist jedoch, dass alle blanchierten Gemüse trocken sein sollten, um unnötige Eisbildung zu vermeiden. Nach dem Abtropfen auf Küchenkrepp oder unbehandelten Tüchern ausbreiten.

einkaufen

Möglichst lose Ware kaufen. Das Gemüse muss fest, knackig und frisch sein. Die Ware darf keine Druckstellen oder faulige Stellen haben. Welkes Grün bei Wurzelware ist ein Zeichen von Überlagerung. Schönes Aussehen ist nicht unbedingt ein Zeichen dafür, dass das Gemüse besonders gut schmeckt. Im Zweifel nach der Herkunft der Ware fragen.

entwässern mit Salz

Um Bitterstoffe zu entziehen, werden große Auberginen, Gurken und Zucchini entwässert. Außerdem wird das Gemüse fester und braucht beim Braten weniger Fett. Das Gemüse in Scheiben schneiden, einen großen Teller mit Küchenkrepp auslegen, die Scheiben auflegen und salzen. Mit Küchenkrepp abdecken und die nächste Schicht auflegen. Nach ca. 15 Minuten hat das Gemüse genug Wasser gezogen. Der Küchenkrepp wird feucht und auf den Scheiben bilden sich Wassertropfen. Den Küchenkrepp entfernen, die Scheiben abtupfen und weiter verwenden.

glasieren

Süßliche Wurzelgemüse werden durch Glasieren verfeinert. Dem stark reduzierten Gemüsefond etwas Zucker zufügen und das Gemüse damit glasieren.

☺ Gemüsefond vorbereiten, in kleinen Portionen einfrieren. Damit das Gemüse glasieren. Oder aus der Garflüssigkeit von Frischgemüse einen Fond ziehen und diesen wieder einfrieren.

knackiger

Weich gewordenes Gemüse für kurze Zeit in Eiswasser legen.

salzen

❍ Wird bei der Zubereitung Mineralwasser verwendet, kann meist auf zusätzliches Salzen verzichtet werden.

❍ Auch kräftige Fleischbrühe hat den gleichen Effekt.

❍ Salz nicht über das Gemüse streuen und anschließend im Bratrohr warm stellen, dies erzeugt weiße Flecken.

☺ Erst kurz vor Ende der Garzeit salzen, dann hat sich das Eigenaroma schon entwickelt.

Tiefkühlware blanchieren

Tiefgekühltes Gemüse mit möglichst wenig Wasser blanchieren, das verstärkt den Gemüsegeschmack.

☺ Den Gemüsefond als Aufguss für gebundene Gemüsezubereitungen verwenden.

verfärbt

Gemüse, das leicht verfärbt wie z.B. Artischocken, Schwarzwurzeln oder Sellerie mit einem rostfreien Messer schneiden und bis zur Zubereitung in leichtes Essig- oder Zitronenwasser einlegen.

verfeinern

Allen leicht süßen Gemüsen (z. B. Möhren) eine Prise Zucker zugeben.

zubereiten

ausbacken:
Das Gemüse panieren oder durch einen Ausbackteig ziehen. In siedendem Fett oder in der Fritteuse goldbraun ausbacken und sofort servieren.

blanchieren:
Kurzes Garen in kochendem Salzwasser. Je Liter Wasser einen halben Teelöffel Salz zusetzen.

☺ Wird das blanchierte Gemüse kalt weiter verwendet, das Gemüse aus dem Topf in Eiswasser geben. Die grüne Farbe bleibt erhalten und das Gemüse bleibt bissfest.

braten:
Garen unter Anbräunen in Fett.

dämpfen:
Das Gemüse in einen Siebeinsatz geben und bei geschlossenem Topf im Wasserdampf garen. Die Nährstoffe und Vitamine bleiben bei dieser Methode besonders erhalten.

dünsten:
Im geschlossenen Topf im eigenen Saft dünsten. Eventuell etwas Fett zufügen.

kochen:
Im verschlossenen Topf in Flüssigkeit sieden.

schmoren:
Das Gemüse in Fett anbraten, wenig Flüssigkeit zufügen und fertig garen.

☺ Die Flüssigkeit für Suppen und Soßen weiter verwenden.

waschen

Gemüse nur kurz und kräftig waschen oder durchspülen. Nicht zu lange wässern, das Gemüse verliert dabei die Vitamine und schmeckt fade.

GEMÜSEPÜREES

fertig

Das Püree fällt leicht vom Löffel.

pappig

Das Püree wurde aufgewärmt.

verfeinern

Das Püree mit Butter oder Crème Fraîche, mit Gewürzen und frischen Kräutern verfeinern.

unansehnlich

Das Püree wurde zu lange warm gestellt.

warm stellen

Das Püree im Wasserbad nicht länger als 30 Minuten warm stellen.

zubereiten

Das Gemüse sehr weich kochen, zerdrücken und durch ein Sieb streichen. Oder in der Küchenmaschine pürieren.

ARTISCHOCKEN

aufbewahren

frisch: Artischocken in ein feuchtes Tuch eingeschlagen im Kühlschrank ca. drei Tage. Artischocken nie aufeinanderlegen.

gegart: Die Artischocken im Kochsud auskühlen lassen und abgedeckt im Kühlschrank nicht länger als 24 Stunden aufbewahren. Bei längerer Lagerzeit können die Artischocken bitter schmecken.

tiefgefroren: Gegarte Böden ca. sechs Monate.

☺ Den Sud abseihen und für Sauce Vinaigrette verwenden.

einkaufen

Feste, geschlossene Blütenköpfe ohne braune Flecken oder trockene Stellen. Die Schnittstelle am Stielende ist noch glatt und frisch. Bei überlagerten Artischocken stehen die Schuppen ab, haben braune Spitzen und ausgetrocknete Stiele. Junge Artischocken haben einen weichen Stiel und zarte Blätter.

☺ Die Größe des Bodens ist vom Durchmesser und nicht von der Blütengröße abhängig.

füllen

mit Ei:
Wachteleier halbieren, den Artischockenboden mit Remouladensoße ausstreichen, das halbierte Ei einsetzen und mit Kapern garnieren.

mit Kaviar:
Crème double oder Schmand mit einigen Tropfen Zitronensaft verrühren, in den Artischockenboden streichen und einen Löffel Kaviar aufsetzen. Eine Scheibe Zitrone zwischen die Blattansätze stecken.

mit Krabben:
Marinierte Krabben, oder Krabbensalat in die Böden füllen.

mit Pastete:
Gänseleberpastete mit etwas Sahne vermischen, mit dem Schneebesen schaumig rühren, in einen Spritzbeutel füllen und in die Böden spritzen.

garen

Dem Wasser Salz, Zucker und Essig oder Zitronenscheiben beigeben, dies hebt den Bitterstoff auf. Um einseitiges Garwerden zu verhindern, einen umgedrehten Teller auflegen, der das Gemüse unter die Wasseroberfläche drückt.

putzen

Mit einem Tuch festhalten und das Stielende über die Tischkante ragen lassen. Stiel kurz anbrechen, drehen und erneut anbrechen. Mit etwas Geschick kann mit dem Stiel auch das im Inneren liegende „Heu" entfernt werden.

schwarz geworden

! Die Artischocke war beim Garen nicht vollständig mit Wasser bedeckt.
siehe → garen

☺ Den Artischockenboden mit einer Zitronenscheibe abreiben, dann verfärbt er sich nicht.

☺ Zitronenscheiben mitkochen.

verfärbt, schmeckt nach Metall

Die Artischocken wurden in einem Aluminiumtopf zubereitet.

AUBERGINEN

aufbewahren

Locker in ein Tuch eingeschlagen im Kühlschrank ca. drei Tage.

bitter

○ Die Scheiben 30 Minuten in Salzwasser ziehen lassen.

○ Die Scheiben salzen, ziegelartig aufeinander legen, ca. 30 Minuten ziehen lassen und dann abtupfen.

einkaufen

Das Stückgewicht sollte 250 g nicht überschreiten. Die Schale sollte glatt, ohne Druckstellen und leicht glänzend sein.

enthäuten

Die Auberginen 15 Minuten in den heißen Backofen oder unter den Grill geben. Die Haut lässt sich leicht abziehen, und der Geschmack wird intensiver.

putzen

Stielende entfernen. Größere Früchte abschälen, halbieren und Kerngehäuse mit Kaffeelöffel oder Pariser Ausstecher herauskratzen.

AVOCADOS

aufbewahren

Bei normaler Küchentemperatur, nicht aufeinander lagern um Druckstellen zu vermeiden. Reife Avocados können einige Tage im Gemüsefach des Kühlschranks gelagert werden.

Arten

Es gibt mehr als 400 Sorten. Am bekanntesten
sind:
Ettinger: glatte, glänzend hellgrüne Schale.
Fuerte: rauhe, dunkelgrüne Schale.
Hass: körnelige, fast schwarze Schale.
Nabal: runde Frucht mit glatter, hellgrüner
Schale.

bitter

! Die Avocado wurde gekocht.

☺ Avocados immer erst unmittelbar vor dem
Servieren an das warme Gericht geben und
nie mitkochen.

einfrieren und auftauen

Das Fruchtfleisch mit einer Gabel zerdrücken,
einigeTropfen Zitronensaft zufügen und in geeigneten Behältern einfrieren. Das Püree im
Kühlschrank auftauen lassen. Nach Bedarf
die obere, dunkel gewordene Schicht entfernen und alles nochmals gut vermischen.

hart

Avocados werden steinhart geerntet und müssen nachreifen. Eine reife Frucht erkennt man
daran, dass das Fruchtfleisch auf leichten Fingerdruck nachgibt.

❍ Nebeneinander bei Küchentemperatur lagern, dann werden sie weich.

❍ Die Avocados in Zeitungspapier einwickeln.
Ausnahme: Bei der Sorte Hass bleibt die dicke Schale hart. Die Früchte sind reif, sobald
die Schale tiefschwarz ist.

verfärben

Schnittflächen mit Zitronenhälften abreiben.

Bambussprossen

Reste von Bambussprossen halten sich abgedeckt ca. zehn Tage im Kühlschrank, wenn
das Wasser täglich erneuert wird.

Blumenkohl

aufbewahren

Locker in ein Tuch eingeschlagen im Kühlschrank ca. sieben Tage, blanchierter Kohl
abgedeckt im Blanchierwasser ca. fünf Tage,
tiefgefrorene Röschen ca. sechs Monate.

bekömmlicher

Den Blumenkohl bei offenem Topf ca. fünf Minuten garen. Das Wasser abgießen, den Blumenkohl mit kaltem Wasser abschrecken und
in frischem Wasser bei geschlossenem Deckel fertig garen.

bleibt weiß

Wenn dem Blanchierwasser Zitrone oder weißer Essig oder etwas Milch mit einer Prise Zucker zugesetzt wird.

braun geworden

! Der Blumenkohl wurde ohne Deckel gegart.

! Der Deckel wurde während des Garens zu oft
abgenommen.

☺ Blumenkohl in einem hohen Topf zubereiten
um ihn vor Luftzug zu schützen, den Deckel
nicht unnütz abnehmen.

einfrieren

Röschen einzeln, nebeneinander auf einem
Brett oder Blech anfrieren, dann zusammen in
einen Beutel geben.

einkaufen

Der Kohl riecht frisch,ist fest, geschlossen und
weiß. Geöffnete, lose Röschen und schlaffe
Blätter sind ein Zeichen von Überlagerung.

Tiefkühlware garen

gebunden: Blumenkohl nach fünf Minuten
Garzeit auf ein Sieb geben. Gemüsefond erneut aufkochen und mit weißer Päckchensoße binden. Den Blumenkohl in der Soße ca.
fünf Minuten ziehen lassen.
natur: Wasser mit Salz, Zucker, Streuwürze
und Butter aufkochen und gefrorenes Gemüse zugeben. Mit Muskatnuss abschmecken.

verfeinern

Herausgeschnittenen Strunk der Länge nach
vierteln und vor Zugabe der Röschen 15 Minuten auskochen.

waschen

Den Kohl in Salz- oder leichtes Essigwasser
einlegen, um Ungeziefer zu entfernen.

weiter verwenden

Als Suppe: Mit Resten vom Blanchierwasser
verkocht.
Zu Pommes Dubary: Vermischt und püriert zusammen mit gekochten Kartoffeln.

Zu Blumenkohlsalat: Röschen mit den anderen Zutaten vermischen.
Zu Blumenkohlauflauf: Röschen mit Schinken und Käsesoße verarbeiten.

zu herb

! Es wurde zu viel geriebene Muskatnuss verwendet.
☺ In Mineralwasser oder in Milch garen.

BOHNEN (BUSCHBOHNEN, STANGEN-BOHNEN)

aufbewahren

In Folie eingeschlagen im Kühlschrank ca. drei Tage, tiefgefroren nicht länger als sechs Monate.

abfädeln

Die Bohnen kurz in kochendes Wasser legen, dann lassen sich die Fäden leichter abziehen.

einkaufen

Die Bohnen haben eine schöne grüne Farbe, sind fest, ohne Druckstellen und Flecken, die Samen sollten nicht zu groß sein.
Bohnen mit Brandflecken haben kein Aroma. Gelb gewordene Bohnen sind trocken und überreif.

frisch

Wenn sich die Spitzen leicht abbrechen lassen, sind die Bohnen frisch.

glasig

! Die Bohnen haben Frost abbekommen und faulen in kürzester Zeit.

hart

! Die Bohnen waren noch unreif.
! Die Bohnen waren überreif.
! Die Bohnen wurden zu knapp blanchiert.
! Die Bohnen wurden zu kurz gegart.
☺ Bohnen druchpassieren, mit Sahne verfeinern und als Cremesuppe servieren.

Tiefkühlware garen

Wasser mit Salz, Streuwürze, Bohnenkraut und Butter aufkochen und gefrorenes Gemüse zufügen.

BOHNENBOUQUET (PRINZESSBOHNEN MIT SPECK)

löst sich auf

! Speck war zu locker gewickelt.
☺ Speck mit dem Daumen festhalten, mit der anderen Hand in die Länge ziehen und die Bohnen straff einwickeln. Der Speck zieht sich beim Garen zusammen; er hält die Bohnen fest.

schmeckt fade

Fein gewürfelte Zwiebeln mit wenig Bohnenkraut in Butter angehen lassen. Dann das Bohnenbouquet darauflegen, würzen und mit wenig Blanchierwasser angießen.

zu hart

Bohnen vorher blanchieren.

zu scharf

! Zu langes Garen mit zu wenig Flüssigkeit.
! Die Fleischbrühe war zu stark gewürzt.

weiter verwenden

Zusammenschneiden und als Beigabe zum Bohneneintopf verwenden.

BOHNEN, DICKE

nicht genügend gekocht oder roh verwendet

Bohnen enthalten Toxin, bei anfälligen Menschen kann der Verzehr von rohen oder nicht durchgekochten Dicken Bohnen zu einer schweren Anämie (Fabismus) führen.
☺ Bohnen mind. zehn Minuten gut durchkochen.

schmecken mehlig

! Die Bohnen waren zu alt.

BOHNEN, GETROCKNET

gären

! Die gekochten Bohnen wurden zu lange aufbewahrt.

BOHNEN, GRÜNE

aufbewahren

Frische Bohnen grob in Wuchsrichtung sortieren, locker in ein feuchtes Tuch schlagen und im Kühlschrank nicht länger als drei Tage lagern.

Gekochte Bohnen im Blanchierwasser auskühlen lassen und abgedeckt im Kühlschrank nicht länger als 48 Stunden aufbewahren.

bekömmlicher

Eine Knoblauchzehe mitkochen.

Dekoration

Für Dekorationszwecke im Blanchierwasser auskühlen lassen, mit Salz, Pfeffer, Essig würzen und die Bohnen 12 Stunden einlegen.

Salat

Bohnen blanchieren. Ausgekühltes Blanchierwasser mit Salz und Pfeffer würzen. Zwiebeln in verdünntem Essig mit wenig Bohnenkraut aufkochen und beigeben. Bohnen zerkleinern und 12 Stunden darin ziehen lassen. Zum Schluss Öl zugeben.

Verzehr

Grüne Bohnen dürfen nie roh gegessen werden, da sie unverdaulich sind und Gesundheitsstörungen verursachen. Nur durch das Kochen wird der dafür verantwortliche blausäurehaltige Eiweißstoff völlig vernichtet.

WEISSE BOHNEN

glänzende Haut

Weiße Bohnen schmecken am besten aus der neuen Ernte. Sie haben eine glatte glänzende Haut.

BROCCOLI

andünsten

Broccoli nie in Fett andünsten, er wird sonst zäh. Immer in Wasser oder Dampf garen.

aufbewahren

siehe → Blumenkohl aufbewahren

dekorieren

Mit gedämpftem Broccoli lassen sich kalte Platten dekorieren.

einkaufen

Der Strunk ist fest, der Kopf ist dicht geschlossen und dunkelgrün. Weiche Strünke, geöffnete Köpfe und gelbe Blütenknospen sind ein Zeichen von Überlagerung.

Tiefkühlware garen

Wasser mit Salz, Zucker, Streuwürze und Butter aufkochen und gefrorenes Gemüse zugeben. Mit wenig Muskatnuss und weißem Pfeffer abschmecken.

waschen

siehe → Blumenkohl, waschen

CHICORÉE

aufbewahren

Verkaufsverpackung entfernen, in feuchtes, in Zitronenwasser getränktes Tuch einschlagen. Im Gemüsefach des Kühlschranks ca. drei bis vier Tage.

☺ Immer im Dunkeln lagern, sonst werden die Blattspitzen grün.

bitter

! Der geschnittene Chicorée lag zu lange im kaltem Wasser.

☺ Der etwas bittere Eigengeschmack lässt sich mildern, wenn der Kern (Keil) herausgeschnitten und der Kolben in lauwarmem Wasser gewaschen wird.

braun geworden, verfärbt

! Der Chicorée wurde in Aluminiumbehältern zubereitet.

! Er wurde nach dem Schneiden und Waschen zu lange trocken gelagert.

☺ Sofort mit Zitronensaft beträufeln und möglichst schnell verarbeiten.

einkaufen

Staude muss eng geschlossen sein, die Spitzen hellgelb und keine braunen Flecken aufweisen.

putzen

Der Länge nach halbieren und Sterz beidseitig, keilförmig mit der Messerspitze herausschneiden. Evtl. braune Blattspitzen zuschneiden.

schmeckt fade

Ca. eine Stunde lang zugedeckt mit Zitronen-und Orangensaft marinieren.

schneiden

In ca. 1 cm breite Streifen quer und schräg zur Wuchsrichtung der Staude.

waschen

In lauwarmem Wasser mehrmals durchspülen.

ERBSEN, GRÜNE

aufbewahren

Die Schoten in Folie eingeschlagen im Kühlschrank ca. drei Tage, tiefgefroren nicht länger als sechs Monate.

einkaufen

Die Schote ist prall und fest und hat keine dunklen Flecken. Beim Aufbrechen ist die Schote saftig, die Erbsen sind prall, fest und ohne Runzeln.

garen, Dosen- oder Glasware

gebunden: Dose oder Glas öffnen und den Inhalt auf ein Sieb geben. Gemüsefond auffangen, aus Butter und wenig Mehl eine helle Schwitze zubereiten, mit Fond aufgießen und sofort glatt rühren. Nach einer Garzeit von 10 Minuten mit Salz, wenig Zucker und Muskatnuss würzen und das Gemüse unterheben. 10 Minuten ziehen lassen. Nicht mehr kochen! *natur:* Gemüsefond mit wenig Wasser mischen, etwas Butter zugeben und wie *gebunden* würzen.

☺ Dosenware immer in kaltem Zustand würzen.

garen, Tiefkühlware

Wenig Wasser mit Salz, Zucker, Streuwürze und Butter aufkochen, gefrorenes Gemüse zugeben.

☺ Werden gefrorene Erbsen frischem Gemüse z.B. Karotten zugefügt, das frische Gemüse ca. zehn Minuten vorgaren, die gefrorenen Erbsen zufügen, aufkochen und alles zusammen fertig garen.

FENCHEL

aufbewahren

In ein Tuch eingeschlagen im Kühlschrank ca. zehn Tage, tiefgefroren sechs Monate.

einkaufen

Die Blätter haben eine leuchtend grüne Farbe, die Knolle ist fest, weiß oder blaßgrün und hat keine braunen oder faulige Stellen.

welk

! Der Fenchel wurde feucht gelagert.

☺ Die Knolle kurz in Eiswasser einlegen.

GRÜNKOHL

ist grau geworden

! Der zubereitete Grünkohl wurde länger als 24 Stunden offen im Kühlschrank gelagert. Die oberste Schicht wird dann trocken und grau.

☺ Vor dem Aufwärmen die oberste Schicht abnehmen und nicht mehr verwenden.

schmeckt bitter, zu scharf, zu streng

! Der Grünkohl war schon zu ausgewachsen.

! Der Grünkohl wurde zu oft aufgewärmt.

☺ Unter den fertigen Grünkohl ungewürzten, passierten Spinat mischen. Pro kg Grünkohl 250 g Spinat unterziehen.

zu hart

! Die Garzeit war zu kurz.

! Es wurden zu viele Stiele mitgekocht.

GURKEN

siehe auch → Gurkensalat

aufbewahren

Locker in ein Tuch eingeschlagen im Kühlschrank nicht länger als vier Tage.

☺ Bei angeschnitten Gurken die Schnittstelle mit Haushaltsfolie abdecken.

bitter

siehe → Allgemeines, Entwässern mit Salz

einkaufen

Die Haut ist glatt und hat eine leuchtende Farbe, das Fruchtfleisch ist fest und ohne Druckstellen. Überreife Gurken schmecken bitter und haben sehr viele Kerne.

HÜLSENFRÜCHTE

bekömmlicher

Nach dem Einweichen und Klarspülen dem Kochwasser je Liter ca 1/2 Teel. Haushaltsnatron zusetzen.

einkaufen

Die Hülsenfrüchte sollen prall und von guter Farbe sein. Staubige Ware oder Bruch ist ein

Zeichen von Überlagerung. Kleine Löcher weisen auf Schädlingsbefall hin.

Einweichzeit verkürzen

Die Hülsenfrüchte in eine Schüssel geben und soviel Wasser zugießen, dass die Flüssigkeit einen Zentimeter über der Masse steht. Einen gehäuften Teelöffel Natron einrühren und ca. 90 Minuten quellen lassen. Das Einweichwasser abgießen und die Hülsenfrüchte weiter verarbeiten.

gären

! Die Hülsenfrüchte wurden in warmem Wasser eingeweicht.
! Die trockenen Hülsenfrüchte sind feucht geworden.

garen schneller

Hülsenfrüchte werden schneller gar, wenn sie erst kurz vor Ende der Garzeit gesalzen werden.

kochen

Hülsenfrüchte stark ankochen, um die in den Schalen mancher Sorten enthaltenen Giftstoffe zu zerstören. Dann die Hitzezufuhr reduzieren und gar köcheln lassen; öfter abschäumen.

KAISERSCHOTEN / KEFEN

Kaiserschoten schmecken sehr delikat, wenn sie in Entenschmalz angedünstet werden.

KAROTTEN

aufbewahren

Die Karotten abwaschen, trocknen und in einem geschlossenen Behälter mit Abtropfeinlage im Kühlschrank nicht länger als vier Tage aufbewahren.

einkaufen

Bei Karottenbündeln darf das Grün nicht welk sein. Karotten möglichst lose einkaufen, die Wurzel soll fest, von leuchtender Farbe und ohne Druckstellen oder Flecken sein. Schrumpelige Ware oder Karotten mit schwarzen Spitzen nicht kaufen.

farblos

! Das Gemüse wurde zu lange gekocht.
! Das Gemüse wurde zu lange warm gestellt.
☺ Etwas Safran zugeben.

garen

Etwas Backpulver in die Garflüssigkeit geben.

geplatzt

Passiert leicht bei Winterware. Die Karotten wurden im Treibhaus schnellstmöglich gezogen und sind sehr empfindlich.

Petersilie grau geworden

! Petersilie wurde zu lange mitgekocht.
☺ Petersilie frisch hacken und erst nach Beendigung der Garzeit zufügen.

schälen

Entweder mit einem Messer oder Kartoffelschäler abschaben oder mit der rauhen Innenseite eines Gemüsehandschuhes abrubbeln. siehe → Gemüsehandschuh

schmecken bitter

! Die Karotten wurden neben Äpfeln gelagert.

schmecken fade

! Falsche Zubereitung oder Würzung.
☺ Gemüse mit fein gehackten Zwiebeln und Butter dünsten, mit weißem Pfeffer und frisch gehackter Petersilie oder Korianderkraut würzen und mit Mineralwasser angießen.

verfeinern

○ Mit einem Löffel Crème fraîche und frisch gehackter Petersilie.
○ Der Garflüssigkeit etwas Apfelsaft zugeben.

zu süß

! Den Karotten wurde der Zucker erst nach Ende der Garzeit zugefügt.
Butter oder Margarine erhitzen, eine Prise Zucker zufügen und karamellisieren lassen. Die Karotten darin kurz anschwenken und nach Rezept fertig garen.

KAROTTEN (JUNGE)

garen

Etwa fünf Zentimeter Kraut mitgaren. Dies verbessert den Geschmack und sieht hübsch aus.

KOHLRABI

Arten

Es gibt die weiße und die blau-rote Sorte.
Weiße sind zarter im Fleisch, sie kommen meist aus dem Treibhaus.
Blau-rote kommen vom Freiland und haben einen intensiveren Geschmack, werden aber im ausgewachsenen Zustand leicht holzig.

aufbewahren

Große Blätter und den Stielansatz entfernen, im Gemüsefach des Kühlschranks nicht länger als fünf Tage aufbewahren.

verfeinern

❍ Die inneren, jungen Blättchen fein geschnitten mitgaren, fein gehackte Petersilie und Rahm unterziehen.
❍ Eine halbe rohe Knolle in das fertige Gericht raspeln, das gibt einen frischen und feinen Geschmack.

KOHLRÜBEN

aufbewahren

Abgedeckt an einem kühlen, trockenen Ort oder im Kühlschrank ca. zehn Tage.

einkaufen

Die Rüben sollen fest und ohne faulige Stellen sein. Alte Ware ist holzig und schmeckt oft bitter.

milder

Die Rüben dick abschälen und vor der Zubereitung ca. acht Minuten vorkochen. Dann einige rohe Kartoffeln mitkochen.
☺ Gelbe Kohlrüben sind meist milder als weiße.

KÜRBIS

aufbewahren

Sommerkürbis ca. drei Tage.

Winterkürbis an einem kühlen trockenen Ort mehrere Wochen.
Kürbisstücke in Folie eingewickelt im Kühlschrank ca. drei Tage.
Squash oder *Patisson*, kleine Kürbisse, die vermehrt angeboten werden: Gemüsefach des Kühlschranks ca. 2-3 Wochen, kühl gelagert ca. 1 Woche.

einkaufen

Sommerkürbis hat eine dünne unverletzte Schale, ohne Druckstellen und Flecken, die Frucht ist fest.
☺ Kleinere Kürbisse auswählen, große Früchte schmecken leicht fade.
Winterkürbis ist fest, schwer und hat eine harte Schale.

LAUCH, PORREE

siehe auch → Kalte Küche, Lauch

aufbewahren

Locker in ein Tuch eingeschlagen im Kühlschrank nicht länger als drei Tage.

einkaufen

Die Stangen sind fest, das Laub leuchtend grün. Keine welken/fauligen Außenblätter.

waschen

Die dunkelgrüne Lauchhälfte abschneiden, den Lauch halbieren und die Blätter gründlich unter fließendem Wasser durchspülen.
☺ Lauchabschnitte für Suppen verwenden.

LEIPZIGER ALLERLEI

schmeckt fade

❗ Es wurden Fertigprodukte aus der Dose oder Tiefkühlware verwendet und diese zu lange gekocht.
☺ Leipziger Allerlei wird perfekt, wenn alle Gemüsesorten (Erbsen, Karotten, Spargel, Kohlrabi und Blumenkohl) getrennt und mit Biss zubereitet werden. Dann erst durch Schwenken, unter Zugabe von Butterflocken, in einem vorgewärmten Topf vermischen.

MAIS

aufbewahren

Die Kolben sollten nicht länger als 24 Stunden gelagert werden.

einkaufen

Die Deckblätter haben eine frische grüne Far-be, die Seide ist leicht feucht. Die Kerne sitzen dicht und sind an der Spitze nicht voll ausgebildet. Auf die Bezeichnung "Zuckermais" achten.

☺ Bei Maiskolben auf Wurmbefall achten.

Maiskolben zum Grillen vorbereiten

Wenn der Mais nicht mehr zart und weich ist, die Kolben in kaltem Salzwaser langsam zum Kochen bringen und ca. fünf Minuten ziehen lassen. Abtropfen und weiter verwenden.

MANGOLD

aufbewahren

Locker in ein Tuch eingeschlagen im Kühl-schrank ca. drei Tage.

einkaufen

Die Blätter sind dunkelgrün und unverletzt, die Stiele sind fest, weiß oder rot, ohne Flecken.

garen

Zuerst die Stiele langsam in die siedende Flüssigkeit gleiten lassen, nach einigen Sekunden die Blätter nachschieben.

milder

Wenig Milch oder süße Sahne zufügen.

MARONEN

alt/frisch

Frische Maronen sind fest.
Ältere Maronen lassen sich mit den Fingern zusammendrücken.

glasieren

Wenig karamellisierten Zucker mit Butter auf-schäumen, mit Rotwein und Orangensaft ein-

kochen und die geschälten Maronen ständig durchschwenken oder mit dem Kochlöffel so-lange bewegen, bis der Fond verbraucht ist.

platzen nicht auf

! Nicht genügend tief eingeschnitten.
! Backofentemperatur zu niedrig.
! Der Backofen war nicht vorgeheizt.

schälen

Jeweils auf der Vorder- und Rückseite die Schale mit einem scharfen, spitzen Messer einritzen. Bei 200 °C auf einem trockenem Blech im Backofen rösten, bis die Maronen aufspringen, dann abschälen. Unterliegende Samthaut mit den Fingern abreiben.

schmecken bitter

! Die Maronen waren nicht mehr frisch.
! Die Maronen hatten kleine Faulstellen.
! Die Maronen wurden zu stark oder zu lange glasiert.

warm stellen

In ungeschältem Zustand bei 80 °C im Back-ofen. Oder geschält und abgedeckt auf einem Backblech bei gleicher Temperatur. Die Lagerzeit ist begrenzt, da die Maronen leicht austrocknen.

OKRA

aufbewahren

In Folie fest eingewickelt im Kühlschrank ca. drei Tage, tiefgefroren max. sechs Monate.

einkaufen

Knackige, frische kleine hellgrüne Schoten, die nicht länger als zehn Zentimeter sind.

putzen

Spitzen und Stielansätze abschneiden.

sind klebrig

! Ganze Okraschoten wurden übergart.

☺ Okras sollen gerade weich sein.
In manchen Gerichten ist das Kleben er-
wünscht; die Schoten werden dann in Ringe
geschnitten (z. B. Gumbo oder Carurú).

PAPRIKA / PEPERONI

aufbewahren

Locker in ein Tuch eingeschlagen im Kühlschrank ca. drei Tage.

bitter

Er wurde zu lange direkt im heißen Fett gebraten oder geröstet.

einkaufen

Leuchtende Farbe und festes Fruchtfleisch.
Weiches Fruchtfleisch und Druckstellen sind
ein Zeichen von Überreife. Bei sofortigem Verbrauch kann diese Ware zum Kochen verwendet werden, der Verkaufspreis muss dann
deutlich gesenkt werden.

enthäuten

❍ Mit einem scharfen, spitzen Messer mehrmals
der Länge nach einritzen und in einer trockenen, heißen Pfanne so lange wenden, bis die
Haut aufplatzt, dann abziehen.

❍ Erst in kochendes Wasser legen, dann in kaltes Wasser tauchen und die Haut abziehen.

❍ Große Mengen halbieren, die Haut am Stielansatz zwei- bis dreimal einritzen. Auf einem
Backblech in den auf 180 °C vorgeheizten
Ofen schieben und rösten, bis die Haut aufplatzt. Abgedeckt noch etwas ziehen lassen,
dann so warm wie möglich abziehen.

☺ Gehäutete Paprikaschoten sind besser be-
kömmlich.

putzen

1. Die Schote auf ein Brett legen und mit dem
Messer von oben nach unten einen Zentimeter unterhalb des Fruchtansatzes den Deckel
entfernen.

2. Den Fruchtansatz mit dem Daumen aus dem
Deckel herausdrücken.

3. Mit drei Fingern in die Schote hineingreifen
und durch Drehen und Ausklopfen das Kerngehäuse entfernen.

4. Weiße Stege mit dem Messer ausputzen.

PASTINAKEN

aufbewahren

Die oberen Blätter entfernen. An einem kühlen
dunklen Ort oder im Kühlschrank locker in ein
Tuch eingeschlagen nicht länger als 14 Tage.

einkaufen

Möglichst Ware mit frischem Grün kaufen, die
Pastinake soll nicht beschädigt sein und keine
trockenen Stellen haben. Alte Ware hat oft holzige Teile.

hart, holzig

! Die Pastinaken waren älter.

! Der holzige Kern wurde nicht entfernt.

☺ Bei älteren Pastinaken den Kern entfernen
und die Garzeit verlängern.

RETTICH

aufbewahren

Die grünen Blätter entfernen, den Rettich locker in ein Tuch einschlagen und an einem
kühlen, trockenen Ort oder im Kühlschrank
nicht länger als sechs Tage aufbewahren.
Eingesalzenen Rettich sofort verbrauchen.

einkaufen

Der Rettich soll fest und schön weiß sein. Er
darf keine weichen Stellen oder Flecken haben. Nicht zu große Stücke kaufen, die sind
eher holzig und der Rettich schmeckt oft bitter.

ROMANESCO

Romanesco wird wie Blumenkohl zubereitet.
siehe → Blumenkohl

ROSENKOHL

aufbewahren

In ein Tuch eingeschlagen im Kühlschrank ca.
vier Tage, tiefgefroren nicht länger als 12 Monate.

einkaufen

Die Röschen sind hellgrün und haben feste,
kleine geschlossene Köpfe.
Überlagerter Rosenkohl hat gelbe, welke Blätter und riecht streng.

grau geworden

! Der Rosenkohl wurde zu lange warmgestellt.

milder

Den Rosenkohl vor der Zubereitung kurz blanchieren.

putzen

Strunk gerade schneiden, kreuzweise einkerben und die Deckblätter entfernen.

zu hart

! Die Röschen wurden nicht lange genug blanchiert.

! Die Garzeit war zu kurz.

zu scharf

! Zu stark gewürzt, vor allem mit Pfeffer.

! Zum Aufgießen wurde eine zu kräftige oder zu stark eingekochte Brühe verwendet.

! Das Gemüse wurde am Folgetag aufgewärmt.

zu weich

! Die Blanchierzeit war zu lang.

! Die Garzeit war zu lang.

! Das Gemüse wurde nicht in kaltem Wasser abgeschreckt.

! Das fertige Gericht wurde zu lange abgedeckt warm gestellt.

ROTE BETE

aufbewahren

Locker in ein Tuch eingeschlagen an einem kühlen, trockenen Ort oder im Kühlschrank nicht länger als sechs Tage.

blutet aus

! Die Schale wurde verletzt.

☺ Rote Bete erst nach dem Garen zerteilen.

einkaufen

Die Knolle soll fest und ohne Druckstellen sein.

reinigen

Mit grober Putz- oder Gemüsebürste unter fließendem, kalten Wasser abrubbeln.
siehe auch → Gemüsehandschuh

☺ Blattansatz nicht entfernen, dann bluten die Rote Beten nicht aus.

schälen

Nach dem Kochen in kaltes Wasser tauchen und die Schalen mit den Händen abstreifen.

ROTKRAUT

aufbewahren

Im Kühlschrank ca. zehn Tage. Ganze Köpfe können kühl und dunkel längere Zeit gelagert werden. Die Köpfe täglich kontrollieren.

bleibt rot bzw. lilafarben

Rohes, geschnittenes Kraut 24 Stunden in Essig und Rotwein mit fein geschnittenen Äpfeln und wenig Zucker marinieren. Zugedeckt im Kühlschrank aufbewahren. Gelegentlich mit einer Fleischgabel auflockern.

einkaufen

Der Kopf ist fest, schwer und hat eine leuchtendrote Farbe. Blätter, die sich am Strunk kräuseln sind ein Zeichen für Überlagerung.

glänzend

Mit Gänse- oder Schweineschmalz andünsten. Mit Fleischbrühe zubereiten, im offenem Topf unter häufigem Rühren einkochen lassen.

Kohlgeruch verhindern

Eine Scheibe Schwarzbrot mitkochen.

verfeinern

Kurz vor Ende der Garzeit einen Esslöffel Preiselbeeren oder Hagebuttenmarmelade zugeben. Zusätzlich mit einer Prise gemahlener Nelken oder wenig Zimt abschmecken.

SCHWARZWURZELN

aufbewahren

Locker in ein Tuch eingeschlagen an einem kühlen trockenen Ort oder im Kühlschrank nicht länger als zehn Tage.

einkaufen

Die Wurzel soll fest, schwer und unbeschädigt sein. Alte Wurzeln sind oft faserig.

putzen

Zum Putzen saubere Gummihandschuhe anziehen. Der austretende Saft verfärbt die Hände sehr stark, klebt und ist kaum entfernbar.

ungeschält garen

Die geputzten Schwarzwurzeln wie Pellkartoffeln garen. Die Schale abziehen, die Wurzeln in Stücke schneiden und in die vorbereitete Soße geben.

weiß

Schwarzwurzeln vor dem Kochen zehn Minuten in Essigwasser, dem wenig Mehl zugefügt wurde, einlegen, dann bleiben sie schön weiß.

STANGENSELLERIE, BLEICHSELLERIE, KNOLLENSELLERIE

aufbewahren

Stangensellerie, Bleichsellerie in ein feuchtes Tuch eingeschlagen im Kühlschrank nicht länger als sechs Tage. *Knollensellerie* an einem kühlen, trockenen Ort ca. fünf Tage.

einkaufen

Die Stangen sind blassgrün und ohne Flecken. Das Grün hat eine frische helle Farbe und fühlt sich fest an.

lagern

Bei Küchen- oder Kellertemperatur, jedoch nicht über 20 °C, vier bis fünf Tage. Aufbewahren im Kühlschrank ist nicht erforderlich.

Knollensellerie, pikanter

Eine halbe geriebene Zwiebel mitkochen.

schälen

Knollensellerie: Am Wurzelansatz knapp begradigen, das verhindert das Wegrollen. Mit dem Messer die Schale von oben nach unten dünn abschälen.

☺ Die Schalen waschen, trocknen, zerkleinern und für die spätere Zubereitung von Suppen, Brühen, Fonds oder Soßen einfrieren.
Stangensellerie, Bleichsellerie: die groben Fasern der Stiele werden von unten nach oben abgezogen.

verwenden

Die Stangen putzen und nur wenig Grün zur Dekoration belassen. Die Stangen in hohe Gläser stellen und mit verschiedenen Dips servieren.

☺ Restgrün für die Suppe verwenden.

welk geworden

! Die Stangen wurden zu feucht gelagert.
! Die Stangen wurden zu lange gelagert.
☺ Stangen einige Zeit in Eiswasser einlegen.

SPARGEL

aufbewahren

Die Stangen in ein mit kaltem Zitronenwasser getränktes Küchentuch einschlagen und im Gemüsefach nicht länger als drei Tage lagern. Geschälten Spargel ebenso aufbewahren, aber innerhalb von 24 Stunden verarbeiten. Tiefgefroren ca. sechs Monate.

bitter

Einige Weißbrotstückchen mitdünsten.

Dosen öffnen

Spargelkonserven umdrehen und den Boden aufschneiden. Dann werden die empfindlichen Köpfe nicht verletzt.

einkaufen

Köpfe müssen fest geschlossen sein und weiß bis gelblich (bei deutscher Ware).
Stielenden dürfen nicht braun, gerissen oder verholzt sein. Austretender Saft bei "Kneifprobe" an der Schnittstelle lässt auf frische Ware schließen.
Alle Stangen einer Qualitätsstufe sollten den gleichen Durchmesser und gleiche Länge haben.

größere Mengen garen

Den Spargel in der Fettpfanne im Backofen garen.

☺ Die Fettpfanne mit Alufolie abdecken, dann kann kein Dampf entweichen.

schälen

Die Stange auf den Unterarm legen und mit den Fingern (außer dem kleinem Finger) an der Spitze festhalten. Mit einem Gemüse-, bzw. Kartoffel- oder Spargelschäler unterhalb der Spitze zum Stielende hin schälen. Dabei die Stange mit den Fingern drehen. *Grüner Spargel* wird nur zu einem Drittel geschält.

Die Schalen aufbewahren und mit Wasser, Weißwein, einem Stückchen Butter, Salz und Zucker auskochen. Passierte Brühe als Aufguss für Cremesuppe oder als Fond verwenden. Auch Bruchstücke sind geeignet.

☺ Spargelschalen eignen sich gut zum Klären von Brühen. Man rechnet eine Hand voll frische Schalen auf zwei Liter Fleischbrühe.

schmeckt fade
Passiert leicht bei Dosen- oder Glasware. Den Fond vorsichtig erhitzen, mit etwas Zitronensaft, Zucker und Salz abschmecken und mit Butter anreichern. Spargel einlegen und ca. zehn Minuten ziehen, nicht kochen lassen.

Tiefkühlware garen
Wasser mit Salz, Zucker, Weißwein und Zitronensaft würzen. Mit Butter anreichern und aufkochen. Tiefgefrorenen Spargel einlegen, ca. 10 Minuten köcheln lassen und anschließend je nach Stärke der Stangen 15 bis 20 Minuten ziehen lassen.

verfärbt, schmeckt nach Metall
Der Spargel wurde in einem Aluminiumtopf zubereitet.

WILDSPARGEL

Wildspargel ist sehr selten im Angebot. Er muss nicht geschält werden, nur die holzigen Enden abschneiden. Garzeit ca. acht Minuten.

SPARGEL IM BLÄTTERTEIGMANTEL

herstellen
Spargelstangen mit dünnen Scheiben von rohem Schinken umwickeln, dann in Blätterteig einschlagen. Zuvor den frischen Spargel in reichlich Butter und Weißwein dünsten und darin auskühlen lassen, dann gut abtupfen.

schneiden
Nach Beendigung des Garvorganges zunächst fünf Minuten ruhen lassen, dann den Teigmantel mit einem fein gezackten Sägemesser anschneiden und mit einem Glattschliffmesser weiterschneiden.

Teigmantel durchgeweicht
❗ Der Spargel war zu nass und wurde nicht mit einem Küchentuch trocken getupft.

❗ Die Unterseite des Blätterteigmantels wurde nicht doppelt gelegt.

❗ Die Backtemperatur war zu niedrig. Richtige Temperatur 180 bis 210 °C.

warm stellen
Nach Beendigung des Garvorganges zunächst abschwaden (kurzzeitig Backrohr öffnen, damit der Dampf abziehen kann). Dann bei 80 °C warm stellen, einen Kochlöffel in die Backofentür klemmen.

weiter verwenden
Im ausgekühlten Zustand schräg, rautenförmig schneiden und als Vorspeise mit kalter Sauce Mousseline (Hollandaise mit geschlagener Sahne vermischt) servieren.

SPINAT

aufbewahren
Locker in ein Tuch eingeschlagen im Kühlschrank nicht länger als drei Tage, tiefgefroren ca. sechs Monate.

einkaufen
Die Blätter sind frisch, fest und dunkelgrün. Gelbliche, trockene und welke Blätter sowie holzige Stiele sind ein Zeichen für alte Ware.

farblos, grau
❗ Zu lange, zu trocken und ohne Deckel im Backofen warm gestellt.

❗ Auf dem Herd zu lange eingekocht.

milder
Dem Spinat etwas Milch oder süße Sahne zufügen.

schmeckt bitter
❗ Der Spinat ist angebrannt.

❗ Es wurde zuviel geriebene Muskatnuss verwendet.

warm stellen
Über einen längeren Zeitraum, ca. ein bis zwei Stunden, das fertige Gemüse zugedeckt in ein kochendes Wasserbad stellen. Damit der Spinat sich nicht einseitig verfärbt, häufiger mit dem Kochlöffel umrühren.
Vorsicht: Spinat darf keinesfalls nochmals aufgekocht werden.

BLATTSPINAT

Füllung
Nach dem Blanchieren in ein unbehandeltes Küchentuch geben und darin ausdrücken. Bei Teigummantelungen wird so ein Durchweichen verhindert.

würzen
Gewürze bereits in den Zwiebel-Butteransatz geben und gut verrühren. Aufgestreute Gewürze, besonders Salz, lassen Blattspinat fleckig werden.

RAHMSPINAT

geronnen
! Kalte Sahne (Kühlschrank) wurde direkt in den kochenden Spinat gerührt.
☺ Die Sahne einige Zeit vor der Verwendung aus dem Kühlschrank nehmen und mit etwas Kartoffelstärke verrühren.

SPINATSOUFFLÉ

geht nicht aus der Form
Die Form vorher ausbuttern und mit Semmelbrösel ausstreuen.

schmeckt leicht bitter
! Der Spinat war zu großblättrig.
! Es wurde zuviel Muskat verwendet.

warm stellen
Nicht möglich, es fällt sofort zusammen.

zu dunkel
! Die Oberhitze war zu groß.
! Garen ohne Wasserbad.

zu locker
! Der Anteil an Sahne oder Milch war zu hoch.

Tomaten

abziehen
Mit spitzem Messer den Fruchtansatz ausschneiden, Haut kreuzförmig einritzen, Tomate in kochendes Wasser tauchen, bis die Haut aufgeplatzt ist. Anschließend in kaltes Wasserbad tauchen und die Haut abziehen.

Tomaten abziehen

aufbewahren
Tomaten nie im Kühlschrank lagern, sie sind kälteempfindlich und verlieren an Aroma. Reife Tomaten sondern Äthylen ab, dadurch können andere Gemüse verderben. Tomaten so lagern, dass keine Druckstellen entstehen. Küchenkrepp unterlegen, das verhindert Fäulnis.

einkaufen
Die Früchte sind fest, mit glatter Haut ohne vernarbte Risse.
Weiche Tomaten können zu Tomatensaft oder zum Kochen verwendet werden, der Verkaufspreis für diese Ware muss dann deutlich gesenkt werden.

entkernen
Halbieren und mit einem Teelöffel oder Pariser Ausstecher das Kerngehäuse herausdrücken und ausschaben.

füllen

Tomaten halbieren, Kerngehäuse entfernen und die Innenseite leicht salzen. Umgedreht abtropfen und 20 Minuten ziehen lassen. Dies verhindert das Verwässern der Füllung.

standfest

Die Seite mit dem Fruchtansatz mit einem Messer gerade schneiden, mit flüssiger Gelatine einpinseln und sofort auf den späteren Standort setzen. Durch den Temperaturunterschied zwischen der Platte und der noch flüssigen Gelatine, bleibt die Tomate kleben.
siehe → Kalte Platten

weich

10 Minuten in kaltes Wasser legen, dann werden die Tomaten wieder fest.

weiter verwenden

zu *Tomatensaft:*
Überreife und sehr weiche Tomaten im Mixer pürieren und blockweise einfrieren.
Den Block in einem Haarsieb auftauen und den klaren Tomatensaft innerhalb von drei Tagen verbrauchen. Mit dieser Methode erhält man die Höchstmenge an Tomatensaft.

COCKTAIL-/KIRSCHTOMATEN

Cocktailtomaten sind wesentlich süßer und saftiger als normale Tomaten. Sie werden erst voll ausgereift gepflückt, das Verhältnis von Wasser und Fruchtfleisch ist optimal.

TOMATENGERICHTE

farblos

"Nachfärben" mit Tomatenmark, das mit wenig Rotwein verrührt und dem Gericht während des Kochens zugesetzt wird.

zu sauer

Mit Zucker nachschmecken oder mit süßer Sahne verfeinern.

WEISSKRAUT

siehe → Rotkraut

WILDGEMÜSE

Zum Wildgemüse zählen *Brennessel, Brunnenkresse, Hederich, Huflattich, Distelpflanze, Gänseblümchen, Löwenzahn* und *Sauerampfer, Melde.*

sammeln

Wildgemüse ist ein sehr gesundes Gemüse, sollte aber nur bei genauer Pflanzenkenntnis gesammelt werden.

zubereiten

Wildgemüse wird wie Spinat zubereitet, nach Geschmack rohen Spinat untermischen oder als Salat servieren.

ZUCCHINI

aufbewahren

Locker in ein Tuch eingeschlagen im Kühlschrank ca. vier Tage.

einkaufen

Die Schale ist grün-glänzend, die Früchte sind fest, ohne Druckstellen oder Flecken.

bitter

siehe → Allgemeines, Entwässern mit Salz

ZWIEBELN

Arten

Frühlings- oder *Lauchzwiebeln* werden mit dem Grün geerntet, bevor sie ausgewachsen sind. Sie haben ein feines Aroma. Gedünstet passen sie gut zu asiatischen Gerichten, roh passen sie zu Salaten.
Gelbe Zwiebeln haben den gewohnt scharfen Zwiebelgeschmack, der bei längerem Kochen oder Braten gemildert wird.
Gemüsezwiebeln sind mild, manchmal fast süßlich und eignen sich gut zum Füllen oder für gebackene Zwiebelringe.
Rote (violette) Zwiebeln haben einen milden Geschmack.
Schalotten wachsen in kleinen Büscheln und werden wegen ihres feinen Aromas für Soßen, Kräuterbutter u.ä. verwendet.

aufbewahren

Haushaltszwiebeln an einem kühlen, dunklen Ort ca. drei Wochen; *Schalotten* ca. 4 Wochen.
Frühlingszwiebeln im Kühlschrank locker eingeschlagen ca. 3 Tage.
☺ Haushaltszwiebeln nicht in Herdnähe aufbewahren, durch die Wärme und Feuchtigkeit verderben sie schneller.
Zwiebeln, gehackt in einem geschlossenen Behälter im Kühlschrank 24 Stunden.

bitter

! Gefrorene Zwiebeln wurden bei zu geringer Temperatur angeschwitzt.

! Die Zwiebeln wurden maschinell zerkleinert. Zwiebeln werden bitter, wenn sie in der Maschine zerquetscht, nicht geschnitten werden.

dünsten

Fettfrei mit etwas Apfelwein.

einkaufen

Die Zwiebel hat eine feste goldene Schale, keine Flecken oder weiche Stellen, keine grünen Spitzen.

schälen

Kleine Zwiebeln kurz in kochendes Wasser legen, sie lassen sich dann leichter schälen. Vorher Wurzeln und Stiel entfernen.

schneiden, in Würfel

①

②

③

Die Zwiebel schälen, halbieren und mit der Schnittfläche auf die Arbeitsplatte legen.

1. Zeigefinger senkrecht auf den Zwiebelrücken stellen, dabei mit der Messerklinge am Fingernagel entlang nach unten schneiden. Darauf achten, dass nicht ganz bis zum Wurzelende durchgeschnitten wird.
2. Mit Daumen, Zeigefinger sowie Ringfinger die Zwiebel möglichst weit oben festhalten und mehrmals waagerecht einschneiden.
3. Nun das Messer von oben nach unten führen; hierbei sollten die Finger möglichst weit hinten stehen. Scharfes Messer benutzen!

verkochen

... wenn sie quer zur Wuchsrichtung geschnitten werden.

verkochen nicht

... wenn sie in Wuchsrichtung (Wurzel-Blüte) geschnitten werden.

zufügen

Sollen Zwiebeln einem bereits kochenden Gericht zugefügt werden, müssen sie vorher in wenig Flüssigkeit fast weich gedünstet und mit der Flüssigkeit zugegeben werden.

FRÜHLINGSZWIEBELN

einkaufen

Die Stangen sind fest, das Laub leuchtend grün. Keine welken oder fauligen Außenblätter.

milder

Die Zwiebeln kurz blanchieren und sofort in Eiswasser abschrecken. Sie werden milder und behalten durch das Abschrecken ihre schöne grüne Farbe.

ZWIEBELRINGE

knusprig

1. Mit Mehl und Paprikapulver bestreuen und mit den Händen vorsichtig vermischen.
2. Auf ein Sieb geben und überschüssiges Gewürz durch leichtes Klopfen abschütteln.
3. In heißem Fett bei ca. 180 °C etwa eine Minute frittieren.
4. Auf Küchenkrepp abfetten, auskühlen lassen.
5. Bei gleicher Temperatur erneut eintauchen und knusprig braten.
6. Wieder auf Küchenkrepp abfetten.
☺ Optimal: 3-5 mm starke Zwiebelringe bringen das beste Ergebnis.

Pilze

ALLGEMEINES

Aberglauben

Das Mitkochen eines Silberlöffels in Pilzgerichten zeigt durch Anlaufen nicht an, ob sich darin ein Giftpilz befindet.
Es kann dadurch sogar eine Schwermetallvergiftung hervorgerufen werden, da bestimmte (auch ungiftige) Pilze einen Stoff enthalten, der Metalle löst.

aufbewahren

frisch: Korrekt gelagerte Pilze nicht länger als drei Tage.
An einem kühlen, luftigen Ort weit ausgebreitet.
Im Kühlschrank locker gelagert, und mit einem Tuch abgedeckt. Oder in einer Papiertüte mit Luftlöchern, ebenfalls im Kühlschrank.
getrocknet: In verschließbaren, lebensmittelechten Behältern. Mit Herstellungs- oder Abfülldatum versehen.
Achtung: Pilze nie in Plastiktüten lagern, größere Mengen nicht in Körben oder Kartons lassen. Durch die Erwärmung tritt eine Zersetzung ein, die nicht immer sichtbar ist.

auftauen

Über Nacht im verschlossenen Behälter mit Gittereinsatz im Kühlschrank. Anschließend Brühe abgießen, evtl. mit kaltem Wasser durchspülen und sofort weiter verarbeiten.

ausbacken

Zum Ausbacken eignet sich wegen seines würzigen Geschmacks besonders der echte *Reizker,* ebenso frische *Champignons* und *Steinpilze.* Bei der Zubereitung nur die Hüte oder kleinere Pilze halbiert verwenden.
☺ Die Pilze in einem Bier- oder Weinteig ausbacken.

dörren

Pilze werden am besten im Halbschatten oder in Zugluft gedörrt, nicht im heißen Backofen. Dort können sie nur bei 50 °C nachgetrocknet werden.

einfrieren

Alle festfleischigen Pilze lassen sich einfrieren. Wasserreiche Pilzarten werden nach dem Auftauen leicht weich und matschig.
Pilze vor dem Einfrieren gründlich verlesen, putzen, aber nicht waschen.
Auf Küchenkrepp ausbreiten und trocknen. Anschließend größere Stiele einkürzen. Pilzkappen längs zur Wuchsrichtung in Scheiben schneiden. Stielenden getrennt für Suppen- und Soßenansätze gefrieren. Mit Sorte, Gewicht sowie Kauf-/Sammeldatum etikettieren. Gefriergerät mindestens 12 Stunden auf höchster Stufe laufen lassen, dann auf "Normalbetrieb" zurückstellen.
☺ Das Antrocknen der Pilze kann mit Hilfe eines Haarföhnes beschleunigt werden, ferner durch lockeres Auflegen auf ein Kuchenblech mit anschließendem Trocknen im Umluftherd. Dabei aber die Backofentür einen Spalt (durch Zwischenklemmen eines Kochlöffels) offen lassen. Temperatureinstellung: 50 bis 60 °C.
❗ Zum Gefrieren keine Jogurtbecher verwenden, da es sich hierbei um einen säurebeständigen, nicht aber um einen kältebeständigen Kunststoff handelt. Dieser kann sich mit dem Gefriergut vermischen!

einkaufen

Frische Pilze sollen fest und saftig sein, aber keine feuchten Stellen haben. Trockene Stielenden zeigen, dass die Pilze schon einige Tage gelagert wurden.

Gefahr

Pilze nur bei eigenen ausreichenden Kenntnissen sammeln und verarbeiten. Ware zweiter und dritter Personen unbedingt mit Vorsicht behandeln. Angebotene Pilze von Wochenmärkten oder anderen Verkaufsstätten der Ausschilderung nach auf Sortenreinheit prüfen und die Herkunft erfragen. Vorsicht bei Sonderangeboten. Bei angeschlagenen, fleckigen Pilzen vom Kauf Abstand nehmen!

portionieren

Pro Person rechnet man 300 bis 400 g Rohgewicht. Sautierte Pilze pro Person 150 g.

Pulver

Die getrockneten Pilze im Mörser zerreiben oder mit der Reibe der Küchenmaschine. In dunklen Schraubgläsern aufbewahren, und als Würze verwenden.

säubern / waschen

Kleine Mengen: Mit feuchtem Küchenkrepp abtupfen.

Große Mengen Pilze, besonders Champignons und Pfifferlinge, gründlich verlesen, in eine Mehlschlämme geben, umrühren und 20 Minuten ruhen lassen. Bei starker Verschmutzung wiederholen. Anschließend gut mit kaltem Wasser durchspülen, auf Küchenkrepp trocknen und sofort weiter verarbeiten.

Mehlschlämme:

Pilze - 0,5 kg

Wasser - 1 Liter

Zitronensaft - 1-2 Zitronen

Mehl - 2 EL

☺ Die Pilze nach dem Waschen für fünf Minuten in ein Essigwasser einlegen. Das schwemmt Ungeziefer aus und die Pilze werden schön hell. Vor der Weiterverarbeitung kurz in einem Sieb unter fließend kaltem Wasser abbrausen.

salzen

Pilze immer erst nach dem Dünsten salzen.

sautieren

Pilze nicht nur in Butter sautieren, bei Pilzen mit kräftigem Geschmack kann auch Pflanzen-oder Olivenöl verwendet werden.

☺ Fleischige Wildpilze mit ausgelassenem Speck sautieren und die Speckstreifen mit den Pilzen servieren. Die fertigen Pilze mit einem Esslöffel frischer Kräuter verfeinern.

schneiden

Mit einem Messer aus Chrom-Nickel-Stahl. Die Schnitte sollten so angelegt sein, dass die Pilzform noch erkennbar ist. Zum Beispiel beim Champignon Scheiben von der Pilzkappe zum Stiel, nicht quer zur Wuchsrichtung.

☺ Pilze mit dem Eierschneider schneiden. Den Pilz mit dem Stiel nach oben einlegen damit er nicht platzt.

schwarz geworden

! Die Pilze wurden nach dem Schneiden zu lange gelagert, sie oxidieren.
Beträufeln mit Zitronensaft ist meist kein ausreichendes Mittel dagegen. Am besten sofort weiter verarbeiten.

sterilisieren

Champignons, *Pfifferlinge*, *Rothäubchen*, junge *Steinpilze,* echte *Reizker*, *Semmelpilze* und *Stoppelpilze* eignen sich gut zum Sterilisieren.

Stiele verwenden

Pilzstiele lassen sich gut zu einer Duxelles weiter verwenden.

verfeinern

Dosen- oder Tiefkühlware: Aus wenig Weißwein, Zitronensaft und Butter einen Fond aufkochen und die Pilze zugeben.

verwenden - gefrorene Pilze

Direkt ohne Auftauzeit den köchelnden Speisen beigeben. Bei Verwendung in kaltem Zustand (z.B. für Salate) kurz in einer Mischung aus Weißwein, wenig Zucker und Zitrone blanchieren und auf einem Sieb gänzlich abkühlen lassen.

Waldpilze

Frische Waldpilze mindestens 20 Minuten garen, da sie sonst schwer verdaulich sind.

Pilze

GEBACKEN

Panade fällt ab

! Die Reihenfolge der Zutaten wurde nicht eingehalten (Mehl, geschlagenes Ei, Paniermehl).

! Die Panade wurde nicht richtig angedrückt.

! Die Pilze wurden zu nass verarbeitet.

! Das Frittierfett war zu kalt (optimal 170 °C).

schmecken fade

! Die Pilze wurden nicht mariniert.

☺ Nach dem Waschen und Trocknen ca. eine Stunde mit weißem Pfeffer, Zitronensaft und Worcestersauce marinieren.

warm stellen

Bei etwa 80 °C auf einem Gitter im Backofen, max. ca. 30 bis 45 Minuten.
Danach werden die Pilze weich und schrumpfen.

zu dunkel

! Die Pilze wurden zu lange ausgebacken.

! Das Frittierfett war zu heiß.

! Die Pilze wurden bei zu hoher Temperatur warm gestellt.

! Der Schwarzbrotanteil im Paniermehl war zu hoch.

GLACIERT

schmecken leicht bitter

! Durch zu langes Warmstellen ist der Überzug der Pilze stark eingetrocknet .

! Die Pilze hatten Druckstellen.

! Die Glace hatte einen zu hohen Anteil an Wein oder Cognac.

☺ Pilze entnehmen, vorhandenen Bodensatz mit etwas neutraler Brühe aufkochen. Die Pilze zugeben und auf kleiner Flamme unter ständigem, vorsichtigen Rühren ca. zehn Minuten köcheln lassen.

warm stellen

Etwas neutrale Brühe zugeben und abgedeckt bei ca. 70 °C im Backofen nicht länger als eine Stunde warm stellen; sonst schrumpfen die Pilze und werden bitter.

zu dunkel

! Die Glace war zu dunkel und/oder zu stark reduziert.

! Die Pilze wurden zu lange glaciert.

! Zu langes Warmstellen bei zu hoher Temperatur.

zu trocken

! Die verwendeten Pilze waren nicht frisch, daher Feuchtigkeitsverlust.

PILZGERICHTE, PILZSUPPEN

aufwärmen

Dosenware: Auch bei Dosenware ist Vorsicht geboten. Das zubereitete Gericht oder dessen Reste sobald wie möglich in sauberes Geschirr umfüllen, kühl stellen und gleich am Folgetag verwenden.

Frischware: Da diese Ware nicht vorbehandelt wurde und keine hundertprozentige Sortenreinheit gewährleistet werden kann (z.B. durch Konservierung), ist vom Aufwärmen Abstand zu nehmen.

Getrocknete Pilze: → Dosenware.

Tiefkühlware: Wie Dosenware, wenn die Pilze bereits als Tiefkühlware gekauft wurden. Gerichte mit frischen Pilzen, die selbst gefrostet wurden, nicht aufwärmen.

warm stellen

Möglichst kurz, da Pilzgerichte bei längeren Warmhaltezeiten Geschmack und Aussehen verändern.

AUSTERNPILZE

einkaufen

Die Hüte sollen glatt und schiefergrau sein, ohne dunkle Flecken oder feuchte Stellen.

haben einen weißen Belag

! Die Pilze wurden einige Tage im Kühlschrank gelagert.

☺ Den Belag abreiben, er hat nichts zu bedeuten und beeinträchtigt die Verwendung nicht.

CHAMPIGNONS

einkaufen

Das Fleisch soll fest und saftig sein, die Hüte weiß oder hellbraun und fleckenfrei.

konservieren

2,5 kg Champignons putzen und waschen, grob zerkleinern und gut abtropfen lassen. Ca. 150 g Butter schmelzen, mit dem Saft von drei bis vier Zitronen und 1/4 l Weißwein ablöschen, einen Teelöffel Salz zugeben. Die Flüssigkeit aufkochen lassen, Champignons zugeben und ohne Zugabe von weiterer Flüssigkeit ca. 25 Minuten dünsten. Auskühlen lassen. Im Kühlschrank ca. zwei bis drei Tage haltbar. Die erstarrte Butter bildet einen Fettfilm als Abschluss.

☺ **Fumet de champignons ziehen**
Zutaten und Zubereitung wie oben, noch zwei bis drei Stängel Estragon zugeben. Die Champignons nach 15 Minuten herausnehmen und für eine Suppe oder eine Farce verwenden. Den Fond auf die Hälfte einkochen, Estragon entfernen, den Fond durch ein Tuch passieren und im Kühlschrank aufbewahren.

Mengen

Bei Champignons aus der Dose oder Glas wird nur die Hälfte der angegebenen Menge benötigt, da diese Pilze beim Kochen nicht mehr kleiner werden.

schneiden

Champignons lassen sich gut mit dem Eierschneider in Scheiben schneiden.

CHAMPIGNONS/EGERLINGE IN RAHM

grau

! Beim Blanchieren des dunkleren Egerlinges wurde der Fond zum Aufgießen der Mehlschwitze verwendet. Dies hat keinerlei Einfluss auf den Geschmack.

☺ Mehlschwitze je zur Hälfte mit Egerlingfond und Milch aufgießen und mit süßer Sahne abschmecken.

verfeinern

Den beim Blanchieren entstandenen Fond auffangen und damit später die Mehlschwitze aufgießen.

SOSSE

schmeckt bitter

! Der Anteil an gehackter Petersilie war zu hoch.

! Es wurden zu viel Petersilienstiele verarbeitet.

! Zwiebel oder Petersilie wurden maschinell gehackt.

schneller zubereiten

1. Geschnittene Pilze mit Butter und Zwiebeln anschwitzen.
2. Sahne und/oder Milch mit Stärkemehl binden.
3. Diese unter ständigem Kochen und Rühren den Pilzen zugeben.
4. Abschmecken.

zu dick

Mit süßer Sahne und/oder leicht gewürzter Bouillon strecken, ebenso mit Milch oder Pilzfond vom Blanchieren.

zu dünn

Pilze über grobes Sieb abseihen und die Soße aufkochen, mit Mehlbutter nachbinden. Erneut aufkochen und abschmecken, die Pilze wieder zugeben und nochmals aufkochen.

zu viel

Das fertige Gericht auf ein grobes Sieb geben. Ca. ein Drittel der Soße abnehmen, die Pilze erneut zufügen und aufkochen.

☺ Aus der Restsoße durch Strecken mit Bouillon oder Milch eine Suppe zubereiten. Spätestens am Folgetag verwenden.

MORCHELN

einkaufen

Die Hüte sind sauber und nicht ausgetrocknet. Der Duft ist angenehm würzig.

vorbereiten

Frische Morcheln vor der Verarbeitung überbrühen und das Wasser weggießen. Gründlich reinigen.

PFIFFERLINGE, REHLING, EIERSCHWAMM

einkaufen

Die Pilze sind saftig, haben eine kräftige Farbe und die Hüte sind trompeten-oder trichterförmig. Die Stielenden dürfen nicht trocken sein.

☺ Diese Pilze sind fest, selten madig und sehr haltbar, da sie sehr langsam austrocknen.

Pfifferlinge schmecken bitter

! Pfifferlinge wurden gefroren oder aufgetaut dem Gericht zugefügt.
Bei gefrorenen Pfifferlingen **können** sich Eiweißpeptide bilden und die Pilze schmecken dann bitter. Dies beeinträchtigt nur den Geschmack, die Pfifferlinge sind aber **nicht** giftig.

SHIITAKE / chin. TONGKU (CHINAPILZ)

verwenden

Pfannengerührt für die asiatische Küche, geschmort, gegrillt, sautiert zu Fleisch, Geflügel und Wild.

☺ Frische Shiitake lassen sich wegen ihres großen Hutes sehr gut füllen.

vorbereiten

Getrocknete Shiitake vor der Verwendung ca. 20 Minuten in warmem Wasser einweichen.

STEINPILZE

einkaufen

Der Pilz soll fest und dickfleischig sein, die Hüte nicht von Maden befallen.

☺ Möglichst kleine Exemplare kaufen, sie haben keine Maden.

säubern

Steinpilze möglichst nur mit einem Tuch oder Küchenkrepp abreiben, nicht wässern - sie verlieren sonst Aroma.

TOTENTROMPETE, HERBST-TROMPETE

siehe → Pfifferlinge

☺ Lassen sich gut trocknen und zu Pilzpulver verarbeiten.

TRÜFFELN

Trüffeln sind sicher die teuersten Pilze und werden vom Endverbraucher bis jetzt kaum als Frischware eingekauft. Die Verwendung von frischen Trüffeln ist trotzdem interessant, da seit einiger Zeit große Mengen an Trüffeln aus China importiert werden. Die *Chinatrüffel* ist wesentlich billiger, wird aber wie die französischen und italienischen Trüffeln verwendet. Sie ist fast geruchlos und von dunklerer Farbe, kommt aber geschmacklich nicht an echte Trüffeln heran. Die *Chinatrüffel* wird in nächster Zeit wohl vermehrt angeboten werden.

einkaufen

Frisch: Die Trüffeln sollen sich fest anfühlen, sie haben das unverwechselbare starke Trüffelaroma.

Schwarze Trüffeln (Périgord, Provence) müssen sehr dunkel sein.

! **Achtung:** Es kommt auch gefärbte, minderwertige Ware auf den Markt.

Weiße Trüffeln (Norditalien/Piemont) dürfen keine Flecken haben. Sie haben ein scharfes, pfeffriges fast penetrantes Aroma.

konservieren

◯ Die gesäuberten und geschälten Trüffeln in einen kleinen Topf geben, mit Madeira oder Weinbrand aufgießen und zugedeckt je nach Menge ca. 30 bis 60 Minuten garen.

◯ Die Trüffeln in ein Glas füllen, mit dem Sud aufgießen, im Kühlschrank aufbewahren und innerhalb von zwei Monaten verbrauchen.

lagern

Ungesäuberte Trüffeln in ein ausgekochtes Leinentuch oder in Küchenkrepp wickeln, in einen luftdicht verschlossenen Behälter geben und ins Gemüsefach legen. Alle zwei bis drei Tage die Verpackung wechseln.

Konservenware: Nicht verbrauchte Trüffeln in ein Schraubglas umfüllen, mit leichtem Olivenöl oder Madeira abdecken und innerhalb von vier Wochen verbrauchen.

Frische Trüffeln verlieren nach ca. einer Woche an Aroma und Geschmack.

☺ Trüffeln einfrieren oder konservieren.

säubern

Schwarze Trüffeln gut abbürsten und die Schale dünn abschälen; *weiße* Trüffeln nur mit einem weichen Bürstchen säubern.

☺ Die sehr aromatischen Schalen kleinhacken und zum Würzen von Soßen und Suppen verwenden.

verwenden

Wegen des delikaten Aromas weiße Trüffeln nur roh verwenden.

◯ Zum Verfeinern von Salaten. Als Zutat für Pastagerichte, Fleisch, Geflügel, Omelett und Polenta.

◯ Frisch, in hauchfeine Scheiben geschnitten. In Walnussöl mariniert. Über ein Käsefondue gestreut.

☺ Geflügel mit schwarzen Trüffelstreifen spicken, so geht das Aroma auf das Fleisch über.

WOLKENOHR, JUDASOHR, MU-ERR, CHINESISCHE MORCHEL

verwenden

Pfannengerührt für die asiatische Küche.

☺ Passen gut zu Bambussprossen, Sojasprossen, Zuckererbsen, Meeresfrüchten.

vorbereiten

Getrocknete Wolkenohren vor der Verwendung ca. 30 Minuten in warmem Wasser einweichen, das Wasser dabei mehrmals erneuern.

TROCKENPILZE

①

②

③

1. Weiße chinesische Morchel
2. Wolkenohr
3. Holzohren

aufbewahren

In gut verschlossenen Behältern. Vor Frost, Sonneneinstrahlung, Feuchtigkeit sowie Staub schützen. Bei Gläsern Lichtschutzgläser (braunes Glas) verwenden. Werden aus größeren Vorratsmengen Teilmengen entnommen, diese mit Sorte, Gewicht und Kaufdatum sowie evtl. Verbrauchs- bzw. Verfallsdatum etikettieren.

quellen

Trockenpilze im Küchensieb unter fließendem, lauwarmem Wasser durchspülen. Dann mit der doppelten Menge lauwarmen Wassers auffüllen und quellen lassen. Restflüssigkeit nicht weiter verwenden.

☺ Benötigte Menge Pilze in einen Messbecher geben und so die Wassermenge genau dosieren.

quellen - zur Verwendung in Wildgerichten oder zu Rinderbraten

Pilze im Sieb spülen. Benötigte Menge Flüssigkeit plus 10 % durch Rotwein ersetzen. Diesen kurz aufkochen, vom Feuer nehmen, Pilze zugeben und abgedeckt stehen lassen. Haben diese den Wein aufgesogen, kompletten Topfinhalt verarbeiten.

schmecken bitter

! Die Pilze wurden ohne Vorreinigung und Quellvorgang direkt in heiße, oder direkt in kochende Speisen gegeben.

schmecken kräftiger

☺ Die Trockenpilze in aufgekochtem Rotwein quellen lassen. Im Wein zwei bis drei zerdrückte Wacholderbeeren je Viertelliter mitkochen.

verwenden

Trockenpilze sind eine vorzügliche Würze für Suppen und Soßen. Sollen sie als Gemüse verarbeitet werden, die Pilze kurz abspülen, mit kochendem Wasser übergießen und im Einweichwasser mindestens zwei Stunden, besser über Nacht stehen lassen. Das Einweichwasser für die Gerichte mit verwenden. Vor Gebrauch durchsieben.

KARTOFFELN

ALLGEMEINES

aufbewahren

Gekochte, geschälte Kartoffeln:
In einem verschließbaren Behälter im Kühlschrank max. zwei Tage. Mit wenig Salatöl einreiben, dann trocknen sie nicht aus. Nicht offen mit anderen Lebensmitteln oder gar Salaten und Gemüsen lagern (Salmonellengefahr!).
Gekochte, ungeschälte Kartoffeln:
können einen Tag länger gelagert werden, da die Schale den Feuchtigkeitsverlust mindert.
Rohe Kartoffeln:
gründlich mit kaltem Wasser durchspülen. Anschließend bedeckt mit kaltem Wasser max. zwei Tage im Kühlschrank aufbewahren. Das Wasser muss täglich erneuert werden. Bei längerer Lagerzeit besteht die Gefahr von "Wasserhärte".
Rohe Kartoffeln, vorgeschnitten:
In eine Schüssel mit kaltem Waser geben, gut durchspülen, abgießen und neues Wasser nachfüllen. Im Kühlschrank max. 12 Stunden lagern. Vor der Verarbeitung das Standwasser abgießen und erneut durchspülen.
Faustregel: Je mehr die Kartoffel zerkleinert wurde, desto kürzer die Haltbarkeit in kaltem Wasser.

blanchieren

Brunoise (kleine Würfel): Mit einem Metallsieb in kochendes Salzwasser einhängen, abtropfen, auf ein Blech ausbreiten und auskühlen lassen.
Ganze Kartoffeln: In kochendem Salzwasser; mit einem Sieblöffel herausnehmen und nebeneinander auf einem Gitter abtropfen lassen.
Neue Kartoffeln: Mit der Schale in kochendem Salzwasser, dem einige Kümmelsamen zugesetzt wurden.
Pariser Art: In kochendem Salzwasser mit etwas Butter. Auf einem Abtropfgitter auskühlen lassen.
Scheiben für Gratin u.ä.: Wie Pariser Art, nur mehr Blanchierwasser.

einkaufen

Die Knolle soll fest und ohne Druckstellen sein und keine Grün- oder Schwarzfärbung aufweisen. Keine gekeimten Knollen kaufen.
Bei Frühkartoffeln soll sich die Schale leicht mit den Fingern abreiben lassen.
Auch wenn sie schön aussehen: bereits gewaschene Kartoffeln sind nur begrenzt lagerfähig.

faulig

! Die Kartoffeln wurden zu kalt gelagert.
! Die Kartoffeln wurden zu warm und zu feucht gelagert.
! Die Kartoffeln wurden neben Zwiebeln gelagert.

fleckig

! Geschälte Kartoffeln wurden nicht genügend gespült und es konnten sich Stärkereste ablagern.
! Beim Kochen war zu wenig Wasser im Topf.
! Dem Kochwasser wurde statt ganzem Kümmel gemahlener Kümmel zugesetzt.
! Ware in Gläsern wurde dem Sonnenlicht ausgesetzt .
! Die geschälten Kartoffeln wurden zu lange der Luft ausgesetzt.
Verfärbte Stellen unbedingt ausschneiden.

frittierte Kartoffeln, Variationen

Chips
Die Kartoffeln mit einem scharfen Messer oder dem Gemüsehobel in hauchfeine Scheiben schneiden. Bei ca. 190 °C ca. zwei bis drei Minuten goldgelb frittieren.
Polsterkartoffeln / pommes soufflées
Die Kartoffeln in gleichmäßige, messerrückendicke Scheiben schneiden und eine nach der anderen in mäßig heißem Fett unter Wenden und Rütteln hellgelb backen. Schwimmen die Scheiben oben, mit einem Schaumlöffel herausnehmen und in eine Pfanne mit sehr heißem Fett geben. Öfter mit dem Schaumlöffel unter das Fett drücken und die wie Bällchen aufgeblähten Kartoffelscheiben hellbraun werden lassen.

Oder in der Fritteuse bei 175 °C frittieren, bis die Scheiben weich, aber noch nicht gebräunt sind.Die Scheiben dürfen nicht aneinander kleben. Die Scheiben abtropfen und etwas abkühlen lassen. In der Fritteuse bei ca. 195 °C frittieren, bis sie braun sind. Immer nur wenige Kartoffelscheiben einlegen, da diese sich sofort aufblähen.

Pommes frites

Die begradigten Kartoffeln in ca. fünf Millimeter dicke und sieben Zentimeter lange Stäbchen schneiden und frittieren.

☺ Eine dünn abgeschnittene Orangenschale in das Frittierfett geben, die Pommes frites erhalten dadurch einen besonders feinen Geschmack.

Kartoffelstäbchen / Pont-Neuf-Kartoffeln

Die Kartoffeln in ca. einen Zentimeter dicke und sieben Zentimeter lange Stäbchen schneiden und wie Pommes frites frittieren.

Streichholzkartoffeln / pommes allumettes

Die begradigten Kartoffeln in ca. drei Millimeter dicke und ca. sechs Millimeter lange Juliennestreifen schneiden und einmal bei 190 °C ca. drei bis vier Minuten frittieren.

Strohkartoffeln / pommes paille

Die begradigten Kartoffeln in sehr feine Scheiben und dann in feine Streifen von ca. sechs Millimeter Länge schneiden. Bei 190 °C in ca. zwei bis drei Minuten goldgelb frittieren.

Waffelkartoffeln / pommes gaufrettes

Mit einem geriffelten Messer oder Gemüsehobel die Scheiben schneiden, dabei die Kartoffeln um 90 Grad drehen, damit die Scheiben ein gitterförmiges Muster erhalten. In ca. zwei bis drei Minuten bei 190 °C goldgelb frittieren.

☺ Das Frittiergut zum Abtropfen auf ein mit Küchenkrepp ausgelegtes Sieb geben, leicht salzen und sofort servieren.

☺ Einen Gemüsehobel mit verstellbaren Messern zum Herstellen der Kartoffelgerichte benutzen.

Frittierkartoffeln vorbereiten

Alle dickeren Kartoffelteile werden in zwei Arbeitsgängen frittiert. Zuerst bei niedriger Temperatur bis sie weich sind, dann in heißem Öl, bis sie knusprig und braun sind. Fein geschnittene Kartoffeln nur einmal in heißem Öl frittieren.

☺ Fertig frittierte Kartoffeln auf einen mit Küchenkrepp ausgelegten Teller geben und mit Krepp abtupfen. Dann sind sie nicht so fett.

frittierte Kartoffeln matschig

! Die Kartoffeln wurden gesalzen und dann zu lange warm gestellt.

☺ Kartoffeln erst kurz vor dem Servieren salzen, dann werden sie nicht matschig.

frittierte Kartoffeln nicht knusprig

! Zuviel Frittiergut kam gleichzeitig ins Fett. Dadurch sinkt die Temperatur, die Kartoffeln saugen das Fett auf und werden weich.

frittierte Kartoffeln warm stellen

Frittierte Kartoffeln nur ungesalzen warm stellen, sie werden sonst weich.

glasig

! Rohware hat Frost abbekommen.

! Geschälte Kartoffeln wurden zu lange im gleichen Wasser gelagert.

grün

Die Kartoffeln wurden bei Licht gelagert und das gesundheitsschädliche Solanin konnte sich bilden. Diese Kartoffeln sind nicht mehr für den Verzehr geeignet.

Kartoffeln lagern

Die beste Lagertemperatur liegt bei 4 °C bis maximal 8 °C, in trockenen, dunklen Räumen. *Frühkartoffeln* (Ernte Mitte Juni bis Anfang Juli) sind nur ca. zwei bis drei Wochen lagerfähig. Sorten: *Sieglinde, Gloria, Hela, Saskia, Selma.*

Mittelfrühe/Mittelspäte Sorten (Ernte August bis September) sind etwa bis zum Jahresende lagerfähig. Sorten: *Bintje, Christa, Clivia, Désirée, Grandifloria, Granola, Grata, Hansa,Irmgard, Nicola.*

Späte Sorten (Ernte ab September) sind bis zum nächsten Frühjahr lagerfähig. Sorten: *Datura, Maritta.*

nicht weich geworden

! Die Kartoffeln sind „wasserhart" geworden, d.h. sie wurden zu lange in ungewechseltem Wasser aufbewahrt (siehe Seite 176).

schmecken fade

! Zu wenig Salz im Kochwasser.

☺ Bei „Neuen Kartoffeln" kann durch Beigabe von ganzem Kümmel der Eigengeschmack verstärkt werden.

schwarz

Die Kartoffeln wurden zu kalt (im Kühlschrank) gelagert oder waren gefroren. Die enthaltene Stärke wird bei Temperaturen um den Gefrierpunkt in Zucker verwandelt, die Kartoffel wird schwarz. Diese Kartoffeln sind nicht mehr für den Verzehr geeignet.

Sorten

fest kochend (Salatkartoffel)
Das Fleisch ist fest, glatt und zerfällt nicht beim Kochen.
Geeignet für Salate, Pellkartoffeln und Salzkartoffeln.
Die gängigsten Sorten: *Hansa, Nicola, Selma, Sieglinde.*
Vorwiegend fest kochend
Das Fleisch ist nach dem Kochen mittelfest. Geeignet für Bratkartoffeln, Folienkartoffel, Gratins, Ofenkartoffel, Puffer und Rösti.
Die gängigsten Sorten sind: *Christa, Clivia, Désirée, Gloria, Grandifloria, Granola, Grata, Hela,Saskia.*
Mehligkochend
Das Fleisch ist nach dem Kochen locker und trocken. Geeignet für Knödel, Suppen und Püree.
Die gängigsten Sorten: *Adretta, Aula,Bintje, Datura, Irmgard, Likaria, Maritta.*

Tiefkühlware zu fett, in der Fritteuse ausgelaufen

! Das Ausbackfett hatte eine zu niedrige Temperatur.

! Zuviel Frittiergut wurde zur gleichen Zeit ins Fett gegeben.

☺ Packungsinhalt erst auf ein Sieb geben, abschütteln und dann ins Ausbackfett einlegen. Das Gargut dann auf Küchenkrepp abtropfen lassen.

verfärbt

Einige Tropfen Essig ins Kochwasser geben.

verkocht

! Zu lange Kochzeit.

! Mit zu wenig Wasser zu stark gekocht.

! Zu kleine Kartoffelstücke zu lange gekocht.

warm stellen

Ein unbehandeltes Tuch mit flüssiger Butter bepinseln, die Kartoffeln darin einschlagen und in einer Schüssel, die in einem siedenden Wasserbad steht, warm stellen.

BOUILLONKARTOFFELN

Gemüseeinlage

Sellerie, Petersilienwurzel und Karotten durch die grobe Scheibe des Fleischwolfes drehen, das geht schneller.

geschmacklos

Für die Zubereitung eine bereits fertige, gut gewürzte Fleischbrühe verwenden.

schmecken bitter

! Zwiebeln wurden durch den Fleischwolf gedreht oder mit anderen Küchenmaschinen zerkleinert, dadurch wurden sie zerquetscht und bitter. Zwiebeln immer mit einem scharfen Messer zerkleinern.

weiter verwenden

Ideal für Kartoffeleintopf, Kartoffelsuppen oder als Grundlage für Gemüsecremesuppen.

zu flüssig

Schöpfkelle mit Schaumlöffel abdecken und zusammen eintauchen. Wenn die Kelle vollgelaufen ist, die Brühe in einen separaten Topf geben. Den Vorgang so lange wiederholen, bis die gewünschte Konsistenz erreicht ist.

BRATKARTOFFELN

ALLGEMEINES

braten

In heißem Öl oder Schmalz anbraten.

hängen in der Pfanne fest

! Frisch gekochte Kartoffeln waren nicht ausgekühlt.

! Die Pfanne war unsauber, verkratzt oder hatte einen Waffelboden.

! Falsches Bratfett (Butter, Margarine).

! Das Fett war vor der Zugabe der Kartoffeln nicht heiß genug.

! Es wurden erst die Kartoffeln, dann das Fett in die Pfanne gegeben.

! Es wurde eine zu mehlige Sorte verwendet.

! Die Kartoffeln wurden zu weich gekocht.

! Kartoffeln aus dem Glas wurden nicht gründlich abgetropft und zu nass in die Pfanne gegeben.

☺ Kartoffeln gut abtropfen lassen, auf ein Blech geben und ca. zehn Minuten bei 100 °C im geöffneten Backrohr vortrocknen. Mikrowelle ist nicht geeignet.

krosser
Die Kartoffeln mit Schweineschmalz braten, das verstärkt auch den Geschmack.

verfeinern
Bratkartoffeln in Entenfett anbraten.

werden nicht richtig braun
! Die Kartoffelscheiben waren zu feucht.
! Es waren zu viele Kartoffeln in der Pfanne.
☺ Kartoffeln vom Vortag verwenden.

würzen
Frisch gekochte Kartoffeln zu Bratkartoffeln verarbeitet benötigen mehr Gewürze als Kartoffeln vom Vortag. Je nach Geschmack kräftig würzen.

BRATKARTOFFELN MIT SPECK

Kartoffeln zu fettig
! Es wurde das falsche oder zuviel Fett verwendet
! Die Pfanne war nicht genügend vorgewärmt.
! Die Reihenfolge wurde nicht beachtet (Öl erhitzen, Speck ausbraten, Kartoffeln zugeben).
☺ Nach Anbraten des Specks die Hälfte des Fettes abgießen, dann erst die Kartoffeln zugeben.

Speck gummiartig
! Die Pfanne war zu kalt.
! Es wurde Butter oder Magarine statt Öl verwendet.
! Das Öl war zu wenig erhitzt; es muss Schlieren bilden.
! Es war zu viel Speck in der Pfanne. Der Speck brät dann nicht, sondern "kocht".
☺ Den Pfannenboden in der Mitte freilassen, damit der Dampf schneller abziehen kann.

BRATKARTOFFELN MIT ZWIEBELN

schmecken bitter
! Beim Anbraten der Zwiebeln war das Öl zu heiß, und die Zwiebeln sind schwarz und bitter geworden.
! Es wurden gefrorene Zwiebeln verwendet.

schwarz geworden
! Zwiebeln wurden angebraten, Kartoffeln dazugegeben und beides nicht rechtzeitig vermischt.
☺ Die Zwiebeln in der einen Hälfte der Pfanne und die Kartoffeln in der anderen Hälfte braten. Beides erst zum Schluss vermischen.

ROH GERÖSTETE KARTOFFELN

kleben in der Pfanne
! Das Öl war noch nicht heiß genug, als die Kartoffeln zugefügt wurden.
! Die Kartoffeln wurden nicht genügend gewässert.
☺ Die Kartoffeln schneiden und unter fließend kaltem Wasser gründlich abspülen. Auf einem Sieb abtropfen lassen und dann möglichst großflächig auf einem trockenen Backblech ausbreiten. Bei ca. 80 °C im Backrohr trocknen lassen, anschließend weiter verarbeiten.
☺ Eine beschichtete Pfanne verwenden.

BUTTERKARTOFFELN

haben die Butter aufgesaugt
! Die Kartoffeln waren zu mehlig.
! Die Butter wurde bereits im Topf zugefügt.
☺ fest kochende Kartoffeln verwenden und die Butter als Flocken erst beim Anrichten zugeben.
☺ Butter in der Pfanne schmelzen und die Kartoffeln darin durchschwenken.

FOLIENKARTOFFELN

Allgemeines
Die "Folienkartoffel" ohne Folie zubereiten, die Kartoffeln werden dann schneller gar. Die fertige Kartoffel in die Folie (mit der glänzenden Seite nach innen) wickeln. Die glänzende Seite reflektiert die von der Kartoffel abgestrahlte Wärme, und die Kartoffel kühlt nicht so schnell aus.

hängen am Backblech fest
! Passiert leicht bei älteren Blechen.
☺ Unter die Kartoffeln Kochsalz streuen.

schmecken fade
! Die Kartoffeln wurden ungewürzt gegart.

☺ Kartoffeln vier- bis fünfmal tief einkerben, mit Salz und Pfeffer würzen und ein Stück Butter zugeben.

weiter verwenden

Ausgekühlt und abgeschält zu Bratkartoffeln verarbeiten.

werden nicht fertig

! Die Kartoffeln wurden vollständig in Folie gepackt.

! Die Ofentemperatur war zu niedrig.

☺ Die Kartoffeln nur zur Hälfte in Folie packen. Die Ofenwärme dringt schneller ein und die Garzeit verkürzt sich. Außerdem kann die Kartoffel für eine Garprobe angestochen werden.

KARTOFFELGERICHTE

warm stellen

Im Backofen auf einem Gitter. Ein mit Wasser aufgefülltes Backblech unterschieben, dies verhindert das Austrocknen. Die Gerichte nicht abdecken, sie ziehen sonst Wasser und weichen auf.

KARTOFFELGRATIN

Allgemeines

Gratin kann aus rohen, blanchierten und gekochten Kartoffeln zubereitet werden. Die Garzeit verringert sich entsprechend.

Gartemperatur

Entweder 160 °C (Dauer 60-90 Minuten) oder 80-90 °C (Dauer 2 1/2-3 Stunden).

geht nicht aus der Form

Die Form mit reinem Pflanzenfett ausstreichen und mit Semmelbröseln ausstreuen. Dann vorsichtig die Kartoffelmasse einfüllen oder einschichten, damit der Schutzmantel nicht zerstört wird.

in der Mitte noch nicht durch

! Die Temperatur war zu hoch (richtig: 160 °C).

! Die Gardauer war zu kurz (richtig: bei 1 kg Inhalt 45-60 Minuten).

☺ Die Form, ins Wasserbad gestellt und im Rohr gegart, garantiert gleichmäßiges Durchgaren.

oben zu dunkel

! Zu viel Oberhitze oder bei Umluftgeräten zu hohe Gesamttemperatur.

☺ Obere Schicht entfernen, mit einer Mischung (1:1) aus Sahne und geschlagenen Eiern begießen und nachbacken.

schmeckt bitter

! Die Zwiebeln wurden der Masse roh zugefügt.

! Die oberste Schicht des Gratins bestand aus Zwiebeln.

☺ Die Zwiebeln in Butter andünsten und abgekühlt zufügen.

schmeckt fade

! Passiert leicht bei neuen Kartoffeln.

! Es wurde zu schwach gewürzt.

! Der Überzug aus Eiern und Sahne wurde nicht separat abgeschmeckt.

vorbereiten

Werden die Kartoffelscheiben nicht sofort weiter verarbeitet, Milch aufkochen, die Scheiben kurz druchschwenken und herausnehmen. Die Kartoffelscheiben behalten ihre Farbe und werden nicht unansehnlich.

weiter verwenden

Zerkleinern und zu Kartoffeleintopf, Kartoffelsuppe oder mit weiteren Zutaten zu Kartoffelplätzchen verarbeiten.

zu viel Käse

Faustregel: Auf 1 kg Kartoffeln kommen ca. 60-70 g geriebener Käse.

KARTOFFELKROKETTEN, KARTOFFELBÄLLCHEN

formen

Die Masse in einen Spritzbeutel füllen und Stränge spritzen.

Die Stränge in fingerdicke Stücke schneiden.

in der Fritteuse ausgelaufen

! Die Fetttemperatur war zu niedrig.

! Es wurden neue Kartoffeln verwendet, in diesen ist der Stärkeanteil noch zu gering.

! Der Anteil an Eiern war zu hoch.

! Die Kartoffelmasse war bereits zu ausgekühlt, als die Eidotter zugefügt wurden.

! Tiefkühlware war bereits an- oder aufgetaut.

! Zuviel Kroketten usw. kamen zur gleichen Zeit ins Frittierfett.

panieren

Die Kroketten erst kurz vor dem Backen in geschlagenes Eigelb tauchen, dann hält die Panade besser.

ungleichmäßige Form

! Die Masse ist zu weich, siehe → in der Fritteuse ausgelaufen.

! Die Masse wurde ungleichmäßig geformt.

! Es wurde zur gleichen Zeit zu viel Gargut in die Fritteuse gegeben.

verfeinern

zu *Mandelkroketten*: Die Röllchen in Mandelblättchen wälzen und dann frittieren.

☺ Statt Semmelbrösel, Sesamsamen oder gehackte Haselnüsse verwenden.

warm stellen

Bei 80 °C im Backrohr mit untergelegtem Pergamentpapier.

KARTOFFELPÜREE

bröckelig

! Das Püree wurde mit kalter Milch zubereitet.

☺ Nur angewärmte, gewürzte Milch verwenden.

Fertigprodukte verfeinern

◯ In die angegebene Flüssigkeit bereits Zusatzgewürze (Muskat und Salz) beigeben.

◯ Nach Fertigstellung Butter einrühren.

◯ Dem Fertigprodukt ein oder zwei geriebene rohe Kartoffeln zugeben.

glasig

! Zu wenig Milch oder deren Fettanteil war zu gering.

! Passiert auch bei speckigen Kartoffeln.

! Die Kartoffeln waren noch nicht gar.

☺ Etwas Püreepulver zugeben.

klebrig

! Die Kartoffeln wurden in einem Mixer oder in der Küchenmaschine püriert. Dabei wird Stärke freigesetzt, die das Püree klebrig macht.

schmeckt bitter

! Es wurde zuviel geriebene Muskatnuss verwendet.

verfeinern

◯ Speck fein würfeln und auslassen, Zwiebelwürfel darin andünsten und unter das Püree heben.

◯ Etwas geriebenen Käse unterrühren.

weiter verwenden

Als *Kartoffelsuppe*: Mit Wasser oder Gemüsebrühe verdünnen und aufkochen. Gewürfelte Gemüse, Speck und Zwiebel in der Pfanne mit wenig Fett anbraten und zugeben. Erneut aufkochen und mit Majoran abschmecken.

zäh

Passiert leicht bei speckigen Sorten oder Fertigprodukten.

! Der Flüssigkeit oder dem fertigen Püree wurde zuviel Butter oder Margarine zugesetzt.

! Zu wenig Flüssigkeit

! Kartoffeln wurden zu lange abgedampft oder zu weit abgekühlt.

! Durchgepresste Kartoffeln standen vor der Weiterverarbeitung zu lange.

zu dick

siehe → zäh

zu dünn

Passiert leicht bei Fertigprodukten.

! Die angegebene Flüssigkeitsmenge wurde überschritten.

! Das vorgeschriebene Verhältnis von Milch und Wasser wurde stark verändert.

! Das Püree wurde bei zu hoher Temperatur warm gestellt (z.B. im Backofen).

zubereiten

500 g geschälte Kartoffeln kochen, abgießen und auf der Herdplatte abdampfen lassen.
1/2 Tasse Schlagsahne, 1/2 Tasse Milch und 60 g Butter aufkochen und mit Salz und etwas geriebener Muskatnuss würzen. Die Kartoffeln in den Aufschlagkessel pressen, dabei die siedende Mischung nach und nach zufügen. Die Mischung mit einem großen Schneebesen im Achterschlag (den Schneebesen in Form einer Acht durch den Kessel ziehen) kräftig schlagen, bis das Püree völlig glatt ist.

KARTOFFELPUFFER

ausbacken

In heißem Öl. Nie mehr als vier Stück pro Backvorgang in die Pfanne geben.

Die Kartoffelpuffer vorsichtig mit Pfannenheber und Gabel wenden.

kleben in der Pfanne

! Das Ausbackfett war nicht heiß genug.

! Die Masse war zu flüssig.

! Die Masse enthielt zu wenig Ei und Stärkemehl.

! Die Pfanne war verkratzt oder unsauber.

locker

Eine Prise Backpulver im Pufferteig macht ihn schön locker.

Masse entwässern

Die Masse in ein unbehandeltes Küchentuch geben und durch Zusammendrehen die Flüssigkeit auspressen.

Masse ist braun geworden

! Die geriebenen Kartoffeln standen zu lange in der Wärme.

! Die geschälten Kartoffeln wurden ohne Wasser gelagert.

☺ Geschälte Kartoffeln in Wasser lagern.

! Die in Würfel geschnittenen rohen Kartoffeln wurden mit den anderen Zutaten im Mixer zerkleinert und nicht sofort weiter verarbeitet. Die Masse verfärbt sich und wird unansehnlich braun.

schmecken bitter

! Die Zwiebeln wurden roh und nicht angedünstet beigefügt.

! Die Rohmasse wurde in einer Küchenmaschine mit zu hoher Umdrehungszahl hergestellt. Die Masse wird dabei durch die Reibung erwärmt und schmeckt dann bitter.

verfeinern

Bei Fertigprodukten der Rohmasse in Butter gedünstete feine Zwiebelwürfel, Muskatnuss, weißen Pfeffer und Salz zugeben.
Bei Trockenprodukten die angegebene Flüssigkeitsmenge um 10 % reduzieren, und wie bei Fertigprodukten würzen.
Der Masse ein bis zwei Esslöffel saure Sahne zufügen.

weiter verwenden

In kaltem Zustand als Brotbelag (evtl. mit gehackten Kräutern bestreut).

zu fett

! Das Ausbackfett hatte eine zu geringe Temperatur, dadurch konnten sich die Puffer vollsaugen.
! Die Puffer wurden nach der Entnahme aus der Pfanne nicht abgetropft.
☺ Puffer mit einem Schaumlöffel entnehmen und auf unbedrucktes Küchenpapier legen.

KARTOFFELSALAT
siehe → Salate

KARTOFFELSCHNEE

weiter verarbeiten

Zu Kartoffelplätzchen oder Kartoffelsuppe.

PELLKARTOFFELN

abschrecken

Pellkartoffeln kurz in kaltem Wasser abschrecken, dann lockert sich die Schale und lässt sich leichter abziehen.

im Backofen zubereiten

Neue Kartoffeln können in der Fettpfanne ohne Wasser im Backofen gegart werden.

kochen

Kartoffeln, die in der Schale gekocht werden, mehrmals mit der Gabel einstechen. Sie werden dann schneller gar.

schneiden

Kleine Pellkartoffeln lassen sich gut mit dem Eierschneider schneiden.

verfeinern

☺ Außer Salz noch ganzen Kümmel zugeben.
☺ Flüssige Butter mit Salz würzen und geschälte Kartoffeln darin schwenken.

PFANNENSCHLAG
(BRATKARTOFFELN MIT BLUT- UND LEBERWURST VERMISCHT)

schmeckt fade

! Die Würste wurden vom Metzger nicht genug gewürzt.
☺ Speck und Zwiebeln in heißem Fett angehen lassen, mit Majoran würzen und den Wurstinhalt untermischen.

zu flüssig

! Die Würste enthielten zuviel Flüssigkeit/Fett.
! Die Würste enthäuten und in ein Sieb legen. Die Masse mit einem Löffel leicht andrücken, die Flüssigkeit tritt dann aus.

zu matschig

! Die Kartoffeln waren zu frisch.
! Die Kartoffeln wurden zu lange mit den Würsten in einer Pfanne gebraten.
☺ Kartoffeln vom Vortag verwenden und in einer separaten Pfanne zubereiten. Erst kurz vor Bratende in die Wurstpfanne geben und vermischen.

RÖSTI

verfeinern

Wenn die Rösti angebraten sind, etwas geriebenen Käse zugeben.

ROTE KARTOFFELN

verwenden

Die rote Schale ist das Ergebnis einer speziellen Züchtung. Verwendet werden diese Kartoffeln genau wie die braunschaligen, sie haben oft ein feineres Aroma.
Sorten: *Désirée* fest kochend, *Roseval* fest kochend.

Salzkartoffeln

warm stellen

Zwischen den Topf und den Deckel ein sauberes Küchentuch legen. Es zieht den aufsteigenden Dampf ab und die Kartoffeln behalten
ihr appetitliches Aussehen.

Süsskartoffel (BATATE)

einkaufen

Feste Knollen, ohne Faulstellen.

lagern

In kühlen, trockenen und dunklen Räumen ca.
sieben bis zehn Tage.
Nicht im Kühlschrank lagern.

verfeinern

Zucker und Honig unterstreicht die natürliche
Süße der Gerichte.

verwenden

Süßkartoffeln sind der Kartoffel ähnlich, sie
haben aber eine dickere Schale. Das Fleisch
zerfällt beim Kochen zu einem weichen Brei,
der nach Kastanien schmeckt. Sie eignen sich
besonders gut zum Backen, Kochen und Pürieren und fritiert als Pommes frites.

YAMSWURZEL

lagern

siehe → Süßkartoffeln

zubereiten

Die Yamswurzel kann wie Süßkartoffeln zubereitet werden, sie ist allerdings nicht ganz so
süß im Geschmack.

Trüffelkartoffel

Trüffelkartoffeln haben eine violette Schale
und ein angenehm süßliches Fleisch mit leichtem Nussaroma. Sie eignen sich besonders
gut zu feinen Gerichten.
Sorten: *Vitelette noire*.

Klösse, Knödel

Allgemeines

aufbewahren

Gekochte Klöße: Im Kühlschrank ca. zwei Tage, tiefgefroren ca. drei Monate.
Rohe Klöße: Im Kühlschrank höchstens zwölf Stunden, tiefgefroren ca. vier Wochen.
Klöße mit Fisch- oder Fleischanteil: Im Kühlschrank gekocht oder roh höchstens 24 Stunden, tiefgefroren ca. zwei Monate.
Die Klöße im Sud auskühlen lassen und abgedeckt im Kühlschrank aufbewahren. Bei großen Mengen die abgekühlten Klöße abtropfen lassen, eine Schüssel mit einem Gitterrost oder einem umgedrehten Teller auslegen und die Klöße nebeneinander abgedeckt aufbewahren.

auftauen

○ Vom Gefrierschrank einige Stunden, evtl. über Nacht, in den Kühlschrank umlegen. Dabei verschließbaren Behälter mit Gittereinsatz benutzen.

○ Leicht gesalzenes Kochwasser zum Sieden bringen. Je nach Sorte mit Stärkemehl leicht binden. Gefrorene Knödel einlegen und der Größe entsprechend lange ziehen lassen. Mindestens jedoch 20 bis 30 Minuten.

aufwärmen

Am Besten, wenn die Knödel im Kochwasser ausgekühlt sind. Etwas Wasser zugießen und nachsalzen. Knödel entnehmen, Kochwasser erneut zum Sieden bringen, Knödel einlegen und aufkochen lassen. Sind alle Knödel aufgetaucht, Wasser bei ca. 90 °C heiß halten und Knödel ziehen lassen. Auftauchen durch Rütteln am Topf oder vorsichtiges Durchfahren mit dem Kochlöffelrücken bechleunigen. Erst dann den Topf abdecken, aber einen Spalt zwischen Deckel und Topf lassen.

einfrieren

Noch lauwarm aus dem Sud nehmen, mit Küchenkrepp abtupfen und nebeneinander auf einem Blech im Gefrierschrank anfrosten (ca. drei bis vier Stunden). Dann in Gefrierbeutel füllen.

☺ Vorgefrostete Knödel lösen sich leichter, wenn das Blech kurz auf die angewärmte Herdplatte gestellt wird. Die Unterseite der Knödel dann nochmals abtupfen.

erwärmen

In gewürzte, leicht siedende Fleischbrühe geben und ziehen lassen.

erwärmt in der Mikrowelle, Fleisch und Beilagen heiß, Knödel innen noch kalt

Die Knödel wegen ihrer Dichte getrennt erwärmen (ca. Hälfte der Gesamtwärmzeit). Dann mit den anderen Beilagen auf dem Teller anrichten und komplett erhitzen.

garnieren

Je nach Sorte Knödel:
Kartoffel: Überzug mit Paniermehl in Butter gebräunt und leicht gesalzen.
Semmel: Bestreuen mit fein geschnittenem Schnittlauch oder gehackter Petersilie.
Leber: Überzug aus fein gewürfeltem Speck und Zwiebeln, in Öl glasig gedünstet.
Frucht: Überzug aus gemahlenem Mohn mit Zucker vermischt und in Butter angeschwitzt.
Servietten: Mit Sträußchen von Krauspetersilie und Tomatenachteln dekorieren.
Topfen (Quark): Sauren Rahm erwärmen, mit gehackter Petersilie vermischen und überziehen.

glänzen

Die Klöße erhalten einen schönen Glanz, wenn das Kochwasser mit zwei Esslöffeln kalt angerührter Speisestärke gebunden wird.

glasig

! Meist bei Kartoffelknödeln, die eingefroren waren und beim erneuten Erwärmen nicht richtig durchgezogen sind.

! Beim Erwärmen in der Mikrowelle durch zu kurze Laufzeit.

glitschig

Klöße werden nicht glitschig, wenn eine umgedrehte Tasse in die Servierschüssel gegeben wird, unter der sich die Flüssigkeit sammeln kann.

Knödel steigen beim Abkochen nicht nach oben

❍ Wiederholtes, leichtes Rütteln am Topf löst am Boden festhängende Knödel.

❍ Oder mit der Kochlöffelrückseite vorsichtig durch den Topf fahren.

Knödelteig braun geworden

Das Haltbarkeitsdatum war überschritten. Der Teig wurde offen gelagert. **Achtung:** Bei säuerlichem Geruch nicht mehr verwenden.

Knödelteig klebt

Passiert bei neuen Kartoffeln mit geringem Stärkeanteil.

☺ Pro Kilogramm Teig ca. einen Esslöffel Kartoffelmehl einarbeiten.

Knödelteig schmeckt fade

Die Masse mit Salz und etwas Muskatnuss nachwürzen.

Knödelteig weiter verwenden

Champignonplätzchen: Die Masse wie *Fränkische Knödel* zubereiten, gehackte Dosenchampignons untermengen und goldbraun wie Kartoffelpuffer ausbacken.

Fränkische Knödel: Die Masse wie bei *Kartoffelpuffer* angegeben zubereiten und fein gehackte Petersilie zugeben. Kochwasser mit wenig angerührtem Stärkemehl binden und die Klöße einlegen.

Kartoffelpuffer: Fein gewürfelte Zwiebeln in Butter glasig dünsten und mit Ei, Salz, Pfeffer und bei Bedarf wenig Stärkemehl unter die Knödelmasse geben. Puffer wie gewohnt ausbacken.

kochen ab

❗ Die Masse konnte nach der Fertigstellung nicht ruhen.

❗ Die Masse war zu feucht.

❗ Die Hände waren beim Abdrehen zu nass.

❗ Die Oberfläche der Knödel war nicht glatt genug.

❗ Die Zutaten waren zu grob geschnitten bzw. gehackt.

❗ Das Kochwasser hat nur gesiedet.

❗ Nach Einlegen der Knödel hat das Wasser nicht schnell genug aufgekocht.

❗ Zu viele Knödel kamen in einen zu kleinen Topf.

☺ Eine zweite Herdplatte vorheizen und den Topf mit den eingelegten Knödeln sofort umsetzen, damit wird ein schnelles Aufkochen erreicht. Ein flacher, breiter Topf ist günstiger als ein hoher, enger Topf.

schmecken fade

❗ Dem Kochwasser wurde kein Salz zugefügt.

❗ Die Masse war zu wenig gewürzt.

schmecken leicht bitter

❗ Rohe, maschinell gehackte Zwiebeln wurden verwendet.

❗ Der Anteil an Petersilienstängel war zu hoch.

❗ Zwiebeln und Petersilie wurden im Rohzustand der Masse beigefügt.

❗ Durch zu viel geriebene Muskatnuss.

vorbereiten

1. Die Masse fertig stellen und etwa eine Stunde stehen lassen. Die Knödel abdrehen, ein Brett mit einem Wäschesprenger zweimal besprengen (dann stimmt die Wassermenge), oder ein Blech trocken mit Paniermehl ausstreuen. Die Knödel nebeneinander legen, mit Klarsichtfolie gut abdecken und kühl stellen. Die vorbereiteten Knödel halten sich ca. 4 Stunden.

2. Knödel fertig zubereiten und kochen. Die Knödel halten sich in heißem Wasser einige Stunden.

weiter verwenden

Geröstete Knödel (nur Semmel-, Kartoffel-, Speck- und Serviettenknödel):
Knödel trocken im Kühlschrank über Nacht lagern, das erhöht die Schnittfestigkeit. In halbe Scheiben schneiden und mit Öl und gewürfelten Zwiebeln in der Pfanne rösten. Abschließend geschnittenen Schnittlauch mit Ei verquirlt unterheben.

Für Salat (nur Semmelknödel, Bayrische Spezialität):
Mindestens zwölf Stunden trocken im Kühlschrank lagern, dann in halbe Scheiben schneiden. Einen Sud aus Wasser, Essig, Pfeffer, Zwiebeln, Schnittlauch und Öl bereiten, Scheiben einlegen und mindestens zwei Stunden ziehen lassen.

Als Suppeneinlage (nur Semmel- oder Speckknödel):
Kalte, feste Knödel in Würfel schneiden, mit geschnittenem Schnittlauch in vorgewärmte Teller geben und mit kochender Fleischbrühe begießen.

zergehen beim Kochen

❗ Die Masse war zu locker.

❗ Die Masse war zu nass und/oder zu wenig durchgeknetet.

! Bei Knödel auf Brotbasis war das verwendete Rohmaterial zu grob geschnitten oder gehackt.

! Falsches Garen siehe auch → kochen ab

! Die Knödelmasse war zu weich/wässrig.

☺ Etwas Stärkemehl zufügen und die Masse kurz ruhen lassen, damit die Stärke die Flüssigkeit aufnehmen kann. Die Hände mit Stärkemehl einpudern und dann die Knödel abdrehen.

☺ Immer einen Probekloß kochen.

zu fest

! Die Knödelmasse enthielt zuviel Ei.

! Die Knödelmasse enthielt zuviel Semmelbrösel, die Brösel entziehen der Masse zuviel Flüssigkeit, die Knödel werden zu fest.

☺ Der Masse ein Eiweiß oder etwas heiße Milch zufügen.

☺ Immer einen Probekloß kochen.

BÖHMISCHE KNÖDEL

schmecken leicht bitter

! Die verwendete Hefe war zu alt.

zerfallen

! Die gewürfelte Semmeleinlage war zu grob geschnitten.

! Die Semmeleinlage wurde vor der Verwendung nicht in Butter angeröstet.

! Die verwendete Hefe ist nicht gegangen, und der Teig wurde deshalb zu fest.

! Der Teig ist nicht lange genug gegangen.

! Das Wasser hat beim Einlegen der Knödel nicht sprudelnd gekocht.

! Beim Weitersieden war der Topf nicht abgedeckt.

einseitig gegart

! Die Knödel wurden während der Garzeit nicht gedreht.

☺ Mit zwei Kochlöffeln häufiger wenden.

HEFEKLÖSSE

fallen beim Kochen zusammen

! Der Teig ist nicht lange genug gegangen.

! Der Teig ist zu schnell aufgegangen.

! Der Teig wurde an einen zu warmen Ort zum Gehen gestellt.

! Der Teig wurde nach dem Gehen nicht "zusammengeschlagen", d.h. die Luftkammern im Teig durch Aufschlagen entfernt.

! Die Klösse wurden beim Kochen nicht abgedeckt.

☺ Den Teig an einem warmen Ort zugfrei gehen lassen.

☺ Die Knödel nach dem Einlegen mit einem Deckel abdecken.

☺ Sobald Schaumblasen unter dem Deckel hervorquellen, diesen schrägstellen und den Topf etwas von der Herdplatte wegziehen. Das Wasser muss dabei aber weiterkochen.

glitschig

! Der Anteil an Butter war zu hoch, deshalb wurde der Teig zu schwer.

KARTOFFELKNÖDEL

schneller zubereiten

Die rohen Kartoffeln in einen Entsafter geben, das vereinfacht das Reiben und Entwässern der Klöße.

zerfallen

Für die Zubereitung wurden frühe Sorten verwendet. Diese enthalten zu wenig Stärke und die Klöße zerfallen.

☺ Immer einen Probekloß kochen. Mehligkochende Sorten wie *Adretta, Aula, Bintje, Datura, Irmgard, Likaria, Maritta* verwenden.

SEMMELKNÖDEL

abgedrehte Knödel aufbewahren

Knödel können einige Stunden vor dem Kochen vorbereitet werden.
Die abgedrehten Knödel auf eine mit Semmelbrösel ausgestreute Platte legen, mit Klarsichtfolie abdecken und kühl bei ca. 8 - 10 °C aufbewahren.

☺ Große Knödelmengen lassen sich auf einem ausgestreuten Backblech aufbewahren.

einfacher

Zwiebeln und Petersilie in flachem Topf anschwitzen und gleich mit Milch aufgießen. Geschnittene Brötchen vom Vortag oder Knödelbrot trocken vorwürzen und mit der Flüssigkeit übergießen.

lösen sich nicht von der Ablagefläche

○ Die Ablagefläche leicht anfeuchten.
○ Bei ohnehin schon zu feuchter Masse die Ablagefläche mit Paniermehl ausstreuen, siehe auch → Knödel vorbereiten

schmecken bitter

! Die verwendete Petersilie und Zwiebeln wurden im Rohzustand der Masse beigemischt.
! Die Zwiebeln wurden maschinell gehackt.
☺ Zwiebeln zusammen mit Petersilie in Butter anschwitzen und dann der Masse zugeben.

zerfallen

! Nach dem Aufgießen und Vermischen mit warmer Milch wurden sofort Eier zugesetzt, ohne dass die Masse vorher ausgekühlt war.
! Die Eier wurden vergessen.

zu fest

! Die verwendeten Brötchen waren schon zu trocken und sind beim Schneiden in Paniermehl zerfallen.
! Einer ursprünglich zu weichen Masse wurde zum Nachbinden zuviel Paniermehl oder Mehl zugesetzt.
! Zuviel Eier in der Masse.
! Die Masse enthielt zuviel Semmelbrösel.
☺ Der Masse ein Eiweiß oder etwas heiße Milch zufügen.
☺ Immer einen Probekloß kochen.

SERVIETTENKNÖDEL

formen

1. Tuch auf den Tisch legen und Pergamentpapier auflegen.
2. Die Oberseite mit Butter oder Margarine gründlich einfetten.
3. Die Masse brotlaibartig vorformen.
4. Überhängendes Tuch mit dem Papier darüberschlagen und durch Rollen in die gewünschte Form bringen.
5. Die Enden durch Verdrehen wurstartig schließen und zubinden.
6. Wie bei Rollbraten die Schnur mehrmals um die Teigrolle wickeln und verknoten.
Das Gesamtgewicht je Serviettenknödel sollte nicht über max. 1,5 kg liegen.

innen noch nicht durch

! Die Nachziehzeit war zu kurz.
! Die Knödelrolle war für die kurze Garzeit zu schwer.

schmecken bitter

siehe → Semmelknödel

! Die Masse wurde zum Kochen in Aluminiumfolie eingewickelt.
(**Achtung:** Vergiftungsgefahr!)

schneiden

Nach Beendigung des Garvorganges Knödelrolle aus dem Wasser nehmen und ca. zehn Minuten setzen lassen. Dann die Umhüllung entfernen und mit einem feinen Sägemesser oder Glattschliffklinge aufschneiden.

Serviette und/oder Pergamentpapier löst sich nicht von der Knödelrolle

! Vor Eindrehen der Masse wurde nicht genügend mit Butter oder Margarine eingefettet.

zu fest

siehe → Semmelknödel

SPECKKNÖDEL

schmecken zu wenig nach Speck

! Der Anteil Speck in der Masse war zu gering.
! Der Speck war zu frisch.
! Der Speck wurde nicht richtig in der Pfanne geröstet.
☺ Speckstück aus der Packung entfernen und offen zwei bis drei Tage im Kühlschrank abtrocknen lassen.
☺ Gut abgehangenen kernigen Speck beim Metzger/Fleischer Ihres Vertrauens kaufen!
☺ Die Knödel in Fleischbrühe garen und die Schwarte mitkochen, dann trocknet der Speck in den Knödeln auch nicht aus.
☺ Das beim Rösten ausgebratene Fett in der Masse verarbeiten.

weiter verwenden

Für geröstete Knödel: Über Nacht trocken im Kühlschrank lagern, in Scheiben schneiden und mit Zwiebeln und Gewürzen in der Pfanne rösten. Mit Schnittlauch und/oder Ei vermischen.
Kalt/Sauer: In Scheiben geschnitten mit Salz, Pfeffer, Essig, Schnittlauch, Zwiebeln und Öl angemacht.

TEIGWAREN

NUDELN

ALLGEMEINES

abschrecken

Die bissfest (al dente) gegarten Nudeln in ein Sieb geben, kurz mit warmem Wasser abbrausen oder nur in Butter schwenken.
Nudeln, die weiter verarbeitet werden (braten, backen, frittieren) und Nudeln für Salate werden kalt abgeschreckt. Das verhindert das Nachgaren.

aufbewahren

Trockenware selbst hergestellt ohne Eier bei Raumtemperatur ca. vier Wochen.
Trockenware industriell hergestellt fast unbegrenzt.
Rohware frisch, mit Eiern im Kühlschrank ca. drei bis vier Tage, tiefgefroren ca. zwei Monate.
Gekochte Nudeln mit wenig Öl vermischen und abgedeckt nicht länger als drei Tage im Kühlschrank aufbewahren. Öl verhindert das Verkleben der Nudeln, Butter und Margarine sind ungeeignet. Nudeln nie zusammen bzw. offen mit Rohprodukten wie Salat und Gemüse lagern: Salmonellengefahr.
Gefüllte Teigtaschen (Ravioli) auf ein mit Maismehl bestäubtes Backblech gesetzt, mit einem Küchentuch locker abgedeckt, im Kühlschrank höchstens 24 Stunden. Die Teigtaschen dürfen sich nicht berühren. Tiefgefroren nicht länger als zwei Monate.

aufwärmen

❍ In gewürzter, knapp bemessener Fleischbrühe.
❍ Durch Anschwenken in der Pfanne unter Verwendung von Butter oder Margarine. Öl lässt die Nudeln zu hart werden.
❍ Durch Eintauchen mit Hilfe eines Siebes im sogenannten Würzwasser. Anschließend Sieb abklopfen und die Teigwaren anrichten. Nudeln dann nur "al dente", d.h. mit Biss - also knapp - garen.
❍ In der Mikrowelle. Nudeln im kalten Zustand würzen und mit wenig Flüssigkeit beträufeln, zugedeckt erhitzen.

Erwärmen in Würzwasser

einfrieren

Gekochte, trockene Nudeln in verschließbaren Behältern können ca. 14 Tage problemlos eingefroren werden.

erwärmen

siehe → aufwärmen

färben

gelb: Ein Döschen gemahlenen Safran in den Teig einarbeiten.
grün: Dem Teig einen Bund sehr fein gehackte, entstielte Kräuter zufügen. Oder Mangoldblätter, Spinat gekocht, gut ausgedrückt, feingehackt oder püriert verwenden.
orange: Zwei bis drei Esslöffel gekochte, pürierte Karotten unter den Teig mischen.
rot: Zwei Esslöffel Tomatenmark unter den Teig mischen.
Zwei bis drei Esslöffel pürierte rote Paprika unter den Teig mischen.
Einen Esslöffel gekochte und pürierte rote Bete unter den Teig mischen
schwarz: Schwarze Nudeln sind mit Tintenfischtinte gefärbt. Selbstherstellung kaum möglich, daher auf fertige Produkte zurückgreifen.
☺ Schwarze Nudeln passen sehr gut zu Meeresfrüchten.
☺ Die meisten farbigen Zutaten sind saftig, deshalb während des Knetens nach Bedarf noch Mehl in den Teig einarbeiten.

formen

Wer keine Nudelmaschine besitzt, sollte den Teig durch die verschiedenen Scheiben des Fleischwolfs geben.

kleben

! Die Nudeln wurden zu lange gekocht.

! Die Nudeln wurden nicht lange genug nach dem Kochen abgespült.

☺ Einige Tropfen Öl ins Kochwasser geben.

! Zu nasse Nudeln sind gleich nach dem Abspülen in der Pfanne angeschwenkt worden.

! Gelagerte Nudeln sind mit Margarine oder Butter beträufelt worden.

☺ Gekochte Nudeln gründlich abtropfen lassen und mit etwas Öl vermischen.

kochen

Auf 100 g Nudeln rechnet man 1 Liter Wasser. Die Nudeln ins sprudelnde Salzwasser geben und je nach Sorte bissfest kochen.

☺ Um den Nudeln einen kräftigeren Geschmack zu geben, dem Kochwasser einen Brühwürfel, eine kleine Zwiebel und ein Lorbeerblatt zufügen.

kochen über

Einige Tropfen Öl ins Kochwasser geben.

Mehlsorten für Teigwaren

Buchweizenmehl muss mit Weizenmehl gemischt werden. Ergibt einen weichen Teig, der für Teigwaren mit Ei geeignet ist.

Hartweizengrieß ist für alle Teigwaren, besonders ohne Ei, geeignet. Der Teig ist elastisch aber schwer ausrollbar. Teigwaren aus Hartweizengrieß besser in der Nudelmaschine herstellen.

Roggenmehl muss mit Weizenmehl gemischt werden. Teige, die Roggenmehl enthalten, sind nicht für die Herstellung von Teigtaschen geeignet.

Vollkornmehl muss mit der gleichen Menge Weizenmehl gemischt werden. Lässt sich für alle Teigwaren verwenden.

Weizengrieß/Weizenmehl ungebleicht ist für alle Teigwaren geeignet. Der Teig ist weich, elastisch und lässt sich gut formen.

☺ Griffiges Weizenmehl (Spätzlemehl) verwenden.

Nudeln mit Meeresfrüchten schmecken fade

! Die Nudeln wurden nur in Salzwasser gekocht.

☺ Dem Nudelwasser Fischgewürz oder Hummer- oder Krebspaste zufügen.

Nudeln mit Meeresfrüchten schmecken mehlig

Die Meeresfrüchtemischung enthielt Surimi, ein Ersatzprodukt aus Fischmehl.

Nudelteig, sebst gemacht

Wird keine Nudelmaschine verwendet, den Teig in Klarsichtfolie oder Pergamentpapier einschlagen und vor dem Ausrollen ca. 15 Minuten ruhen lassen.

Nudelteig zu feucht

In den Teig löffelweise Mehl einarbeiten.

Nudelteig zu trocken

Vorsichtig teelöffelweise Wasser zugeben, bis der Teig geschmeidig wird.

portionieren

Pro Person:
Für Suppen, 30 g Rohware.
Für Vorspeisen, je nach Soße und Verwendung, ca. 60 bis 120 g.
Für Hauptgerichte, je nach Soße und Verwendung, ca. 180 bis 200 g.

schimmeln

! Frische Rohware wurde vor dem Lagern nicht vollständig getrocknet.

☺ Lange Nudeln auf einem Besenstiel hängend leicht trocknen.
Kurze Nudeln zwischen zwei Küchentücher (Tücher vorher in Wasser auskochen, um Waschmittelreste zu entfernen) legen und trocknen.

schmecken fade

! Die Nudeln sind in ungewürztem Wasser zubereitet worden.

☺ Die Nudeln in Würfelbrühe mit Salz, einem Lorbeerblatt und etwas Muskat kochen.

schmecken teigig

! Die Teigwaren wurden nicht lange genug gekocht.

verfeinern

Kalte Gerichte:
Nach dem Würzen unbedingt eine Stunde oder länger ziehen lassen, nachwürzen.

☺ Frisch gekochte und abgekühlte Nudeln nehmen besser Gewürze auf als bereits am Vortag gegarte.

Warme Gerichte:
❍ Außer Salz wenig geriebene Muskatnuss zufügen.
❍ Fein geschnittene Zwiebeln in Butter anschwenken und unter die Nudeln heben.
❍ An die Kochbrühe eine Tasse angewärmten Weißwein geben.

Würzwasser

Siedendes Wasser mit Salz, Muskat und Öl anreichern. Nudeln darin erwärmen.
siehe → aufwärmen

zu weich

! Zu lange Kochzeit.
! Zu lange und/oder zu heiß warm gestellt.
! Zu lange in kaltem Wasser im Kühlschrank gelagert.
! Die Nudeln sind nach Kochzeitende zu lange im lauwarmen Kochwasser geblieben.
☺ Besser lagenweise aus dem Topf heben, abtropfen lassen und in angewärmter Butter wenden.

TEIGWAREN, GEBACKEN

aufbewahren

Im Kühlschrank ca. zwei Tage, tiefgefroren ca. drei Monate.

gar

Ein eingestochenes Holzstäbchen muss sich beim Herausziehen heiß anfühlen.
Die Soße wirft Blasen.

kleben

Die feuerfeste Form ausbuttern und/oder die Teigwaren gut mit Soße überziehen.

TEIGWAREN, GEFÜLLT

aufbewahren

Frisch im Kühlschrank nicht länger als 24 Stunden, tiefgefroren ca. vier Wochen.
Gekocht im Kühlschrank ca. zwei Tage, tiefgefroren ca. drei Monate.

gar

Die Teighülle ist bissfest/al dente, die Füllung ist weich.

Teighülle reisst

! Die Teighülle war zu dünn.
! Zu viele Teighüllen wurden zusammen ins Kochwasser gegeben.
! Die Hülle enthielt zuviel Füllmasse.

Teigwaren mit Käse

Käsesorten für Soßen: Alle hochwertigen Käsesorten, *Caciocavallo* und *Gorgonzola* wegen ihres starken Eigengeschmacks nur sparsam verwenden.
Verfeinern von fertigen Gerichten: hochwertigen *Parmesankäse, Asiago d' Allevio, Pecorino.*
Käsesorten zum Überbacken: *Mozzarella, Bel Paese, Fontina, Ricotta.*

ASIATISCHE TEIGWAREN

Mehl- bzw. Stärkemehlsorten

Weizenmehl, Reismehl, Mischungen aus Pfeilwurz-, Süßkartoffel-, Kartoffel- sowie Mungobohnenstärke

zubereiten

Nudeln aus Weizenmehl können wie europäische Nudelsorten zubereitet werden.
Nudeln aus Reismehl oder Mungobohnenmehl müssen vorher eingeweicht oder mit heißem Wasser durchspült werden. Diese Nudeln dann sofort in den Gerichten weiter verwenden.

Reismehlteighüllen oder Reispapierblätter vorbereiten

Die Teighülle kurz in warmes Wasser tauchen und einige Minuten auf ein gut angefeuchtetes Küchentuch legen. Erst wenn die Hülle weich, durchscheinend und weiß ist, füllen und weiter verarbeiten.

MAULTASCHEN

aufbewahren

Frisch im Kühlschrank ca. drei Tage, *vakuumverpackt* im Kühlschrank ca. zwei Wochen.
Tiefgefroren ca. sechs Monate.

Füllungen

Statt der üblichen Fleischfüllung die Maultaschen mit fein gehacktem *Fisch* oder *Schal-
tierfleisch,* vermischt mit frischen Kräutern
oder fein gehacktem *Wildfleisch* mit Pilzstück-
chen oder grob püriertem oder gehacktem
vorgedünsteten Gemüse füllen.

Maultaschen mit Gemüsefüllung

☺ Die Teigränder mit Eiweiß bepinseln, dann gehen die Maultaschen nicht auf.

Ravioli

füllen

siehe → Maultaschen füllen

schmecken fade

Passiert leicht bei Dosenware.
☺ Fein gewürfelte Zwiebel in Butter glasig dünsten, mit Oregano und Thymian würzen, mit Tomatenmark binden, mit Weißwein knapp ablöschen und aufkochen lassen. Den Doseninhalt zufügen und vorsichtig erwärmen.

Spätzle

grau/braun geworden (beim Anbraten)

! Zum Anschwitzen wurde zu heiße (braune)
Butter verwendet.
! Verwendete Zwiebelwürfel wurden zu dunkel
angebraten.
☺ Spätzle in eine vorgewärmte, beschichtete
Pfanne geben, würzen, Butterflocken aufset-
zen und in der abgedeckten Pfanne langsam
erwärmen.

trocken, fettig

! Die Spätzle wurden in zu heißem Öl angebraten.
! Spätzle vom Vortag wurden erneut in der
Pfanne erhitzt.
☺ Restspätzle vom Vortag auf Küchenkrepp
ausbreiten, mit einigen Wasserspritzern beträufeln und abgedeckt in der Mikrowelle erwärmen.

weiter verwenden

Kleingeschnitten als Suppeneinlage.
Gekochtes Sauerkraut im Wechsel mit Spätzle in zwei bis drei Lagen auf einer Platte anrichten und gebratene Zwiebelringe darübergeben.

Käsespätzle schmecken bitter

! Rohe Zwiebelwürfel unter die Teigwaren gemischt.
☺ Zwiebel in wenig Fett anschwitzen und unterziehen.

zu fettig

Passiert leicht bei Fertigprodukten, die meist
vom Hersteller vorgefettet sind.
☺ Teigwaren in eine Schüssel geben und würzen. Zwiebel in wenig Fett anschwitzen und
unterziehen. Spätzle und geriebenen Käse
schichtweise in eine Schüssel geben und in
der Mikrowelle erhitzen.

Tortellini

schmecken fade

Wie vorgeschrieben zubereiten, eine dickliche
Tomaten- oder Sahnesoße kochen und diese
nach Geschmack gut würzen, vom Feuer nehmen und Tortellini einlegen. Alles in eine gefettete Auflaufform geben und mit Käse bestreut überbacken.

REIS, REISGERICHTE

ALLGEMEINES

anbraten (z.B. für Risotto)

Reis in einem Sieb unter fließend kaltem Wasser gut durchspülen, abtropfen lassen und in Öl anbraten. Wenn die ersten Körner zu „knallen" beginnen bzw. springen, ist der richtige Moment für die Weiterverarbeitung erreicht.

aufbewahren

Reis, unverarbeitet: Weißer Reis hält sich in luftdicht verschlossenen Behältern trocken gelagert ca. ein Jahr.
Naturreis: ca sechs Monate.
Gekocht: Bei sachgemäßer Lagerung im verschlossenen Behälter ca. drei bis vier Tage.

aufwärmen

○ Durch Anschwenken mit Butter oder Margarine in der Pfanne.
○ Durch Aufdämpfen: Reis in einem abgedeckten Sieb über kochendem Wasser erwärmen.
○ Mit wenig Flüssigkeit (Wasser, Wein oder Brühe) zugedeckt in der Mikrowelle.
○ In einer feuerfesten Form mit Alufolie abgedeckt im Backofen.
☺ Im kalten Zustand würzen und Butterflocken unterziehen, dann wird der Reis beim Aufwärmen nicht trocken und schmeckt nicht fade.

dämpfen

Reis in den Siebeinsatz oder den Bambuseinsatz geben und über siedender Flüssigkeit gar dämpfen.

einfrieren

In trockenem, ausgekühlten Zustand einfrieren (Lagerzeit ca. 2 Wochen).

Haltbarkeit

siehe → aufbewahren

kochen, Langkornreis

Auf eine Tasse Reis rechnet man 1,5 Tassen Flüssigkeit. Den gewaschenen Reis in die kochende, gewürzte Flüssigkeit geben und ca. 20 Min. bei kleiner Hitze ausquellen lassen.

In Apfelwein: Entweder in Apfelwein pur oder Apfelwein/Wasser im Verhältnis 1:1.
In Brühe: Entfettete Hühner- oder Gemüsebrühe aufkochen, nachwürzen und Reis zugeben.
In Sekt: Trockenen Sekt aufkochen, leicht salzen und Reis zugeben. Passt besonders gut zu Schaltieren.
In Wein: Nur trockene Weine verwenden. Wird der Reis mit Weinresten oder Wein zubereitet, der nicht mit dem im Hauptgericht verwendeten Wein identisch ist, so sollte er mit einer Mischung aus 50% Mineralwasser und 50% Wein aufgegossen werden.

Reisgerichte einfrieren

Das ist nur bedingt möglich, da viele Reisgerichte beim Aufwämen entweder zu matschig oder zu trocken werden.

Reismehlteigwaren siehe → Teigwaren

Reissorten

Obere Reihe, von links:
Naturreis, Patnareis und Wildreis
Untere Reihe, von links:
Langkornreis, Basmatireis, asiatischer Duftreis, Milchreis (Rundkornreis)

Langkornreis: eine weiße, wenig stärkehaltige Sorte. Kocht trocken und körnig. Bekannteste Sorten: *Siam-Patna-Reis, Carolina-Reis, Basmati-Reis.*
Mittelkornreis: wird beim Kochen weich und feucht, bleibt aber noch körnig. Besonders für Risotto und Paella geeignet sind die italienischen Reissorten *Arborio, Vialone Nano, Carnaroli.*

Rundkornreis verliert beim Kochen einen Großteil seiner Stärke, dadurch wird er weich und breiig. Eignet sich sehr gut für *Milchreis*.
Vollkorn- oder Naturreis: ist ein brauner Reis, bei dem die harten Spelzen entfernt, aber das Korn ungeschält und die nährstoffreiche Silberhaut noch vorhanden ist.

Glutenreis/Klebereis ist ein asiatischer *Rundkornreis*, der sich dekorativ formen lässt.

Wilder Reis ist kein Reis, sondern der Samen einer Wassergrasart. Die Körner sehen wie braune Tannennadeln aus und schmecken leicht nussig. Der „echte" Wildreis bleibt etwas zäh und hat ein ausgeprägtes, erdiges Aroma. Das in Seen wild wachsende Gras wird von Indianern mit der Hand vom Boot aus geerntet, seit einiger Zeit auch mit speziellen flachen Ernteebooten; es ist eine nur den Stämmen vorbehaltene Einnahmequelle. Der Reis ist sehr teuer, im Gegensatz zu den Kulturformen. Der „kultivierte" Wildreis ist nicht so geschmacksintensiv, seine Körner sind meist rundlicher und heller.

Die Zusätze *Parboiled* und *Avorio* deuten auf ein spezielle Behandlung des Reises hin. Um die Lagerfähigkeit zu erhöhen, werden die Körner vor dem Schälen mit einem speziellen Dampfdruckverfahren behandelt. Dabei werden die Vitamine und Mineralstoffe aus der Silberhaut ins Innere des Korns gepresst.

Kurzzeitreis (Kochbeutelreis) ist ein vorgekochter und wieder getrockneter weißer Reis, bei dem die Garzeit wesentlich verkürzt ist.

verfeinern

Schinkenwürfel anbraten, eine fein gewiegte Zwiebel und den Reis dazugeben. Unter Rühren anschwitzen, mit Flüssigkeit aufgießen.
siehe → kochen

warm stellen

Den Reis in die kochende Flüssigkeit geben, aufkochen lassen und die Herdplatte ausschalten. Der Reis geht vom Kochen ins Warmstellen über. Mindestens 25 Minuten, max. 50 Minuten.

waschen

Reis waschen ist ein Streitfall. Einige Firmen weisen extra darauf hin, dass ihr Reis nicht gewaschen werden soll. Grundsätzlich soll lose verkaufter oder erst im Geschäft abgepackter Reis gewaschen werden.

☺ Reis in ein Sieb geben, mit kaltem Wasser durchspülen, bis das Wasser klar wird. Gut abtropfen lassen, sofort verarbeiten.

weiter verwenden

Als Suppeneinlage für Tomatensuppe, Hühnersuppe, Rindfleischsuppe.
Für Risi-Bisi mit Erbsen gemischt.
Für Reisgerichte: Serbisches Reisfleisch, für Risotto, Reiskroketten u.s.w.
Für Hackfleischteige: Der Reis ersetzt dann das eingeweichte Brötchen.

zu hart

! Zu kurze Kochzeit.

zu klebrig

! Der Reis wurde zu lange warm gestellt.
! Das Verhältnis Reis zu Flüssigkeit war falsch.
! Es wurde die falsche Reissorte (Milch- oder Bruchreis) verwendet.

zu weich

siehe → klebt

BASMATIREIS

verwenden

Basmatireis ist ein feiner, zartduftender Reis und eignet sich für alle feinen, nicht zu stark gewürzten Gerichte.

CURRYREIS

kochen

Das Currypulver in nicht zu heißes Pflanzenöl geben, fein gewiegte Zwiebeln und den Reis zugeben. Die Masse so lange in dem Curry-Öl-Gemisch bewegen, bis alles damit überzogen ist. Dann mit der Flüssigkeit aufgießen.
Vorsicht: Das Fett darf nicht zu heiß sein, der Curry verbrennt sonst und wird bitter.

verfeinern

Curryreis schmeckt sehr gut, wenn er in Apfelwein gekocht wird.

MILCHREIS

klebt nicht

Den gewaschenen Reis in kochendes Salzwasser geben und ca. vier Minuten sprudelnd kochen. In einem Sieb und unter fließendem Wasser so lange waschen, bis das abfließende Wasser klar ist. Den Reis dann in die kochende,gewürzte Milch geben und in ca. 30 Minuten bei sehr milder Hitze ausquellen lassen.

Reis im Kochbeutel

verfeinern

Das vorgesehene Kochwasser möglichst knapp bemessen (einen Finger breit über dem Beutel) und mit Salz, Suppenextrakt, Weißwein, Butter vorwürzen bzw. verfeinern.
siehe auch → Reis, kochen

Risottoreis

Ein guter Risotto muss ständig umgerührt werden, damit nichts am Topfboden anhängt.

verfeinern

Den Reis glasig dünsten, zwei Esslöffel Weißwein zufügen und verdunsten lassen.

zubereiten

1. Gehackte Zwiebeln in Butter oder Öl anschwitzen.

2. Den Reis und die übrigen Zutaten beifügen und glasig dünsten.

3. Brühe und/oder Wein aufgießen, so dass der Reis knapp bedeckt ist.

Wildreis

kochen

Wilder Reis ist der Samen eines Wildgetreides (siehe auch Seite 194). Er hat einen feinen nussartigen Geschmack und benötigt eine längere Kochzeit als normaler Reis. Soll er gemischt mit weißem Reis gekocht werden, den wilden Reis einige Minuten vorher in die kochende Flüssigkeit geben, dann den anderen Reis zufügen und zusammen garen. Die Garzeit von wildem Reis ist Geschmackssache. Soll das Korn noch Biss haben, genügt es, wenn der Reis ca. drei bis fünf Minuten vorher zugefügt wird. Soll das Korn platzen und weich sein, muss der Reis ca. zehn Minuten vorher zugefügt werden. Fertige Wildreismischungen nach Anweisung garen.

zu fest, pappig

! Der Reis wurde zu lange gekocht, und ist durch die frei werdende Stärke fest und pappig geworden.

EIER, EIERSPEISEN

ALLGEMEINES

abwaschen

Eier dürfen nicht abgewaschen werden, da damit die Schutzschicht zerstört wird.

alt/frisch

Alte Eier stellen sich im Wasser auf, da Dotter und Eiweiß eingetrocknet sind und dadurch im Ei eine große Luftblase entsteht. Ältere Eier nur zum Kochen und Backen verwenden.
Frische Eier bleiben flach am Boden liegen, wenn man sie in kaltes Wasser legt.

aufbewahren

Frisch: an einem kühlen Ort oder im Kühlschrank. Eier immer mit dem dicken, stumpfen Ende nach oben aufbewahren, dann befindet sich der Dotter in der Eimitte und die Luftkammer oben.
Hart gekocht mit Schale: Im Kühlschrank ca. vier Tage.
Hart gekocht, geschält: abgedeckt, in leicht gesalzenem Wasser im Kühlschrank ca. zwei Tage.
Weich gekocht: Immer sofort verzehren. Restliche Eier nicht weiter verwenden.

aufwärmen

Hart gekochte Eier lassen sich in heißem Wasser in drei bis fünf Minuten aufwärmen.

dekorieren

Hart gekochte Eier, die zur Dekoration verwendet werden, während des Kochens häufig umdrehen, dann sitzt der Dotter garantiert in der Mitte.
☺ Zum Umdrehen die Spaghettizange verwenden.

Eier schlagen

Die Eier einige Zeit bei Zimmertemperatur stehen lassen, dann bekommen sie mehr Volumen.

Eier/Eiweiß heißen Gerichten zufügen

Eier niemals direkt in eine heiße Mischung geben. Der Mischung etwas Flüssigkeit entnehmen, etwas abkühlen lassen, Eimasse einrühren und dann in die heiße Mischung einrühren.

einfrieren

Eimasse oder Eigelb und Eiweiß getrennt einfrieren, innerhalb von drei Monaten verbrauchen. Gefrierbehälter unbedingt mit dem genauen Datum versehen.

frittierte Eier zerfließen

! Die Eier waren nicht ganz frisch und das Eiweiß ist im Öl ausgelaufen.

frittierte Eier zubereiten

In einer kleinen Pfanne ca. zwei Zentimeter Öl erhitzen. Die Temperatur ist richtig, wenn ein Brotwürfel innerhalb von 30 Sekunden gebräunt ist. Eiweiß und Eigelb trennen. Das Eigelb aus einer Tasse in das heiße Öl laufen lassen. Sofort das Eiweiß nachgießen und das Eigelb völlig damit umhüllen. Das geht am besten mit zwei Holzspateln. Das Ei unter vorsichtigem Wenden solange frittieren, bis das Eiweiß außen knusprig und leicht bräunlich ist. Mit einer Schaumkelle herausnehmen und auf Küchenkrepp abtropfen lassen. Mit Salz und Pfeffer würzen und sofort servieren.

gekochte Eier

wachsweich: Das Eigelb ist noch weich, das Eiweiß gerade so fest, dass es das flüssige Eigelb zusammenhält.
weich gekocht: Eiweiß und Eigelb sind weich.
hart: Eiweiß und Eigelb sind nicht mehr weich sondern schnittfest, aber nicht steinhart.
Sehr frische Eier etwas länger kochen als Eier, die älter als eine Woche sind.

geplatzt

Wenn die Eier geplatzt sind, sofort etwas Essig oder Salz ins Kochwasser geben, dann quillt das Ei nicht weiter aus dem Riss.
☺ Die Eier mit dem Eierpikser an beiden Enden anstechen.

Gewichtsklassen

Klasse 1: ab 70 g und mehr.
Klasse 2: von 65 g bis 70 g.
Klasse 3: von 60 g bis 65 g.
Klasse 4: von 55 g bis 60 g.
Klasse 5: von 50 g bis 55 g.
Klasse 6: von 45 g bis 50 g.
Klasse 7: unter 45 g.
Zum Backen und Kochen werden meist Eier der Gewichtsklasse 3 und 4 verwendet.

Güteklassen

Handelsklasse A: Hochwertige, frische Eier mit sauberer, unverletzter Schale.
Die Luftkammerhöhe beträgt maximal sechs Millimeter. Im Handel werden fast nur Eier dieser Handelsklasse angeboten.
Handelsklasse B: Sind Eier zweiter Wahl. Die Schale kann verunreinigt sein. Die Luftkammerhöhe beträgt bis zu neun Millimeter.
Handelsklasse C: Eier dieser Güteklasse kommen nicht in den Handel.

kleben in der Verpackung

Die Schachtel in kaltes Wasser stellen, das löst die Verklebung.
Vorsicht: Die Schachtel darf wegen Salmonellengefahr nicht weiterverwendet werden!

kochen

Eier nie direkt aus dem Kühlschrank ins heiße Wasser geben, sie platzen sonst.

trennen

Eier, die getrennt werden solllen, mit der geraden Fläche aufschlagen, da das Eigelb sonst beschädigt wird.

trocken, zäh

Teller, Servierschale waren zu stark vorgewärmt. Die Eier haben nachgegart.

unterscheiden gekocht/roh

Eier auf dem Tisch kreiseln lassen. *Gekochte* Eier drehen sich schnell, *rohe* Eier schaukeln.
☺ Bei gekochten Eiern Zwiebelschalen oder Teeblätter in das Kochwasser geben, die braune Einfärbung markiert die gekochten Eier.

verdorben

Das Ei ist verdorben, wenn Dotter und Eiweiß ineinander verschwimmen und es riecht.
❗ Deshalb nie das Ei direkt in die Speise, sondern erst in eine Tasse schlagen.

Eigelb

aufbewahren

Eigelb in eine Tasse geben, mit ein bis zwei Esslöffeln Wasser abdecken und innerhalb von zwei Tagen verbrauchen. Im Kühlschrank aufbewahren.
Achtung: alle Gerichte, die rohes Eigelb enthalten, unbedingt im Kühlschrank aufbewahren und innerhalb von zwei Tagen verbrauchen. Salmonellengefahr!

legieren

Beim Legieren das Eigelb immer mit etwas kalter Milch oder Sahne verquirlen und erst dann in die heiße Flüssigkeit geben. Keinesfalls mehr aufkochen, da sonst alles gerinnt. Ein Eigelb entspricht beim Legieren einem Teelöffel Milch, ist aber feiner im Geschmack.
☺ Zum Legieren nur sehr frisches Eigelb verwenden, Salmonellengefahr!

Reste

siehe → Eiweiß, Reste

Eischnee

ergiebiger

Einige Tropfen Zitronensaft mitschlagen.
Das Volumen vervielfacht sich, wenn das Eiweiß mit einem Schneebesen in einer unbeschichteten Kupferschüssel geschlagen wird. Das Eiweiß reagiert mit dem Kupfer und der Eischnee bekommt eine dichte Struktur.

fertig

Die Schneespitzen bleiben stehen, wenn der Schneebesen aus der Masse gezogen wird.

gerinnt

❗ Das Eiweiß oder die verwendeten Geräte waren zu warm.
❗ Die verwendeten Geräte waren unsauber oder mit Fett- oder Spülmittelrückständen behaftet.
❗ Das elektrische Rührgerät ist zu hochtourig gelaufen.
❗ Der Eischnee wurde in ein zu heißes Gericht gerührt.
☺ Die Speisen etwas abkühlen lassen und den steifen Eischnee erst dann unterheben, wenn in der Masse eine Straße (beim Durchziehen mit dem Löffel muss eine Rinne entstehen, die nicht gleich wieder zusammenfließt) entsteht.

körnig

! Das Eiweiß wurde zu lange geschlagen, es trennt sich und wird dadurch körnig.

☺ Auf vier Eiweiß ein frisches, ungeschlagenes Eiweiß zufügen und die Masse kurz (30 Sekunden) weiterschlagen, bis sie wieder glatt ist.

schlagen

Das Eiweiß etwas salzen, das lockert die Proteine im Eiweiß und es lässt sich leichter steif schlagen.

stabiler

Das Eiweiß leicht steif schlagen, dann etwas Zucker zufügen. Der Zucker macht die Masse insgesamt stabiler.

verarbeiten

Einfacher Eischnee soll möglichst schnell, innerhalb von einigen Minuten verarbeitet werden. *Baisermasse* nicht länger als 15 Minuten stehen lassen.

zusammengefallen

! Der Schnee stand zu lange.

☺ Einige Tropfen Zitronensaft zufügen und erneut aufschlagen. Der Schnee wird wieder fest.

EIWEISS

abgesetzt

! Die Eier sind zu frisch.

☺ Das passiert nicht, wenn eine Prise Salz oder Zucker oder Weinstein zugegeben wird.

! Steif geschlagenes Eiweiß hat zu lange und/oder zu warm gestanden.

☺ Tropfenweise Zugabe von Zitronensaft und erneutes Aufschlagen lässt Eischnee kurzzeitig wieder steif werden.

aufbewahren

abgedeckt in Gläsern oder Tassen im Kühlschrank nicht länger als zehn Tage.

☺ Altes oder verdorbenes Eiweiß wird trübe.

gefroren

Gefrorenes Eiweiß lässt sich gut steifschlagen.

☺ Dem aufgetauten Eiweiß eine kleine Prise Salz oder Weinstein zufügen.

☺ Aufgetautes Eiweiß eignet sich perfekt zum Klären von Brühen.

körnig geworden

! Das Eiweiß wurde zu lange geschlagen.

mehr Volumen

siehe → Eier schlagen

Reste

Reste von Eiweiß oder Eigelb in einen mit neutralem Öl ausgepinselten Eiswürfelbehälter füllen. Bei Bedarf auftauen und wie frische Produkte verwenden.

☺ Aus restlichem Eiweiß Baisers backen.

trennen

Das Ei vorsichtig in die Handfläche geben, und das Eiweiß durch die Finger ablaufen lassen

EIWEISS/EIGELB

einfrieren

siehe → Eiweiß, Reste

EIERCREME

aufbewahren

Im Kühlschrank nicht länger als zwei Tage.

fest

An der Form leicht rütteln und einen Holzstab in die Mitte stecken. Bleibt der Stab beim Herausziehen sauber, ist die Creme fertig.

geronnen

! Die Creme wurde zu lange gegart.

! Die Creme wurde zu schnell gegart.

EIERPFANNKUCHEN

Backergebnis verbessern

Den Teig vor der Zubereitung mindestens eine Stunde ruhen lassen, er backt sich dann leichter. Vor der Zubereitung gut durchrühren, damit das Mehl nicht nach unten sinkt.

kräftiger

Weißmehl durch Weizenmehl der Type 1050 ersetzen.

Eine Mischung aus Mehl und Weizenschrot herstellen, dann aber mehr Flüssigkeit zufügen.

locker

- ❍ Dem Teig pro Liter Flüssigkeit eine Messerspitze Backpulver zufügen.
- ❍ Pikante Pfannkuchenteige mit Bier anrühren, sie werden dann schön locker.
- ❍ Den Teig mit Mineralwasser statt mit Milch zubereiten.
- ❍ Dem Teig einen Esslöffel Rum zufügen.

mit Käse

Den geriebenen Käse nicht dem flüssigen Teig zusetzen, sondern den Teig erst beidseitig ausbacken, mit Käse bestreuen und zum Schmelzen in den heißen Backofen geben.

☺ Die letzten Minuten ein Blatt Küchenkrepp auf die Pfanne legen, mit der Spritzpalette abdecken und auf die Palette noch einen Bogen Küchenkrepp legen. Das absorbiert den Dampf und die Pfannkuchen werden perfekt.

mit Speck

Speck durch Schwenken auf beiden Seiten anbraten, dann den Teig von außen nach innen in die Pfanne gießen, dies eventuell mit einem Kochlöffel oder dem Teigschaber beschleunigen.

☺ Der Pfannkuchen wird schöner, wenn nach dem ersten Wenden die Pfanne zum Weiterbacken bei 200 °C in den vorgeheizten Backofen kommt.

Ränder rollen sich auf

❗ Der Anteil an Eiern im Teig war zu hoch.

Reste

siehe → Suppeneinlagen

warm stellen

Den Elektroherd auf 80 °C, den Gasherd auf Stufe eins vorheizen, und die Pfannkuchen auf eine Platte schichten, bis alle gebacken sind. Bei größeren Mengen Alufolie dazwischenlegen, das verhindert ein Zusammenkleben.

weiter verwenden

Pfannkuchen in feine Streifen schneiden und als Suppeneinlage verwenden.

Streifen gut abgedeckt nicht länger als einen Tag im Kühlschrank aufbewahren.

☺ Streifen auf ein flaches Brett legen, mit Klarsichtfolie abdecken und einfrieren. Sind die Streifen fest, in einen Gefrierbeutel umfüllen. Streifen dann nach Bedarf entnehmen.

zerbrechen

❗ Die verwendeten Zutaten waren zu grob geschnitten.

❗ Der Pfannkuchen wurde zu früh gewendet.

zubereiten

Mit Milch werden die Pfannkuchen fülliger. Nur mit Wasser zubereitet können die Pfannkuchen hauchdünn gebacken werden.

☺ Die Pfannkuchen mit halb Milch, halb Wasser zubereiten.

Eierstich

lagern

- ❍ Im Kühlschrank in einem abgedeckten Behälter zwei Tage.
- ❍ In leicht gesalzenem Wasser vier bis fünf Tage.

Einfärbung ungleichmäßig

❗ Die Masse wurde nicht richtig durchgeschlagen.

❗ *Gelb:* Zusätzliche Eigelb wurden nicht gründlich genug mit der übrigen Masse verrührt.

❗ *Grün:* Die Petersilie war zu grob gehackt.

❗ *Rot:* Es wurde Tomatenmark statt dunklem Ketchup verwendet.

garen

Timbale-Formen nur zu dreiviertel füllen. Die Formen im etwa 4 cm hohen Wasserbad garen (bei ca. 80 °C).

Eiermasse in einen festen Gefrierbeutel geben, gut verschließen und im heißen Wasser garen. Abkühlen lassen, Masse entnehmen und in kleine Würfel schneiden.

grobporig

! Während des Garvorganges war die Temperatur zu hoch.

! Die Formen wurden sofort (ohne eine kurze Ruhezeit) im vorgeheizten Backrohr ins kochende Wasserbad gestellt.

löst sich schlecht aus der Form

○ Formen mit Pflanzenfett statt mit Butter ausstreichen,da dieses einen höheren Schmelzpunkt hat.

○ Formen ins kalte Wasserbad stellen.

schmeckt bitter

! Bei grünem Eierstich zu viel Petersilie.

! Der Anteil an gehackten Stielen war zu hoch.

! Petersiliensaft wurde verwendet.

! Die Petersilie wurde maschinell gehackt.

schneiden

○ Im erkalteten Zustand mit einem angefeuchteten Messer.

○ Bei säulenförmiger Zubereitung (Timbale) mit dem Eierschneider.

verfärbt
Blaugrünlich:

! Zu lange warmgestellt.

! Zu lange im Wasserbad.

! Die Lagerzeit im Kühlschrank wurde stark überschritten.
Braun:

! Der Eierstich wurde in der Brühe warmgestellt ohne gewendet zu werden.

! Beim Garen im Backofen bei zu hoher Ober- oder Allgemeinhitze.

! Offene Lagerung im Kühlschrank.

warm stellen
Den Eierstich nicht nach Beendigung der Garzeit im Herd belassen,da er sonst hart wird.

☺ Am Vortag zubereiten, in gewünschte Form bringen (Scheiben, Würfel) und in leicht gewürzter Fleischbrühe bei 80 °C warm stellen.

GEBACKENE EIER

gar
Das Eiweiß ist fest, das Eigelb noch weich.

Die Garzeit bei kleinen Einzelförmchen beträgt ca. fünf Minuten.
Die Garzeit bei größeren, flachen Formen beträgt ca. zehn Minuten.

☺ Kurz bevor sie fertig sind, die Eier aus dem Ofen nehmen, sie garen in den heißen Förmchen noch nach.

verfeinern
Die Eier mit etwas Sahne abdecken.
Die gebutterte Form mit folgenden Zutaten auslegen:
fein gehackte Kräuter, Schinkenstreifen, Speckwürfel, gedünstete Zwiebelwürfel, Räucherfisch, gedünstete Champignonscheiben, gegarte Garnelen, gedünstete, feingehackte Hühnerleber. Dann die Eier zufügen.

zubereiten
Gebackene Eier können in einem feuerfesten Förmchen (en cocotte) oder in einer kleineren, flachen feuerfesten (sur le plat) Form zubereitet werden.
Eier *en cocotte* werden im Wasserbad oder im Backofen zubereitet.
Eier *sur le plat* werden nur im Backofen zubereitet. Die Form ausbuttern, mit Salz und Pfeffer und Gewürzen nach Wahl ausstreuen und die Förmchen im Wasserbad garen.

OMELETTE

farblos

! Die Eimasse wurde zu langsam gegart und stockt ohne zu bräunen.

fertig
Die Oberseite ist weich aber nicht mehr flüssig. Die Unterseite ist hellgelb gebacken.

füllen

1. Das Omelette verrühren und in der Pfanne halbfest werden lassen.

2. Die Füllung aufstreichen und für einige Augenblicke ruhen lassen.

3. Die Pfanne leicht schräg anheben, das Omelette rutscht an den gewölbten Rand und lässt sich leicht einrollen.

Füllung läuft zur Seite heraus

! Das Omelette wurde zu früh eingerollt.

servieren

Die Pfanne kippen und das Omelette auf den Teller gleiten lassen.

trocken

! Die Eimasse wurde zu lange gegart.

verfeinern

○ Das Omelette mit Ragout Fin füllen.
○ Das Omelette mit gedünsteten Pilzen füllen.
○ In den Teig geriebenen Käse einrühren.

zäh

! Die Eimasse wurde zu rasch gegart.

zu fest

! Die Eier wurden zu lange in zu heißem Fett verrührt.

BAUERNOMELETTE

fällt beim Backen auseinander

! Die Zutaten waren zu grob geschnitten.
! Die Zutaten wurden vorher nicht gründlich genug angebraten.

schmeckt bitter

! Die Zwiebeln wurden vorher nicht angedünstet.
! Die Zwiebeln wurden maschinell gehackt.
! Die verwendeten Bratenreste hatten eine zu scharfe Kruste oder waren angebrannt.

OMELETTE MIT KÄSE

bleibt in der Pfanne hängen

! Der Käse wurde bereits vor dem Braten unter die Eier gemischt.
! Der Käseanteil in der Masse war zu hoch.
! Die Pfanne war unsauber oder verkratzt.
☺ Eine beschichtete Pfanne verwenden.
☺ Den Käse vor dem Einrollen in die halbfeste Masse einstreuen.

OMELETTE MIT SCHINKEN

Schinkenwürfel fallen bei der Zubereitung heraus

! Der Schinken wurde zu spät eingestreut, die Eimasse war bereits vollkommen fest.
☺ Gewürfelten Schinken bereits unter die geschlagenen Eier mischen.

SCHAUMOMLETTE

angebrannt

! Das Omelette wurde bei zu großer Hitze gegart und ist wegen des Zuckers angebrannt.
☺ In einer Pfanne die Butter erhitzen bis sie schäumt, Hitze herunterschalten und die Eimasse zufügen. Bei schwacher Hitze, ohne umzurühren, garen, bis das Omelette am Rand aufgeht.

fertig

Die Oberseite ist hell und trocken. Die Unterseite ist goldbraun.

schrumpft, fällt zusammen

! Das Omelette wurde zu lange gegart.

vorbereiten

Teig für Schaumomelette darf nicht stehen. Teig zubereiten und sofort verarbeiten.

POCHIERTE EIER, VERLORENE EIER

aufbewahren

Abgedeckt in kaltem, leicht gesalzenem Wasser im Kühlschrank ca. zwei Tage.

aufwärmen

Vorsichtig nicht länger als fünf Minuten in heißes Wasser legen, dann gut abtropfen lassen.

ausgelaufen

! Die Eier waren zu alt.
! Die Eier wurden in nicht kochendes Wasser eingelegt.
☺ Zu Beginn soll das Wasser sprudelnd kochen, dann behält das Ei seine ovale Form und läuft nicht aus. Dann die Temperatur reduzieren und die Eier gar ziehen lassen.

☺ Etwas Essig in das Kochwasser geben, das Ei behält seine Form und läuft nicht aus. Essig zieht das Eiweiß zusammen. Ca. drei Esslöffel Essig auf einen Liter Wasser.

gar

Bei zwei Eiern innerhalb von dreieinhalb bis viereinhalb Minuten.
☺ Die Eier sind gar, wenn das Eiweiß fest und das Eigelb weich ist, wenn man mit dem Finger vorsichtig auf das Ei drückt.

RÜHREIER

Eiweiß zerläuft

! Die Eier waren zu alt.

gar

Die Eier sind leicht gestockt, aber cremig und locker.

hart, trocken

! Die Eier wurden zu heiß gebraten.

klumpig, körnig geworden

! Die Eier wurden zu schnell gegart.
! Die Eier wurden zu lange gegart.
☺ Die Eier sehr langsam, mindestens fünf Minuten, bei schwacher Hitze unter Rühren garen.
☺ Die Pfanne kurz vor dem gewünschten Gargrad von der Herdplatte ziehen, die Eier garen in der heißen Pfanne nach.

locker

Einen Schuss Mineralwasser in die Rühreimasse geben, das macht sie locker.

Masse zu trocken

Während des Garens schnell ein bis zwei Esslöffel Butter oder Sahne unter die Masse ziehen.

schneller herstellen

Die gewünschte Anzahl Eier in ein enges, hohes Gefäß geben und mehrmals mit dem Stabmixer auf- und abfahren. So werden die Eier besonders locker.

wässrig

! Die geschlagenen Eier wurden gesalzen und nicht sofort verarbeitet.
☺ Die Eimischung erst kurz vor der Zubereitung salzen, leicht durchmischen und sofort garen.

zäh

! Die Eier wurden zu lange gegart, das Eiweiß wird zäh.

RÜHREIER MIT SCHINKEN

salzig

! Roher Schinken oder geräucherter Speck wurden zu scharf angebraten.

trocken

! Für die Zubereitung wurde zu heißes Öl verwendet.

☺ In Butter braten und den Schinken vorher knapp anschwitzen.

RÜHREIER MIT SCHNITTLAUCH

bitter

! Der Schnittlauch kam vor den Eiern in die Pfanne.

☺ Schnittlauch bereits in die geschlagenen Eier geben.

SOUFFLE

fällt zusammen

! Zugluft ist an das Soufflé gekommen.

☺ Wenn die Form im Backofen für ein gleichmäßiges Soufflé gedreht wird, in der Küche alle Türen und Fenster schließen.

! Das Soufflé wurde nicht sofort serviert.

! Das Soufflé hat Nachwärme bekommen.

geht besser auf

Nach dem Einfüllen der Masse mit dem Messer zwischen dem Formrand und der Masse entlangfahren, dann geht das Soflé gut auf.

geht nicht auf

! Das Eiweiß wurde zu lange geschlagen.

schrumpft

! Die Masse wurde zu lange gegart.

SPIEGELEIER

brauner Rand

! Die Eier sind in zu heißem Fett oder in Öl gebraten worden.

☺ Pfanne leicht vorwärmen, dann Fett zugeben und nicht zu stark erhitzen, Eier zufügen.

salzen

Gesalzen wird nur das Eiweiß kurz vor dem Servieren. Das weiche Eigelb wird durch das Salz fleckig und unansehlich.

SPIEGELEIER MIT SPECK ODER SCHINKEN

Eier werden nicht fest

! Die Eier sind zu schnell nach dem Schinken oder Speck in die Pfanne gekommen,

☺ Schinken oder Speck erst beidseitig anbraten und dann die Eier zugeben.

fester Dotter/festes Eigelb

1. Die Eier vorsichtig in der Pfanne wenden.
2. Die Pfanne mit einem Deckel abdecken.
3. Die Pfanne offen ins vorgeheizte Bratrohr stellen.

Speck oder Schinken ist angebrannt

! Zum Braten wurde zu heißes Öl verwendet.

! Die Garzeit war zu lang.

! Der Schinken oder Speck war zu dünn geschnitten.

TAUSENDJÄHRIGE EIER

Die Eier werden hundert Tage in einer Mischung aus Kalk, Pinienasche, Salz und Tee in der Erde vergraben. Die Eier werden in dieser Zeit dunkel und fest und nehmen eine grünschwarze Färbung an. Von einer Eigenherstellung ist dringend abzuraten, aber ...

☺ Die Eier unbedingt probieren, sie schmecken wesentlich besser als sie aussehen.

TEE-EIER

herstellen

Die Schale von gekochten Eiern rundherum vorsichtig leicht anknicken. Aus Wasser, Teeblättern und Sternanis einen Aufguss kochen, Hitze herunterschalten und die Eier darin leicht köcheln lassen. Das Eiweiß erhält eine hübsche braunweiße Marmorierung.

☺ Sieht sehr gut auf kalten Büffets aus.

AUFLÄUFE

ALLGEMEINES

abdecken

Statt Speck große Blätter Chinakohl verwenden, um ein Austrocknen zu verhindern. Vor dem Servieren die Blätter entfernen.

einfrieren

Den fertigen Auflauf auskühlen, aber nicht erkalten lassen und in lauwarmem Zustand portionieren. In Alu- oder Gefrierfolie verpacken (Dosen brauchen zu viel Platz) und lauwarm einfrieren. Durch das lauwarme Einfrieren bleibt der Auflauf auch nach dem Auftauen frisch.

Garzeit/Gartemperatur

Bei vier bis sechs Portionen pro Backform ist die optimale Temperatur 160 °C bei einer Garzeit von 40 bis 60 Minuten. Höhere Temperaturen führen zu Verkrustungen oder der Auflauf trocknet aus.

innen noch nicht durch

Die Form auf ein Gitter setzen, Wasserwanne unterschieben, den Auflauf mit gelochter Alufolie abdecken und bei ca. 150 °C nachgaren. Mit einem Holzstäbchen einstechen; bleibt etwas Masse kleben, ist der Auflauf noch nicht durch. Metallnadeln sind nicht geeignet, da die Masse an ihnen nur schlecht haftet.

löst sich nicht aus der Form

Die heiße Metallform in kaltes Wasser tauchen, ohne dass Wasser oben hineinläuft, dann den Auflauf vorsichtig lockern.
Achtung: Das geht nicht bei Porzellan- oder Glasformen, diese würden zerspringen.
☺ Der Auflauf löst sich leicht, wenn die Form vorher ausgefettet und mit Paniermehl ausgestreut wurde.

portionieren

Sollen aus einer Reine z.B. sechs Portionen geschnitten werden:
1. Käse in sechs gleich große Scheiben schneiden.

2. Mit den Käsescheiben den Auflauf abdecken und die Käseränder dünn mit Paprikapulver austreuen.
3. Den fertigen Auflauf an den Rändern entlang aufschneiden.

schmeckt fade

! Die Zutaten sind nicht genügend vorgewürzt worden.
☺ Zugabe von fein gewürfelten, in Butter angeschwitzten Zwiebeln sowie wenig geriebene Muskatnuss und/oder Käse verbessert den Eigengeschmack.

warm stellen

Auflauf aus dem Rohr nehmen und zehn Minuten abkühlen lassen (abdampfen). In dieser Zeit das Bratrohr geöffnet lassen, um die Temperatur abzusenken. Eine Bratreine mit Wasser füllen und in den Backofen stellen. Den Auflauf auf ein Gitter stellen, über die Wasserreine schieben und bei 80 °C warm halten. Dabei mit Alufolie abdecken.

weiterverarbeiten

Als kalte Vorspeise: In Scheiben schneiden und mit verschiedenen Zutaten wie Tomaten, Salat, Gurken etc. garnieren. Dazu eine entsprechende Soße reichen.
Als warmes Hauptgericht: In Scheiben schneiden, panieren und in Fett ausbacken. Mit entsprechenden Soßen wie Tomaten-, Senf-, Meerrettich-, Kräuter-, Weißweinsoßen etc., sowie Gemüse und/oder Salat servieren.

zu dunkel

Die obere Schicht vorsichtig mit einem scharfen Messer abtragen. Aus geschlagenen Eiern, Sahne, geriebenem Käse, Salz und wenig Muskatnuss einen neuen Aufguss bereiten und über den Auflauf geben. Bei 160 °C mit untergesetzter Wasserwanne im Backrohr nachgaren.

zu fest

! Der Anteil an Eiern und/oder Paniermehl war zu hoch.
! Trockenes Garen bei zu hoher Temperatur ohne Wasserwanne.

zu locker

! Der Anteil an Milch oder Sahne in der Masse war zu hoch.

! Die Verwendung von steif geschlagenem Eiweiß hat den gleichem Effekt.

! Gemüse oder andere Zutaten mit hohem Flüssigkeitsanteil sind verarbeitet worden, ohne diese vorher gründlich abtropfen zu lassen.

zu scharf

! Gewürzte und kalte Gemüse sowie andere Zutaten vom Vortag wurden verwendet.

! Nachwürzen oder Zugabe von Käsesorten mit hohem Eigengeschmack.

zu starke Kruste

! Die Gartemperatur oder die Oberhitze waren zu hoch.

! Hartkäse mit einem sehr hohen Schmelzpunkt (z.B. Parmesan) wurde verwendet.

Käsekrusten werden perfekt

Mit Butterkäse: Den Käse vor dem Garen reichlich mit flüssiger Butter bestreichen und mit wenig edelsüßem Paprikapulver sparsam bestreuen.
Mit Emmentaler: Den Käse fein reiben, mit Crème fraîche vermischen und dann als Masse auftragen (Verhältnis 1:1).
Mit Gouda: Die Auflaufoberseite mit halbsteif geschlagener süßer Sahne ausgießen, dann mit dünn geschnittenen Goudascheiben auslegen und mit Butter abpinseln.
Mit Gorgonzola oder Roquefort: Fein gewürfelte Zwiebeln in Butter glasig werden lassen, gewürfelten Käse zusammen mit süßer Sahne schmelzen und in heißem Zustand über dem Auflauf verteilen.
Mit Parmesan: Sahne mit Eiern und geriebenem Parmesan im Verhältnis 5:1:4 verrühren und gleichmäßig auftragen.

Gemüse-Mousselines

lösen sich schlecht aus der Form

Die Förmchen gut ausbuttern, auf den Boden ein gebuttertes Stück Pergamentpapier legen.

zu weich

Gemüse wie Spinat oder Blaukraut gut ausdrücken und abtropfen lassen.

Lasagne

Nudelauflauf nach italienischer Art

zubereiten

1. In eine gefettete Form lauwarme Nudelplatten und Hackfleischfülle geben, mit kochendheißer Béchamelsoße bedecken.

2. Darauf Teigplatten legen.

3. Die oberste Schicht mit Käse überstreuen.

Ragouts, überbacken

laufen nicht auseinander

Alle Zutaten gut gekühlt verarbeiten, dann halten sie länger zusammen und laufen nicht so schnell auseinander.

MEHLSPEISEN

ALLGEMEINES

Ausbackteig, leichter
Einen Löffel Essig in den Teig geben, dann
saugt er nicht soviel Fett auf.

Bierteig aufbewahren
Bierteig hält sich abgedeckt max. vier Tage im
Kühlschrank. Er kann auch eingefroren wer-
den.

APFELPFANNKUCHEN

fällt auseinander
! Die Apfelstücke sind zu groß.
! Die Äpfel kamen zuerst in die Pfanne.
! Der Teigaufguss war zu dünn.
! Der Pfannkuchen wurde zu früh gewendet.
☺ Den Apfel auf einer Reibe hobeln und gleich
  mit dem Teig vermischen. Vor jeder Teigent-
  nahme kurz durchrühren.

warm stellen
Den Backofen vorheizen und die Pfannkuchen auf einem Blech oder Teller bei 70 °C
warm stellen. Zwischen die einzelnen Pfannkuchen Pergament- oder Backpapier legen,
dies verhindert das Zusammenkleben und erleichtert das Abheben und saubere Anrichten.

APFELSCHMARRN

verfeinern
Nach dem Zerreißen in der Pfanne kurz mit
Zucker bestreuen, wenig Butter zufügen und
durch häufiges Wenden kurz karamellisieren.
Dem Teig geriebene Zitronenschale sowie
Vanille zufügen.

BUCHWEIZENPFANNKUCHEN

gar
Auf der Oberfläche bilden sich kleine Blasen,
den Pfannkuchen wenden und goldbraun fertig backen.

hart, zäh
! Der Teig war zu dick.

kleben fest
! Der Teig war zu dünn.
! Die Pfanne bestand aus einem zu dünnen Ma-
  terial.
! Der Zuckeranteil im Teig war zu hoch.
! Die Ausbacktemperatur war zu niedrig.

reißen
! Der Teig war zu dünnflüssig.

CRÊPES

aufbewahren
Einfache Crêpes im Kühlschrank ca. drei
Tage, tiefgefroren ca. zwei Monate.
Gefüllte Crêpes im Kühlschrank ca. zwei
Tage, tiefgefroren ca. zwei Monate.
☺ Zwischen die Crêpes Pergamentpapier legen,
  dann kleben sie nicht aneinander.

hart, zäh
! Der Teig war zu dick.

herstellen, große Mengen
Um größere Mengen in kürzester Zeit herzu-
stellen, werden drei gleich große Pfannen benötigt.
1. Alle drei Pfannen auf gleiche Temperatur vorheizen.
2. Nacheinander Teig eingießen und in Reihenfolge wenden.
3. Warm stellen, den Vorgang wiederholen.
   Mit einigem Geschick kann man so 30 bis 35
   Crêpes pro Stunde herstellen.

Ränder rollen sich auf
! Der Anteil an Eiern war zu hoch.
! Der Teig kam in eine zu heiße Pfanne.

reißen
! Der Teig war zu dünnflüssig.

unterschiedliche Bräunung

! Die nachfolgenden Crêpes wurden bei unterschiedlichen Temperaturen von Herd, Pfanne oder Öl ausgebacken.

☺ Einen kleinen Topf mit vorgeheiztem Öl auf der zweiten Herdplatte konstant warm halten. Herdplatte während des Ausbackens immer auf gleicher Temperatur stehen lassen (bei Elektro ca. Stufe 9-10). Löffelweise heißes Öl in die Pfanne geben und den Teig immer zur Pfanne führen, nie umgekehrt.

warm stellen

Backblech leicht einfetten und fertige Crêpes bei 60 °C in den vorgeheizten Backofen geben. Mit eingefettetem Pergamentpapier abdecken, dann trocknen sie nicht aus.

☺ Eine kleine Schüssel mit heißem Wasser in den Ofen stellen, dann trocknen die Crêpes nicht an.

zu dick

! Der Teig hat zu lange geruht und das Mehl hat nachgedickt.

☺ Den Teig vorsichtig mit Milch strecken.

zu dünn

Durch Ruhen kann es zum Absetzen einzelner Zutaten kommen. Dann den Teig mit einem Schneebesen durchschlagen und die Konsistenz prüfen, bevor mehr Mehl zugefügt wird.

VOLLKORNCRÊPES

herstellen

Die Hälfte des weißen Mehls durch Vollkornmehl ersetzen.

CRÊPES, FLAMBIERT

Allgemeine Sicherheitsvorkehrungen

! Nie unter laufender Ablufthaube.

! Nie unter Lampen oder herabhängenden Dekorationsgegenständen.

! Nie bei Durchzug.

! Nie zu nah an Vorhängen.

! Nie zu nah an anderen Personen. Einen zweiten Tisch (Beistelltisch) benutzen.

! Nie mit reinem Alkohol flambieren oder solchen anderen Alkoholika beifügen.

! Nie mit der Flasche Flüssigkeit in die brennende Pfanne gießen.

! Nie auf brennbarem Untergrund flambieren (Tischdecke etc.).

☺ Untergrund mit Alufolie abdecken.

☺ Die Alkoholmischung in ein gesondertes Töpfchen geben, dort entzünden und dann über die Crêpes in der Pfanne gießen.

☺ Deckel zum Abdecken der Flambierpfanne griffbereit halten.

Alkohol brennt nicht

! Der Alkoholgehalt war zu niedrig.

☺ Der Alkohol sollte mindestens 42 Prozent haben. Den Alkohol auf dem Herd leicht anwärmen.

zu bitter

! Der Zucker wurde in der Pfanne zu dunkel.

☺ Wenn der Zucker leicht braun ist, Butter zufügen und aufschäumen lassen.

Zucker setzt sich am Rührbesteck fest

Orange oder Zitrone halbieren. Eine Hälfte auf die Gabel spießen und damit die kochende Zuckerlösung in der Pfanne umrühren. Die freigesetzten Fruchtöle verfeinern den Geschmack.

zu wenig Soße

Nach Karamellisieren und Aufschäumen des Zuckers je nach Geschmack mit Weißwein oder Fruchtsaft aufgießen und reduzieren. Dann die Crêpes einlegen.

DAMPFNUDELN

kleben an der Form fest

! Die Form wurde mit Butter ausgefettet.

☺ Mit Pflanzenfett statt mit Butter ausfetten, da dieses einen höheren Schmelzpunkt hat. Die Form vor dem Einsetzen der Dampfnudeln reichlich mit Zucker ausstreuen.

nicht aufgegangen

! Der Hefeteig wurde falsch zubereitet.

! Der Teig ist an einem zu warmen Ort zu schnell aufgegangen.

! Die Hefe war zu alt.

verfeinern

Vor dem Anrichten mit einer Mischung aus heißer Butter und Zucker überziehen und/oder etwas abgeriebene Zitronenschale zugeben.

warm stellen

Ist kaum möglich, da diese in kürzester Zeit nach der Entnahme aus dem Gargeschirr zusammenfallen.

zu dunkel

! Die Oberhitze war zu hoch.

! Der Teig war zu trocken.

☺ Vor der Zubereitung mit zerlassener Butter bepinseln.

HOLLERKÜCHLE (AUSGEBACKENE HOLUNDERBLÜTEN)

schmecken spröde

! Als Ausbackteig wurde normaler Pfannkuchenteig verwendet.

☺ Einen Teig aus Mehl, Zucker, Bier und Öl rühren und mit Salz abschmecken.

KAISERSCHMARRN

klebt noch

! Der Teig wurde zu fest angerührt.

! Zu viel Fett, speziell Butter oder Butterschmalz wurde verwendet.

! Der Schmarrn wurde nach dem Zerreißen zu kurze Zeit nachgeschwenkt.

! Er wurde nicht oder zu wenig mit Zucker glaciert.

schmeckt bitter

! Zu lange bei zu hoher Temperatur mit Zucker glaciert.

! Die zugefügten Rosinen sind angebrannt.

verändern

Schinkenstreifen oder Bratenreste verwenden.

verfeinern

○ Geriebene Zitronenschale, Rum, Orangenlikör und Vanillezucker zugeben.

○ Die Rosinen ca. eine Stunde in Rum oder Arrak einlegen.

warm stellen

Bei ca. 60 bis 80 °C im Backofen.

☺ Den Kaiserschmarrn noch in der Pfanne mit Zucker glacieren, dann lässt er sich leichter warm stellen.

zu fett

! Der Schmarrn wurde nur in Butter geschwenkt und nicht glaciert.

zu trocken

! Zu lange bei zu hoher Temperatur warm gestellt.

zubereiten

Die Eier trennen und das Eigelb unter den Teig rühren. Das Eiweiß steif schlagen und vorsichtig unterheben.

MARILLENKNÖDEL/ZWETSCHGEN-KNÖDEL

abgekocht

! Zu lange Kochzeit.

! Warm stellen bei geschlossenem Topf.

! Falsche Zusammensetzung des Teiges.

! Verwendung von Frühkartoffeln, diese haben einen zu geringen Stärkegehalt.

☺ Angerührte Kartoffelstärke ins Kochwasser geben.

haltbarer

Die Hände vor dem Abdrehen mit Kartoffelstärke einpudern macht die Knödel haltbarer.

verfeinern

○ Dem Kochwasser Zucker und eine aufgeschlitzte Vanilleschote beigeben.

○ Zucker in Butter anbräunen, mit Marillenlikör aufkochen und die Knödel nach der Fertigstellung damit überziehen.

warm stellen

Im Kochwasser bei ca. 60 °C liegen lassen.

zu dunkel

! Zu langes Warmstellen in zu wenig Wasser. Die Knödel ragen aus dem Wasser und verfärben sich durch die Luft.

☺ Abdecken mit einem umgedrehten Porzellanteller, der direkt auf den Knödeln aufliegt.

MOHNNUDELN

braun geworden

! Die Nudeln wurden offen gegart.

! Die Nudeln wurden bei zu hoher Temperatur gegart.

! Das Gericht wurde zu lange warm gestellt.

kleben

! Das Verhältnis von Nudelmenge, Milchmenge, Garzeit und Gartemperatur war falsch.

! Die Zutatenmenge stimmte nicht.

verfeinern

❍ Die Milch mit einer aufgeschlitzten Vanilleschote und Zucker aromatisieren.

❍ Dem Mohn mehr Zucker und evtl. Rum beigeben.

warm stellen

Sollte nach Möglichkeit vermieden werden, da diese schnell nachziehen und dadurch austrocknen.
Einzige Möglichkeit: Die Garzeit bei verringerter Temperatur verkürzen. So wird der Garvorgang verlangsamt und geht stufenlos in ein „Warmstellen" über.

zu fest

siehe → kleben

PFANNKUCHEN

fettarm backen

☺ In einer beschichteten Pfanne mit wenig Fett zubereiten.

Ränder rollen sich beim Backen auf

siehe → Crêpes

warm stellen

siehe → Crêpes

weiter verwenden

Fein geschnitten als Einlage für Brühen.

zubereiten

❍ Zugabe von wenig Backpulver lässt Pfannkuchen besser aufgehen.

❍ Nach dem Wenden sofort bei 180 °C zum fertig garen in den vorgeheizten Backofen stellen.

zu dunkel

! Bei zu hoher Temperatur und/oder zu heißem Fett gegart.

! Warm stellen bei zu hoher Temperatur.

zu hart

! Zu schnell und zu fest ausgebacken.

! Ohne Fettzugabe in einer beschichteten Pfanne gebacken.

! Nicht abgedeckt gelagert.

! Zu lange bei Küchentemperatur gelagert.

OBST

ALLGEMEINES

aufbewahren

Ausgereiftes Obst wird im Kühlschrank oder im kühlen Keller aufbewahrt und soll innerhalb kurzer Zeit verbraucht werden.

Nicht ausgereiftes Obst wird bei Zimmertemperatur gelagert.

☺ Das Obst in eine braune Papiertüte geben und diese mehrmals mit einer Nadel einstechen. Obst locker lagern, um Druckstellen oder Verletzungen zu vermeiden. Beschädigtes Obst fault und fängt an zu schimmeln.

Grundsätzlich: Behandeltes, d.h. künstlich nachgereiftes Obst verdirbt schneller. Genmanipuliertes Obst ist angeblich länger haltbar. Da fast jedes Obst behandelt ist, sind Angaben über Lagerzeiten schwierig. Beim Einkauf von größeren Obstmengen fragen Sie den Händler nach der Lagerfähigkeit.

einfrieren

Früchte vor dem Einfrieren blanchieren.

einkaufen

Pflückreife ist nicht gleich Fruchtreife. Gewerblich angebautes Obst in Großbetrieben wird vor der Genussreife geerntet. Bei grün geernteten Früchten wird die Genussreife dann künstlich herbeigeführt. Der Geschmack leidet unter dieser Methode. Die Früchte sehen schön aus, der Geschmack ist aber oft enttäuschend.

Bei Drucklegung dieser Auflage gab es noch keine Entscheidung der EU über die Behandlung und den Umgang mit genmanipulierten Lebensmitteln.

Grundsätzlich: Möglichst lose Ware einkaufen, die Früchte sollen duften und dürfen keine Druckstellen oder Flecken aufweisen. Besonders schönes Obst ist kein Zeichen für Qualität. Wenn sie unsicher sind; fragen sie nach der Herkunft und probieren sie ein Stück. Bei ungenauer Auskunft verzichten Sie auf den Kauf.

en papillote garen

Die Früchte kurz in Butter anschwenken, in dickes Pergamentpapier einpacken und in den Ofen setzen. Das Obst ist fertig, wenn sich das Päckchen wie ein Ballon aufbläht und braun verfärbt. Das Päckchen erst bei Tisch öffnen.

mazerieren

Obst lässt sich verfeinern, wenn es einige Zeit in Wein, Likör oder Obstbränden durchzieht. Das mazerierte Obst einige Zeit kühl stellen und dann weiter verarbeiten.

Festschalige Früchte werden eingestochen.

Vorsicht: Mazerierte Früchte schmecken zwar köstlich, der Alkoholanteil ist aber beträchtlich.

Bieten sie immer auch eine alkohohlfreie Version an (die Früchte werden dann in konzentrierte und gesüßte Fruchtsäfte eingelegt). Weisen sie deutlich auf die Unterschiede hin, bei Kalten Büffets bringen sie einen deutlichen Vermerk an.

schmeckt modrig

! Das Obst war überlagert.

schrumpelig

! Das Obst war überlagert.

überziehen

Früchte wie Erdbeeren oder Ananasstücke in flüssige Schokolade tauchen, danach in Nuss- oder Pistazienkrümel wälzen.

überzuckern

Kleine Früchte eignen sich sehr gut zum Überzuckern.

Die Früchte waschen und mit Küchenkrepp trocken tupfen. Ein Eiweiß leicht schaumig schlagen, die Früchte erst durch das Eiweiß und dann vorsichtig durch den Zucker ziehen. Auf ein Gitter legen und an einem trockenen Ort in ca. zwei Stunden trocknen.

Zuckerfrüchte noch am Tag der Herstellung verbrauchen.

☺ Johannisbeerrispen sehen überzuckert sehr dekorativ aus.

☺ Holzspieße verwenden; zum Trocknen in einen Block Moosy stellen.

verfärbt

! Geschältes Obst war zu lange der Luft ausgesetzt.

! Das Obst ist nicht mit einem Edelstahlmesser geschnitten worden.

! Das geschälte Obst wurde in einer Aluminiumschüssel gelagert.

☺ Die Früchte mit Zitronensaft einreiben.

☺ Die Früchte bis zur Verarbeitung in Zitronenwasser einlegen.

ÄPFEL

aufbewahren

Ausgereifte, kleine Äpfel im Kühlschrank ca. 14 Tage. An einem kühlen, trockenen, dunklen Ort nebeneinander gelagert ca. vier Wochen. Tiefgefroren als Apfelmus ca. sechs Monate.
siehe → Allgemeines, aufbewahren

blanchieren

Weißwein in einen flachen Topf geben, mit Zitronensaft und wenig Zucker würzen, aufkochen und die Apfelscheiben einlegen. Ca. fünf Minuten sieden, vom Feuer nehmen und im Sud erkalten lassen.

Apfelstreifen verfärbt

! Die geschälten Äpfel wurden zu lange der Luft ausgesetzt.

☺ Äpfel bis zur Verarbeitung in Zitronenwasser einlegen.
Für *Dekorationszwecke:* Die Äpfel ca. ein bis zwei Minuten in Läuterzucker kochen.

Äpfel schmecken mehlig

! Die Äpfel wurden unsachgemäß gelagert.

! Die Äpfel waren überreif.

! Sehr große Äpfel sind oft mehlig.
siehe → aufbewahren

entkernen und schälen

○ Mit einem Apfelausstecher vom Stielansatz nach unten durchstechen.

○ Mit einem Kartoffelschäler den Apfel ringförmig vom Stielansatz nach unten schälen.

☺ Die Äpfel nach dem Schälen sofort mit Zitronensaft beträufeln, dann werden sie nicht braun.

nachreifen

Äpfel mit ein bis zwei Tomaten in eine Schüssel geben und abdecken. Das von den Tomaten austretende Äthylengas beschleunigt den Reifevorgang.

Rotweinapfel, ungleichmäßige Färbung

! Die Früchte wurden im Sud nicht häufig genug gewendet.

☺ Zum Garen einen möglichst passgenauen Topf verwenden und einen Teller mit geringerem Durchmesser als der Topf auflegen. Die Früchte werden unter die Flüssigkeitsgrenze gedrückt und die Färbung wird gleichmäßiger.

ANANAS

aromatisieren

Die Ananas mit wenig Salz bestreuen, das verstärkt den Eigengeschmack und mildert die Fruchtsäure.

aufbewahren

Ananas reift bei Raumtemperatur nach. Die voll ausgereifte Frucht hält sich im Kühlschrank ca. drei Tage, tiefgefroren ca. 12 Mon.

einkaufen

Die Frucht ist fest und schwer und hat keine Druckstellen. Bei einer reifen Ananas lassen sich die Rosettenblätter leicht herauszupfen. Je ausgeprägter die Schuppen der nicht essbaren Schale, desto aromatischer ist die Frucht; Früchte mit kleinem Blattschopf bevorzugen.

schälen

○ Die Frucht am unteren Ende begradigen, an den Blättern festhalten und von oben nach unten abschälen und die Augen entfernen.

○ Die Frucht der Länge nach halbieren.

○ Die Ananas je nach Weiterverwendung vierteln und den holzigen Kern ausschneiden.

○ Die Ananas erst in Scheiben schneiden und dann schälen.

APRIKOSEN

aufbewahren

Die Früchte dürfen nicht gedrückt werden. In Küchenkrepp eingewickelt ca. drei Tage im Kühlschrank. Tiefgefroren nicht länger als 12 Monate.

einkaufen

Die Aprikosen haben eine glatte, fleckenlose Samthaut ohne Grünstich. Die Frucht gibt auf leichten Druck nach.

schmecken fade

! Die Früchte waren nicht richtig ausgereift.

schmecken mehlig

! Die Früchte waren zu groß.
! Die Früchte waren überlagert.

BANANEN

aufbewahren

Bananen vertragen keine Zugluft, sie reifen bei Raumtemperatur nach. Ausgereifte Früchte können im Kühlschrank ca. zwei Tage gelagert werden. Eine fast schwarze Schale ist ein Zeichen von Überreife, die Banane kann trotzdem noch verzehrt werden.

dämpfen, dünsten

Die ungeschälte Frucht der Länge nach halbieren und mit der Schalenseite in die trockene Pfanne legen. Die Banane ist gar, wenn die Schale schwarz wird und sich vom Fruchtfleisch trennt. Die Bananen schmecken mit dieser Garmethode sehr aromatisch.

Bananen dämpfen, dünsten

einkaufen

Bananen können in allen Reifestadien gekauft werden. Will man die Bananen länger lagern, hellgelbe Früchte mit grünlichen Außenseiten kaufen und nachreifen lassen. Für den sofortigen Verzehr voll ausgereifte Früchte kaufen. Voll ausgereifte Bananen haben eine gelbe Schale und braune Pünktchen, die Stärke hat sich dann vollständig in Zucker umgewandelt. Bräunliche Bananen werden meist günstiger angeboten und sollten möglichst schnell verwendet werden.

gebacken, paniert

- ❍ In Mehl, geschlagenem Ei und Paniermehl wenden und gut andrücken.
- ❍ In Mehl, geschlagenem Ei und gehackten, süßen Mandeln wenden und gut andrücken.
- ❍ In Mehl, geschlagenem Ei und Kokosraspel wenden und gut andrücken.
- ❍ In Mehl, geschlagenem Ei und zerkleinerten Cornflakes wenden und die Panade gut andrücken.
- ❍ In Mehl, geschlagenem Ei und gehackten Haselnüssen wenden und gut andrücken.

Püree ist grau geworden

- **!** Die Früchte wurden ohne Zitronensaft im Mixer püriert.
- ☺ Die Früchte grob zerteilen, mit Zitronensaft kurz pürieren und das Fruchtmus mit süßer Sahne oder Crème fraîche aufhellen.

BABYBANANEN, ZWERGBANANEN, FINGERBANANEN

verwenden

Diese Bananen sind eine spezielle Züchtung und haben ein sehr ausgeprägtes, köstliches Bananenaroma. Sie werden frisch und eingezuckert als Konserve angeboten.

- ☺ Sie eignen sich hervorragend zum Flambieren und für feine Desserts.

KOCHBANANEN

verwenden

Kochbananen können nicht roh verzehrt werden, sie müssen gegart oder gebraten werden. Sie sind ein Kartoffelersatz; frittiert oder als Chips schmecken sie gut zum Cocktail und zu gebratenem Fleisch.

Zu Barbecue:

Bananen mit der Schale auf den Grillrost legen, bis die Haut schwarz ist. Öffnen und mit dem Grillgut servieren.

BIRNEN

aufbewahren

Birnen sind empfindliche Früchte, da die Schale leicht verletzt wird. Ausgereifte Birnen, einzeln in Küchenkrepp eingewickelt, halten sich im Kühlschrank ca. acht Tage. Tiefgefroren als Birnenmus ca. zwölf Monate.

aushöhlen

Mit dem Messer von oben nach unten halbieren. Das Kerngehäuse mit einem Pariser Ausstecher entfernen.

blanchieren

Weißwein mit Zucker und Zitronensaft aufkochen, die Früchte in den heißen Sud legen und abgedeckt garziehen lassen. Der Sud darf nicht kochen. Kurz vor Ende des Blanchierens einen Schuss Birnenbrand zufügen, das verstärkt den Eigengeschmack. Den Topf vom Herd nehmen und die Früchte abgedeckt im Sud auskühlen lassen.

füllen

Mit Käsecreme: Nach dem Blanchieren die Früchte auf ein Gitter legen, Höhlung nach unten, und im Kühlschrank ca. zwei bis drei Stunden abtrocknen lassen. Dann mit Käse füllen.

Mit Preiselbeeren (kalte Garnitur): Die Birnen blanchieren und erkalten lassen. Dann die Höhlung mit klarem Tortenguss gut auspinseln. Dies verhindert eine Verfärbung durch die Preiselbeeren.

Mit Preiselbeeren (warme Garnitur): Die Preiselbeeren vorsichtig erwärmen, mit Blattgelatine nachbinden und erkalten lassen. Die Masse dann in die erwärmten Birnen füllen.

nachreifen

Harte Birnen werden weich, wenn sie mit einem Apfel einige Tage in einer Plastiktüte gelagert werden.

Birnen in Rotwein, Streifenmuster

Die Früchte mit einem Ziseliermesser von oben nach unten jeweils mit einem Zentimeter Abstand einritzen. Blanchieren und 12 Stunden im Sud auskühlen und ziehen lassen. Die Früchte herausnehmen und die Restschale entfernen. So entsteht ein Muster aus rosa und dunkelroten Streifen.

CLEMENTINEN

alt/frisch

Alt: Die Früchte haben mattes, dunkelgrünes Laub.
Frisch: Das Laub ist hellgrün und glänzend.

DATTELN

aufbewahren

Im Kühlschrank abgedeckt ca. zehn Tage, dabei kann die Schale leicht austrocknen.

einkaufen

Die Früchte sind prall und haben eine glänzende, leicht klebrige Haut. Um die Früchte haltbarer zu machen, werden sie mit Heißluft behandelt. Dadurch tritt Zucker aus, und die Dattelhaut glänzt und wird leicht klebrig.

vorbereiten

Datteln müssen gewaschen werden, wenn die Haut zu hart ist, muss sie abgezogen werden.

ERDBEEREN

aufbewahren

Faulige, angepickte oder angefressene Erdbeeren aussortieren. Sehr weiche Früchte sofort verbrauchen. Die Erdbeeren aus der Schale nehmen, möglichst locker in einem Sieb oder in einer mit Küchenkrepp ausgelegten und auch mit Krepp abgedeckten Schale im Kühlschrank nicht länger als drei Tage aufbewahren. Schockgefrostet und locker in Plastiktüten umgefüllt ca. 12 Monate.

auftauen

Die Erdbeeren aus der Plastiktüte nehmen, in eine Schale mit Siebeinsatz legen und möglichst nebeneinander im Kühlschrank auftauen. Erdbeeren, die für Bowlen oder Drinks verwendet werden, tiefgefroren oder angetaut zufügen.

dekorieren

Die Früchte mit dem Laubansatz von oben nach unten halbieren. Die Hälften ähnlich dem Gurkenfächer mit einem kleinen, spitzen Messer auffächern. Mit dem Messerrücken vorsichtig in die Breite drücken.

einkaufen

Die Früchte sind makellos und haben eine leuchtende Farbe. Möglichst lose Ware oder kleine Körbchen kaufen, damit die Früchte nicht gedrückt werden. Beim Einkauf von größeren Mengen ein Salatsieb mitbringen, die Früchte darin umleeren lassen und in einer großen Plastiktüte (nicht zubinden) transportieren. Erdbeeren vor dem Kauf probieren, Schönheit ist nicht immer ein Zeichen von Wohlgeschmack.

schmecken fade

! Die Früchte sind erst geschnitten und dann gewaschen worden.

☺ Erdbeeren kurz waschen und auf Küchenkrepp trocknen. Erst kurz vor dem Verarbeiten schneiden, dann geht das Aroma nicht verloren. Ein paar Tropfen Zitronensaft erhöhen das Eigenaroma.

vorbereiten

Geschnittene Erdbeeren mit etwas Zitronensaft beträufeln - das verstärkt den Erdbeergeschmack.

FEIGEN

aufbewahren

Frische Feigen halten sich im Kühlschrank ca. drei Tage.

einkaufen

Die Schale ist fest, glatt, fleckenlos und nicht klebrig. Klebrige, geschrumpfte Schale ist ein Zeichen für Überlagerung. Das Fruchtfleisch ist dunkelrot, von kleinen, essbaren Samen durchsetzt und schmeckt saftig und süß.

schmecken bitter

! Die Feigen waren überlagert.

GRANATAPFEL

aufbewahren

Die ganze Frucht im Kühlschrank ca. zehn Tage. Die ausgelösten Kerne maximal drei Tage. Tiefgefroren ca. 12 Monate.

einkaufen

Die Früchte haben eine unverletzte, glatte, glänzende Schale und liegen schwer in der Hand.

Saft schmeckt bitter

! Die ledrigen Zwischenwände wurden mit ausgepresst.

GRAPEFRUIT

aufbewahren

Bei nicht zu hoher Raumtemperatur ca. eine Woche. Im Kühlschrank ca. 14 Tage. Tiefgefroren, als Saft innerhalb von drei Monaten verbrauchen.

ausgetrocknet, fasrig

! Die Frucht war überlagert.

einkaufen

Die Frucht liegt schwer in der Hand und hat eine glatte, feine, seidigglänzende Schale ohne Druckstellen.

GUAVEN

aufbewahren

Im Kühlschrank ca. eine Woche.

einkaufen

Bei reifen Früchten gibt die Schale auf leichten Fingerdruck nach, die Frucht soll fest und ohne Verfärbungen sein. Die Schale ist gelb mit einem Anflug von weiß oder rosa.

verwenden

Rohe Guaven schmecken etwas fade, deshalb die Frucht mit Zucker, Zitronensaft oder etwas Schlagsahne verfeinern oder im Obstsalat verwenden. Guavensaft ist einer der aromatischsten Fruchtsäfte. Gegart schmecken Guaven als Beigabe zu pikanten Gerichten.

HEIDELBEEREN

aufbewahren

Die Früchte aussortieren und in einen größeren Behälter, der mit Küchenkrepp ausgelegt ist, umfüllen und im Kühlschrank aufbewahren. Täglich kontrollieren und innerhalb von drei Tagen verbrauchen. Schockgefrostete Früchte innerhalb von 12 Monaten verbrauchen.

☺ Heidelbeeren gezuckert einfrieren.

einkaufen

Die Früchte sind prall und haben eine gleichmäßige Farbe. Sie liegen locker im Körbchen und sind nicht zusammengedrückt. Das Körbchen hat keine Saftflecken, die sind ein Zeichen von Überlagerung und langen Transportwegen.

HIMBEEREN

aufbewahren

Himbeeren aussortieren, sehr reife Früchte sofort verbrauchen. Die Himbeeren in einen größeren Behälter umfüllen, mit Küchenkrepp abdecken und innerhalb von zwei Tagen verbrauchen. Die Lagerzeit hängt stark von der Qualität und der Herkunft der Früchte ab. Schockgefrostete und locker in Plastiktüten verpackte Früchte halten sich ca. 12 Monate. Gefrorene Himbeeren nur angetaut verarbeiten.

einkaufen

Himbeeren nur in kleinen Schälchen kaufen, damit die Früchte nicht gedrückt werden. Früchte, die zusammengefallen wirken oder bei denen die Schale durchweicht ist, sind überlagert.

waschen

Himbeeren ganz kurz waschen und auf Würmer kontrollieren. Die kleinen Würmer tauchen gerne bei Drinks, klaren Gelees und Desserts als weiße Einlagen an der Oberfläche auf. Schädlich sind diese Gäste allerdings nicht.

HOLZÄPFEL

siehe → Äpfel

JOHANNISBEEREN

abrebeln

Mit einem großen, groben Kamm oder einer Gabel die Früchte von den Stielen trennen.

aufbewahren

Vertrocknete und angefaulte Beeren entfernen, die Rispen (locker eingeschlagen) halten sich im Kühlschrank ca. drei Tage.

einkaufen

Reife Früchte sind prall, saftig und haben eine leuchtende Farbe. Die Stiele sind hellgrün. Überlagerte Früchte sind klebrig, leicht eingetrocknet und die Stiele sind dunkelgrün bis schwarz.

KAKI

aufbewahren

Im Kühlschrank ca. zwei Tage, tiefgefroren ca. 12 Monate.

einkaufen

Die Früchte sind weich und leuchtend orangefarben. Die Schale ist glatt und unverletzt. Stiel und Blütenansatz müssen unversehrt sein.

schmecken herb, pelzig

! Die Früchte waren noch nicht reif.

KIRSCHEN

aufbewahren

Die Früchte müssen trocken sein. Kirschen deren Haut verletzt ist oder die Druckstellen

haben, aussortieren und sofort verbrauchen. Kirschen, in der Papiertüte locker gelagert, halten im Kühlschrank ca. drei Tage. Tiefgefroren ca. 12 Monate.

einkaufen

Kirschen sollen prall und von glänzender Farbe sein, die Früchte dürfen keine Druckstellen oder Flecken haben. Geplatze Kirschen oder Narben sind ein Zeichen, dass es während der Reifezeit geregnet hat. Trockene, braune Stiele und matte, klebrige Ware ist ein Zeichen von Überlagerung.

☺ Probieren sie die Kirschen vor dem Kauf, sehr schöne Ware ist nicht immer ein Zeichen für Wohlgeschmack.

KIWI

aufbewahren

Kiwis lassen sich gut im Kühlschrank bis zu zehn Tagen aufbewahren.

einkaufen

Die pelzige Schale darf keine Druckstellen haben, das Fruchtfleisch gibt auf leichten Fingerdruck nach.

verwenden

Kiwis sind eine wohlschmeckende und vielseitig verwendbare Frucht. Da sich die geschälten Früchte an der Luft nicht verfärben sind sie eine ideale und dekorative Beilage.

KOKOSNUSS

aufbewahren

Ungeöffnete Kokosnüsse lassen sich bei Raumtemperatur bis zu vier Monaten lagern. Geöffnet und mit Folie abgedeckt im Kühlschrank ca. eine Woche.

einkaufen

Alt: Bei alten Nüssen ist die Milch (eigentlich das Kokoswasser) bereits eingetrocknet und das Fruchtfleisch ist spröde und trocken.
Frisch: Die Nuss ans Ohr halten und schütteln. Ist ein "schwappendes" Geräusch zu hören, ist noch Milch (Wasser) vorhanden und die Nuss ist frisch.
Frisches Kokoswasser ist absolut keimfrei.

öffnen

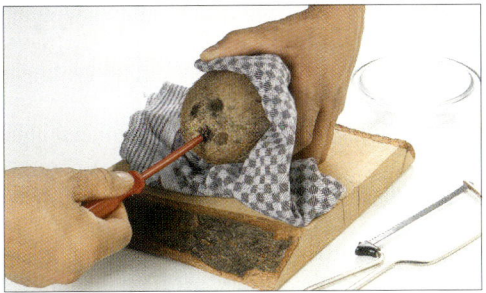

1. Die drei vorhandenen Augen an der Oberseite mit einer Ahle oder einem sauberen Schraubenzieher einstechen und das klare Wasser auslaufen lassen.

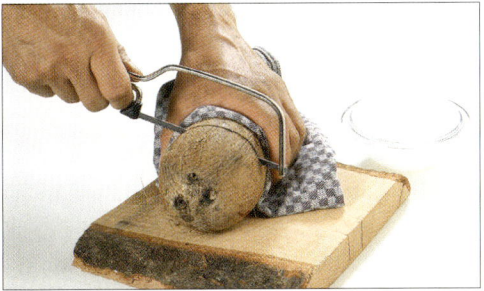

2. Die Nuss in einen Schraubstock einspannen oder zwischen die Oberschenkel klemmen oder die Nuss mit einem Tuch festhalten und mit einer sauberen, feinzackigen Säge aufschneiden.
3. Mit einem spitzen Messer am Grund der Schalenhälfte einstechen und vorsichtig nach oben zum Rand schneiden. Dies tortenähnlich wiederholen.
4. Mit einer stumpfen Messerklinge oder einem Löffelstiel die Achtel von oben her aushebeln.

LIMETTEN

aufbewahren

Im Kühlschrank ca. zwei Wochen.

einkaufen

siehe → Zitronen

verwenden

Limetten sind saftiger und aromatischer als Zitronen. Sie verfeinern Säfte, Drinks, Desserts und werden häufig in der asiatischen und amerikanischen Küche verwendet.

☺ Limetten mit dem Handballen rollen - so geben sie mehr Saft ab.

MANGOS

aufbewahren

Ausgereifte Früchte halten sich im Kühlschrank ca. eine Woche, tiefgefroren ca. 12 Monate.

einkaufen

Die Schale ist straff und glatt, die Frucht hat einen intensiven frischen Duft. Das Fruchtfleisch gibt auf leichten Fingerdruck nach.
Vorsicht: Nach dem Verzehr von Mangos ca. zwei Stunden weder Alkohol noch Milch trinken, da dies leicht zu Magenbeschwerden führen kann.

schneiden

1. Mango mit der flachen Seite auflegen und nah beim Kern den ersten Schnitt ansetzen. Die Frucht umdrehen und ebenso verfahren.

2. Das Fruchtstück auf die Schalenseite legen und karoförmig einschneiden.
3. Die Fruchtstücke leicht auseinanderdrücken.

Mangos immer gut gekühlt verwenden, sie haben sonst einen Terpentingeschmack.

Melonen

aromatisieren

Schiffchen schneiden, mit Madeira, Portwein oder Cognac beträufeln, in eine Schüssel oder auf ein Blech geben und abgedeckt zwei bis drei Stunden im Kühlschrank ziehen lassen.

aufbewahren

Ganze Melonen halten sich bei nicht zu hoher Raumtemperatur ca. drei Tage. Melonenspalten in Folie eingewickelt im Kühlschrank ca. drei Tage.

einkaufen

Für reife Melonen gibt es einige Tests:
Mit dem Daumen oben und unten auf den Melonenmittelpunkt drücken. Gibt die Melone nach, ist sie reif und saftig.
Kleinere Wassermelonen schütteln, lose Kerne sind ein Zeichen für Reife.
Auf die Früchte klopfen, reife Melonen klingen hohl.
Die Schale soll unverletzt, glatt, ohne Risse und Druckstellen sein. Gelbliche oder weiße Flecken sind kein Qualitätsmangel, sie entstehen durch das Aufliegen der Früchte auf der Erde.

Kerngehäuse entfernen

Die Frucht halbieren und mit einem Esslöffel das flüssige Kerngehäuse durch leichtes Einstechen und Drehen entfernen.

Kugeln ausstechen

Mit einem speziellen Kugelausstecher das Fruchtfleisch rund ausstechen.
(Abb. siehe oben rechts).

schneiden

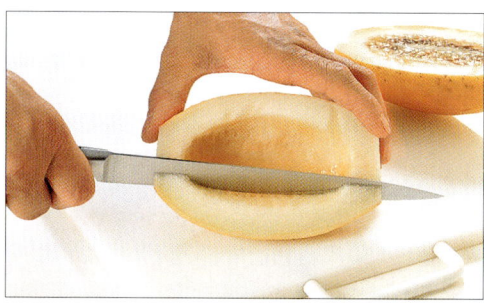

1. Der Länge nach halbieren und das Kerngehäuse entfernen.
2. Die Hälften je nach Größe nochmals der Länge nach vierteln oder achteln.

3. Mit einem scharfen Messer zwischen Schale und Fruchtfleisch hindurchfahren.

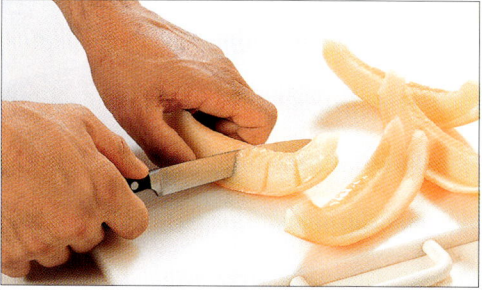

4. In Abständen von ca. zwei Zentimetern das Fruchtfleisch von oben nach unten einschneiden, nicht durchschneiden.

OGEN-MELONE

aromatisieren

Fruchtkugeln ausstechen, in Cointreau marinieren und eisgekühlt servieren.

reif

Ogen-Melonen sollten erst gegessen werden, wenn die sehr dünne und etwas rauhe Schale schon bei leichtem Fingerdruck nachgibt.

NEKTARINEN

aufbewahren

siehe → Aprikosen

einkaufen

Die Früchte sind glatt, fest aber nicht hart und von gelblicher Farbe ohne Grünstich. Sie haben keine Druckstellen oder runzlige Haut. Früchte mit braunen Flecken sind verdorben.

☺ Reife Nektarinen sind an der Fruchtnaht oft weicher.

ORANGEN

aufbewahren

Bei nicht zu hoher Raumtemperatur ca. eine Woche, im Kühlschrank ca. 14 Tage. Früchte täglich kontrollieren.

einkaufen

Frische Früchte sind prall, liegen schwer und fest in der Hand und haben einen grünen Fruchtansatz. Überlagerte Ware ist weich, die Haut schrumpelt und der Fruchtansatz ist schwarz.

filetieren

1. Die Orangen oben und unten begradigen, auf die Arbeitsfläche stellen und dick abschälen.

2. Geschälte Orange in die hohle Hand legen. Zweckmäßig über einer Schüssel arbeiten. Mit einem scharfen Messer beidseitig an den weißen Zwischenhäuten keilförmig zur Mitte schneiden und die Filets herausnehmen.

nachreifen

→ siehe Bananen, nachreifen

Orangenräder schneiden

1. Die Frucht oben und unten begradigen. Mit einem Ziseliermesser die Schale von oben nach unten im Abstand von ca. 1 cm einkerben.

2. In Scheiben schneiden. Als Dekoration für kalte Platten und Drinks.

saftiger

Die Orange mit der flachen Hand mehrmals auf dem Tisch hin und her rollen.

PAPAYA

aufbewahren

Ausgereifte Früchte halten sich im Kühlschrank ca. eine Woche.

einkaufen

Reife Papayas haben eine gelbgrüne bis gelbe, glatte, ledrige, empfindliche Haut. Das
Fruchtfleisch gibt bei leichtem Fingerdruck
nach. Nicht ausgereifte Papayas haben eine
grüne Haut.
☺ Unreife Papayas in Abständen anritzen und in
Zeitungspapier wickeln (ca. zwei Tage liegen-
lasssen).

Fruchtdekoration

1. Eine möglichst runde Papaya verwenden, den
ersten Blütenkranz einschneiden.

2. Versetzt darüber einen zweiten Blütenkranz
einschneiden.

3. Den Stielansatz abschneiden.

4. Die dunklen Kerne entfernen. Die Einschnitte
vorsichtig nach außen drücken - so entsteht
eine Blume.

vorbereiten, verwenden

Papayas schälen und die Kerne unbedingt
entfernen, da sie beißend scharf sind.
Papayas schmecken roh, als Vorspeise oder
in Desserts, Obstsalaten, Geflügel-oder Krab-
bensalaten sehr gut.
☺ Papaya roh als Vorspeise mit Schinken oder
Bündner Fleisch oder Krabben servieren.

Papayakerne

Frische Kerne als Fleischweichmacher in der
Marinade verwenden.

PASSIONSFRUCHT

aufbewahren

Ausgereifte Früchte halten sich im Kühlschrank bis zu vier Tagen.

einkaufen

Passionsfrüchte liegen schwer in der Hand
und haben eine schrumpelige Haut. Die
schrumpelige Haut garantiert die Süße der
Früchte. Die Haut schrumpft ca. eine Woche
nach der Ernte beim Nachreifen ein.
☺ Rotschalige Früchte sind aromatischer.

verwenden

Die Früchte werden halbiert und ausgelöffelt,
die vielen Kerne werden mitgegessen, die dicke Haut ist zum Verzehr nicht geeignet. Die
Früchte schmecken auch in Drinks, Quark-
speisen und vielen Desserts ausgezeichnet.

PFIRSICHE

abziehen

1. Die Haut mit einem scharfen Messer mehr- mals von oben nach unten einritzen.
2. Die Frucht mit einem Schaumlöffel in kochen- des Wasser tauchen, bis sich die Haut löst.
3. Anschließend in Eiswasser tauchen und die Haut abziehen.

aufbewahren

siehe → Aprikosen

einkaufen

siehe → Aprikosen

PREISELBEEREN, CRANBERRIES

aufbewahren

In einer Tüte im Kühlschrank ca 14 Tage, tief- gefroren ca. 12 Monate.

einkaufen

Die Früchte sind fest, prall und haben eine leuchtendrote Farbe.

gar

Weiche Preiselbeeren platzen mit einem lau- ten Knall und spritzen außerdem.

☺ Auch kleine Mengen in einem nur zur Hälfte gefüllten hohen Topf zubereiten.

verwenden

Preiselbeeren / Cranberries können nicht roh gegessen werden. Als Kompott, Relish, Gelee oder Marmelade entfalten sie ihr volles Aro- ma. Preiselbeersoße passt sehr gut zu Wild und Geflügel.

QUITTEN

aufbewahren

Im Kühlschrank, in einem Gefrierbeutel ca. zehn Tage. Geschält, blanchiert und tiefgefro- ren ca. zwölf Monate.

einkaufen

Auch reife Quitten sind noch hart. Die Früchte haben eine leuchtendgelbe Farbe.
siehe → Allgemeines, einkaufen

zubereiten

Quitten müssen gekocht werden, sie sind roh ungenießbar. Ihr Fleisch schmeckt sehr aro- matisch und säuerlich, durch den hohen Pek- tingehalt sind sie für Konfitüre - auch in Verbin- dung mit anderen Früchten - ideal.

RHABARBER

aufbewahren

Die Blätter entfernen und die Stangen locker in Plastikfolie einschlagen, der Rhabarber hält sich so im Kühlschrank ca. acht Tage. Tiefge- froren, blanchiert, ca. zwölf Monate.

einkaufen

Die Stangen von Freilandrhabarber sind fest, kräftig und ohne Verletzungen.
Treibhausrhabarber hat dünnere Stangen, er ist meist auch zarter als Freilandrhabarber.

gekochter Rhabarber zerfällt

! Der Rhabarber wurde zu lange gegart.

Rhabarbergerichte zu sauer

! Der Rhabarber wurde garnicht oder zu wenig gezuckert.

schälen, vorbereiten

Die Blätter entfernen, den Stängelansatz weg- schneiden und dann den Freilandrhabarber wie Staudensellerie schälen. Rhabarber muss gründlich gewaschen werden.

welk, schlaff

! Der Rhabarber wurde bei Raumtemperatur gelagert.

TRAUBEN

aufbewahren

Weiche und angefaulte Trauben entfernen. Die Trauben (locker in Folie eingeschlagen) halten sich im Kühlschrank ca. zehn Tage, Früchte täglich kontrollieren. Halbierte, ent- kernte Trauben schockgefrostet innerhalb von 12 Monaten verbrauchen.

einkaufen

Die Früchte sind prall und fest und haften fest am Stiel. Die Stiele sind grün und glatt. Überla- gerte Ware ist weich, leicht schrumplig und hat dunkle, trockene Stiele. Trauben vor dem Kauf probieren, Schönheit ist nicht immer ein Zeichen von Wohlgeschmack.

entkernen

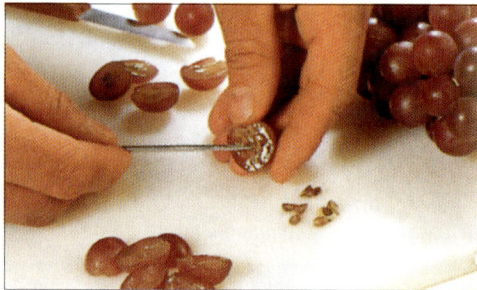

Die Traube mit dem Messer der Länge nach halbieren und die Kerne mit einer Häkelnadel oder dem Ösenende einer Dressiernadel entfernen.

Walnüsse

aufbewahren

Walnüsse (neue Ernte) ohne Schale in kleinen Behältern oder Gefrierbeuteln eingefroren halten ca. ein Jahr.

Zitronen

aufbewahren

Zitronen können dank ihres hohen Säureanteils kühl und trocken längere Zeit gelagert werden. Angeschnittene Zitronen mit Folie abdecken, und innerhalb von drei Tagen verbrauchen. Frisch gepressten Zitronensaft im Schraubglas aufbewahren; trübt er sich ein, sofort verbrauchen. Bei älteren Zitronen wird die Schale oft fest und dunkler, den Saft vor dem Verwenden probieren. Wenn er klar ist und nicht riecht, kann er noch verwendet werden. Zitronen, die weich werden und einen Pelz bekommen, nicht mehr verwenden.

einkaufen

Gespritzte Ware muss gekennzeichnet sein, das Spritzmittel hat keinen Einfluss auf den Geschmack. Eine Zitrone ist reif, wenn die Schale gleichmäßig glänzend ist, die Farbe ist kein sicheres Reifemerkmal.

gespritzt/ungespritzt

Gespritzte Zitronen sehr gut mit warmem Wasser abbürsten, dann wie ungespritzte Ware verwenden.

saftiger

Die Zitrone mehrmals unter leichtem Druck auf dem Tisch hin und her rollen.

Spritzer

Die Schale mit einem Zahnstocher anstechen und den Saft herauspressen. Die Stelle verschließt sich relativ schnell von selbst, dadurch können keine Bakterien in die Frucht eindringen.

Zuckerzitrone

Die Schale einer unbehandelten oder gut abgebürsteten Zitrone mit einem Stückchen Würfelzucker abreiben. Der Zucker nimmt das austretende aromatische Öl auf und lässt sich in Drinks und Tees als Verfeinerung gut verwenden.

Zwetschgen/Zwetschen/ Pflaumen

aufbewahren

Feste, makellose Pflaumen in ein Sieb umfüllen und in einem kühlen, trockenen Raum aufbewahren. Die Früchte dürfen nicht gedrückt oder gequetscht werden. Angefaulte Früchte aussortieren, Pflaumen mit Druckstellen sofort verbrauchen. Die Lagerzeit ist von der Sorte, Qualität und Herkunft abhängig. Pflaumen täglich kotrollieren. Voll ausgereifte Pflaumen werden im Kühlschrank nicht länger als drei Tage gelagert. Angeschimmelte Pflaumen und die sie umgebenden Früchte sind nicht mehr zum Verzehr geeignet. Entsteint und tiefgefroren ca. 12 Monate.

einkaufen

Die Früchte sind fest, prall und haben eine glatte Haut ohne Narben.

Schmierige, weiche Früchte die schon süßlich riechen sind verdorben. Pflaumen vor dem Kauf probieren, Schönheit ist nicht immer ein Zeichen von Wohlgeschmack.

Zwetschgen in Rotwein, verfeinern

In die aufgeschlitzten Früchte jeweils ein Stück Würfelzucker geben und die Früchte dicht in die Gläser einschichten. Rotwein mit einer Zimtstange, Gewürznelken und einem Schuss Pflaumenschnaps je Liter anreichern.

Zwetschgenmus, hält länger

Die entsteinten Früchte zusammen mit Rum und Zucker in einen Bräter geben. 12 Stunden bei 80 °C im Backofen dämpfen. Dabei gelegentlich umrühren.

Zwetschgenmus kann auch über Nacht ohne Rühren hergestellt werden, dann muss die Temperatur auf 60 °C abgesenkt werden.

Zwetschgenmus: regional unterschiedliche Bezeichnungen: Powidl (österr.) und Latwerge (nordd.).

MARMELADE/KONFITÜRE

brennt nicht an

Während des Kochvorgangs nicht kreisförmig rühren, sondern "Achten schreiben".

einfüllen

Die zu füllenden gereinigten Gläser auf ein feuchtes Küchentuch stellen, damit sie beim Einfüllen der heißen Marmelade nicht zerspringen.

☺ Einen Einfüllring über die Öffnung legen, das verhindert unnötiges Danebentropfen.

Gelierprobe

Einen Teelöffel Marmelade auf einen kalten Teller geben. Geliert diese nach kurzer Zeit, so hat die Marmelade genügend lange gekocht. Bleibt sie flüssig, noch ca. zwei Minuten kochen.

verschließen

Wird Einmachhaut verwendet, diese immer ca. 5 cm größer als den Glasdurchmesser schneiden. Eine Seite mit kaltem Wasser benetzen, dann wird die Einmachhaut geschmeidig und lässt sich leichter über das Glas ziehen.

☺ Einfacher geht das Verschließen mit den sog. Twist-Off Deckeln. Marmelade einfüllen. Deckel zuschrauben, das Glas umgedreht auf ein feuchtes Küchentuch stellen und die Marmelade abkühlen lassen.

DESSERTS, EIS

ALLGEMEINES

Eigelb verwenden

Für die Eisbereitung nur sehr frisches Eigelb verwenden. Da die Eigelbe nicht gekocht werden, besteht Salmonellengefahr.

Früchte im oder zum Dessert

Die Früchte ca. 30 Minuten in passendem Alkohol einlegen.

☺ Bieten Sie immer auch alkoholfreie Früchte in einer klar zu unterscheidenden Schale an. Weisen Sie beim Servieren deutlich auf die Unterschiede hin. Beim Dessertbüffet einen Hinweis an der Schale anbringen.

Kastanien verwenden

Frische Kastanien gibt es nur sehr kurze Zeit. Als Ersatz eignet sich vorzüglich Kastanienpüree oder Kastanien aus Dosen.

marmorieren

Das Dessert in Gläser füllen und kühl stellen. Kurz vor dem Servieren einen Sahnesiphon direkt in das Glas tauchen und mit leicht kreisenden Bewegungen wieder herausziehen. Das Dessert wirkt dadurch auch luftiger.
siehe auch → Schlagsahne, färben

CREME

Formen vorbereiten

Formen für ca. drei bis vier Stunden kalt stellen und unmittelbar vor dem Einfüllen mit kaltem Wasser ausspülen.

geronnen

! Die verwendeten Zutaten hatten unterschiedliche Temperaturen.

! Das elektrische Rührgerät lief zu schnell.

! Die Zutaten wurden zu warm gelagert.

! Die verwendeten Geräte waren nicht sauber.

☺ Damit die Creme nicht gerinnt, müssen alle Zutaten die gleiche Temperatur haben und dürfen nicht zu schnell vermischt werden.

klumpt

! Die Creme wurde im Wasserbad bearbeitet, und es sind Spritzer in die Masse gelangt. Dadurch klumpt das enthaltene Eigelb.

! Die Gelatine war nicht richtig eingeweicht.

! Die Gelatine wurde vor der Zugabe nicht ausgedrückt.
siehe auch → geronnen

☺ Die Creme in eine Schüssel mit warmem Wasser stellen und glatt rühren.

lösen

Cremes lassen sich leicht aus der Form lösen, wenn diese kurz in warmes Wasser gestellt wird.

steifen

Soll die Creme mit Gelatine gesteift werden, sind sechs Blatt Gelatine oder ein Päckchen Gelatinepulver auf einen halben Liter Flüssigkeit richtig.

zu fest

Die Creme in eine Schüssel mit warmem Wasser stellen, sie wird dann wieder geschmeidig.

BAYERISCHE CREME

verfeinern

Himbeergeist, Kirschwasser oder Orangenlikör nach Geschmack zufügen.

WEINSCHAUMCREME

verfeinern

Die Makronen oder Biskuits kurz vor dem Servieren mit Arrak beträufeln.

☺ Die Weinschaumcreme nur bei milder Hitze bearbeiten und gut durchschlagen.

CRÊPES

flambieren, einfache Form

Crêpes wie gewohnt ausbacken und sofort in ein vorgewärmtes, feuerfestes Serviergeschirr legen. Die Alkoholmischung in einen Schöpflöffel geben, entzünden und über die Crêpes ausgießen.

☺ Die Crêpes zuerst mit etwas heißer Mischung aus Orangensaft, verkocht mit Zucker, abgeriebener Zitronenschale und Orangenlikör begießen.

EIS

löst sich nicht aus der Verpackung

○ Kurzfristig von allen Seiten unter warmes Wasser halten.
○ Behälter kurz in die Mikrowelle geben.

portionieren

Metallportionierer vor jedem Arbeitsgang in heißes Wasser tauchen.

überbacken

Eine feuerfeste Form mindestens eine Stunde kaltstellen, dann das Eis aus dem Gefrierfach hineingeben und mit sehr steifem Eischnee schnell überbacken (Baked Alaska).

EISCREME

geronnen

! Die Eiscreme enthielt zuviel säurehaltige Früchte.

nicht fest geworden

! Das Eis wurde mit Alkohol zubereitet und im Tiefkühlfach gefroren.

☺ Eis mit Alkohol muss bei -15 °C gefroren werden. Das ist nur in der Tiefkühltruhe und in der Eismaschine möglich.

verfeinern

Die Eiscreme nur mit Eiern, ohne Speisestärke zubereiten.

FRUCHTGELEE

einfache Zubereitung

Klaren Fruchtsaft nach Anleitung mit Gelatinepulver vermischen und kühl stellen.
siehe auch → Gelatinedesserts

FRUCHTPÜREE

geeignete Früchte

Brombeeren, Erdbeeren, Heidelbeeren, Himbeeren, Johannisbeeren, Preiselbeeren, Aprikosen, Kiwis, Mangos, Papayas, Passionsfrüchte.

weiter verwenden

Zu *Fruchtsuppen:* die Pürees mit Milch, Sahne, Jogurt oder Fruchtsaft verdünnen.

zubereiten

Ca. 500 g Früchte mit dem Pürierstab oder im Mixer pürieren, durch ein Haarsieb streichen, um Kerne oder Schalenreste zu entfernen, und mit einem Esslöffel Puderzucker süßen.

☺ Für Fruchtpürees überreife oder zu weich gewordene Früchte verwenden.

FRUCHTQUARK

zu fest

Ungesüßte Sahne mit einem Sahnesiphon an mehreren Stellen in die Dessertschüssel einspritzen und mit einem Löffel vorsichtig unterheben. Wird die Sahne direkt eingegossen und untergerührt, kann der Quark klumpen oder zu flüssig werden.

FRUCHTSALAT

verfeinern

○ Fein gehackte Nüsse unter den Salat mischen.
○ Einige Rumfrüchte untermischen.

○ Mit Obstbränden verfeinern.
○ Die zugefügten Rosinen oder Sultaninen einige Zeit in Rum, Cognac etc. einlegen.

vorbereiten
○ Früchte, die sich leicht verfärben (Banane, Apfel, Birne usw.) direkt nach dem Schneiden mit Zitronensaft beträufeln oder marinieren.
○ Feste Früchte (Birne, Apfel etc.) vor der Weiterverarbeitung in einer Mischung aus Wasser, Wein, Zitrone und Zucker blanchieren und im Sud auskühlen lassen.

weiter verwenden
Für *Fruchtquark:* Auf einem Sieb abtropfen lassen und unter die Quarkmasse rühren.
Für *Fruchtmilch:* Salat in den Mixer geben und mit Zucker, Vanille und Milch pürieren. Der Salat sollte nicht älter als 24 Stunden sein.
Für *Früchtesahne:* Hellen, mit Saft oder Wein verkochten Karamelll beimischen, verkochen, mit Stärke binden, passieren und auskühlen lassen und unter die Sahne ziehen.

GELATINEDESSERTS

aufbewahren
Im Kühlschrank nicht länger als 48 Stunden, einfrieren ist nicht möglich.
☺ Ist das Dessert länger als 12 Stunden gekühlt worden, ca. 30 Minuten vor dem Servieren aus dem Kühlschrank nehmen.

fallen zusammen
! Das Dessert wurde bei zu warmer Raumtemperatur aufbewahrt.
☺ Dessert im Kühlschrank aufbewahren, und je nach Raumtemperatur ca. 30 Minuten vor dem Servieren aus der Kühlung nehmen.

kristalliert
! Das Dessert wurde in die Tiefkühlung gestellt.
! Die Kühlschranktemperatur war zu niedrig eingestellt.

nicht steif geworden
! Das Dessert enthielt zuwenig Gelatine.

stürzen
Vor dem Stürzen die Form in heißes Wasser tauchen oder mit einem in heißes Wasser getauchten Tuch umhüllen. Den Rand mit einem erhitzten Messer lösen, einen Teller auf die Form legen und umdrehen.

zäh
! Das Dessert enthielt zuviel Gelatine.

zieht Fäden
! Die Gelatine wurde noch warm in eine kalte Masse gerührt.
! Die Gelatine wurde zu stark untergeschlagen und nicht vorsichtig gerührt.
☺ Etwas Gelatine auf einen Löffel geben. Sind keine Körnchen mehr vorhanden, hat sie sich völlig aufgelöst.

GRIESSBREI

einrühren
Den Grieß in einen Folienbeutel geben und eine kleine Ecke abschneiden. Dann den Grieß unter ständigem Rühren in die kochende Milch einrieseln lassen.

zu dick
Mit heißer Milch strecken und kurz nachkochen lassen.

GRÜTZE

aufbewahren
In einem verschlossenen Behälter, im Kühlschrank nicht länger als vier Tage.

bleibt beim Stürzen in der Form hängen
! Die Form wurde vorher nicht mit kaltem Wasser ausgespült.
! Der Fruchtanteil war zu grob.

zu dünn
Grütze erhitzen und mit eingeweichter und ausgedrückter Blattgelatine nachbinden.

zu dick
Die kalte Grütze mit Fruchtsaft, Wein oder Mineralwasser strecken.

zu sauer
Die kalte Grütze mit verkochtem Zucker nachschmecken.

KOMPOTT

geeignete Früchte
Äpfel, Birnen, Erdbeeren, Kirschen, Kürbis, Mango, Mirabellen, Pfirsiche, Pflaumen, Rhabarber, Stachelbeeren, Trauben.

verfeinern

Die Früchte vor der Verwendung in Alkohol einlegen:
Äpfel in Calvados.
Birnen in Williams Christ.
Mirabellen in Mirabellenschnaps oder Mirabellenlikör.
Pfirsiche in Cointreau oder Grand Marnier.
Pflaumen in Armagnac.
Rosinen in Rum.
Die Früchte in Wein, süßem Sherry oder ungesüßtem Fruchtsaft garen.
Ein Stück Zimt oder Vanille, einige Nelken (vorher zählen), ein Stück Zitronen- oder Orangenschale mitgaren.

APFELKOMPOTT

verfeinern

○ Statt Wasser Apfelsaft oder Süßmost verwenden.
○ Nur die Hälfte Wasser nehmen und Weißwein zufügen.
○ Vor dem Servieren mit Calvados verfeinern.
○ Eine Sahnehaube aufspritzen.

APRIKOSENKOMPOTT

verfeinern

Mit geriebenen Haselnüssen bestreuen.
Einen Esslöffel Maraschino oder Cognac unterziehen.

PFIRSICHKOMPOTT

siehe → Aprikosenkompott

MOUSSE AU CHOCOLAT

aufbewahren

In einem abgedeckten Behälter im Kühlschrank ca. zwei Tage.

ist geronnen

! Die Zutaten hatten zu unterschiedliche Temperaturen.
! Die Zutaten wurden in der falschen Reihenfolge zugefügt.
! Die Kuvertüre wurde mit zu hoher Temperatur geschmolzen.
! Die Kuvertüre hatte einen zu hohen Anteil an Kakaobutter.
! Das elektrische Rührgerät lief zu schnell.

☺ Die Eier mindestens zwei Stunden vorher aus dem Kühlschrank nehmen.
☺ Der Mokka muss die gleiche Temperatur wie die Kuvertüre haben (Fingerprobe: Rücken des kleinen Fingers in Mokka und Kuvertüre halten. Ist kein Schmerz wahrnehmbar, haben beide Bestandteile Körpertemperatur).
☺ Den Mokka auf einmal in die Schokolade gießen und dann von Hand mit einem Holzlöffel vorsichtig vermischen.

zu bitter

! Die Kuvertüre hatte einen zu hohen Anteil an Kakao.
! Es wurde zu viel Mokka beigemischt.
! Der Mokka war zu stark.
! Zugabe von zu viel Cognac.

zu dick

Lässt sich nur bedingt durch die Zugabe von süßer Sahne, die die gleiche Temperatur wie die Mousse haben muss, verdünnen.

zu dünn, zu hell

! Der Anteil an geschlagener Sahne war zu hoch.
! Der Anteil an Eiweiß war zu hoch.

weiter verwenden

Als *Schokosahne:* Die Reste mit ebensoviel steif geschlagener Sahne vermischen.
Als *Tortencreme:* Mit gelöster Blattgelatine nachsteifen und geteilte Tortenböden damit füllen.

PUDDING

Garprobe

Ein Holzstäbchen in den gestockten Pudding stechen. Bleibt nichts daran haften, ist der Pudding fertig.

gelingt immer

1. Die Milch aufkochen lassen.
2. Den Topf von der Kochstelle nehmen und das Pulver auf einmal unterrühren.
3. Nach der Packungsanweisung weiterkochen.

hat beim Erkalten eine Haut bekommen

Pudding mit der Schüssel oder dem Topf in ein kaltes Wasserbad stellen und mit dem Schneebesen ständig rühren. So wird die Hautbildung vermieden.

klumpt

! Durch unsachgemäßes Anrühren des Puddingpulvers.

! Das Pulver wurde nicht auf einmal in die siedende Milch gegeben.

☺ Noch heißen Pudding durch ein feines Sieb streichen, wenig heiße Milch zugeben. Unter ständigem Rühren mit einem Stabmixer oder Schneebesen erneut aufkochen und abschmecken.

lässt sich nicht stürzen

! Die Form wurde vor dem Einfüllen des Puddings nicht gründlich mit kaltem Wasser ausgespült.

☺ Die Form, einschließlich Deckel mit Butter oder Margarine ausstreichen und mit Bröseln (z.B. Grieß) ausstreuen.

übergelaufen

! Die Form wurde bis an den Rand gefüllt.

☺ Puddingformen nur zu 2/3 füllen, da die Masse immer aufgeht.

zu dünn

! Kartoffelstärke mit Wasser verrühren (Verhältnis 1:2) und dem siedenden Pudding zugeben. Dabei ständig mit einem Schneebesen rühren.

zu dick

Den heißen Pudding mit angewärmter Milch strecken.

weiter verwenden

Für *Obstböden:* Warm auf den Kuchenboden aufgießen und erkalten lassen. Dann mit dem Obst belegen. Dies verhindert das Durchweichen des Bodens.

SCHNEEGESTÖBER

dekorativer

Sahne und Apfelmus nicht vermischen, sondern in getrennte Spritzbeutel einfüllen. Abwechselnd in Gläser oder auf flache Glasteller spritzen.

verfeinern

❍ Apfelmus aus frischen Äpfeln herstellen.

❍ Mit etwas verkochtem Zucker und einer Prise Zimt würzen.

zu flüssig

Dem frischen und heißen Apfelmus pro Liter je zwei Blatt Gelatine beimischen.

SORBET

einfache Zubereitung

1. Eis ca. 30 bis 45 Minuten in der Küche lagern.
2. Sekt ca. 2 Stunden gefrieren.
3. Fruchtpürees mindestens zwei Stunden im Tiefkühlfach gefrieren lassen.
4. Eis mit dem Schneebesen glattrühren und mit den Früchten und Sekt mischen.
5. Die Masse in eine Form füllen und nachfrieren.

einfache Grundmassen

❍ Früchte mit Zucker verkochen und mit wenig Speisestärke binden. Durch ein feines Sieb drücken und abkühlen lassen.

❍ Früchte mit feinem Zucker, evtl. Aromastoffen und/oder Likör im Mixer pürieren.

❍ Speiseeis mit einem Rührgerät zerkleinern, mit angefrorenem Sekt und Likör vermischen.

❍ Zucker, Wein und Zitronensaft verkochen, aromatisieren und gefrieren. Mit eiskaltem Sekt aufgießen.

geschmeidiger

Vor dem Gefrieren ein geschlagenens Eiweiß unter die Fruchtmasse heben.

klumpt

! Die Grundmasse wurde vor dem Gefrieren nicht genügend durchgerührt.

körnig

! Die Eismasse enthielt zuviel Alkohol.

! Die Eismasse enthielt zuviel Wasser.

! Die Eismasse wurde zu schnell bei zu niedriger Temperatur gefroren.

! Die Eismasse wurde zu lange gelagert.

! Der Eisbehälter war bei der Zubereitung zu voll.

! Die Eismasse wurde nicht genug oder zu langsam gerührt.

! Die Eismasse enthielt zu wenig Zucker.

! Die Eismasse enthielt zu wenig Sahne/ Milch.

schmeckt fade

! Die Grundmasse enthielt zuwenig Zucker.

! Die Grundmasse enthielt zuwenig Zitronensaft.

Sorbet (ausgefallene Beispiele)

Avocadosorbet: Das Fruchtfleisch mit etwas Zitronensaft, Wein und Likör im Mixer pürieren. Zitronen- oder Orangeneis in den laufenden Mixer geben und das Avocadopüree so vermischt zu Sorbet gefrieren.

Thymiansorbet: Feinen Zucker mit Weißwein, Wasser und Zitronensaft verkochen. 10 Minuten vor Ende der Kochzeit grob gehackte, frische Thymianblätter zugeben. Die Flüssigkeit zwei Stunden gefrieren, mit eiskaltem Sekt und/oder Likör vermischen und erneut gefrieren.

SÜSS-SPEISEN MIT BROT

lockerer

Arme Ritter und andere Süßspeisen mit Brot werden viel lockerer, wenn der Einweichflüssigkeit für das Brot etwas Backpulver zugegeben wird.

SÜSS-SPEISEN MIT RESTEN VON KUCHEN UND TROCKENGEBÄCK

SCHEITERHAUFEN

zubereiten

1. Gebäck und Kuchen vom Vortag (oder älter) in grobe Würfel schneiden.
2. Äpfel und Birnen würfeln.
3. Rosinen, Mandeln, Eier, Sahne, abgeriebene Zitronenschale, Zucker und Zimt mischen.
4. Alle Zutaten vermischen.
5. Ein Kuchenblech mit hohem Rand ausbuttern und auszuckern.
6. Masse einfüllen und flach klopfen.
7. Bei 160 °C ca. 45 Minuten ausbacken.

hängt am Blech fest

! Das Blech wurde nicht genügend mit Butter und Zucker ausgekleidet.

verfeinern

Die eingefüllte Masse mit gehobelten, süßen Mandeln bedecken, die vorher mit Zucker und Butter in der Pfanne geröstet wurden.

wirft beim Backen dicke Blasen

! Der Anteil an Eiern in der Masse war zu hoch.

SOSSEN

FRUCHTSOSSEN / FRUCHTMARK

aufbewahren

Fruchtsoßen lassen sich gut in Milchflaschen aufbewahren.

klumpen

! Der Zucker war noch nicht verkocht.
! Die Früchte wurden zu früh zugegeben.
! Die Gelatine wurde nicht richtig ausgedrückt.
! Die Früchte wurden nicht passiert.

schmeckt leicht bitter

! Der Karamell ist zu dunkel geworden.
! Faulstellen an den Früchten wurden nicht ausgeschnitten (besser tadellose Früchte verwenden).

zu dick

Mit wenig Fruchtsaft oder mit Weißwein strecken. Bei Weißwein wegen des Säuregehaltes etwas Zucker zugeben.

zu dünn

Aufkochen und mit wenig in Rot- oder Weißwein angerührtem Stärkemehl nachdicken. Erneut abschmecken.

zu süß

! Zuviel Zucker.
! Die Früchte waren überreif.
☺ Etwas Zitronensaft oder Weißwein zufügen.

erwärmen

Im heißen Wasserbad unter ständigem Rühren.

KARAMELLSOSSE

geronnen

! Der stark kochenden Soße wurde zu kalte Sahne zugefügt.

zu bitter, zu dunkel

! Der Zucker ist beim Schmelzen zu dunkel geworden.

zu dick

Im Wasserbad erwärmen und mit angewärmtem Wasser strecken.

zu dünn

Die Soße vorsichtig erwärmen und mit wenig angerührter Speisestärke nachbinden.

zu hell

! Der Zucker wurde zu wenig gebräunt.

! Zuviel Sahne oder Milch wurde zugefügt.

ROSINENSOSSE

andicken

Rosinensoße lässt sich auch mit zerbröseltem Schwarzbrot andicken.

VANILLESOSSE

geronnen

! Die Milch war nicht mehr frisch.

! Es wurde zu viel abgeriebene Zitronenschale zugegeben.

! Die Soße wurde zu lange gegart.

! Die Soße hat gekocht.

klumpt, flockt aus

! Die Soße wurde bei zu kalter Milch mit Stärkemehl angedickt.

! Der Eidotter war nicht richtig verrührt.

! Der Eidotter kam in die zu heiße Milch.

zu dick

Erhitzen und mit vorgewärmter, leicht gezuckerter Milch strecken.

zu dünn

Vanillepuddingpulver mit kalter Milch anrühren und in die heiße Soße geben.

WEINSCHAUM
CHAUDEAUSAUCE, WARM

schmeckt sandig

! Zucker, Wein und Eigelb sind nach dem Vermischen sofort im heißen Wasserbad aufgeschlagen worden.

☺ Erst Zutaten gründlich mit dem Schneebesen vorschlagen. Danach in das Wasserbad stellen. So kann sich der Zucker vorher schon lösen.

stockt wie Rührei

! Das Wasserbad hat gekocht.

! Das Wasserbad hat während des Aufschlagens stark zu kochen begonnen.

☺ Rührvorgang sofort einstellen und dabei vermeiden, Schüsselränder oder Boden aufzurühren. Restlichen Weinschaum in eine neue Schüssel umgießen, mit wenig kaltem Wasser vermischt vorsichtig glatt rühren.

weiter verwenden

Weinschaum im kalten Wasser/Eisbad mit Eierlikör und steif geschlagener, süßer Sahne vermischen.

WEINSCHAUM, KALT

wird nicht richtig kalt und fest

! Die Aufschlagschüssel war nicht vorgekühlt und hat das Wasserbad erwärmt.

! Zu wenig kaltes Wasser.

! Ins Wasserbad wurden keine Eiswürfel gegeben.

☺ Spülbecken halb voll mit kaltem Wasser laufen lassen und reichlich Eiswürfel dazugeben. Anschließend Rührschüssel mit Weinschaum einsetzen und unter ständigem, gleichmäßigem Rühren „kalt schlagen".

WEINSÜLZE

Weinsülze zweifarbig

Zuerst den Boden einer Glasschale ca. zwei Zentimeter mit roter Sülzflüssigkeit ausgießen und etwas fest werden lassen. Die weiße Sülze auf Eis so lange schlagen, bis sie schaumig und leicht sämig ist. Ebenfalls in gleicher Höhe aufgießen und im Wechsel randvoll auffüllen.

☺ Eisgekühlte Vanillesoße oder kalte, flüssige Sahne dazu servieren.

WEISSWEINSÜLZE

verfeinern

Unter die erkaltete, noch flüssige Sülze zwei bis drei Esslöffel Kirschwasser oder zwei Esslöffel Rum mit einem Esslöffel gebräunten Zucker oder zwei Esslöffel Likör nach Geschmack mischen.
Die Wassermenge muss entsprechend reduziert werden.

BACKWAREN

ALLGEMEINES

Backen in Höhenlagen ab 1000 m über Meeresspiegel

Da der Luftdruck in diesen Höhen abnimmt, folgende Hinweise beachten:
Die Eier vor der Verwendung kühlen und nicht zu lange schlagen.
Etwas weniger Treibmittel verwenden.
Die Backtemperatur etwas erhöhen.
Pro 125 g Mehl ca. zwei Esslöffel Flüssigkeit zufügen. Die Zuckermenge etwas verringern.

Backpulver untermischen

Einen Esslöffel Mehl von der gesamten Mehlmenge abnehmen und mit dem Backpulver vermischt durchsieben.

Backtrennpapier verrutscht nicht

Das Backblech an den Ecken leicht einfetten und dann das Papier auflegen.

Backwaren sind durch

Mit einem Holzstäbchen - nicht mit einer Nadel - einstechen. Ist der Kuchen innen nicht durch, bleiben an der rauhen Außenseite des Holzstäbchens Teigreste hängen. Dies passiert bei einer Nadel nicht.

einfetten

Backbleche und Formen kurz erwärmen, und dann mit Öl oder Margarine ausstreichen. Mit Mehl oder Bröseln aus alten Plätzchen oder trockenem Kuchen ausstreuen, dann löst sich der Kuchen leichter aus der Form.
Bei *Blätterteig* das Backblech nur kalt abspülen und noch feucht mit dem Teig belegen.

Einschubhöhe

Die richtige Einschubhöhe ist wichtig, damit das Gebäck gelingt.
Untere Schubleiste: Aufläufe, Napfkuchen, hohes und halbhohes Gebäck in Spring- und Kastenformen.
Mittlere Schubleiste: Kleingebäck und flaches Gebäck.
Die Formen immer auf den Gitterrost und nie auf ein Backblech stellen, da dieses die Unterhitze zu stark abdämmt.

Gebäck auf Vorrat backen

Soll das Gebäck längere Zeit aufbewahrt werden, wird es besser mit geklärter Butter zubereitet. Für den raschen Verbrauch eignet sich frische Butter besser.

Gebäck einfrieren

Das Gebäck in Portionen einteilen und mit dem Einfrierdatum beschriften.
Biskuittorten, gefüllt ca. zwei Monate.
Biskuit, ungefüllt ca. sechs Monate.
Blätterteig ca. vier Monate.
Brot, Brötchen ca. fünf Monate.
Hefegebäck ca. fünf Monate.
Hefeteig ca. drei Monate.
Rührkuchen ca. fünf Monate.
Rührteig ca. zwei Monate.
Schmalzgebäck ca. drei Monate.

☺ Das Gebäck lauwarm einfrieren, es schmeckt dann nach dem Auftauen schön frisch.

☺ Eingefrorenes Gebäck immer erst nach dem Auftauen glasieren.

Glasuren decken nicht richtig

Der Glasur ein leicht geschlagenes Eiweiß zufügen, alles gut verrühren und aufstreichen.

Glasuren glänzen schön

Bei gekochten oder mit heißem Wasser hergestellten Glasuren etwas flüssiges Kokosfett zufügen.

Glasuren sickern nicht ein

Poröse Oberflächen aprikotieren, d.h. heiße Aprikosenmarmelade dünn mit dem Pinsel auftragen, und dann erst glasieren.

Glasuren variieren

Arrakglasur: Zwei bis drei Esslöffel Arrak verwenden.
Eierlikörglasur: Zwei bis drei Esslöffel Eierlikör und einen Esslöffel kochendes Wasser verwenden.
Eiweißglasur: 200 g Puderzucker mit ein bis zwei leicht geschlagenen Eiweiß und dem Saft einer halben Zitrone verrühren und den dickflüssigen Guss mit einem Messer auf das erkaltete Gebäck aufstreichen.

Karamellglasur: Zwei bis drei Esslöffel Zucker in einer Pfanne ohne Fett leicht bräunen lassen, drei bis vier Esslöffel Milch dazugeben und gut durchkochen lassen, bis sich der Karamell völlig aufgelöst hat. 200 g Puderzucker mit der heißen Karamellmilch verrühren.

Orangenglasur: Zwei bis drei Esslöffel Orangensaft verwenden.

Punschglasur: Zwei bis drei Esslöffel Rum oder Arrak verwenden.

Rosenglasur: 230 g Puderzucker mit einem Esslöffel Arrak, einem Esslöffel Rosenwasser und zwei Esslöffeln heißem Wasser ca. zehn Minuten verrühren bis die Glasur dickflüssig ist. Soll die Glasur gefärbt werden, ein bis zwei Esslöffel Fruchtsirup oder Marmelade unterziehen.

Vanilleglasur: 200 g Puderzucker mit einem Päckchen Vanillezucker, zwei Esslöffeln Zitronensaft oder Arrak und zwei Esslöffeln heißem Wasser so lange verrühren, bis die Glasur dickflüssig ist.

Whiskyglasur: Zwei bis drei Esslöffel Whisky verwenden.

Zitronenglasur: Zwei bis drei Esslöffel Zitronensaft verwenden.

Glasuren verschiedenfarbig

Bei verschiedenfarbigen Glasuren muss die erste Glasur völlig trocken sein, bevor die zweite Glasur aufgetragen wird.
Eine Ausnahme gibt es: Bei Grundierungen mit Schockoladenglasur werden auf die noch feuchte Lage Linien mit einer weißen Spritzglasur gezogen. Diese Linien mit einem Holzstäbchen durchziehen, dann entsteht ein Wellenmuster, z.B. bei Punschtorten.
☺ Spritzglasuren lassen sich gut mit farbigen Likören, oder Himbeer- und Erdbeersirup färben.

Mehl

Die unterschiedlichen Mehlsorten haben bestimmte spezifische Eigenschaften. Deshalb sind sie nicht problemlos austauschbar, und die im Rezept angegebene Mehlsorte sollte verwendet werden.

Resteverwertung

Aus trockenem Kuchen oder Plätzchen Brösel herstellen und zum Ausstreuen für Kuchenformen oder zum Bestreuen von Obstböden verwenden - der Belag weicht dann nicht so schnell durch.
Größere Reststücke in Scheiben schneiden, eine Creme dazwischen streichen oder mit Konfitüre bestreichen. Das Gebäck in Tortenform bringen und mit Schlagsahne vollständig überziehen. Oder mit kandierten oder frischen Früchten dekorieren.
☺ Kuchenreste können ca. vier Wochen eingefroren werden.
siehe auch → Desserts, Scheiterhaufen
☺ Kuchenbrösel mit Nüssen vermischen und als Füllung für Nusszopf verwenden.

Rosinen im Gebäck

Rosinen leicht mit Mehl bestäuben, sie verteilen sich dann besser im Kuchen.

Schwaden geben

Vor dem Einschieben des Backwerks muss im Ofen Dampf erzeugt werden. Entweder eine Tasse heißes Wasser auf den heißen Backofenboden schütten, oder, wenn weniger Dampf erforderlich ist, eine feuerfeste Form mit Wasser während des Backens auf den Backofenboden stellen.
Beim Brotbacken, bei Brandteiggebäck und beim Backen mit Vollkorn erforderlich.

stürzen, leichter aus der Backform lösen

Den Kuchen für kurze Zeit in der Backform schwitzen lassen. Mit einem Messer am Formrand entlangfahren, den Kuchen vorsichtig lösen und auf ein Kuchengitter stürzen.
☺ Ein angefeuchtetes Küchentuch kurze Zeit um die Form wickeln, der Kuchen löst sich leichter.

Teig ausrollen

Den Teig zwischen zwei Klarsichtfolien oder Pergamentpapier legen und dann ausrollen.
Mürbeteig lässt sich leichter ausrollen, wenn dem Teig ein Teelöffel Zitronensaft, zwei Esslöffel Weißwein oder zwei Esslöffel Öl auf jeweils 125 g Mehl zugefügt werden.
Strudel- und Nudelteig Essig oder Öl zufügen. Die Säure oder das Öl machen das Klebereiweiß weicher.

Teig einfrieren

Alle backfertigen Teige lassen sich ca. drei Monate einfrieren.
siehe auch → Gebäck einfrieren

Teig klebt an, bricht

! Empfindlicher Teig wurde nicht zwischen Folie/Papier ausgerollt.

☺ Den Teig auf Mehl, geriebenen Mandeln oder Zucker ausrollen.
Empfindliche Teige zwischen zwei Bögen Backpapier ausrollen. Wenn der untere Bogen vorher eingefettet wurde, kann er leicht mit dem Teig auf das Backblech gelegt werden.

Teig kneten

Wird der Teig in der Küchenmaschine oder mit dem Handrührer zu lange geknetet, wird er schlaff und ist nicht mehr elastisch. Den Teig die letzten drei Minuten mit der Hand fertigkneten.

Teig rühren

Teig soll stets in derselben Richtung gerührt werden. Das geht am einfachsten mit dem elektrischen Handrührer.

Teig spritzen

Das Spritzen von Teig geht leichter, wenn auf dem bemehlten Backblech vorher mit einem Glas Ringe eingedrückt werden, die die Positionen bezeichnen.

Rühr- und Knetteige lockerer

Statt Butter Butterschmalz verwenden, das auf je hundert Gramm mit einem Löffel kaltem Wasser verrührt wird.

Teigränder angetrocknet

Die angetrocknete Seite nach unten legen und den Teig auf der anderen Seite ausrollen.

Tortenböden gleichmäßiger

Den Rand der Springform nicht einfetten, der Boden geht gleichmäßiger auf und bekommt eine glattere Oberfläche. Den Boden mit Back- oder Pergamentpapier auslegen.

vorheizen

Bei Gas- und Heißluftherden entfällt das Vorheizen. Bei Heißluftherden kann gleichzeitig auf mehreren Ebenen gebacken werden. Das Gebäck mit der längsten Garzeit wird auf der untersten Schiene, das Gebäck mit der kürzesten Garzeit auf der obersten Schiene ein-gesetzt. Wird Gebäck in den kalten Elektroherd eingesetzt, verlängert sich die Backzeit um ca. 10 bis 20 Minuten, je nach Größe des Gebäckstücks.

APFELSTRUDEL/GEMÜSESTRUDEL

siehe auch → Allgemeines, Teig ausrollen

aufbewahren

Den Teig im Kühlschrank aufbewahren und innnerhalb von 24 Stunden verarbeiten, tiefgefrorenen Teig ca. vier Wochen. Der fertige Strudel luftdicht verpackt ca. drei Tage, tiefgefroren ca. drei Monate.

Dicke

Ein Strudelteig sollte so dünn ausgezogen sein, dass man das Muster des Geschirrtuches erkennen kann.

läuft breit

Eine starke Manschette aus Alufolie um den Strudel legen.
Strudel / Stollen in der Brotbackform backen.

Ränder

Die dicken Ränder vom Strudelteig abschneiden und als Suppeneinlage verwenden.

reißt beim Aufwickeln

Ein Tuch in der Breite des Strudels unterlegen und zusammen mit dem Strudel einschlagen.

reißt beim Ausziehen

! Der Teig war zu fest.

! Der Teig wurde nicht lange genug gekühlt.

verfeinern

siehe → zu blass geworden

Vollkornmehl verwenden

Wird der Apfelstrudel mit Vollkornmehl zubereitet, statt Zucker 100 g Honig verwenden.

zu blass geworden

Passiert leicht bei Tiefkühlware.

☺ Den gefrorenen Strudel mit einer Mischung aus geschlagenem Ei und Zucker bepinseln (zwei Eier auf einen Teelöffel Zucker) und mit gestiftelten oder gehobelten Mandeln bestreuen.

zu viel Flüssigkeit beim Backen gezogen

! Der Strudel war bereits an- oder aufgetaut.

BISKUITTEIG

aufrollen

Die Teigplatte auf ein mit Zucker bestreutes Küchentuch stürzen, das Pergamentpapier abziehen und die Platte mit einem feuchten, kalten Küchentuch bedecken. Nach ca. 30 Minuten ist der Kuchen ausgekühlt aber elastisch geblieben. Mit dem gezuckerten Tuch wird die Platte nach dem Füllen aufgerollt.

Biskuitböden fertig

Die Teigoberfläche muss auf Fingerdruck elastisch nachgeben.

Obstböden verfeinern

Einen dünnen Mürbeteigboden mit Erdbeer- oder Himbeermarmelade unter den Biskuitboden kleben.

Roulade geht nicht richtig auf

! Der Teig wurde zu dünn aufgezogen.

! Das Abschwaden im Backrohr wurde vergessen.

Roulade reißt beim Aufrollen

! Der Teig wurde zu dick aufgezogen.

☺ Einen dünnen Aufstrich machen und die Backtemperatur auf 230 °C erhöhen. Zwischendurch durch kurzes Öffnen des Backofens abschwaden.

Rouladen mit Marmeladenfüllung verfeinern

Marmelade je nach Sorte mit wenig Rot- oder Weißwein durch Aufkochen verdünnen und auf die noch heiße Roulade auftragen. Dann erst aufrollen.

Teig ist zu dünnflüssig

! Das verwendete Eiweiß oder die Eier waren zu alt.

! Der Teig wurde zu kurz aufgeschlagen.

☺ Das Eigelb für den Teig immer stark schaumig schlagen und dann das steife Eiweiß vorsichtig unterheben.

Teig klebt am Blech fest

Das Blech mit Pflanzenfett ausstreichen oder mit Mehl bestäuben. Dann Backpapier oder Pergament auflegen.

Teigränder rollen sich auf

! Passiert, da die meisten Bleche in der Mitte durchhängen.

☺ Den Teig beim Aufgießen mit Hilfe einer Palette von der Mitte zu den Rändern hin ausziehen.

weniger Eier

Bei Biskuitteig kann die Hälfte der Eier mit folgendem Grundrezept eingespart werden: Auf ein Ei kommen zwei Esslöffel heißes Wasser, 50 g Zucker, 50 g Mehl und eine Messerspitze Backpulver. Diese Menge kann beliebig vervielfacht werden.

BLÄTTERTEIG

Allgemeines

Alle Zutaten müssen gut gekühlt sein. Den Teig mit kalten Händen auf einer kalten Unterlage (z.B. Marmor-, Stein- oder Kunststoffplatten) verarbeiten.

aufbewahren

Den Teig in Folie verpackt im Kühlschrank ca. zwei Tage, tiefgefroren ca. drei Monate. Fertiges Gebäck luftdicht verpackt ca. drei Tage, tiefgefroren ca. drei Monate.

ausrollen (touren)

1. Wasserteig zu kleinem Rechteck ausrollen. Butterteig in der Länge nur halb so groß auswellen. Diesen auf den Wasserteig in die Mitte legen.

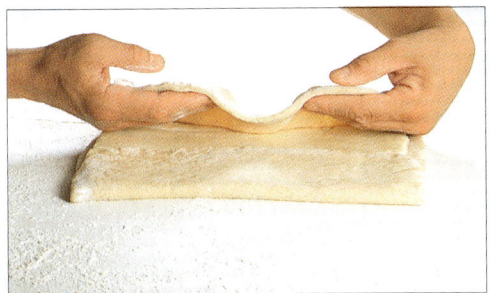

2. Nun die überstehenden Enden so über den Butterteig einschlagen, dass sich diese in der Mitte treffen. Dann ausrollen.

3. Entgegen der Einschlagrichtung (Legerichtung) mit der Teigrolle ausrollen.
4. Zwischen den einzelnen Touren den Teig immer wieder in den Kühlschrank stellen (ca. 30 Minuten).

! Auf die Schnittstellen der einzelnen Lagen darf niemals Ei gelangen. Sie verkleben und der beim Backen entstehende Dampf kann nicht entweichen. Es bilden sich Hohlräume und das Gebäck platzt.

☺ Den Teig niemals kneten, dadurch werden die Teigschichten zerstört.

backen

Das vorbereitete Gebäck vor dem Backen ca. 30 Minuten kühl stellen.

bleibt am Nudelholz hängen

! Der Vorteig war zu weich.
! Die Zutaten waren zu warm.
! Das Nudelholz wurde nicht bemehlt.
☺ Am besten auf einer Marmorplatte ausrollen und überflüssiges Mehl unbedingt abfegen.

Gebäckstücke bleiben am Blech hängen

! Das verwendete Fett hatte einen zu hohen Wasseranteil.
! Das Blech war verschmutzt.
! Es wurde kein Backpapier benutzt.

geht nicht auf

! Eiweiß oder Eigelb ist beim Bestreichen über die Ränder gelaufen und hat die Teigschichten verklebt. An diesen Stellen kann der Teig nicht aufgehen.

klebt beim Ausrollen

Den Teig mit Mehl bestäuben und solange kühl stellen, bis er wieder fest ist.

lässt sich nach der Fertigstellung schlecht schneiden

! Ungleichmäßiges tournieren, dadurch entstehen im Inneren durch übermäßige Dampfbildung zu große Hohlräume.
! Es wurde zu viel Mehl beim Zusammenlegen des Teiges verwendet.
! Die Arbeitsfläche wurde nicht von überflüssigem Mehl abgekehrt.

ungleichmäßig aufgegangen

siehe → geht nicht auf

Verzierungen werden beim Backen zu groß oder fallen ab

! Der Teig dafür wurde zu dick ausgerollt.
! Der Untergrund wurde zu wenig mit Ei oder Wasser bestrichen.

zerläuft im Backofen

! Die Backtemperatur war zu niedrig.
! Der Teig wurde nicht genügend gekühlt.

HALBBLÄTTERTEIG

herstellen

Den Teig wie Blätterteig ausrollen und ihm zwei Touren geben. Einwickeln und vor der Verwendung nochmals 15 Minuten kühl stellen.

BLÄTTERTEIGPASTETCHEN

formlos
Der Rohteig wurde ungleichmäßig tourniert. Die optimale Stärke beträgt ca. 4-5 mm.
! Die Backtemperatur war zu hoch.

sind oben zugebacken oder zu dunkel geworden
Nach dem Aufsetzen auf das Blech die Rohlinge mit Backpapier abdecken.

BRANDTEIG

Grundsätzlich: Brandteig erfordert schnelles Arbeiten.

abrösten

Wasser, Milch, Butter und Salz zum Kochen bringen, unter ständigem Rühren das Mehl auf einmal zugeben und die Teigmasse ca. eine Minute abrösten.

aufbewahren
In Folie eingeschlagen im Kühlschrank nicht läger als 12 Stunden. Brandteig lässt sich nicht einfrieren. Fertiges Gebäck luftdicht verpackt ca. zwei Tage, tiefgefroren ca. zwei Mon.

aufschneiden
Gebäck das gefüllt wird, lauwarm aufschneiden, ausdampfen und auskühlen lassen.

fällt zusammen
! Die Backzeit war zu kurz.
! Die Backofentür wurde zu häufig während des Backens geöffnet.
☺ Den Backofen während der ersten 20 Minuten der Backzeit nicht öffnen.

schlecht aufgegangen
! Der Teig enthielt zu wenig Eier.
☺ Brandteig geht besonders gut auf, wenn vor Backbeginn eine halbe Tasse Wasser auf den Backofenboden gegossen wird. Während des Backens die Backofentür nicht öffnen.

schlecht formbar
! Der Teig enthielt zu viele Eier.

vorbereiten
Vor dem Backen von Brandteiggebäck das gefettete Blech mit Mehl bestäuben. Der Duft des gebräunten Mehls zeigt an, dass das Gebäck fertig ist. Vor dem Backen größere Blasen im Teig unbedingt aufstechen.
☺ Brandteig muss immer gut gekühlt werden. Kleingebäck wie Vanillehörnchen und Spritzgebäck formen, mit Folie abdecken und über Nacht im Kühlschrank aufbewahren und am nächsten Tag backen.

BROTTEIG (VOM BÄCKER)

aufbewahren
Brotteig - außer reinem Sauerteig -immer im Kühlschrank aufbewahren und den Teig möglichst frisch verarbeiten. Da Brotteig auch im Kühlschrank weiter "geht", kann der Teig problemlos zwei oder drei Stunden eingefroren werden.

ausrollen
Brett und Nudelholz kräftig mit Mehl bestäuben. Überflüssiges Mehl entfernen.

backen
Die Backtemperatur beträgt ca. 180 - 200 °C. Bei kleineren Teilen eine geringere Backdauer und eine höhere Temperatur wählen. Bei großen Teilen die Backzeit verlängern und eine niedrigere Temperatur wählen.

bleibt in der Form hängen
! Die Form wurde nicht ausgefettet.
! Die Form wurde mit Butter, Margarine oder Leichtfetten ausgefettet.

! Die Form wurde mit Zucker ausgestreut. Dieser schmilzt, karamellisiert und der Teig klebt fest.

☺ Die Form mit reinem Pflanzenfett (Kokosfett) ausfetten.

gar

Klopfprobe: Mit dem abgewinkelten Zeigefinger abklopfen. Gibt das einen "vollen Klang", ist das Brot fertig.

Stechprobe: siehe → Allgemeines, Backwaren sind durch

reißt beim Backen

! Die Backtemperatur war von Anfang bis Ende gleich.

☺ Den Backofen vorheizen und mit einer hohen Anbackzeit (230 °C) beginnen. Je nach Größe des Gebäckteils nach 5 bis 15 Minuten die Temperatur zurückschalten bzw. durch kurzes Öffnen des Backrohrs (Abdampfen) diese auf 200 °C reduzieren. Dies ergibt zusätzlich eine schöne Krustenbildung.

Teig zieht sich zusammen

Den Teig herstellen und vor der Weiterverarbeitung 20 Minuten ruhen lassen. Eventuell kurz nachkneten.

DRESDNER STOLLEN

anschneiden

Den Stollen mindestens acht Tage ruhen lassen und dann erst anschneiden.

vorbereiten

Den Stollen vor dem Backen über Nacht in den Kühlschrank stellen und erst ca. eine Stunde vor dem Einsetzen in den Backofen herausnehmen. Dann behält er seine typische Form.

FETTGEBACKENES

Ausbackfett

Feste Fettarten ohne Wassergehalt wie Kokosfett, Palmkernfett, Butterschmalz oder gehärtete Öle verwenden.

☺ Fette nie mischen, da ihr Siedepunkt unterschiedlich ist.

Ausbackfett zersetzt sich

! Das Fett wurde zu oft verwendet und hat sich zersetzt.

☺ Einen Holzlöffel in das Fett eintauchen, bilden sich Bläschen um den Stiel ist die richtige Ausbacktemperatur erreicht.

☺ Frittierfett nicht mehr als drei Mal verwenden. Nach dem Gebrauch durch eine Filtertüte gießen und kühl aufbewahren.

☺ Niemals altes Fett mit frischem Fett mischen.

Garzeit

Das Fett auf 180 °C erhitzen und das Frittiergut in ca. drei bis vier Minuten unter Wenden ausbacken.

☺ Nie zu viele Gebäckteile in das Fett geben, die Teile müssen im Fett schwimmen ohne sich zu berühren.

verkrustet und nicht durchgegart

! Die Ausbacktemperatur war zu hoch.
siehe auch → Ausbackfett zersetzt sich

zu fettig

! Die Ausbacktemperatur war zu niedrig.

! Zuviel Gebäck wurde eingelegt, das Fett wurde dadurch abgekühlt und ist in das Gebäck eingezogen.

! Das fertige Gebäck ist nicht entfettet worden.

☺ Fertiges Schmalzgebäck für kurze Zeit auf einige Lagen Küchenkrepp legen. Das überschüssige Fett wird abgesaugt und das Gebäck bleibt schön knusprig.

FRÜCHTEKUCHEN

aufbewahren

Früchtekuchen hält sich bei richtiger Lagerung mehrere Monate. Den Kuchen in ein dünnes, mit Cognac, Sherry oder Madeira getränktes Tuch wickeln und zusammen mit einigen Apfelstücken in einem luftdicht verschlossenen Behälter lagern. Den Kuchen mit einer dünnen Stricknadel einstechen und während der Lagerzeit häufiger mit dem entsprechenden Alkohol beträufeln.

☺ Weihnachtskuchen lässt sich so schon im Oktober vorbereiten und schmeckt dann an den Feiertagen köstlich. Vorsicht, der Alkoholanteil dieses Kuchens ist beträchtlich.

Früchte sinken während des Backens auf den Teigboden

! Die Früchte wurden nach dem Waschen nicht abgetrocknet.

! Die Backtemperatur war zu niedrig.

! Der Teig enthielt zuviel Treibmittel.

Früchte vorbereiten

Trockenfrüchte waschen, abtropfen lassen und mit Küchenkrepp gut trocknen.
Kandierte Früchte mit kochendem Wasser übergießen, warten bis sich die kristalline Zuckerschicht auflöst. Die Früchte abtropfen lassen und mit Küchenkrepp abtupfen. Die Früchte mit wenig von dem bereits abgewogenen Mehl mischen.

GEWÜRZKUCHEN

krümelig geworden

! Der Teig wurde zu lange geknetet.

zu flach

! Der Kuchen wurde bei zu niedriger Temperatur gebacken.

zu trocken

! Der Kuchen wurde zu lange gebacken.

HEFE

alt/frisch

Alt: Bröselige Hefe ist älter und ergibt kein gutes Backergebnis.
Frisch: Frische Hefe bricht muschelartig und riecht säuerlich.

aufbewahren

Frische Hefe gut verpackt im Kühlschrank aufbewahren. Hefereste unbedingt mit dem Verfallsdatum beschriften.

auflösen

Die Hefe mit einer Gabel zerdrücken und je nach Rezept mit lauwarmer Milch oder Wasser mit einem kleinen Schneebesen verrühren.

Trockenbackhefe

Ein Päckchen Trockenbackhefe entspricht genau 25 g frischer Hefe. Die Treibkraft hält ca. ein Jahr. Trockenhefe wird direkt unter den Teig gemischt, ein Vorteig entfällt.

HEFETEIG

auskühlen

An einem gut belüfteten Platz ohne Durchzug. Das Gebäck auf ein feinmaschiges Kuchengitter legen. Bei Marmorplatten besteht die Gefahr, dass sie durch die große Hitze platzen.

ausrollen

Brett und Nudelholz kräftig mit Mehl bestäuben. Überflüssiges Mehl entfernen.

backen

Generell gilt, Hefeteig bei nicht zu hoher Temperatur backen, damit die Hefepilze sich langsam entfalten können.

☺ Brioche u. ä. können im Fünf-Minuten-Zuschalt-Rhythmus gebacken werden. Die Temperatur wird jeweils nach fünf Minuten hochgeschaltet (beginnend bei 80 °C und endend bei 200 °C).

bleibt in der Form hängen

siehe → Brotteig, bleibt in der Form hängen

dunkle Stellen entfernen

In ausgekühltem Zustand mit einem Reibeisen vorsichtig abrubbeln. Kleinere Stellen können mit einer Gewürz- oder Muskatreibe entfernt werden.

einfrieren

Hefeteig kann für ca. drei Monate eingefroren werden.

fällt zusammen

! Der Teig blieb nach der zweiten Ruhezeit zu lange stehen.

! Der Hefeanteil war zu hoch.

! Die Backtemperatur war zu niedrig.

! Die Aufgehtemperatur war zu hoch.

formen

Durch kräftiges Kneten mit der Hand oder einer leistungsstarken Küchenmaschine. Den Teig mehrmals aufschlagen, um die Luftblasen im Innern zu entfernen. Mit einem stabilen Nudelholz (möglichst mit Kugellager) ausrollen.

geht nicht auf und/oder hat einen Wasserstreifen

! Die Backtemperatur war zu niedrig.

! Die Hefe wurde in zu heißer Flüssigkeit aufgelöst.

- **!** Die Hefe kam beim Anrühren mit Salz in Berührung.
- **!** Die Hefe wurde mit zuviel Zucker angerührt.
- **!** Der Teig wurde nicht genug geknetet.
- **!** Der Teig wurde zu stark geknetet.
- **!** Der Teig wurde an einen zu kühlen Ort gestellt.
- **!** Der Teig ist übergangen.
- **!** Der Vorteig hatte einen zu kalten Ansatz.
- **!** Der Anteil an Eiern, Fett, Mehl, Salz oder Zucker war zu hoch.

stürzen
Das Gebäck möglichst warm stürzen. Es entsteht sonst Kondenswasser, das den Kuchen außen aufweicht und dieser bleibt in der Form hängen.

Teig ist gerissen
- **!** Der Teig wurde zu schwer hergestellt.

Teig ist zu fest geworden
- **!** Der Mehlanteil war zu hoch.
- ☺ Den Teig mit Milch oder Wasser vorsichtig strecken.

KÄSEKUCHEN

eingesunken
- **!** Der Kuchen wurde zu schnell gebacken.
- **!** Der Kuchen wurde zu schnell abgekühlt.
- ☺ Den Kuchen nach der Hälfte der Backzeit aus dem Ofen nehmen und den Rand vorsichtig mit einem Messer von der Form lösen. Nach fünf Minuten Ruhezeit den Kuchen fertigbacken. Den fertigen Kuchen bei Raumtemperatur in der Form erkalten lassen. Vor dem Servieren ca. drei Stunden kühl stellen.

hat Risse bekommen
- **!** Die Backofentür wurde zu häufig geöffnet, Zugluft ist an den Kuchen gekommen, und er bekam Risse.

KÄSEWINDBEUTEL

Füllungen
Gorgonzolacreme: 200 g Sahnequark (1 Päckchen) mit 100 g weicher Butter und 150 g weichem Gorgonzola cremig rühren, evtl. etwas Jogurt zufügen und mit Salz und Pfeffer abschmecken.
Käse-Kräutercreme: Zwei Ecken Frischkäse mit einer Tasse Jogurt und drei Esslöffeln gehackten Kräutern cremig rühren, mit Paprika und Salz abschmecken.

Quark-Nusscreme: 250 g Sahne- oder Magerquark mit 125 g geriebenem Parmesan und 125 g geriebenen Haselnüssen cremig rühren.

MERINGENTÖRTCHEN

mehr Halt
Unter die fertige Meringenmasse zusätzlich eine Messerspitze Weinstein schlagen.

MÜRBETEIG

Allgemeines
Alle verwendeten Zutaten und Geräte müssen kühl sein. Als Arbeitsfläche ist eine Marmorplatte am besten geeignet. Die Arbeitsfläche gleichmäßig mit Kühlelementen belegen und diese mit Alufolie abdecken. Wird Eis zur Kühlung verwendet, ein Leinentuch unterlegen, um das Schmelzwasser aufzufangen, ebenfalls mit Alufolie abdecken. Mit einem Nudelholz aus Marmor arbeiten, dieses im Kühlschrank vorkühlen.

aufbewahren
Den Teig in Folie verpackt im Kühlschrank ca. zwei Tage, tiefgefroren ca. drei Monate.
Fertiges Gebäck luftdicht verpackt ca. drei Tage, tiefgefroren ca. drei Monate.
- ☺ Den fertigen Teig immer für einen Tag in den Kühlschrank stellen und erst dann verarbeiten. Die Zuckerkristalle können sich so besser auflösen.

ausrollen, auswellen
Mürbeteig lässt sich leichter auf einer kalten Unterlage (Marmorplatte) ausrollen. Oder den Teig zwischen zwei Klarsichtfolien legen und dann ausrollen (vermeidet unnötige Mehlzugabe beim Ausrollen).

backen
Bei einer Temperatur von ca. 200 °C, bis eine goldgelbe Farbe erreicht ist.

Gebäck bleibt in der Form hängen
- **!** Der Teig wurde nicht lange genug gelagert.
- **!** Der Teig wurde zu warm gelagert.
Die Zuckerkristalle haben sich dadurch nicht aufgelöst, sind karamellisiert, und das Gebäckstück klebt in der Form fest.

Gebäck zu fest geworden
- **!** Das verwendete Fett war flüssig.

Mürbeteig für Obstpies verfeinern

○ Das Wasser durch sehr kalten Fruchtsaft ersetzen.

○ Etwas Zitronen- oder Orangenschalenabrieb zufügen.

☺ Statt Margarine Schweineschmalz verwenden, der Teig wird dann schön blättrig.

Teig reißt beim Ausrollen

! Das Fett war zu warm.

! Die Arbeitsfläche war zu warm.

! Die Raumtemperatur war zu hoch.

! Die Hände waren zu warm.

☺ In möglichst kühler Umgebung arbeiten. Die Hände häufig in kaltem Wasser kühlen, aber immer abtrocknen.

Teig zersetzt sich, wird brandig

! Der Mehlanteil wurde zu lange untergearbeitet. Der Teig beginnt zu grieseln (Fett und Mehl haben sich voneinander getrennt) und ist brandig.

☺ Gut gekühltes Eiweiß in kleinen Schritten unter den Teig arbeiten. Dies stellt die Verbindung zwischen Mehl und Fett wieder her. Grundsätzlich ist Mürbeteig dann fertig, wenn diese Bindung entstanden ist.

vorbereiten

Wird der Teig manuell bearbeitet, kaltes (festes) Fett verwenden. Wird der Teig maschinell bearbeitet, muss weiches Fett verwendet werden.

OBSTBÖDEN, OBSTTÖRTCHEN

durchgeweicht

! Bei Dosenobst war der Inhalt nicht abgetropft.

☺ Flüssigkeit auffangen und zur Herstellung von Tortenguss verwenden.
Obstboden mit Vanillesoßenpulver oder Bröseln aus altem Gebäck oder Kuchen bestreuen.

☺ Obstboden im Kühlschrank vorkühlen.

schneiden (Wiener Böden)

In der gewünschten Höhe einen Sternzwirn um den Boden legen, vor der Brust kreuzen und die Schlinge vorsichtig zusammenziehen. (Siehe Abbildung rechts oben.)

☺ Die gebackenen Schichten mit einem Brett beschweren, das hält sie eben.

weiter verwenden

Ältere Obstböden in grobe Würfel schneiden und zu "Scheiterhaufen" verarbeiten.

PFEFFERKUCHEN, HONIGKUCHEN

trocken

! Der Teig wurde zu lange gebacken.

zäh

! Der Teig wurde zu lange gerührt.

PIZZA

klebt am Backblech fest

Blech mit Öl bepinseln oder Backpapier unterlegen.

zu feucht geworden

! Die Backtemperatur war zu niedrig.

! Die Backzeit war zu lang.

! Die Tiefkühlpizza war bereits an- oder völlig aufgetaut.

☺ Aufgetaute Pizza mit geriebenem Parmesan bestreuen, ca. 20 Minuten einziehen lassen und anschließend bei einer Temperatur von ca. 240 °C im vorgeheizten Backrohr rasch ausbacken.

Pizzateig aufbewahren

Pizzateig hält sich, in ein feuchtes Tuch eingeschlagen im Gemüsefach des Kühlschranks ca. zwei Tage, tiefgefroren ca. drei Monate.

RÜHRTEIG

lockerer

Zusätzlich zwei Esslöffel Kirschwasser zufügen.

SANDKUCHEN

Schaummasse gerinnt

! Die Masse war bei der Eizugabe zu kalt.

! Die Masse wurde nicht lange genug gerührt.

☺ Die Schüssel anwärmen und die Masse stark durchrühren.

SCHAUMGEBÄCK, BAISERMASSEN

Baiserböden gleichmäßig

Die Baisermasse in einen Spritzbeutel füllen und spiralförmig auf das Backblech spritzen.

braun geworden

! Die Backtemperatur war zu hoch.

☺ Schaumgebäck bei ca. 120 °C mehr trocknen als backen.

☺ Den Backofen auf die angegebene Gradzahl einschalten, Gebäck einschieben und die Temperatur abschalten. Backofentür einen Spalt offen halten (mit einem Kochlöffel).

läuft auseinander

! Die Masse wurde nicht genügend verschlagen.

Schaummassen färben

Die Eiweißmasse mit wenig rotem Gelee oder Kakao färben.

WAFFELGEBÄCK

knuspriger, weicher

knuspriger: Den Teig mit Wasser zubereiten.
weicher: Den Teig mit Milch zubereiten.

ZWIEBELKUCHEN

verfeinern

Von der Sahne-Ei-Mischung etwas zurückbehalten und zuletzt über die Füllung gießen.

PLÄTZCHEN

aromatisieren

Die warmen Plätzchen vorsichtig mit weißen Fruchtlikören oder mit Rum beträufeln. Farbige Fruchtliköre wie z. B. Kirschlikör sind nicht geeignet, sie verfärben die Plätzchen.

aufbewahren

Ausgekühlt in gut verschließbaren Blechdosen (immer nur eine Sorte). Bei Plätzchen, die weich bleiben sollen, einen Apfelschnitz (der alle 3 - 4 Tage gewechselt werden muss) zugeben. Kurzfristig in Plastikdosen.

aufgetaute Plätzchen kleben

! Die Plätzchen wurden im Gefrierbeutel aufgetaut und die entstehende Feuchtigkeit lässt sie aufweichen.

auftauen

Die gefrorenen Plätzchen nebeneinander auf Küchenkrepp legen, mit einer zweiten Lage Küchenkrepp abdecken und bei Raumtemperatur auftauen lassen.

ausstechen, lösen sich nicht aus der Form

! Der Teig war zu feucht.

! Die Förmchen hatten zu feine Ecken.

! Die Förmchen waren unsauber (Teigreste oder angerostet).

☺ Die Formen mit einem Pinsel gut reinigen (besonders die Ecken) und vor dem Ausstechen in Mehl oder feinen Zucker drücken.

backen, ungleichmäßig aufgegangen

! Die Plätzchen wurden mit zuviel verquirltem Ei bestrichen.

! Zu viele Plätzchen wurden vorproduziert und ungekühlt erst nach und nach gebacken.

☺ Mit etwas Glück passen in Normküchen (Einbauküchen) Backbleche in die Schienen bzw. Halterungen im Kühlschrank. Vorproduzierte Backwaren dort abgedeckt zwischenlagern (oder in den kühlen Keller stellen).

backen, werden ungleichmäßig braun

Nach der Hälfte der Backzeit den Backofen öffnen und die Bleche um 180 °C drehen. Bei Umluftherden dabei Ventilator kurzzeitig abstellen (sonst zu hoher Wärmeverlust).

☺ Topflappen zum Drehen verwenden!

einfrieren

Nebeneinander liegend auf einem Blech, Frühstücksbrettchen oder Schneidbrett ca. drei Stunden vorfrosten. Dann in Gefrierbeutel umfüllen und mit Sorte, Stückzahl und Herstellungsdatum etikettiert weitergefrieren.

☺ Werden die Plätzchen in lauwarmem Zustand gefrostet, schmecken sie nach dem Auftauen besonders frisch.

gerissen/bröselig

! Statt Butter wurde Halbfettmargarine verwendet.

! Beim Ausrollen des Teiges ist zu viel Mehl in den Teig gelangt.

gezuckert (mit Puderzucker)
Zucker löst sich auf

! Der Puderzucker wurde über die noch warmen Plätzchen gestreut.

hart geworden

! Die Plätzchen oder auch *Lebkuchen* wurden falsch gelagert.

☺ Die Plätzchen in einer geschlossenen Dose mit einem Apfel lagern.

kleben am Nudelholz

! Das Nudelholz wurde nicht genügend bemehlt.

lösen sich nicht vom Blech

! Der Teig wurde nicht lange genug vorgekühlt. Der Zucker ist durch die Wärme karamellisiert, und der Teig klebt am Blech.

! Das Backblech war unsauber.

☺ Den Teigballen zum Kühlen in ein bemehltes Leinentuch einschlagen. Dieses nimmt in Verbindung mit dem Mehl die überflüssige Feuchtigkeit auf.

Makronen laufen breit

! Die Makronen wurden sofort gebacken.

☺ Die Makronen vor dem Backen einige Zeit antrocknen lassen.

Marzipanteig

Marzipanteig z. B. für Betmännchen, formen und über Nacht antrocknen lassen (kühl stellen).

PLÄTZCHENTEIG

☺ Kleingebäck mit geriebenen Mandeln anstatt Mehl ausrollen, der Geschmack wird besser.

☺ Plätzchenteig mit Gewürzen über Nacht ruhen lassen, die Gewürze durchziehen den Teig besser.

☺ Immer nur kleine Mengen Teig ausrollen und den Restteig wieder kühl stellen.

PLÄTZCHENTEIG (MÜRBE- ODER BUTTERTEIG)

bei der Verarbeitung zu weich geworden

! Die Arbeitsfläche war zu warm.

! Die Arbeitsfläche lag zu nahe am eingeschalteten Herd.

! Die Raumtemperatur war zu hoch (nicht über 20 °C).

! Der Teig war nicht lange genug vorgekühlt.

☺ Arbeitsfläche und Nudelholz aus Marmor verwenden. Das Nudelholz (Wellholz) zusammen mit dem Teig gleich lang vorkühlen.

schmeckt zu mehlig

! Die Zutaten wurden nicht gründlich vermengt.

! Der Mehlanteil war zu hoch und der Teig wurde zu trocken.

! Es wurde die falsche Mehlsorte verwendet.

verarbeiten

Nach Fertigstellung und vor dem Ausrollen mindestens eine Stunde im Kühlschrank lagern (Zucker löst sich dadurch besser).
Untergrund leicht einmehlen, überflüssiges Mehl abkehren. Dann ausrollen.

SCHWARZ/WEISS-GEBÄCK

ungleichmäßige Musterung

! Der weiße und der braune Teig hatten eine ungleichmäßige Konsistenz und sind nicht gleichmäßig beim Backen aufgegangen. Dies geschieht meistens bei der Zugabe von Kakao unter die dunkle Hälfte des Teiges.

überziehen mit Kuvertüre

Nebeneinander mit ca. 1 cm Abstand auf ein trockenes Blech legen. Mit gerade fließfähiger Kuvertüre (25 bis 30 °C) mit Hilfe eines Kaffeelöffels überziehen und im Kühlschrank erstarren lassen. Das Gebäck abheben. Restkuvertüre wieder einschmelzen und Plätzchen mit der Schokoladenseite nach unten auf ein gekühltes Blech legen. Nun in gleicher Weise weiter verfahren.

BUTTERCREME

geronnen

! Die Zutaten hatten eine unterschiedliche Temperatur.

! Die Zutaten waren zu warm.

☺ Buttercreme mit wenig leicht erwärmtem Kokosfett verrühren, die Creme stabilisiert sich wieder.

Variationen

Mokka-Buttercreme: Unter die fertige Creme vier Teelöffel Instantkaffee oder zubereiteten, erkalteten Espresso rühren.
Nuss-Buttercreme: Unter die fertige Creme drei Esslöffel geriebene Nüsse oder Nusspaste rühren.
Orangen- oder Zitronen-Buttercreme: Drei Esslöffel Saft und einen Teelöffel abgeriebene Schale von ungespritzten Früchten unterrühren.
Punsch-Buttercreme: Drei Esslöffel Rum oder Arrak unterrühren.
Vanille-Buttercreme: Ein Päckchen Vanillezucker unter den Puderzucker mischen oder das ausgeschabte Mark einer Vanilleschote verwenden.

weniger mächtig

Pudding unter die Butter mischen.
Vorsicht: Butter und Pudding müssen die gleiche Temperatur haben.

zu fest

Die Creme im Wasserbad (50 bis 60 °C) so lange rühren, bis diese wieder flüssiger ist.

☺ Pflanzenfett zur Herstellung mitverwenden, die Buttercreme wird dann lockerer und leichter.

KROKANT

herstellen

200 g abgezogene Mandeln grob hacken und in einer Pfanne ohne Fett leicht anrösten. In einem Edelstahl- oder Emailletopf 200 g feinen Zucker mit 0,1 l Wasser und einem halben Teelöffel Zitronensaft bei mittlerer Hitze zum Kochen bringen. Sobald der Sirup karamell-

farben ist, die Mandeln zufügen, nochmals aufkochen und alles mit einem Holzlöffel gut durchrühren. Die Krokantmasse auf ein leicht eingeöltes Blech oder eine Marmorplatte gießen, erkalten lassen und dann zerkleinern.

☺ Krokant hält sich gut verschlossen einige Monate.

MARZIPAN

ist spröde und reißt

! Der Zuckeranteil in der Masse war zu hoch.

! Die Masse wurde zu lange bearbeitet und das Mandelöl sondert sich ab.

☺ Damit der Marzipanüberzug nicht reißt, muss die Masse geschmeidig sein. Rohmarzipan deshalb mit etwas Rum, Puderzucker und wenig rohem Eiweiß verkneten.

ORANGENSCHALEN

Reste

Restliche Orangenschalen fein reiben, mit Zucker bedeckt in ein Glas geben und als Backaroma verwenden.

PUDDING FÜR BACKWAREN

hängt beim Kochen an

Den Pudding sofort in einen neuen Topf umgießen, den angehängten Pudding nicht mit einem Kochlöffel auskratzen und weiter verwenden.

hat eine Haut bekommen

❍ Nach dem Ausgießen in eine Schüssel den Pudding sofort mit Zucker oder Staubzucker bestreuen.

❍ Die Schüssel in ein kaltes Wasser- oder Eisbad stellen und bis zum Erkalten ständig rühren.

zu dünn

Etwas Speisestärke oder das entsprechende Puddingpulver mit kalter Milch anrühren, den Pudding erneut zum Kochen bringen und die Mischung mit einem Schneebesen einrühren. Ca. drei bis vier Minuten unter ständigem Rühren köcheln lassen.

zu fest

Mit Milch strecken und unter ständigem Rühren erneut aufkochen.

SCHOKOLADE / KUVERTÜRE

formen und gießen

1. Im Wasserbad schmelzen.

2. 2/3 der Masse auf eine Marmorplatte gießen und mit einer Palette verstreichen.

3. Mit einer Palette oder einem Spachtel auf der Marmorplatte bewegen.
4. Wenn die Masse leicht fest geworden ist, zurückgeben und mit dem verbleibenden Drittel mit einem Holzlöffel vorsichtig verrühren.
5. Die Masse auf ca. 30 °C erwärmen (mit dem Rücken des Zeigefingers berühren. Wird die Masse weder warm noch kalt empfunden, ist die Temperatur genau richtig).

grau

! Die Schokolade wurde zu lange im Kühlschrank gelagert, durch die Feuchtigkeit wurde sie grau.

! Die Schokolade lag in der Sonne.

! Die Schokolade wurde zu weich und ist wieder erstarrt.

lagern

Kühl und trocken im Kühlschrank. Schokolade gut verpacken, durch ihren Fettanteil nimmt sie leicht Fremdgerüche an.

raspeln

○ Mit Raspeln oder Reiben mit großen Löchern.

☺ Schokolade und Reibe ca. eine Stunde vor der Verarbeitung einfrieren. Dann können die Löcher nicht durch die Reibungswärme mit Schokolade verkleben.

schmelzen

In einem Wasserbad (oder Wasserbadtopf) (nicht über 35 °C) schmelzen. Die Kuvertüre wird um so schöner, je geringer die Temperatur des Wasserbades und je länger die Zeit zum Schmelzen ist. Dabei nur gelegentlich mit einem Holzlöffel umrühren.

Späne

Mit einem scharfen Messer abschaben.

☺ Wenn die Kuvertüre Zimmertemperatur hat, werden die Späne am schönsten.

überziehen

Zum Überziehen von Torten darf die Kuvertüre nicht zu warm sein.

Zusatz von Cremes, Sahne, Schokoladen-Mousse

Wird als Zusatz weiße Schokolade oder Kuvertüre verwendet, sollte, um die gewünschte Festigkeit zu erreichen, ca. 10 % mehr Masse als bei dunkler Kuvertüre zugegeben werden.

☺ Niemals die gesamte aufgelöste Kuvertüre in eine Masse (Creme, Mousse etc.) gießen, sondern erst einen Teil zugeben und die Masse glatt rühren. Dann nach und nach die restliche Kuvertüre unterziehen.

GROSSPORTIONEN

Einkauf

Geben Sie frühzeitig eine Liste Ihrer Bestellungen mit genauem Datum und Uhrzeit der Abholung bei Ihrem Händler ab. Fragen Sie am Tag Ihrer Einladung sofort bei Ladenöffnung nach, ob Ihre Bestellung erledigt wurde und gehen Sie die einzelnen Posten auf Ihrer Bestellkopie nochmals durch.

Erkundigen Sie sich bei Ihrem Händler nach Großportionen. Butter, Sahne, Käse und andere Milchprodukte gibt es auf Anfragen in Größeneinheiten für die Gastronomie. Auch Dosenware gibt es in Gastronomiegrößen.

Bei größeren Getränkebestellungen einigen Sie sich mit Ihrem Händler über die Rücknahme von nicht benötigten Originalflaschen.

Eisblöcke oder große Beutel mit Eiswürfel gibt es auf Vorbestellung im Supermarkt oder bei Ihrem Getränkehändler.

Metzgereien mit Grillstationen bereiten auf Anfrage größere Braten zu. Handeln sie vorher einen festen Preis aus, vielfach wird sonst der Ladenpreis für 100 g gebratenes Fleisch berechnet.

☺ Auch wenn Sie den Braten zu Hause zubereiten, fragen Sie Ihren Metzger, ob er den fertigen Braten für Sie schneidet. Der Schnitt wird durch dessen professionelle Geräte gleichmäßiger.

Transport

❍ Flaschen (besonders Milchflaschen) lassen sich gut in leeren Mineralwasser- oder Saftflaschenträgern transportieren. Im Sommer eine nasse Decke über die Träger legen, die Verdunstungskälte hält die Ware kühl.

❍ Empfindliche Lebensmittel unbedingt in Kühltaschen transportieren oder Deckel- Euroboxen mit Kühlelementen verwenden.

❍ Belassen Sie die Ware möglichst lange bei Ihrem Händler, dort herrschen die optimalen Kühl- und Lagermöglichkeiten.

Kühl stellen

❍ Füllen Sie die Badewanne zu 2/3 mit Wasser und stellen Sie die Getränketräger hinein. Lassen Sie stetig wenig Kaltwasser zulaufen. Kontrolle nicht vergessen!

❍ Legen Sie die Badewanne mit einem Badetuch aus (vorher leicht anfrieren lassen) und

füllen Sie gut mit Stangeneis oder großen Beuteln mit Eiswürfeln auf.

❍ Legen oder stellen Sie Ihren Getränkevorrat einzeln ein, diese Methode ist hier platzsparender. Decken sie alles mit einer nassen Decke ab.

❍ Füllen Sie Euroboxen oder große Plastikbehälter mit Wasser und fügen Sie Eis zu. Decken Sie alles mit einer nassen Decke ab. So können Sie auch vorbereitete Gerichte in verschlossenen Behältern lagern.

Warm stellen von Getränken, z.B. Milch

❍ Einen Einkochtopf ca. 20 cm hoch mit Wasser füllen, Flaschen hineinstellen und sehr vorsichtig bis zur gewünschten Temperatur erwärmen. Das Wasser darf keinesfalls kochen. Die Deckel abnehmen und die Flaschen häufiger drehen, damit sie nicht platzen.

❍ Bei kleineren Mengen die Getränke erwärmen und in einer Thermosflasche bis zum Gebrauch aufbewahren.

Teller vorwärmen

❍ Füllen Sie das Spülbecken mit heißem Wasser und stapeln sie die Teller darin. Füllen Sie ab und zu mit heißem Wasser auf.

❍ Heizen Sie den Backofen auf 60 °C vor und stellen Sie die Teller ein.

❍ Befeuchten Sie die Teller und stellen Sie die Stapel in die Mikrowelle. z.B. acht bis zehn Teller bei 500 bis 600 Watt ca. drei bis fünf Minuten.

☺ Die Teller mit einem Wasserzerstäuber für Zimmerpflanzen einsprühen.

Brötchen streichen

Butter oder Margarine ca. 12 Stunden bei Raumtemperatur lagern. Mit einem Schneebesen oder Rührgerät gut schaumig schlagen und die Masse in einen Spritzbeutel mit Rundtülle einfüllen. Die Brötchen aufschneiden und das Streichfett wie kleines Spritzgebäck auf die Brötchenhälfte aufspritzen. Brötchen mit leichtem Druck zuklappen und wieder öffnen. Nach Wunsch belegen. Dies ist die schnellste Methode für große Brötchenmengen, geeignet für Stehempfänge bis Kindergartenfeste. Lagern lassen sich diese Mengen wie folgt: Backbleche o.ä. mit Folie überziehen, die

Ecken freihalten und in jede Ecke eine umgedrehte große Tasse stellen. Brötchen nebeneinander legen, mit Folie abdecken und das nächste Blech auf die Tassen auflegen und alles wiederholen. Bei einem Unterlagenformat von 50 x 50 cm können so - je nach Brötchengröße - bis zu 100 Hälften in einem kühlen Raum gelagert werden.

Einkauf von Schnittkäse und Aufschnitt
Geben Sie die Bestellung einige Tage vorher ab und einigen Sie sich auf die Schnittstärke (bei Käse z.B. Einstellung 2,5 auf der Maschine). Bei größeren Mengen fällt das eingelegte Papier oder die Folie "ins Gewicht", da diese mitgewogen werden. Seriöse Händler stellen die kostenlose Zuwaage ein. Sprechen sie dies trotzdem bei Ihrer Bestellung an.

Salatprobleme
Blattsalate:
Füllen Sie das Spülbecken mit kaltem Wasser, fügen Sie einige Eiswürfel und etwas Essig zu.

Füllen Sie eine Eurobox ebenso. Waschen Sie den Blattsalat zügig durch und geben Sie die Blätter in die Eurobox. Wiederholen Sie den Vorgang, bis der Salat sauber ist.

Kühlen
*Blattsalate:*Legen Sie eine genügend große Eurobox mit einem feuchten Tuch aus, füllen Sie den Salat locker ein und stellen Sie ihn in den kühlsten Raum. Blattsalat hält sich so ca. vier bis fünf Stunden frisch.
Mischsalate: Eine große Eurobox mit zehn Zentimeter Wasser füllen, reichlich grob zerstoßenes Eis zufügen und die Salatschüsseln nebeneinander stellen.
Da Euroboxen genormt sind, lohnt sich die Anschaffung verschiedener Boxgrößen mit Deckeln. Diese passen optimal in die Kühlbox, und so lassen sich platzsparend mehrere Salate lagern.

INDEX

Autoren und Verlag bedanken sich für Anregungen, Tipps und Tricks bei:

Frank Adam, Hubert Aigner, Astrid Baro, Alexandra Christ, Anita Faßbender, Dr. Verena Förster, Dieter Freude, Vera Gastreich, Philip Gehri, Dr. Günter Hegemann, Ilona Kirstein, Ursula Kreis, Mathilde Langer, Mag. Ilse Simbrunner, Marianne Trischkat und Gisela Zipp.

11. Auflage (aktualisierte Neuausgabe) · ISBN 3-7750-0375-4

© Walter Hädecke Verlag,
D-71263 Weil der Stadt, 1999, 2002

Alle Arbeitsaufnahmen: Studio l'Eveque, München.

Redaktion und Layout: Monika Graff.

Einbandgestaltung: Juscha Deumling, JAM, München.

Satz: Kornel Mierau GmbH, Solingen

Printed in Germany, 2004

EINE KULINARISCHE ENTDECKUNGSREISE

durch Nürnberg
Städteregion und Land

Barbara Kagerer
Daniel Schvarcz

EINE KULINARISCHE
ENTDECKUNGSREISE

durch Nürnberg
Städteregion und Land

MIT DEN BESTEN REZEPTEN
AUS DER REGION

St. Sebald, Nürnberg

Inhalt

Friedrich-Alexander-Universität Erlangen-Nürnberg, Erlangen

Nürnberg – Städteregion und Land

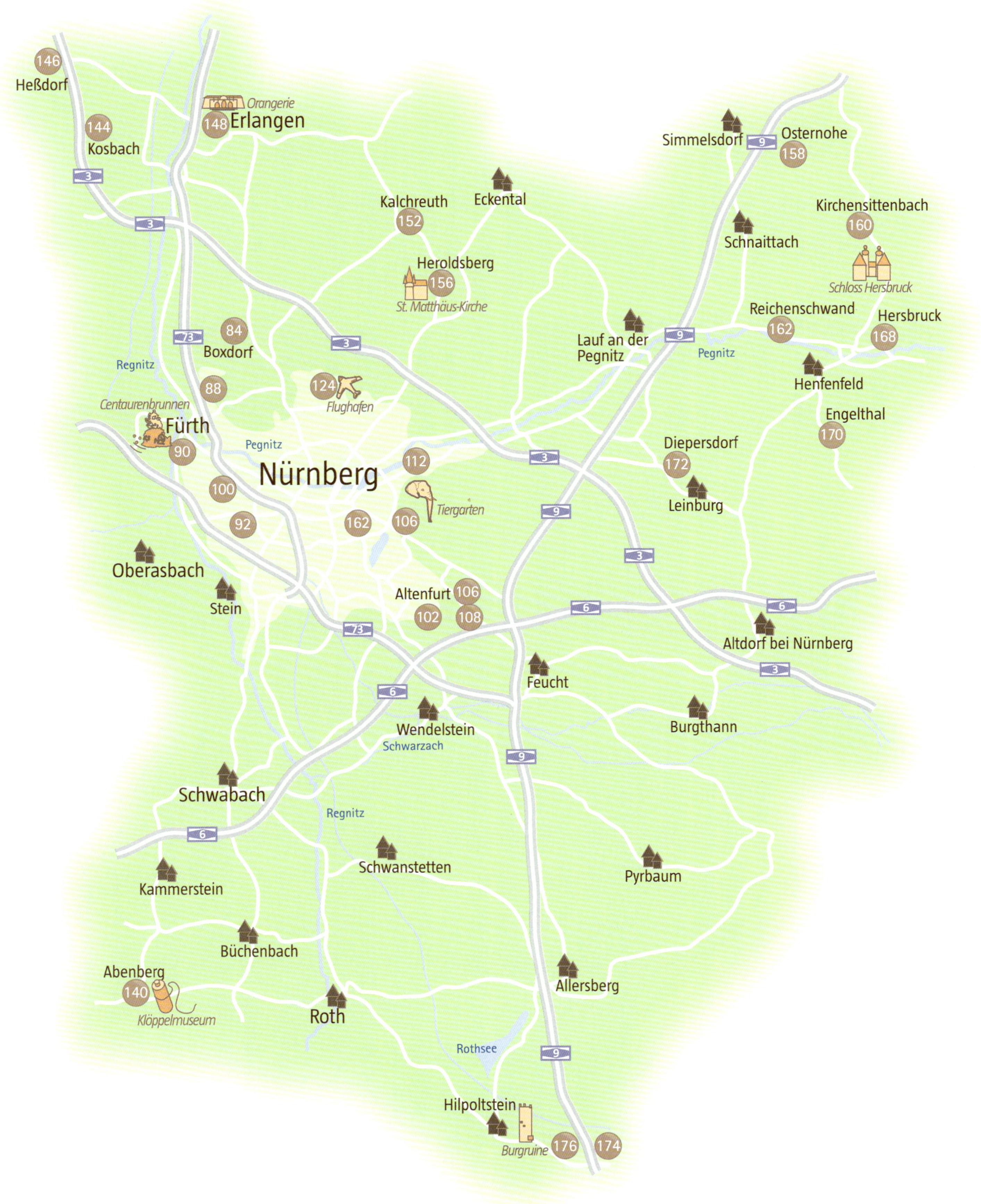

146 Heßdorf

148 Erlangen — Orangerie

144 Kosbach

Simmelsdorf — **9** — Osternohe **158**

3

3

Kalchreuth **152** — Eckental

Kirchensittenbach **160**

Schnaittach

Heroldsberg **156**
St. Matthäus-Kirche

Schloss Hersbruck

84 Boxdorf

73

Reichenschwand **162** — Hersbruck **168**

Regnitz

3

Lauf an der Pegnitz — **9** — *Pegnitz*

88

Centaurenbrunnen

Henfenfeld

Fürth

Pegnitz

112

Engelthal **170**

90

Nürnberg

Dierpersdorf **172**

100

162

106 — *Tiergarten*

Leinburg

92

3

Oberasbach

Altenfurt **106**

Stein

102 — **108**

Altdorf bei Nürnberg

73

6 — 6

Feucht

3

6

Burgthann

Wendelstein
Schwarzach

9

Schwabach

Regnitz

6

Schwanstetten

Pyrbaum

Kammerstein

Büchenbach

Abenberg
140

Allersberg

Klöppelmuseum

Roth

Rothsee

9

Hilpoltstein

Burgruine — **176** — **174**

Die Zahlen 15 sind identisch mit den Seitenzahlen der einzelnen Betriebe in diesem Buch und bezeichnen ihre Lage in der Region.

Königstraße mit Blick auf die Kaiserburg

Tugendbrunnen, Nürnberg

Vorwort

Es hat geheißen, die Franken wären Fremden gegenüber erstmal zurückhaltend. Als ich dann noch das Zitat des ehemaligen bayerischen Ministerpräsidenten Günther Beckstein – „Wir sind hoch kommunikativ, solange man uns nicht anspricht" – über sich und seine Landsleute gelesen habe, war ich doch sehr gespannt, ob dies tatsächlich der Wahrheit entspricht. Es hat aber auch geheißen: „Lässt man sich auf sie ein, sind sie zu jedem sehr herzlich". Wo könnte es sich besser beweisen lassen als in gelebter Alltagskultur – beim Essen und Trinken. So habe ich mich – als Münchnerin – aufgemacht, Nürnberg und Umgebung in konzentrisch-kulinarischen Kreisen zu erkunden.

Was ist herausgekommen? Herausgekommen ist eine Entdeckungsreise, die Geschichten erzählen will. Geschichten über Land und Leute durch ein Stück Franken mit seiner Metropole Nürnberg, den umliegenden Regionen mit ihren herrlich blühenden Landschaften und Anhöhen zum „Runterschauen". Und eine Liebeserklärung an die „Frankenmetropole", die mir wegen ihrer Bezeichnung zunächst so erschreckend groß vorgekommen ist – dann aber ihr gelassenes und doch facettenreiches Gesicht gezeigt hat. Stolz auf Vergangenheit und Brauchtum, feiert Franken mit seiner besonderen Lebensart das ganze Jahr über historische und bemerkenswerte Feste. Das macht hungrig und durstig. In diesem schönen Teil Bayerns verstanden die Leute es schon immer gut zu kochen und gut zu essen. Genuss hat hier Hochkonjunktur: Krustiges und weiches Schäufele auf Weltniveau, einzigartige, heiß geliebte Bratwurst und Lebzelters Meisterstücke, weltbekannt. Wenn auch alle ihre eigenen Rezepte und Geheimnisse haben, so kann man sich auf die Könner in den Restaurants, Wirtshäusern, Landgasthöfen, auf den Märkten und in den Schlemmerparadiesen auf eines verlassen: Geschmack und Leidenschaft, moderne Vielfalt und Tradition, Sinn für Qualität, frische und köstliche Zutaten, im Reigen der Jahreszeiten mit viel Mühe aus der heimatlichen Erde gezogen.

Mein großer Dank gilt – in Memoriam – dem Grandseigneur der Nürnberger Confiserie, Karl Neef sowie meiner liebenswürdigen Kollegin Sabine Raum, die mir beide ihre Heimat Franken so ans Herz gelegt haben. Dem Fotoautoren Daniel Schvarcz für seine wunderbaren Aufnahmen und dem Kulturjournalisten Alfred Brems, der wie immer an meiner Seite war.

Barbara Kagerer

Frauenkirche, Nürnberg

Innerhalb der Stadtmauer

Das Besondere liegt in der Kombination: Nürnberg – eine altehrwürdige Stadt, die jung geblieben ist. Zur Beschreibung der Altstadt reichen lieb gewonnene Klischees von beschaulicher Idylle mit trutziger Kaiserburg und romantischem Fachwerk, echter Bratwurst und würzigem Lebkuchen schon längst nicht mehr aus. All das gibt es zwar glücklicherweise unverändert, aber Nürnberg hat auch andere Seiten.

Die lebhaften Plätze und Straßen innerhalb der Stadtmauer, allen voran der Hauptmarkt mit der markanten Frauenkirche an der Ostseite lohnen immer einen Besuch. Auf deren Empore findet Schlag 12 mittags das „Männleinlaufen" statt: Die Figuren der sieben Kurfürsten erscheinen, um dem Kaiser ihre Referenz zu erweisen. Am Rande des bunten Marktes mit seinen kunstvoll aufgebauten Obst- und Gemüseständen entfaltet sich die verschwenderische Pracht des Schönen Brunnens mit seiner farbenfrohen Bemalung und dem drehbaren Messingring als Glücksbringer. Dahinter die mächtigen Türme der Sebalduskirche, die dem nördlichen Stadtteil seinen Namen gab. Sie liegt auf dem Weg zur mittelalterlichen Burg ganz in der Nähe des imposanten

Renaissancebaus des Alten Rathauses. Die Kaiserburg hoch über der Stadt ist das Wahrzeichen Nürnbergs und zählt mit ihrem dominant eindrucksvollen Charakter zu den geschichtlich und baulich bedeutendsten Wehranlagen Europas. Das Albrecht-Dürer-Haus, heute ein Museum, erinnert in seiner Gesamtheit an einen der herausragendsten bildenden Künstler der frühneuzeitlichen Kunstgeschichte. Von dort geht es über den Weinmarkt zur Weißgerbergasse herunter, die mit ihren mittelalterlichen Fachwerkhäusern ein Stück historisches Nürnberg aufzeigt. Nirgendwo kann man Geschichte besser spüren.

Auf einer der insgesamt vier Inseln in der Pegnitz innerhalb der Stadtmauer liegt der „Trempala", der Trödelmarkt, der sich zu einem der schönsten Plätze gewandelt hat. Die Mischung aus kleinen, feinen Läden, individueller Gastronomie und Kunst verleihen ihm sein einzigartiges Flair. „Liebesinsel" heißt die östliche Spitze. Sie wird in den Sommermonaten zum beliebten Treffpunkt. Jung und Alt liegen einträchtig im Gras, hängen in der Sonne ihren Gedanken nach oder sitzen auf den Sandsteinquadern am Ufer und lassen die Beine in der Pegnitz baumeln. Die Nürnberger leben

Albrecht-Dürer-Haus

Ehekarussell und Weißer Turm

mit ihrer Pegnitz und haben dort auch eine Attraktion: die Gondolieri, die mit ihren drei venezianischen Gondeln zu einer Rundfahrt einladen. Ach ja, die Pegnitz. Jeder Fluss fängt einmal klein an, so auch die Pegnitz, die aus der Frankenalb kommend, hier schon recht gemächlich durchs Stadtgebiet fließt und die Altstadt in zwei Hälften teilt. Auf der anderen Seite, Richtung Insel Schütt, überbrückt der Wasserbau des Heilig Geist Spitals aus dem 14. Jahrhundert den Fluss, Zeugnis des sozialen Engagements reicher Patrizierfamilien. Im Sommer öffnet auf der Insel Schütt der Stadtstrand: 600 Tonnen feinster Kaolinsand, Palmen, Liegestühle und Basthütten mit Cocktails, Bier und Imbiss locken samt Life-Musik nicht nur junge Menschen zum Chillen. Das geht solange, bis das jährliche Bardentreffen als größtes Weltmusik-Event Deutschlands drei Tage lang ein mitreißendes Konzertprogramm bietet – die ganze Stadt eine Bühne.

Zurück zum Hauptmarkt: Er ist zentraler Ausgangspunkt für Sightseeing-Touren zur „Historischen Meile Nürnbergs" – per pedes oder ganz modern mit dem Segway – und für jegliche Art von Einkaufsbummel. Von hier aus führen die wichtigsten Straßen in alle Richtungen. Etwa in die Königstraße, mit ihren zahlreichen Modeläden, Cafés und Geschäften für den alltäglichen Bedarf. In der Mitte der gotische Kirchenbau von St. Lorenz. Der Baumeister Adam Kraft, neben Albrecht Dürer und dem Dichter Hans Sachs, dem Bildhauer Veit Stoß und dem Erfinder der Taschenuhr, Peter Henlein, einer der großen Söhne der Stadt, gestaltete darin das „Sakramentshäuschen" aus Sandstein, das als sein Meisterwerk gilt. Die Einkaufsmeile Königstraße endet am gleichnamigen Tor gegenüber dem Hauptbahnhof. Dort fügen sich auch das KunstKulturQuartier mit seinen unterschiedlichsten Ausstellungen und der historische Handwerkerhof in die alte

Stadtmauer ein. Um die Ecke kontrastiert das Neue Museum für Kunst und Design als architektonischer Geniestreich die Altstadtstruktur. In westlicher Richtung führt die Breite Gasse – eine weitere Fußgängerzone – hinüber zum Weißen Turm am Hans-Sachs-Brunnen. Voluminöse Figuren aus jüngster Zeit, angelehnt an das berühmte Gedicht des Poeten „Das bittersüße eh'lich' Leben", weisen auf das Auf und Ab des Ehelebens hin.

Zeigt die alte Reichsstadt und moderne Metropole auf ihren Straßen und Plätzen bei Tageslicht unverwechselbaren Charme, so ist auch nach Sonnenuntergang einiges los: einmalig das Konzept der „Blauen Nacht", in der die Innenstadt zu leuchten und zu vibrieren beginnt – mit einem außergewöhnlichen Kunst- und Kultur-Erlebnispfad. Weltweit einmalig auch der Christkindlesmarkt, bei dem sich zur Weihnachtszeit erst mit dem Einbruch der Dunkelheit die Lichter, Farben und Gerüche wundersam mischen.

Nassauer Haus

Der Schöne Brunnen

Das Neue Museum – Staatliches Museum für Kunst und Design in Nürnberg (NMN)

Das Beste von heute

Seit dem Mittelalter ist der Nürnberger Hauptmarkt ein Platz pulsierenden Lebens. Schon damals brachten die Bauern ihre Ernten in die alte Reichsstadt, und noch heute findet auf dem historischen Kopfsteinpflaster der tägliche „große" Wochenmarkt statt. Wo früher noch „Recht gesprochen wurde", bauen an die vierzig Händler jeden Tag ihre Stände neu auf – die „Tagesplatzhändler", die ihre Waren, wie Spargel, Pilze und Kirschen, je nach Saison anbieten, nicht mitgerechnet.

Touristengruppen durchschwärmen den bunten Markt und staunen über fränkische Würste, frischen Fisch, Geflügel wie Gänse und Wachteln aus eigener Aufzucht, Eier und Käse für jeden Geschmack, dunkel gebackene Brotlaibe, würzige Lebkuchen, Honig und selbst eingekochte Marmeladen. „Gegessen wird, was vor der Haustür wächst", deshalb schlendern auch die Nürnberger mit geflochtenen Einkaufskörben langsam durch die Reihen, begutachten das „Gemüse vom Bauern aus dem Knoblauchsland", bleiben vor den Apfelkisten stehen, lesen Etiketttexte und Preise, prüfen das Obst und plaudern in einheimischem Dialekt mit den Verkäufern hinter den beschirmten Ständen. Das Vertrauen ist groß, und die Marktkundschaft weiß um die Qualität der Erzeugnisse.

Neun Märkte gibt es insgesamt in Nürnberg, einer der beliebtesten ist der liebevoll genannte „Kobi", der Freitags-Wochenmarkt am Kobergerplatz im Norden der Metropole. Der Bauernmarkt mit Selbsterzeugern zählt 15 Stände unter rot-weiß gestreiften Schirmen. Auch hier finden die Bewohner des Viertels neben neuestem Tratsch fast ausschließlich und meist biologisch angebaute Lebensmittel aus der Region: rote Tomaten und grüner Salat, Kartoffeln, Gelbe Rüben und Kraut, dicke Knoblauchknollen und milde Zwiebeln, geräucherte fränkische Fische, Ziegenkäse, aromatische Erdbeeren, „Grünzeug" aller Art und sogar Sommerblumen.

🍴 **Fränkischer Krautstrudel**

Das Rezept des Hauses finden Sie auf Seite 70

Nürnberger Märkte
Hauptmarkt und Markt
auf dem Koberger Platz
90431 Nürnberg
☎ 09 11 / 2 31-26 93
www.nuernberger-maerkte.de

Kuchen für die ganze Welt

Es gibt sicher viele gute Gründe, um in die alte Reichsstadt an der Pegnitz zu fahren, einer davon aber ist gewiss ein Besuch beim Neef, wie er von den Nürnbergern liebevoll genannt wird. Das Ladengeschäft mit Café direkt an der Sebalduskirche ist nicht nur wegen „der reichlich großen Stücke", sondern auch wegen einer phänomenalen Kuchen- und Tortenwelt bekannt, die ihresgleichen sucht.

Der umtriebige und zugleich außergewöhnliche Kuchen-Künstler Karl Neef, der die Confiserie 1972 zusammen mit seiner Frau Ingrid im Herzen der Altstadt begründete, hielt es alles in allem mit dem englischen Schriftsteller Oscar Wilde: „Ich habe einen ganz einfachen Geschmack. Ich bin stets mit dem Besten zufrieden." Sohn Florian hat seine Ausbildung in der elterlichen Backstube absolviert, fühlt sich diesem Grundsatz gleichfalls verpflichtet und entwirft nun seinerseits traumhafte Torten-Kreationen. Sie sind eine Hommage an seinen Vater, der einst als ideenreichster und kreativster Konditor Deutschlands in die Annalen einging.

Der junge Konditormeister ist seit 2011 der Chef und wusste immer ganz genau, was er einmal werden wollte: Konditor, wie sein Vater und seine Mutter Ingrid, die aus einer „süßen Familie" stammt, und heute den Sohn mit Rat und Tat kräftig unterstützt. „Die Kunden schmecken immer noch, wie es vor 35 Jahren war", meint er und schafft es dabei, mit Motivation und Enthusiasmus neue Ideen zu verwirklichen, fremde Einflüsse zuzulassen und dabei nicht mit der Tradition zu brechen. So ist er beispielsweise der Inspiration für einen „Italienischen Schokoladen-Nougat-Kuchen" gefolgt – die Naschkatzen danken es ihm.

Mousse au Chocolat mit Erdbeeren

Das Rezept des Hauses finden Sie auf Seite 70

Das handwerkliche Mischen von Zucker, Marmeladen und Marzipan ist eher ein künstlerischer Akt als profanes Backen, wobei die fast „antike" Teigmaschine aus dem Jahr 1962 noch immer gute Dienste tut. Zu jedem speziellen Anlass designt Florian Neef in der rückwärtigen Backstube wunderbare Torten der Königsklasse: fruchtig-frisch, cremig, sahnig, „normal", mehrstöckig, groß, klein, eckig oder rund. Es gibt kein Thema, das der Meister nicht perfekt umsetzen kann. Für die Hochzeit, zum Geburtstag, zum Jubiläum, zur Taufe, zum Muttertag und gar nur für die Liebe entwirft er Unikate, oft mehrstöckige Komposi-

tionen mit schillernden Blumen und filigranen Schmetterlingen aus Zuckerguss verziert, die zum Essen eigentlich viel zu schade sind. Ein Traumland für Fans der hohen Patisserie-Kunst.

In der Theke des überaus einladenden Ladengeschäftes sind sündhaft-gute Kuchen und Gebäckspezialitäten elegant aufgebaut. Neben süßesten Verführungen, wie herrlichen Obstschnitten – je nach Saison, so eine Maitorte mit Rhabarber –, Florentiner Zwetschgenkuchen oder Mohn-Apri-

kosenkuchen, frischem Strudel mit Kirsch oder Apfel und Desserttörtchen, gibt es aus der Confiserie Pralinen, hauchdünne Schokoladentafeln, Konfekt. Auch frisch gefüllte Ostereier, „von Hand gearbeitete" Lebkuchen, Marzipanfrüchte und zum Anbeißen zart-mürbe Plätzchen und Weihnachtsgebäck. Deshalb ist die Nürnberger Konditorei nie nur ein Geheimtipp geblieben. Die Kundschaft kommt von überall her und lässt zudem nicht nur Klassiker in schönen dekorierten Geschenkkartons in alle Welt verschicken.

Das angeschlossene Café strahlt mit seinen hellen Tischen und lederbezogenen Bänken und Stühlen eine angenehm modern anmutende Eleganz aus – alles in Orange gehalten. Die südländische Sitte des Gehsteigcafés wird im Sommer auch im Café Neef gepflegt. Hier wie dort haben Genießer je nach Lust, Laune und Tageszeit die Wahl: Soll es ein Backstuben-Frühstück sein? Oder eine Kleinigkeit zu Mittag? Oder zum Capuccino vielleicht doch lieber eine neue Interpretation des klassischen Neef'schen Käsekuchens, vom dem der Junior sagt: „Da gibt's nichts Besseres!"

Neef Confiserie Café
Winklerstraße 29
90403 Nürnberg
☎ 09 11 / 22 51 79
www.neef-confiserie.de

Kulinarischer Kosmos

Schwarzes Risotto an Matchateespiegel mit Jakobsmuschel und Wildkräutersalat

Das Rezept des Hauses finden Sie auf Seite 71

Man muss nicht lange suchen, bis man im modern gestalteten Kolonialwarenladen delikatEssen von Romana Schemm und ihrem Mann Manfred Gendsior das Richtige findet. Die zwei begeisterten Genussmenschen, die mit offenen Augen und viel Gespür den kulinarischen Kosmos für sich und andere erkunden, haben 2008 das außergewöhnliche Geschäft oben am Weinmarkt eröffnet.

„Es braucht nicht viel, weniger ist mehr", sagt die enthusiastische Chefin und erklärt die Philosophie des Hauses, dass es „mit ordentlichen Grundprodukten möglich ist, den Gipfel der Gourmandise zu erreichen". Deshalb stammt das Angebot an verschiedensten kostbaren Delikatessen aus kleinen Manufakturen, mit deren Inhabern durchaus auch freundschaftliche Beziehungen bestehen. Wissen „wie" und „mit was" diese produzieren, das ist und bleibt ihr wichtig. Mit Romana Schemm kann man sich im persönlichen Gespräch fachkundig beraten: „Meine Kunden suchen den Kontakt, und ich empfehle nur Produkte individuell, von denen ich selbst überzeugt bin." An zwei kleinen Stehtischen lässt es sich bei schwarzem Espresso wunderbar plaudern. So ist der Laden zum Feinschmeckertreff avanciert: ein kleiner Marktplatz für Hobby- und Profiköche, denen sich eine Welt der kulinarischen Besonderheiten öffnet.

Für Connaisseure mit Anspruch steht eine große Auswahl an hochwertigen und ausgefallenen Gewürzen im Regal, unter anderem aus dem Klingenberger „Alten Gewürzamt" des Ingo Holland und exklusiv von „Babette's" aus Wien. „Spannende Sachen", wie holzfassgereifte Sojasauce, neue Senfkreationen, feine Patés, große Stücke Parmigiano, luftgetrockneter Schinken und Salami, knuspriges, frisches Gewürzbrot, schokoladige „Dürer-Kugeln", ausgesuchte Weine, aber auch Edelbrände in limitierten Ausgaben, Ingwerlikör und Quittensecco – alle Raritäten sind sorgfältig und kompromisslos ausgewählt. Exzellente Essige und Öle dürfen an der Bar gekostet werden.

delikatEssen
Weinmarkt 14
90403 Nürnberg
☎ 09 11 / 20 29 132
www.delikatessen-nuernberg.de

Aphrodisiaka der Sinne

Ein sinnlich-würziger Duft liegt in der Luft. Es riecht nach feinem Tee, Kräutern und Gewürzen und führt geradewegs in das Wurzelsepp Kräuterhaus der Familie Rank. Nur einen Steinwurf vom Nürnberger Hauptmarkt entfernt, finden hier nicht nur Teeliebhaber, sondern auch Gewürz-Individualisten und Kräutersammler das Besondere.

Philipp Rank, der dem modernen Geschäft in der dritten Generation vorsteht, ist ausgebildeter und angesehener Teesommelier und kennt sich in seinem Metier bestens aus. 400 verschiedene Teesorten und Mischungen stehen in den Regalen. Seine große Leidenschaft sind vor allem hochwertige und feinblumige Darjeeling-Tees, die aus dem Anbau von kleineren, nicht so bekannten Teegärten in Indien stammen. Eine begehrte Seltenheit ist der „First flush Darjeeling",

jedes Jahr aus der ersten Pflückung im Frühling und immer nur für kurze Zeit offeriert. Die Meisterqualität von „Matcha", einem grünen Tee aus Japan oder verschiedene weiße Tees mit ihrer typischen silbrigen Blattunterseite, mild im Aroma wie der „Jasmin Phoenix Pearls" oder „Oolong-Tee" aus Formosa, sind absolute Raritäten und können fast süchtig machen. Offener „Kusmi-Tee" aus Paris und „Masala-Chai" in den verschiedensten Zubereitungsvariationen liegen im Trend und begeistern viele junge Kunden.

Philipp Rank experimentiert gerne: Kochen mit Tee, Cocktails mit Tee, Macarons und Pralinen mit Gewürzen und Tee, dies alles natürlich auf Basis des eigenen Sortiments, das hier in schmucken Dosen und lichten Gläsern aufbewahrt wird. Tee ist eine Wissenschaft für sich, deshalb stehen

43 Pearls

Das Rezept des Hauses finden Sie auf Seite 71

fachkundige Beratung und Tipps zur Zubereitung von individuellen Zusammenstellungen, von Wellness- und Wohlfühltees aber auch von klassischen Kräutertees an erster Stelle. Sollte es für eine gelungene Teezeremonie noch an etwas fehlen, zeigt Seniorchefin Irmgard Rank zur Anregung noch viel Schönes und Nützliches: handwerklich gefertigte Präsente, Accessoires und Zubehör.

Der Nürnberger Gewürzhandel und die dadurch entstandenen Handelswege beeinflussten im Mittelalter maßgeblich den Aufstieg der Reichsstadt. Über die Gewürzstraße kamen Kostbarkeiten wie Zimt, Ingwer, Gewürznelken, Kurkuma, Muskatnuss und Kardamom aus dem Orient. Pfeffer und Safran spielten damals die Hauptrolle. Das wäre heutzutage eindeutig zu wenig. Im Sortiment des Wurzelsepps mit insgesamt 300 bis 400 Gewürzen, sind deshalb neben vielen bunten Pfeffersorten wie Tellicherry Pfeffer

oder Malabar, die mit mehreren Aromen beim Genuss nacheinander regelrecht auf der Zunge „explodieren", eine Vielzahl von Chilis, Currys, Exoten wie Ras el-Hanout aus Marokko, Steak- und Grillgewürze, Fertiges für Salat, Saucen, Bratkartoffeln und Fisch. Das Original fränkische Schweinebratengewürz, das der Chef fein zusammengestellt hat, ist wie viele andere Mischungen in selbst kreierte bunte Dosen abgefüllt und bereichern auf flippige Art die häusliche Küche. „Geh doch an den Kochtopf und schmecke ab", rät der ambitionierte Gewürzbotschafter allen Hobbyköchen, die sich zudem für die verschiedensten Salz-Kreationen interessieren, wie beispielsweise schwarzes Meersalz aus Hawaii. „Süße" Gewürze wie Bourbon-Vanilleschoten, Weihnachts- und Lebkuchengewürze – all diese Spezereien vermischen sich mit den Düften von Räucherstäbchen, Weihrauch, Harzen und „Parfums de Maison" zu einem aromatischen Wohlgeruch, der für den Laden in der Fußgängerzone so charakteristisch ist.

In der Weihnachtszeit, wenn der benachbarte Nürnberger Christkindlesmarkt vor dem Rathaus seine Tore öffnet, dann ist am Seiteneingang des Wurzelsepps mächtig was los: Treffpunkt Glühweinstand. Seit Jahren übt er eine unwiderstehliche Anziehungskraft auf Jung und Alt aus. Frischer und heißer Glühwein, das Gewürz darin selbstverständlich eine Eigenmischung, wird in bunten Steinzeug-Bechern ausgeschenkt und erwärmt im Advent Körper und Seele.

Wurzelsepp Kräuterhaus
Tee · Gewürze · Spezialitäten
Hauptmarkt 1
90403 Nürnberg
☎ 09 11 / 22 66 12
www.wurzelsepp-nuernberg.de

Am Saum des Jahres

🍴 **Nürnberger Lebkuchen**

*Das Rezept des Hauses finden
Sie auf Seite 72*

„ ... *In jedem Jahr, vier Wochen vor der Zeit,
Da man den Christbaum schmückt und sich
aufs Feiern freut,
Ersteht auf diesem Platz, der Ahn hat´s schon
gekannt,
Was Ihr hier seht, Christkindlesmarkt genannt.
Dies Städtlein in der Stadt, aus Holz und Tuch
gemacht,
So flüchtig, wie es scheint, in seiner kurzen
Pracht,
Ist doch von Ewigkeit. Mein Markt bleibt immer
jung,
Solang es Nürnberg gibt und die Erinnerung.
Denn alt und jung zugleich ist Nürnbergs Ange-
sicht,
Das viele Züge trägt. Ihr zählt sie alle nicht!
Da ist der edle Platz. Doch ihm sind zugesellt
Hochhäuser dieses Tags, Fabriken dieser Welt,
Die neue Stadt im Grün. Und doch bleibt's alle
Zeit,
Ihr Herrn und Frau´n: das Nürnberg, das Ihr seid.
Am Saum des Jahres steht nun bald der Tag,
An dem man selbst sich wünschen und andern
schenken mag.*"
So klingt ein Stück des Prologs, mit dem das Nürn-
berger Christkind alljährlich am Freitag vor dem
1. Advent von der Empore der Frauenkirche aus

den berühmtesten Weihnachtsmarkt der Welt
eröffnet: den Christkindlesmarkt.
Der verheißungsvolle Duft von gebrannten Mandeln und aromatischem, heißem Glühwein liegt
in der Luft. Irdische Freuden und himmlische Ge-
nüsse: Delikates wie Original Nürnberger Rostbratwürste vom Buchenholzgrill, für unterwegs
als „Drei im Weggla", eine klassisch gewürzte
Fränkische Bratwurst oder feinste Lebkuchen-
spezialitäten sorgen für das leibliche Wohl der
Besucher aus aller Welt, die – von weihnachtli-
chem Flair umgeben – über den traditionsreichen
Markt flanieren. Da stehen die Gäste zu zweit oder
in Grüppchen an den Ständen und probieren auch
knusprige „Baggers", aus frisch geriebenen fränkischen Kartoffeln, dazu Apfelmus und Zimt-
zucker.
An den liebevoll dekorierten Buden bestaunen
Kinder und Erwachsene bunte Rauschgoldengel
und kunstvolle Kerzen, geschnitzte Krippen und
glitzernden Christbaumschmuck, bezauberndes
Kunsthandwerk und Nürnberger Spielzeug. Eine
Besonderheit sind die „Zwetschgenmännle",
handgefertigte Figuren aus getrockneten Pflaumen in vielen Varianten, die es schon seit dem
17. Jahrhundert gibt – zur Belustigung von Jung
und Alt.

🏠 Christkindlesmarkt

Hauptmarkt
90403 Nürnberg
☎ 09 11 / 23 36-0
www.christkindlesmarkt.de

Weinstadel und Wasserturm

Die Blumenflüsterin von Nürnberg

Blütenzauber. Manchmal liegen weiße und rote Rosenblätter lose verstreut vor dem Eingang zur märchenhaften „Blumengrotte" von Maria Lieber. Am Fuße der Sebalduskirche hat sie 2010 im Sandstein-Gewölbe eines historischen Hauses ein zauberhaftes Blumengeschäft eröffnet, zu ihrem weit über Nürnbergs Grenzen hinaus bekannten und beliebten Wind- und Wetter-Blumenstand an der südwestlichen Ecke des Nürnberger Hauptmarkts.

Im Ladengeschäft verwandeln bunte, vielgestaltige Blüten, exotische Gräser, grüne Moose und feingliedrige Blätter den Raum, fangen den Blick und sind Balsam für die Seele. Blumenduft umhüllt den staunenden Betrachter der kreativen Kunstwerke, die die lebensfrohe Floristen- und

gelernte Steinmetzmeisterin jeden Tag aufs Neue gestaltet. Das kleine Blumenreich ist die Hommage an das „Schöne". Unikate, Sträuße aus frischen Blumen, Kränze und Zweiggebinde, Kräutertöpfe und Gestecke – Maria Lieber arrangiert diese blühenden Kostbarkeiten in der ihnen eigenen Natürlichkeit zur Vollendung. Spielerisch mit unzähligen Blütenfarben, die Stimmungsbilder und Gefühle wiedergeben.

Feiern mit Blumen: Je nach Anlass und immer unter „Einbeziehung der Person" entstehen außergewöhnliche florale Dekorationen für gedeckte Tische, kulinarische Tafeln und das traute Heim. Natürlichkeit und Eleganz, darauf setzt sie sowohl bei privaten wie bei geschäftlichen Veranstaltungen. Damit die vergängliche Pracht so lange Freude bereitet, kauft die „Blumenflüsterin" ihre wunderbaren Rosen und Blütenträume mit sicherem Gespür eigenhändig ein: regional, frisch und qualitätsbewusst. Ein Tag bei Maria Lieber und ihrem tatkräftigen Lebensgefährten Willi Kuhl ist schon deshalb oft sehr lange. Dabei ist sie bei all ihrer Arbeit menschlich offen geblieben: Auf dem grün lackierten Stuhl vor ihrer Tür lädt ein Schild ein: „Angebot: Einmal hinsetzen und entspannen (umsonst)."

Lieber, Lust und Leidenschaft
Winklerstraße 24/Am Hauptmarkt
90409 Nürnberg
☎ 09 11 / 71 58 80 10
www.lieber-lustleidenschaft.de

Eremitage

Neugierde und Leidenschaft

In den großen Châteaus Frankreichs gibt es sie seit Menschengedenken: riesige Gewölbekeller mit mystisch anmutender Atmosphäre. Hier lagern wertvolle Weine über Jahre hinweg – ruhig, kühl, erschütterungsfrei – und reifen so zu edlen Tropfen heran. Kleiner und beschaulicher dagegen ist das Gewölbe in dem alten Nürnberger Haus, das ganz aus Sandstein gebaut ist. Eremitage heißt Maria Lieber's feine Vinothek, die dort im Herbst 2011 in einzigartigem Ambiente eröffnet hat. Mit dem historischen Holzboden, den antiken eichenen Weinfasstischen und den lederbezogenen Sitzrollen gemütlich und stilvoll gleichermaßen, dreht sich hier alles um die Traube – denn nicht nur Frankens Weine haben Weltklasse. Vielschichtige und interessante Weine aus aller Herren Länder – ob rot, weiß oder rosé – können hier glasweise nach und nach durchprobiert werden. Die Angebote variieren immer wieder – Neuentdeckungen, unkomplizierte Alltagsweine und Weine aus erstklassigen Lesen. Moderne Weinkultur verträgt sich bestens mit den aromatisch-appetitlichen kleinen „Gängen", die in der Vinothek „ehrlich und echt" zusammengestellt werden. Wenn allein schon das Trio aus Brot, Oliven und Wein ein Synonym für mediterrane Lebensart geworden ist, so stehen auf der Tafel auch leckere Kleinigkeiten wie Eingelegtes Rindfleisch im Glas und gekräuterter Ziegenkäse. Hier

kann man beim Degustieren des einen oder anderen Tropfens kulinarische Köstlichkeiten aus verschiedenen Weinregionen oder der Saison schnabulieren und dabei ins Schwärmen geraten. Wer also die Tür zum „weinfreundlichen" Geschäft öffnet, der sollte eine gewisse Portion Neugierde und Leidenschaft für all das mitbringen.

In den schön geformten gusseisernen Regalen stehen neben ausgefallenen Geschenkideen nicht nur viele ausdrucksstarke Weine, prickelnder Champagner und perlende Prosecchi, sondern auch hochwertige Olivenöle in vielen Geschmacksnuancen, kaltgepresst und „Extra Vergine". Das Leben ist und bleibt voll köstlicher Versuchungen – man sollte sich keine entgehen lassen.

Eremitage
Winklerstraße 24
90409 Nürnberg
☎ 09 11 / 89 65 316
www.eremitage-nuernberg.de

Über dem Fluss

Restaurant und Weinstuben Heilig Geist Spital

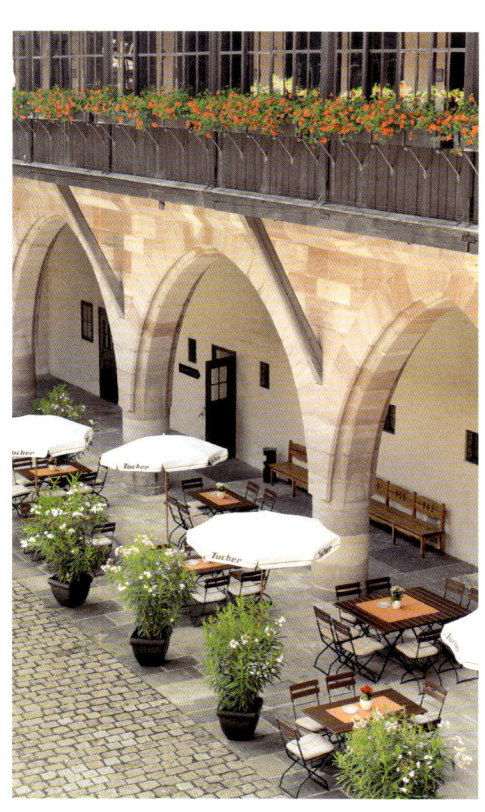

Wenn sich die mächtigen Pforten zum Heilig Geist Spital in Nürnberg öffnen, dann betritt man eine Welt, die noch vergangene Jahrhunderte atmet. Die reichen Patrizier-Kaufmannsfamilien sicherten sich in der damals noch jungen Stadt nicht nur die eigene Macht, sondern zeigten auch Verantwortung für das Wohlergehen der Bevölkerung. 1339 gründeten sie das Heilig Geist Spital als Stiftung. Neben seiner Funktion als größte reichsstädtische Fürsorgeeinrichtung für Alte und Kranke waren hier zudem zwischen 1424 und 1796 die Reichskleinodien, der mittelalterliche Kronschatz, aufbewahrt. Heute kultivieren die steinernen Tischgräber der beiden wichtigsten Mäzene der Stiftung die Halle am hinteren „Kreuzigungshof", in dem im Sommer Gäste des Restaurants von prächtigen Oleanderbüschen abgeschirmt das Abendlicht genießen können.

Das markante Erscheinungsbild des großzügigen Gebäudekomplexes direkt am Ufer der Pegnitz

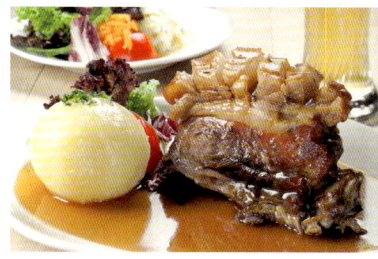

Schäufele

Das Rezept des Hauses finden Sie auf Seite 72

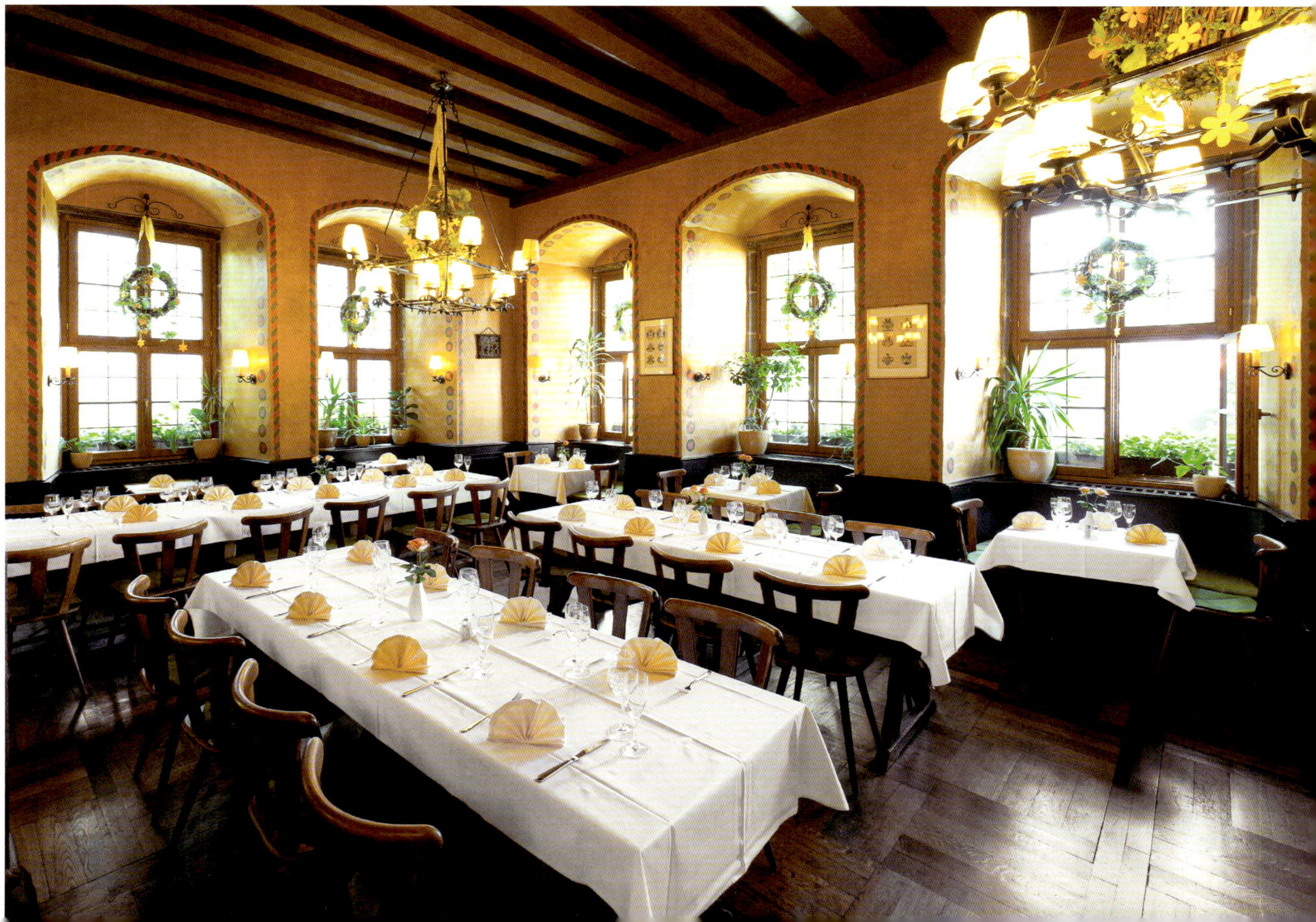

wird aber hauptsächlich von der Sude und dem Hofbau geprägt, die den Fluss seit Anfang des 16. Jahrhunderts als Wasserbauten überbrücken. Unter den gotischen Arkaden in der Spitalgasse verbirgt sich der Eingang zum vorderen „Hanselhof". Im sonnigen Forum sitzen hier Gäste aus aller Welt, Städtereisende und Geschäftsleute an rustikal passend eingedeckten Tischen. Gleich daneben der Hanselbrunnen, der als Symbol der Lebenskraft die Bronzefigur eines sitzenden Jünglings zeigt, auf einer Schalmei blasend. Abgeschieden vom Trubel des nahen Hauptmarktes und der Museumsbrücke, die als wichtige Verbindung zwischen Lorenzer und Sebalder Stadthälfte dient, stärken sich dort hereinschauende Einheimische nicht nur mit Speis und Trank, sondern auch an der über alles liegenden Aura der Zeit-

losigkeit. Ein lauschiger Treffpunkt für diejenigen, die im gemütlichen Miteinander ein paar angenehme Stunden verleben wollen. Das kann man auch bestens im Restaurant oder – je nach dem – in der Weinstube. Historisches Flair mit Lüsterweiberl und Ritterrüstung im großen Gastraum, reichlich Geschnitztes und Weinembleme in den kleinen Nischen mit den blank gescheuerten Holztischen. Zwei behagliche Nebenräume mit warm wirkenden, ockerfarbenen Wänden, vom Kirchenmaler gestalteten Gemälden, alte Wappen der fränkischen Weinbaugebiete und grünen Butzenscheiben aus früherer Epoche: gut geeignet für Familienfeiern und Firmenevents in althergebrachtem Rahmen.

Fränkischer Ehrgeiz und fränkische Sorgfalt bestimmen die kulinarische Richtung, die Wirt Markus Wanninger seit Jahrzehnten in seiner „Spital"-Küche vorgibt. Bodenständige und traditionelle Gerichte sind es, die „jeder aus seiner Kindheit kennt". Saisonalität ist ein Qualitätsmerkmal, Regionalität ein anderes. Als „Kraftnahrung" stehen Fränkische Hochzeitssuppe, Sauerbraten in Lebkuchensauce und, ganz typisch, das knusprig gebratene Schäufele auf der Speisekarte. Karpfen, der Speisefisch des Mittelalters, auch heute noch „blau" oder „gebacken" zubereitet, wird am Fenster serviert – mit einem besonders schönen Blick auf die vorbeifließende Pegnitz.

Die große Bier- und Brautradition Frankens wie auch die Sorten- und Lagenvielfalt der Weine fränkischer Winzer spielen in der Restaurant-Weinstube eine große Rolle. Wichtige Kriterien und unverzichtbare Begleiter zur deftigen Küche für Gesprächsfreunde und Tafelrunden, für Weinphilosophen und sonstige Genussmenschen.

Und noch eine Besonderheit: Der „Goldene Trunk" – heute in leicht veränderter Form als „Heilig-Geist-Vortrunk" kredenzt – erinnert an das Jahr 1406, an dem es die Stiftung von 1 200 Gulden eines Zeitgenossen ermöglichte, den Armen im Heilig Geist Spital zu bestimmten Zeiten Bier und Wein zur Genesung zu reichen – ein Schluck Vergangenheit in modernen Zeiten.

Restaurant und Weinstuben
Heilig Geist Spital
Spitalgasse 16
90403 Nürnberg
☎ 09 11 / 22 17 61
www.heilig-geist-spital.de

Die sündige Meile

Lebkuchenstrudel

Das Rezept des Hauses finden Sie auf Seite 73

Andreas Beer, Conditormeister zu Nürnberg, gründete 1864 sozusagen als Ahnherr das Café Beer in der Lorenzer Altstadt nahe dem heutigen Jakobsplatz. Der Ur-Urenkel und gleichfalls Konditormeister Martin Rößler führt nun zusammen mit seiner Frau Sabine und seiner Mutter Karin in der sechsten Generation das 2011 neu renovierte Caféhaus in der Fußgänger-Einkaufszone Breite Gasse. Hier geht es mitunter recht lebhaft zu. Die Tische und Stühle unter den großen Schirmen vor der Konditorei laden zur Erholung bei Kaffee und Kuchen ein.

Der ebenerdige Laden zeigt in der langen Theke am Eingang, was tagtäglich frühmorgens in der eigenen rückwärtigen Backstube frisch hergestellt wird: Knapp 40 verschiedene Kuchen, Sahne- und Creme-Torten, Baumkuchen, fränkische Spezialitäten wie Kirschenmännle oder Schneeballen, regelrechte Inszenierungen in der Vitrine. Da kann die Kundschaft zuschauen wie die langjährigen Mitarbeiterinnen akkurate Stücke schneiden und zum Mitnehmen gekonnt verpacken. Aus der eigenen Confiserie stammen auch edle Pralinen und gegossene Tafelschokoladen. Viele Spezialanfertigungen für alle Gelegenheiten, wie Foto-, Themen- und Hochzeitstorten, hat Martin Rößler im

Repertoire, die er in der Tortengalerie im Internet präsentiert. Bei sommerlicher Hitze ist das selbstgemachte Beer-Eis in vielen Sorten hochbegehrt und findet neben den Schlemmerbechern auch in der Waffel im Straßenverkauf seine Liebhaber. Im Wechsel der Jahreszeiten duftet es im Advent verheißungsvoll nach buttrigen Weihnachtsplätzchen, feinsten Elisenlebkuchen und saftigen Christstollen, alles nach überlieferten Familienrezepten nur aus besten Zutaten gebacken. Ganze Bohnen der Rosenheimer Rösterei Dinzler werden aus den goldfarbenen Kaffeeschütten hinter der Verkaufstheke gerne für zu Hause abgefüllt, auf Wunsch auch gemahlen.

„Frühstück der Ruderer" heißt ein Gemälde des
französischen impressionistischen Malers Pierre-
Auguste Renoir, das originalgetreu genau gegenüber der „sündigen Meile" an der Wand des Café
Beer hängt. Kaum wiederzuerkennen ist die neu
gestaltete Lokalität und dennoch vertraut. Die
Farben Mocca, Gold und edles Beige dominieren
im Mobiliar, die Tische haben gusseiserne Füße
im Wiener Kaffeehausstil. Sie sind gästefreund-
lich in angenehmen Abstand platziert.
Die Mischung macht´s. Auch beim ausgezeich-
neten üppigen Frühstück, mit einer vorzüglichen
Kaffeespezialität versteht sich, das hier – nicht
nur für Ruderer – vom freundlichen Bedienungs-
personal serviert wird. Hektik ist dabei trotz auf-
kommendem Stimmengewirr nicht gefragt. Wer
es noch ein wenig ruhiger mag, der kann wählen,

ob er über die Treppen ein paar Schritte nach oben oder ein paar Schritte nach unten geht. Im hinteren Bereich ist man ganz für sich und kann sein ausgewähltes Stück Torte oder Kuchen zur nachmittäglichen Kaffeestunde genießen. Ein gepflegtes Kaffeehaus eben. Stammpublikum, Touristen und Einkaufsbummler, 150 Gäste finden drinnen, 60 draußen, Zeit und Raum zur Entspannung.

Der junge Konditormeister Martin Rößler ist buchstäblich in der elterlichen Backstube groß geworden und mittlerweile weit über die Grenzen Nürnbergs hinaus bekannt. Der Bayerische Rundfunk hat ihn für sein Nachmittags-Magazin „Wir in Bayern" am Freitag als Konditorei- und

Backexperten entdeckt. Seit 2008 kann man ihm beim „Live-Backen" also auch vom Sofa aus zuschauen. Hier verrät er in regelmäßigen Abständen Geheimnisse aus seiner fränkischen Heimat und zeigt, wie man beispielsweise Rhabarberschmandkuchen mit Honigbaiser, einen Weihnachtsstrudel oder einen Arrakschatt im heimischen Backofen tatsächlich fertigbringt. In der „Backsprechstunde" erklärt er, was kaltes oder warmes Aufschlagen von Biskuitmasse ist oder was das Abrösten von Brandteig bedeutet. Dazu gibt er Tipps zum guten Gelingen – manchmal auch zur „Rettung" des häuslichen Backwerks. Man lernt halt nie aus …

Beer Café Konditorei
Breite Gasse 79
90402 Nürnberg
☎ 09 11 / 2 30 84 20
www.cafebeer.de

Heilig Geist Spital

Kreatives Wechselspiel

Die alte Fuhrmannsstube — angelehnt an die mächtige Burgmauer — hat mit dem Café Wanderer nicht nur eine neue Seele bekommen, sondern auch mediterranes Flair in die historischste Ecke der Stadt gebracht. Christoph Zielke sorgt mit seiner authentisch italienischen Espressobar direkt neben dem Tiergärtnertorturm für große und kleine Glücksmomente. In der „Sonnenzeit" von April bis Oktober sitzen die Gäste draußen unterm schattigen Kastanienbaum, schauen auf den lebhaften Platz und zudem auf allerschönstes Fachwerk: Schräg gegenüber befindet sich das museale Albrecht-Dürer-Haus, bei dessen Ausstattung der Namensgeber des Cafés, der Kunsthistoriker und Maler Friedrich Wilhelm Wanderer, maßgeblich beteiligt war.

In der „Regenzeit" (März bis April) aber trifft man sich manchmal trotz bestehender Außenbestuhlung eben lieber drinnen und bleibt auch dort nicht lang allein. „Launig" stehen niedrige Hocker und Lederbänkchen in diesem architektonischen und räumlichen Kleinod unter altem Gebälk. An der Bar können alle das Aroma des Kaffees schnuppern und dabei zuschauen, wie aus der großen italienischen Maschine unwiderstehlich kräftiger Espresso, schaumiger Cappuccino, Ristretto oder Moccachino in die Tassen fließt. Dazu gibt's weiche Butterbrezen und gar köstliche Kuchen — alles abholbereit.

Wenn dem bunt gemischten Völkchen der eingeschworenen Wanderer-Gemeinde der Sinn nach anderem steht, dann „wandert" es an lauen Sommerabenden nach nebenan ins Bieramt: Nie lange „Schlange stehen" für elf verschiedene Biere — bis auf zwei allesamt aus Franken. Fränkisch auch die knusprigen Scheiben des doppelt gebackenen Bauernbrotes. Darauf feine Leberwurst, frisches Griebenschmalz und Obazder. Ein schlichter und deftiger Genuss zu Land- oder Rauchbier oder Weinen vom mittelfränkischen Weingut Probst. Die Auswahl an hoch- und höchstwertigen Obstbränden aus dem Frankenland lässt sich nicht nur sehen und probieren: Ab und zu gibt es dazu Seminare für Freaks und Wissensdurstige.

🍴 **Brownie mit Walnüssen**

Das Rezept des Hauses finden Sie auf Seite 73

🏠 Café Bar Wanderer und Bieramt

Beim Tiergärtner Tor 2–6
90403 Nürnberg
☎ 01 78 / 36 63 34
www.cafe-wanderer.de

Jubel, Trubel, Fischerstechen

🍴 **Gebackener Karpfen**

Das Rezept des Hauses finden Sie auf Seite 74

Wenn im Spätsommer die grüne Insel Schütt und der Hans-Sachs-Platz im milden Sonnenlicht liegen, dann ist es Zeit für das Nürnberger Altstadtfest. Als „Markt der Gastlichkeit" ist die seit 1970 im September stattfindende Traditionsveranstaltung schon längst in die Annalen eingegangen. Dass ein so großes Fest mit jährlich über einer Million Besuchern allein von einem ehrenamtlichen Verein – Altstadtfest Nürnberg e. V. – ausgerichtet wird, ist in Deutschland einmalig. Einmalig auch, dass am ersten Tag alle dort vertretenen 17 meist fränkischen Brauereien gleichzeitig „mit einem Schlag" ihre Fässer anstechen.

vorbestellten Tisch sitzen. Beim Bummel über die Festplätze – vom Hauptmarkt bis zur Katharinenklosterruine – erleben die Gäste unterschiedlichste kulturelle Darbietungen. Für die junge Generation ist der Vergnügungspark mit seinen Fahrgeschäften am Gewerbemuseumsplatz beliebter Treffpunkt. Mitten auf der Pegnitzinsel Schütt unterhält das Kasperltheater die Kleinen mit alten handgeschnitzten Figuren. Eine ganz besondere Volksbelustigung stellt das historische Fischerstechen auf dem Fluss dar: 1592 soll es in Nürnberg das erste Mal stattgefunden haben und wird jährlich unter großem Jubel zum Altstadtfest wieder aufgeführt.

Der Charme des Festes zeigt sich im Ensemble der wunderschön aufgebauten Fachwerkhäuschen, in denen 18 Wirte, besagte 17 Brauereien und 13 Schausteller für leibliches und nicht zuletzt unterhaltsames Wohl sorgen. Der würzige Duft von verführerischem Essen und Trinken dringt in die Nase, denn alle Altstadtfest-Wirte, im „richtigen Leben" Nürnberger Gastronomen, haben ein abwechslungsreiches Angebot auf der Speisekarte: Hax'n und Hend'l, Backschinken, Käsewürste und Spieße, Fischspezialitäten, Vesperplatten und Dampfnudeln. Stimmung und fränkische Gemütlichkeit genießen auch viele Vereine und Mitarbeiter von Unternehmen, die bei einem gemeinsamen Besuch der Goasträume und Biergärten gesellig an einem

Genialität des Einfachen

„Kochen kann man nur, wenn man Geschmack hat", das sagt Gabriele Hussenether, eine, die es wissen muss. Die Sehnsucht nach diesem besseren Geschmack und ihr kulinarisches Leben mit den Jahreszeiten waren es, die die Autodidaktin dazu gebracht haben, ein „Kocherl" zu werden. Seit über 20 Jahren gibt es jetzt ihre gefragten Kurse. Und seit 2004 zeigt sie bezeichnenderweise am Nürnberger Weinmarkt, wie intelligent und gleichzeitig lustvoll Küche und Ernährung sein können.

Das Wichtigste sind ihr die Grundprodukte und nicht irgendwelche Küchen-High-Tech-Geräte. Darum nimmt sie es mit der Herkunft der Zutaten sehr genau: „Da brauchen Sie einen, der über Feld, Wald und Wiese geht", schildert Gabriele Hussenether den Kurs der Frühjahrs-Gemüseküche anschaulich und deutet dabei auf Vogelmiere und Postelein, zwei Wildgemüse, von denen so mancher Teilnehmer noch nie etwas gehört hat. Schneidetechnik, Zubereitungszeiten, Tricks und Wissenswertes über Gewürze oder Biowaren er-

klärt sie eindrucksvoll während des Kochens. Etwa vier Stunden dauert es, bis man in lockerer Atmosphäre und schönem Ambiente gekocht, ungezwungen probiert, gefragt und mit eigenen Händen gründlich gelernt hat, was Kochkultur bedeutet. In der offenen Küche mit wunderbarem Blick auf den Weinmarkt wird es familiär. Kinder, Firmen, Privatleute oder der „Kochclub der kochenden Männer" kommen immer wieder hierher, um Hand in Hand kreativ zusammenzuarbeiten. Das Schönste an einem Kurs ist dann für so manchen: Hinterher darf alles aufgegessen werden. Dazu gibt es gut gekühlte passende Weine, die von fleißigen Helfern an den exklusiv dekorierten langen Tisch gebracht werden. Wenn schließlich beim Rausgehen noch einer sagt: „Jetzt hab ich was gelernt", freut sich die leidenschaftliche Köchin am allermeisten.

Apropos Rausgehen: Da steht an der Seite ein Viktualienregal mit dickflüssigem Balsamicoessig, hochwertigem Olivenöl, feinem Flor de Sal, Würzpasten, Saucen und Senfsorten, auch handgemachte Schokolade. Das alles kann man mit an den eigenen Herd nehmen oder, am besten zusammen mit einem Kochkurs, an andere Hobbyköche verschenken.

Die schönen Räume können auch von Firmen exklusiv für ihre Veranstaltungen, Besprechungen und Teamevents reserviert werden – bis zu 50 Personen kochen dann gemeinsam.

Rehrücken mit grünen Bohnen und Pfiffer

Das Rezept des Hauses finden Sie auf Seite 74

Mobile Kochkunst
Weinmarkt 10
90403 Nürnberg
☎ 09 11 / 3 65 18 91
www.mobilekochkunst.de

Durch und durch fränkisch

**Gebratene Perlhuhnbrust
auf Pfifferlings- und
Lauchgemüse mit
Selleriepüree und
Tellicherry-Kirschreduktion**

*Das Rezept des Hauses finden
Sie auf Seite 75*

Ein richtig schönes Wirtshaus und urfränkisch ist es, das Restaurant Pfefferstube im Hotel Pillhofer. Dass auf jedem der blank gescheuerten Tische eine andere Sorte Pfeffer steht, kommt nicht von ungefähr: Im Schatten des Königstors gibt es das altfränkische Gasthaus Pillhofer schon seit 1646. Damals hatte Nürnberg große Bedeutung im europäischen Gewürzhandel. Im Mittelalter wurde zur Haltbarmachung das Fleisch gepökelt, geräuchert und in Essigsud lange eingekocht. Ähnliches galt auch für Fische. Um den Geschmack der häufig wieder aufgewärmten Speisen interessant zu machen, waren große Mengen von Gewürzen nötig. Heute werden die Gerichte im Gasthaus Pillhofer nach vielen traditionellen Rezepten des

Der junge Gastronom Christian Wagner hat das Gasthaus samt des Hotels 2005 übernommen und saniert. Die Herberge mit vierzehn hellen Zwetschgenholz-Zimmern ist genauso urig und gemütlich wie die Wirtschaft. Für Geschäftsleute wie auch für Familien eine kleine Oase der Erholung innerhalb der Burgmauer und doch nahe am Nürnberger Hauptbahnhof.

Der versierte und erfolgreiche Chef ist in Nürnbergs Gastronomie-Szene kein Unbekannter: Unter „Barcode Union" sind seine anderen „Läden" wie Zeit & Raum, Restaurant Lorenz, Die Rote Bar, Happy Happa und s´ Gärtla mit komplett verschiedenen Konzepten partnerschaftlich vereint.

16. und 17. Jahrhunderts allerdings frisch zubereitet und natürlich nicht mehr aufgewärmt. Dazu stehen auf der Wochenkarte Saisonales, hausgemachte Nudel- und Mehlspeisen und an jedem Tag eine zusätzliche Spezialität wie Schlachtschüssel oder Wild. Nach eigenem Rezept hergestellte, heiß geräucherte Schnaps- und Whisky-Würste sind Errungenschaften der Neuzeit. In den warmen Monaten sitzen Einheimische und Reisende von überall her einträchtig bei gutbürgerlicher Küche und fränkischen Weinen im Biergarten vor dem Haus zusammen, beobachten und plaudern in Ruhe über Gott und die Welt.

Pillhofer Hotel und Altfränkisches Restaurant Pfefferstube
Königstraße 78
90402 Nürnberg
☎ 09 11 / 21 45 60
www.pillhofer.net

Der Bio-Dynamische

Das sonnige Frankenland ist von jeher mit vielen guten Dingen gesegnet: Die gibt es noch immer – man muss sie nur zu finden wissen. Einer, der sich aufgemacht hat, die allerbesten Topprodukte aus den kleineren Regionen in seiner Heimat aufzuspüren, heißt Christian Wagner. Im November 2009 eröffnete er direkt neben seinem Gasthaus-Hotel Pillhofer den respektlichen schicken Hofladen frankenFein.

„Hier geht es durch und durch fränkisch zu", sagt Maria Huggenberger, die dort nach dem Rechten sieht, und weist auf das vielfältige und ausgesuchte Angebot an Lebensmitteln und Feinschmeckereien hin. Auf einem Präsentiertisch stehen fein säuberlich aneinandergereiht – auf Abstand erst einmal zum Anschauen – fruchtige Marmeladen, deftige Brotaufstriche, Senf und Kren, exquisite Öle, hand-

gemachte Pralinen und erlesene Schokolade. Nicht nur im Sommer gibt es köstliches Bauernhof-Eis auf knusprig gebackenen Waffeln. Milch, Eier, Käse aus traditioneller Herstellung von heimischen Bauern, würzige Nürnberger Bratwürste, unverfälschte bäuerliche Wurstspezialitäten im Glas oder in der Dose, sogar frisch gerösteter Kaffee und täglich ofenwarmes Steinofenbrot machen den Laden zum kleinen, liebevoll dekorierten Schlemmerparadies. Auch „Geister" und Brände haben ihren Platz: Spargel- und Schlehengeist, Milchlikör, ein Whisky namens „Blaue Maus" und „Charlemagner Apfel", ein Champagnergetränk mit „fränkischem Einschlag". Alles darf man probieren, auch vom reichhaltigen Weinangebot aus heimatlichen Lagen. Das eigene Hausbrauerbier der Marke frankenFein, altfränkisch, bernsteinrotfarben, naturtrüb und

🍴 **Biergelee aus dem Hofladen**

Das Rezept des Hauses finden Sie auf Seite 75

süffig, nach einem ganz alten Bierbrauer-Rezept von 1422 gebraut, wird wie alle anderen fränkischen Spezialitäten als „Post aus Franken" auch gerne im Präsentkorb verschickt.

Unter funkelnden Kristallleuchtern stehen zudem drei hohe Tischchen am Fenster. Von dort aus kann man bei einem fein oder deftig belegten Steinofenbrot und einem Haferl Kaffee seine Milieustudien auf der Königstraße betreiben. Ein Leben wie Gott in Franken – und alles ökologisch.

🏠 Hofladen frankenFein
Königstraße 76
90402 Nürnberg
☎ 09 11 / 21 45 61 26
www.frankenFein.net

Zum Spießgesellen

Wallensteins Lager

**Räuberspieß auf Saison-
gemüse mit gebackenen
Schalenkartoffeln**

*Das Rezept des Hauses finden
Sie auf Seite 76*

Rasten. Lagern. Feiern. Der Alltag zur Zeit des
30jährigen Krieges war hart und entbehrungs-
reich. Ihre Feste wussten die bürgerlichen und
bäuerlichen Familien jedoch sehr wohl zu feiern.
Das standesgemäße Essen und Trinken in dieser
Zeit überlieferte der geschichtlich belegte Söld-
ner Peter Hagendorf in seinem in schnörkelloser
Reinschrift geschriebenen Tagebuch. Hin und wieder wird der bedeutsame Landsknecht wieder lebendig: Im Restaurant Zum Spießgesellen am
Rathausplatz dürfen er und seine Frau Anna die
Gäste im historischen Kostüm an kulinarisch-un-
terhaltsamen Abenden bedienen.

Die Innenausstattung der weitläufigen Gasträume mit ihren mittelalterlichen Hellebarden
an den weiß gekalkten Wänden, den großen,
runden Eisenleuchtern, schweren Türen, massi-
ven Tischen und wuchtigen Steinboden ist dem
Zeitgeist des 17. Jahrhunderts nachempfunden.
Das passt gut in den imposanten Renaissance-
bau des Alten Rathauses an der Historischen

Meile Nürnbergs. Generalissima Alexandra Urban und Kastellan Dirk Seul haben das lange leerstehende Gasthaus umfangreich und aufwendig renoviert und es im November 2008 neu eröffnet. Sogar der romantische Durchgang zur Ratsgasse wurde authentisch „zurückgebaut". Der eindrucksvolle Innenhof ist damit wieder für alle Besucher – Fremde wie Einheimische – zugänglich und macht überdies den Abgang in die kargen und gut erhaltenen mittelalterlichen Lochgefängnisse sichtbar.

Im Sommer steht daneben die hölzerne Spieß-Bar: Als kleines „Wohnzimmer der Nürnberger" gibt es hier zum After-Work auf dem Heimweg interessante Cocktails und ein schnelles Bier unkompliziert aus der Flasche oder dem Krug. Im Winter wird das Ganze zur „Weihnachtsbude". Da treffen sich Stadtbewohner und Gäste aus aller Welt bei „glühendem Wein" und heißem Punsch und können, abgeschieden vom nahen quirligen Christkindlesmarkt, dabei in Ruhe Kunsthandwerk und irdene Töpfereien betrachten.

Hier – wie auch im Foyer und in den je nach Gruppe abtrennbaren Räumlichkeiten – werden unterschiedliche Erlebnismenüs serviert: Ein „Sagenhaftes", deftig-rustikale Speisen zu Sagen,

Mythen und Aberglauben des 17. Jahrhunderts mit anschließender kundiger Stadtführung, ein „Gruseliges" mit üppiger Henkersmahlzeit und dem Scharfrichter von Nürnberg, ein „Rustikales" mit Begleitung des Spießgesellenpaars Hagendorf samt „Feldwässerchen", das „Prunkvolle", höfisches 7-Gänge-Menü mit Episoden aus Wallensteins Leben und nicht zuletzt das „Kulinarische" nach Rezepten aus althergebrachten Kochbüchern. Schauspieler in historischer Kleidung illustrieren Vergangenheit und umrahmen damit auch gerne exklusiv Veranstaltungen, Firmenevents und Geschäftsessen.

Nomen est omen: Spezialitäten vom und am Spieß stehen auf der Speisekarte, wie etwa ein fein gewürztes Spanferkel, das sich langsam über dem Grill zu einer knusprigen Köstlichkeit verwandelt. Das schmackhafte Sauerkraut dazu wird traditionell aus dem Fass geschöpft. Küchenchef Reiner Falge holt die Zutaten für die rustikale Hausmannskost frisch vom nahe gelegenen Hauptmarkt, setzt die Sauce für das „Kutschertiegel-Biergulasch" selber an und bietet zudem eine fränkisch-oberpfälzische „Versöhnung": dabei geht es um die Wurst. Zu drei Nürnberger gesellen sich drei Regensburger Würstel mit süßem Senf, besagtem Sauerkraut und rescher Breze – alles zusammen vereint auf einem Tonteller. „Marschgepäck" heißt hier die Brotzeitplatte, die gibt es „leicht" und „schwer". Dazu wird der Trunk, ein naturtrübes Kellerbier in den Tonhumpen gezapft, fürs gesellige Miteinander auch in den drei Liter fassenden Riesenkrug.

Darüber hätte sich seinerzeit auch Peter Hagendorf gefreut, der zwischen 1625 und 1649 niederschreibt: „Habe für einen Knecht bekommen täglich ein Pfund Fleisch, zwei Pfund Brot, ein Maß Bier. Ich für meine Person habe doppelt gehabt".

Zum Spießgesellen
Rathausplatz 4
90403 Nürnberg
☎ 09 11 / 23 55 55-25
www.spiessgeselle.de

Nürnbergs meisterliche Quadratmeter

Multikulturelles Sprachenwirrwarr und das Klicken der Fotoapparate gehören genauso dazu wie Nürnberger Originale und fränkische Mentalität. Wir sind im Handwerkerhof mitten in der Nürnberger City angelangt. Umgürtet von Toren, Türmchen und Mauern bleibt der hektische Trubel der Frankenmetropole draußen. Vergangenheit wird hier auch heute in mittelalterlicher Kulisse wieder lebendig.

1971, im „Dürer-Jahr", wurde der Handwerkerhof mit seinen steinernen Häuschen und den stilisierten Fachwerkfassaden als Attraktion gegenüber dem Hauptbahnhof errichtet. Er sollte an die große mittelalterliche Tradition Nürnbergs als Handwerker- und Handelsstadt erinnern. In der Zwischenzeit sind Millionen Besucher durch die schmalen Gassen an der ehemaligen Stadtbefestigung geschlendert und haben Handwerkern bei ihrer Arbeit über die Schulter geschaut. Holzschnitzer, Glasschleifer, Wachszieher, Zinngießer, Töpfer, Gold- und Silberschmiede, Ledermacher und Lebküchner stellen in ihren Werkstätten handwerkliche Erzeugnisse von hoher Qualität her. In den kunterbunten Lädchen finden sich Puppenstube, Blech- und Holzspielzeug, auch Kunstgewerbe aller Art.

Aber was wäre der Handwerkerhof ohne Essen und Trinken: „So, jetzt haben wir uns aber eine

🍴 **Bratwurstsalat**

Das Rezept des Hauses finden Sie auf Seite 76

Vesper verdient!", rufen vom Sightseeing Ermüdete und kehren in die gemütlichen Wirtshäuser ein, die allesamt mit fränkischen Schmankerln aufwarten. Verheißungsvoll steigt der Duft der berühmten Nürnberger Rostbratwürste in die Nase, frisch vom Buchenholzgrill. Mit „Weckla" oder rescher Breze kommt die heiße Stadtwurst daher, saure Zipfel baden im Zwiebelsud und das kräftig gewürzte Schäufele darf erst nach ganz langsamen Garen die Küche verlassen. Ein frisches Bier vom Fass zuerst, dann kann man anschließend vielleicht den typischen Bocksbeutel in der Fränkischen Weinstube kosten, draußen oder im romantischen Turmstübchen. Sehr exponiert sitzen die Gäste auf der neuen Schankterrasse Balkon Nürnberg im ehemaligen historischen Milchhäusle.

Fränkische Spargelanbauer habe im Mai Hochsaison. Die zarten Exemplare des edlen Gemüses kommen dann zum Spargelmarkt in die „Kleine Stadt in der Stadt" – und im September hoffen nicht nur die Winzer zu ihrem Weinfest auf laue Abende in dieser historischen Oase.

🏠 **Handwerkerhof**

Am Königstor
90502 Nürnberg
☎ 09 11 / 9 88 33-5 90
www.handwerkerhof.de

Weltkultur mit „Gschbusi"

🍴 **WeltKulturBurger**

*Das Rezept des Hauses finden
Sie auf Seite 77*

1910 wurde das Künstlerhaus am Eingang zur Nürnberger Altstadt feierlich eingeweiht. Seit Januar 2008 ist es Teil des KunstKulturQuartiers und bietet ein spartenübergreifendes Kulturprogramm für das großstädtische Publikum. Neben zahlreichen Veranstaltungen, Konzerten, Ausstellungen und Festen gibt es noch eine gastronomische Besonderheit: Christoph Zielke, gleichzeitig Inhaber des Café Wanderer am Tiergärtnertor, hat gemeinsam mit Manfred Amann und Stefan Ludwig den lauschigen Hof zwischen Künstlerhaus und Kunsthalle mit dem KulturGarten als Begegnungsstätte neu belebt.

„Wir haben etwas geschafft, was es in Franken noch nicht gegeben hat", meint der emsige Wirt und verweist stolz auf die Tatsache, dass fünf regionale Brauereien – Weißenoher, Spalter, Nikl, Meister und Unertl – dort einträchtig und vom Fass den Bierfreunden einschenken. Dazu gibt es „schicke Sachen vom Grill", wie zum Beispiel einen WeltKulturBurger, Grillgemüse, Nürnberger und Fränkische Würste. Die Stadtwurst kommt wahlweise mit Musik und Brot oder vom Grill mit kultigem, mittelscharfem Bautz'ner Senf und Kraut daher, Salate eher mit Feta und Oliven. Brote mit Käse, Leberwurst oder einfach nur mit Butter und Schnittlauch sind nie verkehrt. Bedient wird in zwei Drittel des Gartens am Tisch, wer's schlichter haben möchte, kann im Selbstbedienungsbereich ungestört sitzen, bis der Durst ihn wieder an die Theke treibt. Bio heißt das Zauberwort bei allem Kulinarischen und auch beim alkoholfreien „Gschbusi", das in den Geschmacksrichtungen Zitrone-Minze, Cassis-Himbeere oder Schlehe-Hagebutte im Glas sprudelt. Hier sitzen Jung und Alt im historischen Wehrgang in bester Biergarten-Manier beieinander und staunen über die Licht-Illuminationen, die die improvisierten Sommerkonzerte beim „Open Stage", Jazz und anderen musikalischen Darbietungen ins rechte Licht tauchen.

KulturWirtschaft heißt das dazugehörige Restaurant im Inneren des Künstlerhaus-Gebäudes: italienische Küchen-Lichtblicke im denkmalgeschützten Ambiente mit Zimmerspringbrunnen und allem Drum und Dran.

KulturGarten und
KulturWirtschaft
Im Künstlerhaus K4
Königstraße 93
90402 Nürnberg
☎ 09 11 / 4 19 97 01
www.k4-kulturgarten.de

Weil's nicht wurscht ist

Hier geht es um die Wurst. „Alles Schweinelenden-Brät soll man in die Würste hacken" – so bestimmte es der Nürnberger Rat in einer um 1313 ergangenen Satzung. Mit Fug und Recht kann darin die Geburtsanzeige der Nürnberger Rostbratwurst gesehen werden. Nürnberg und die „klana Wörschdla" – das ist eine Liebesgeschichte. Auf offenem Buchenholzfeuer gebraten, sechs, acht, zehn oder zwölf Stück auf Kraut, Kartoffelsalat und Meerrettich, werden sie noch heute in den Bratwurstküchen traditionell auf Zinntellern serviert. Richtige Bratwurst-Verehrer aber lassen sich die „Drei im Weckla" einfach so in die Hand geben – als eine unnachahmliche „kulinarische Sondereinheit". Einmal im Jahr, im Juni, öffnet das Bratwurstdorf seine Tore auf dem

Nürnberger Trödelmarkt zum Genuss-Spaziergang. Dabei können Besucher alles probieren und auch raffinierte Varianten verkosten.

Die handwerkliche Wurstherstellung in den Metzgereien, den traditionellen Bratwurstküchen und in den vier Nürnberger Bratwurstfabriken, die ihre überwiegend vakuumverpackten Bratwürste auch in alle Welt versenden, ist nicht zuletzt wegen des Reinheitsgebotes strengsten Bestimmungen unterworfen. Neben der genau einzuhaltenden Rezeptur – Fleischqualität, Körnung, Saitling und die besondere Würze mit Majoran – werden auch Gewicht, Dicke und Länge ständig kontrolliert: Sie dürfen nur sieben bis neun Zentimeter lang und maximal 25 Gramm schwer sein. Dass dies alles seine Richtigkeit hat, dafür garantiert der 1998 gegründete Schutzverband Nürnberger Bratwürste, der 2003 die Verleihung der Rechte einer EU-geschützten Herkunftsspezialität erreichte. Nirgends auf der Welt hat sich eine Stadt so mit ihrer Bratwurst und eine Bratwurst so mit ihrer Stadt identifiziert wie Nürnberg. Deshalb soll es bald auch ein städtisches Bratwurst-Museum geben, um die Einzigartigkeit und Geschichte des heimischen Winzlings dauerhaft zu bewahren.

🍴 **Nürnberger Rostbratwürste mit Kartoffelsalat**

Das Rezept des Hauses finden Sie auf Seite 77

Schutzverband
Nürnberger Bratwürste e. V.
Sulzbacher Straße 9
90489 Nürnberg
☎ 09 11 / 9 37 38 77
www.nuernberger-bratwuerste.de

Fränkischer Krautstrudel

Nürnberger Märkte, S. 21

Zutaten für 4–6 Personen

Füllung *2 Zwiebeln* | *250 g Hackfleisch* | *250 g Weißkraut* | *1 Stange Lauch* |
150 g Karotten | *2 Eigelb* | *Salz, Pfeffer*
Teig *450 g Blätterteig* | *200 g Emmentaler* | *1 Eigelb*

Zubereitung

Für die Füllung des Strudels die Zwiebeln würfeln und mit dem Hackfleisch
anbraten. Das Weißkraut, die Karotten und den Lauch fein schneiden und
mitdünsten. Eigelbe verquirlen und gleichfalls zur Masse geben. Mit Salz und
Pfeffer würzen.
Den Blätterteig zu einem Rechteck auswalken. Die ausgekühlte Füllung auf
⅔ des Teiges verteilen. Den Emmentaler in Streifen schneiden und auf die
Masse geben. Teigränder einschlagen und vorsichtig einrollen. Den Strudel
mit Eigelb bestreichen und auf einem Blech bei 220 Grad 45 Minuten im
vorgeheizten Ofen backen.

Mousse au Chocolat mit Erdbeeren

Neef Confiserie Café, S. 23

Zutaten für 4 Personen

Schokoladenboden *6 Eier* | *120 g Zucker* | *150 g Mehl* | *20 g Kakaopulver* |
1 gehäufter TL Backpulver | *60 g Butter*
Schokoladenmousse *200 ml flüssige Sahne* | *200 g dunkle Kuvertüre* |
80 g Vollmilchkuvertüre | *450 ml geschlagene Sahne* | *200 g Erdbeer-
konfitüre* | *frische Erdbeeren zum Belegen*

Zubereitung

Für den Schokoladenboden Eier und Zucker mit dem Schneebesen im Wasserbad warm, dann mit dem Rührgerät kalt und locker aufschlagen. Das Mehl,
Kakaopulver und Backpulver mit dem Kochlöffel unter die Eiermasse heben,
zum Schluss die flüssige Butter unterziehen. In eine gefettete Springform geben
und im vorgeheizten Backofen bei 180 Grad circa 30 bis 35 Minuten backen.
Für die Schokoladenmousse die Sahne in einer Kasserolle kochen, die fein
gehackte Kuvertüre unterrühren und abkühlen lassen. Sobald die Mousse auf
Handwärme (circa 35 Grad) abgekühlt ist, die geschlagene Sahne unterheben.
Vom Schokoladenboden zwei dünne Lagen abschneiden. Den unteren Boden
mit Erdbeerkonfitüre bestreichen, Erdbeeren schneiden und auf die Konfitüre
legen. Knapp die Hälfte der Schokoladenmousse auf die Erdbeeren geben und
etwas kuppelförmig aufstreichen. Schokoladenboden auflegen, wieder Schokoladenmousse daraufgeben. Erneut Boden und Schokoladenmousse auflegen.
Zum Schluss mit halben Erdbeeren verzieren.

 Die Mousse au Chocolat ist je nach Jahreszeit mit den Früchten abwandel-
bar. Zu Weihnachten kann man die Kuvertüre mit Zimt würzen und die
Torte mit Orangenkonfitüre und Orangenfilets variieren.

Schwarzes Risotto an Matchateespiegel mit Jakobsmuschel und Wildkräutersalat

⬒ delikatEssen, S. 26

Zutaten für 2 Personen

Schwarzes Risotto *80 g schwarzer Reis | 1 Schalotte | Knoblauch | Ingwer |
250 ml Fischfond | 30 ml Verjus | etwas Mirin | Meersalz | ½ EL Butter |
20 g Parmesan | Olivenöl*
Jakobsmuscheln *6 Jakobsmuscheln | 2 EL Olivenöl | Sansho-Pfeffer |
Pyramidensalz*
Wildkräutersalat *10 g Wildkräutersalat | Tomatenkernöl | Verjus*
Matchateespiegel *2 TL Matchatee | 25 ml Sud von eingelegten Oliven |
100 ml Olivenöl | frische Kräuter wie Eisenkraut, Minze, Koriander | etwas Agar
Agar | Fleur de Sel | Melange Blanc | Korianderpesto*

Zubereitung

Olivenöl erhitzen, die kleingehackte Schalotte und den Reis (je nach Geschmack auch kleingehackter Knoblauch und Ingwer) darin anschwitzen.
Mit Verjus ablöschen und ein Drittel des Fischfonds angießen. Den Reis unter
Rühren circa 35 Minuten köcheln lassen. Dabei immer wieder Fischfond
aufgießen und mit etwas Salz abschmecken. Butter und frisch geriebenen
Parmesan vor dem Anrichten unter das Risotto mischen.
Olivensud mit einem halben Teelöffel Agar Agar aufkochen und vom Ofen
nehmen. Matchatee, Olivenöl und kleingehackte Kräuter mit dem Pürierstab
einmixen. Mit etwas Fleur de Sel und Melange Blanc abschmecken.
Jakobsmuscheln in Olivenöl auf jeder Seite zwei Minuten leicht anbraten.
Mit etwas zerdrücktem Sansho-Pfeffer (Herbsternte) und Pyramidensalz
würzen.
Wildkräutersalat mit einer Vinaigrette aus Tomatenkernöl und Verjus beträufeln.
Risotto auf vorgewärmten Tellern mittig anrichten. Die gebratenen Jakobsmuscheln auf den Reis setzen. Etwas Korianderpesto dazugeben. Matchaspiegel
um das Risotto ziehen. Die Kräuterblüten in den Spiegel setzen und den
restlichen Wildkräutersalat um das Risotto verteilen.

43 Pearls

⬒ Wurzelsepp Kräuterhaus, S. 29

Zutaten für 1 Cocktail

*4 cl China Jasmin Phönix Pearls Tee | 2 cl Likör 43 | 2 cl Safran Gin |
1 cl Holunderblütensirup | 1 dash Grape Bitter | Eis*

Zubereitung

Alle Zutaten werden gemeinsam auf Eis gerührt und in einem Martiniglas
serviert.

Nürnberger Lebkuchen

🏠 Christkindlesmarkt, S. 33

Zutaten für ca. 15 runde Lebkuchen mit einem Ø von 10 cm

125 g Zucker | *125 g Honig* | *1 TL Kardamom* | *1 TL Zimt* | *1 Prise Muskatblüte* | *1 Prise Nelken* | *1 Prise Salz* | *½ TL Hirschhornsalz* | *4 Eier* | *75 g Orangeat* | *75 g Zitronat* | *5 Tropfen Rosenwasser* | *250 g geschälte, gemahlene Mandeln* | *200 g Mehl* | *Oblaten* | *ganze Mandeln zum Verzieren* | *Zuckerguss oder dunkle Kuvertüre zum Überziehen der Lebkuchen*

Zubereitung

Zucker, Honig, Gewürze, Hirschhornsalz und die Eier schaumig rühren. Orangeat, Zitronat, Rosenwasser und die Mandeln hinzufügen und mit dem Mehl zu einem zähen Teig verarbeiten. Ist der Teig zu flüssig, noch etwas Mehl unterarbeiten. Den Teig auf Oblaten streichen, nach Belieben mit ganzen Mandeln verzieren und mindestens zwei Stunden ruhen lassen. Bei 160 Grad etwa 15 bis 20 Minuten hellbraun backen (Umluft nicht empfehlenswert). Die fertigen Lebkuchen mit Zuckerguss oder dunkler Kuvertüre überziehen.

Schäufele

🏠 Restaurant und Weinstuben Heilig Geist Spital, S. 41

Zutaten für 4 Personen

Ca. 1 ½ kg Schweineschäufele fränkischer Schnitt (oberer Teil der Schweine-schulter längs mit dem Schulterblatt in etwa 6 bis 8 Zentimeter dicke Scheiben schneiden, Schwarte bleibt dran und wird mit einem Messer nicht zu tief eingeritzt) | *300 g Karotten* | *150 g Lauch* | *150 g Zwiebeln* | *150 g Sellerie* | *1 TL Kümmel* | *Salz* | *Pfeffer* | *Öl oder Butterschmalz zum Anbraten*

Zubereitung

Backofen auf 180 Grad vorheizen. Schäufele waschen, mit Küchenkrepp abtrocknen und salzen. Öl oder Butterschmalz im Schmortopf erhitzen und das Fleisch auf allen Seiten scharf anbraten.

Gemüse in grobe Würfel schneiden, in Öl oder Butterschmalz leicht anbraten, mit einer Tasse Wasser aufgießen und mit Salz und Kümmel würzen. Fleisch mit der Schwarte nach oben auf das Gemüsebett setzen und circa 2 Stunden bei 180 Grad braten. Während des Bratens gelegentlich mit Bratensaft und Wasser aufgießen. In den letzten 10 Minuten Temperatur auf 220 Grad Oberhitze erhöhen oder Umluftgrill einschalten. Dadurch wird die Kruste schön knusprig. Den Braten herausnehmen und stehen lassen. Den Bratensaft mit etwas Wasser ablöschen, durch ein Sieb gießen und entfetten. Sauce binden, indem das Gemüse püriert und durch ein Sieb gestrichen wird. Zum Schluss mit Salz und Pfeffer abschmecken.

 Zum Braten passen ausgezeichnet Kartoffelklöße, Krautsalat und ein kühles Bier.

Lebkuchenstrudel

Beer Café Konditorei, S. 44

Zutaten für 1 Strudel

800 g säuerliche Äpfel (Boskop) | 50 g brauner Zucker | 20 g Zitronensaft | 5 g Lebkuchengewürz | 120 g Lebkuchen | 100 g Walnussbruch | 40 g getrocknete Feigen | 2 Bio-Orangen | 150 g Filo- oder Strudelteigblätter 30 x 30 (= 5 Blätter) | 50 g flüssige Butter | 50 g süße Brösel (Biskuitreste, Löffelbiskuits oder Semmelbrösel)

Zubereitung

Die Äpfel schälen, vierteln und in dünne Scheiben schneiden. In eine Schüssel geben und sofort den Zitronensaft darübergießen. Die Orangen schälen, filetieren und die Filets zu den Äpfeln geben. Die Feigen und die Lebkuchen in dünne, feine Streifen schneiden und mit dem Walnussbruch (grob gehackte Walnüsse), dem braunen Zucker und dem Lebkuchengewürz gleichfalls zur Masse geben und alles vorsichtig vermischen.

Vier Teigblätter des Filoteiges auf der Oberseite dünn mit Butter bestreichen und so in eine Springform legen, dass die Hälfte des Teigblattes aus der Form schaut (mit dem überstehenden Teig wird zum Schluss verschlossen). Die Hälfte der Brösel auf den Teig streuen. Das fünfte Blatt gleichfalls mit Butter bestreichen und in die Mitte der Form legen. Die restlichen Brösel darüber streuen. Die Apfelfüllung auf den Teig geben und gleichmäßig verteilen. Jetzt die überstehenden Teigränder in der Mitte zusammengeben und den Strudel damit locker verschließen. Die Oberfläche des Strudels mit der restlichen Butter bestreichen und im vorgeheizten Backofen bei 180 Grad für circa 45 Minuten goldgelb backen. Den fertigen Strudel vor dem Servieren mit Puderzucker bestäuben.

Brownie mit Walnüssen

Café Bar Wanderer und Bieramt, S. 51

Zutaten für 4 Personen

250 g frische Butter | 160 g hochwertige Schokolade | 270 g Zucker | 5 frische Bio-Eier (Größe M) | 140 g Weizenmehl | 120 g Walnüsse

Zubereitung

Die frische Butter cremig rühren, Schokolade im Wasserbad schmelzen. Die flüssige Schokolade nach und nach mit Zucker und Eiern einrühren. Danach zügig Mehl und Walnüsse unterheben. Die Masse in einer 26-Zentimeter-Form bei 170 Grad 25 Minuten lang backen.

Gebackener Karpfen

⌂ Altstadtfest Nürnberg e. V., S. 52

Zutaten für 4 Personen

1 größerer Karpfen in vier Teilen oder 2 kleinere Karpfen je halbiert | *Zitronensaft* | *Mehl* | *Semmelbrösel* | *3 Eier* | *Butterschmalz* | *Petersilie* | *Zitronenscheiben* | *Salz, weißer Pfeffer*

Zubereitung

Die frischen Karpfen (küchenfertig vorbereitet am besten im Fischgeschäft kaufen) mit einer kleinen milden Bürste unter kaltem Wasser sauber waschen. Die Karpfenteile mit einem Tuch oder Küchenkrepp sorgfältig abtrocknen. Die Stücke innen und außen mit Salz und Pfeffer würzen, mit Zitronensaft beträufeln und in Mehl wenden. Die Eier in einem tiefen Teller verquirlen und die melierten Karpfenstücke durchziehen, sodass sie von allen Seiten mit Ei umhüllt sind. Anschließend mit den Semmelbröseln panieren.

In einem größeren Topf das Butterschmalz erhitzen und die Stücke in das heiße Fett geben. Wenn alles goldbraun aussieht, mit einer Schaumkelle herausnehmen und die Stücke auf Küchenkrepp abtropfen lassen. Auf eine vorgewärmte Platte legen, mit Zitronenscheiben und Petersilie garnieren und auftragen. Dazu passen Kartoffel- und gemischter Salat.

Rehrücken mit grünen Bohnen und Pfiffer

⌂ Mobile Kochkunst, S. 55

Zutaten für 4 Personen

Rehrücken *600 g ausgelöster Rehrücken* | *2 EL Olivenöl* | *1 Knoblauchzehe* | *1 Thymianzweig* | *2 TL Quatre-épices (Viergewürzepulver)* | *Fleur de Sel*
Bohnen *500 g Stangenbohnen* | *1 Bohnenkrautzweig* | *2 EL Butter* | *½ Bd. Frühlingszwiebeln* | *1 TL Rosa Beeren* | *½ TL Salz*
Pfiffer *500 g Pfifferlinge* | *1 Thymianzweig* | *2 EL Butter* | *Fleur de Sel* | *Pfeffer*

Zubereitung

Den Rehrücken in gleichmäßig dicke Stücke schneiden und bei mäßiger Hitze langsam in Olivenöl von allen Seiten anbraten. Eine kleine angequetschte Knoblauchzehe und einen Thymianzweig beim Anbraten mit dazugeben. Das Fleisch aus der Pfanne nehmen und auf ein Blech mit Alufolie legen. Ringsum mit Quatre-épices und Fleur de Sel würzen. In der Alufolie im Backofen bei 100 Grad noch kurz nachziehen lassen.

Die Fleischstücke müssen bei einem seitlichen Druck mit den Fingern noch leicht nachgeben. Fühlt sich das Fleisch sehr weich an, ist es innen zu roh.

Die Bohnen putzen und der Länge nach in dünne Streifen schneiden. In Salzwasser mit Bohnenkraut nicht zu weich kochen. Abtropfen lassen. Die Frühlingszwiebeln in dünne Streifen schneiden und in der Butter anschwitzen, aber nicht braun werden lassen. Die Bohnen darin schwenken und mit Rosa Beeren würzen. Eventuell nochmals mit Fleur de Sel nachwürzen.

Die Pfiffer nur mit einem Messer putzen. Sind sie sehr sandig, kann man sie in ein Sieb geben, etwas Mehl darüberstreuen und diese dann kurz mit kaltem Wasser abbrausen. So saugen sich die Pilze nicht so sehr mit Wasser voll. Die Pfiffer in Butter schwenken, Thymian dazugeben und mit Fleur de Sel und Pfeffer würzen.

Zum Anrichten die Bohnen auf die eine Seite des Tellers geben, in die Mitte das Fleisch, etwas vom Bratensaft darüberträufeln und die Pilze auf die andere Seite legen.

Gebratene Perlhuhnbrust auf Pfifferlings- und Lauch-gemüse mit Selleriepüree und Tellicherry-Kirschreduktion

Pillhofer Hotel und Altfränkisches Restaurant Pfefferstube, S. 56

Zutaten für 4 Personen

Perlhuhnbrust *4 Stück Perlhuhnbrust á 120–140 g* | *600 g frische Pfifferlinge* |
1 kleine Stange Porree | *2 Schalotten* | *Salz, Pfeffer*
Püree *1 Knollensellerie* | *2 große Kartoffeln* | *750 ml Gemüsebrühe* |
750 ml Sahne | *Muskat* | *Salz, Pfeffer* | *1 TL Butter*
Tellicherry-Kirschreduktion *400 g tiefgefrorene Sauerkirschen* |
100 ml Balsamicoessig | *3 EL Honig* | *1 Msp. Tellicherry-Pfeffer*

Zubereitung

Die Kirschen in einem Sieb auftauen lassen. Den abgetropften Saft, Honig und
den Essig zusammen in einem Topf bei mittlerer Hitze solange einköcheln
lassen, bis eine sirupartige Konsistenz entsteht. An einem warmen Ort stehen
lassen.
Sellerie und Kartoffeln schälen und in grobe Würfel schneiden. Diese dann mit
Sahne und Brühe weich kochen. Vom Herd nehmen und alles fein stampfen.
Das Püree mit Muskat, Salz und Pfeffer abschmecken. Vor dem Anrichten die
Butter schmelzen und unterrühren.
Die Perlhuhnbrüste salzen, pfeffern und von allen Seiten etwa 1 bis 2 Minuten
in heißem Fett goldgelb anbraten. Die Brüste aus der Pfanne nehmen und im
Ofen bei 180 Grad circa 15 Minuten in einem geeigneten Geschirr zu Ende
garen. Schalotten und Lauch in Würfel schneiden. Die Pfifferlinge säubern und
größere halbieren. Die Schalotten in der Pfanne mit dem Perlhuhnfett glasig
anschwitzen. Die Pfifferlinge dazugeben und das Ganze bei mittlerer Hitze etwa
1 Minute unter regelmäßigem Schwenken garen. In den letzten Sekunden den
Lauch dazugeben und alles gut mit Salz und Pfeffer abschmecken.
Kurz vor dem Anrichten die aufgetauten Kirschen unter die Reduktion mischen
und mit Tellicherry-Pfeffer abschmecken.

Biergelee aus dem Hofladen

Hofladen frankenFein, S. 59

Zutaten für 10 Gläser

3 l Hausbrauerbier | *1,5 Gelierzucker*

Zubereitung

Das Bier aufkochen, Zucker zugeben und in heiße Gläser füllen. Umstürzen und
10 Minuten auf dem Kopf stehen lassen. Danach einkühlen.

Das Biergelee ist nicht nur ein außergewöhnlicher Brotaufstrich, sondern
passt auch hervorragend zu deftigem Schäufele oder Schweinebraten.

Räuberspieß auf Saisongemüse mit gebackenen Schalenkartoffeln

◻ Zum Spießgesellen, S. 60

Zutaten für 10 Personen

Räuberspieß *2 kg sauber zugeschnittener Schweinerücken | 500 g geräucherter Speck | 5 Zwiebeln | Salz | Pfeffer aus der Mühle | Sonnenblumenöl zum Anbraten*

Gemüse *Marktgemüse nach Saison | 100 g Butter | 50 g Blattpetersilie | Muskatnuss | ¼ l Gemüsebrühe | 1,5 kg mittelgroße, festkochende Kartoffeln | 100 ml Olivenöl | frischer Rosmarin, Majoran und Thymian | Salz | Pfeffer aus der Mühle*

Zubereitung

Schweinerücken in gleichmäßige Stücke schneiden, Zwiebeln vierteln und zusammen mit Speckscheiben abwechselnd aufspießen, würzen und beidseitig 3 Minuten scharf anbraten beziehungsweise grillen. Bitte nicht zu lange braten oder grillen, das Fleisch wird schnell trocken – am besten nach Fingerspitzengefühl leicht rosa braten.

Marktgemüse grob schneiden, in der Butter ausbraten, würzen und mit der Gemüsebrühe ablöschen, langsam bei schwacher Hitze „al dente" köcheln lassen. Zum Schluss mit grob gehackter Blattpetersilie bestreuen.

Die Kartoffeln mit Schale sauber waschen, vierteln und mit Salz und Pfeffer würzen. Anschließend auf ein Backblech geben, mit Olivenöl beträufeln und im Backofen bei 180 Grad circa 45 Minuten garen. In den letzten 10 Minuten die frisch und grob gehackten Kräuter dazugeben.

Bratwurstsalat

◻ Handwerkerhof, S. 65

Zutaten für 4 Personen

4 Paar Bratwürste | 4 EL Zwiebelringe | 5 EL Weinessig | 1 EL Senf | 3 EL Öl | 4 Kopfsalatblätter | 4 Tomatenecken | 1 EL Schnittlauch | Zucker | Salz

Zubereitung

Die Bratwürste braten, erkalten lassen und in dünne Scheiben schneiden. Essig, 5 Esslöffel Wasser, Salz, Zucker, Senf und Öl verrühren. Mit den Bratwurstscheiben vermischen. Eine Schüssel mit Salatblättern auslegen und die Bratwurstscheiben darauf anrichten. Mit Zwiebelringen und fein geschnittenem Schnittlauch bestreuen und mit Tomatenecken garnieren.

WeltKulturBurger

⌂ KulturGarten und KulturWirtschaft , S. 66

Zutaten für 1 Person

180–200 g gehacktes Rindfleisch | 1 Scheibe Gouda | 1 großes Burgerbrötchen |
Mayonnaise | 1 Zwiebel | 3–4 Essiggurken | Senf | Bio-Ketchup | 1 Salatblatt |
1 Blatt Radicchio | 2 Streifen gebratener Speck

Zubereitung

Aus Mayonnaise, ein wenig Senf, klein gehackten Zwiebelwürfeln (aus einem
Teil der Zwiebel) und einer klein geschnittenen Essiggurke eine Hamburgersauce herstellen. Das gehackte Rindfleisch zum Burger formen, so grillen, dass
es noch saftig bleibt und im letzten Moment eine Scheibe Gouda darauf
schmelzen lassen. Ein großes Burgerbrötchen aufschneiden, die Unterseite
ebenfalls kurz auf dem Grill anrösten. Danach kräftig mit der Hamburgersauce
bestreichen, ein Salatblatt und ein Blatt Radicchio drauflegen. Bio-Ketchup
und Senf (möglichst Bautz'ner) draufgeben. Zwei bis drei saure Gurken der
Länge nach in Streifen schneiden und den Burger damit belegen. Als Herzstück
den gebratenen Burger draufgeben, ordentlich Zwiebelringe und den gebratenen Speck. Den Deckel des Brötchens ebenfalls anrösten und wiederum dünn
mit Ketchup bestreichen und obenauf legen.

Nürnberger Rostbratwürste mit Kartoffelsalat

⌂ Schutzverband Nürnberger Bratwürste e. V., S. 69

Zutaten für 4 Personen

24 Nürnberger Rostbratwürste (frisch vom Metzger oder aus der Vakuum-
packung) | 1 kg festkochende Kartoffeln | 1 Zwiebel | Schweineschmalz zum
Dünsten | 500 ml Brühe | 3 EL Weißweinessig | 4 EL Öl | 3–4 Radieschen |
1 Bd. Schnittlauch | Bayerischer Tafelmeerrettich | frisches Bauernbrot | Salz,
Pfeffer

Zubereitung

Kartoffeln mit Schale garen, abschrecken, schälen. Noch warm in Scheiben
schneiden. Die Zwiebel fein würfeln. Mit etwas Fett in einer Pfanne glasig
dünsten.
Brühe erhitzen. Mit Essig und Öl mischen, salzen, pfeffern und über die Kartoffeln geben. Gut durchmischen. Radieschen und Schnittlauch fein schneiden
und über den Kartoffelsalat streuen.
Die Nürnberger Rostbratwürste auf dem Grill oder – mit etwas Schweineschmalz – in der Pfanne knusprig braten. Mit lauwarmem Kartoffelsalat,
Tafelmeerrettich und frischem Bauernbrot servieren.

 Besonders in der kalten Jahreszeit schmecken Nürnberger Rostbratwürste
klassisch gut auch mit Sauerkraut. Eine Spezialität zur Spargelzeit sind
die Nürnberger Bratwürste mit herzhaft eingelegtem Spargelsalat oder
warmem Spargel mit flüssiger Butter und Schnittlauch.

Hauptmarkt mit Frauenkirche

Johannisfriedhof, auch bekannt als „Rosenfriedhof"

Das Germanische Nationalmuseum

Hesperidengarten

Alle Himmelsrichtungen

Der besondere Zusammenhalt der Generationen und das Zusammenleben von alteingesessenen und zugewanderten Menschen prägen die Stadt Nürnberg und den dazugehörigen Großraum. Tolerante Nachbarschaft und kulturenübergreifende Feste gehören zum harmonischen Miteinander. Will man die Stadtregion und ihre Bewohner ein wenig besser kennenlernen, so gilt es auch die angegliederten Stadtzentren und die eingemeindeten ländlichen Räume zu besuchen, die vielfältig miteinander verflochten sind. Die Stadt selbst ist fast tausend Jahre alt, erlebte ihre erste kulturelle und wirtschaftliche Blütezeit im Mittelalter und galt als wichtiges internationales Handelszentrum. Berühmte Baumeister und Künstler ihrer Zeit haben hier zusammengewirkt. Mit dem Germanischen Nationalmuseum beherbergt Nürnberg das größte Museum deutscher Kunst und Kultur.

Die Nationalsozialisten machten Nürnberg 1933 zur „Stadt der Reichsparteitage". Wie aus dem Schatten heraustreten? Dieser Aufgabe stellt sich das Nürnberg von heute schon seit Langem in respektabler Weise. Über die dunkle Vergangenheit informieren das Dokumentationszentrum Reichsparteitagsgelände und das Memorium Nürnberger Prozesse. In der Straße der Menschenrechte sind auf Steinsäulen in verschiedenen Sprachen dreißig Artikel der Menschenrechtserklärung eingraviert. Seit 1995 verleiht die Stadt alle zwei Jahre zudem den Internationalen Nürnberger Menschenrechtspreis.

1234 erstmals erwähnt, liegt St. Johannis damals noch außerhalb des eigentlichen Stadtgebietes. Erst nach dem Dreißigjährigen Krieg wurden hier pompöse barocke Bauten mit großzügigen Gartenanlagen im italienischen Stil errichtet. In den 80er-Jahren des vergangenen Jahrhunderts sind Teile dieser Gärten restauriert oder neu angelegt worden. Sie dienen heute den Bürgern als kleine Oasen in der Großstadt. Die Gärten sollen heilsame „Atmosphärebäder" sein, wie es der Hesperidengarten in der Johannisstraße so vorbildlich veranschaulicht: Steinfiguren, die zum einen die vier Jahreszeiten symbolisieren und zum anderen aus zwei Erdteilzyklen bestehen, säumen die Wege, die zum hinteren „Lustschlößlein" führen. Der Johannisfriedhof ist ein als „Rosenfriedhof" weltbekannter Gottesacker. Hier befinden sich wertvolle bronzene Grabdenkmäler bekannter Persönlichkeiten aus vier Jahrhunderten.

Im Stadtteil Gostenhof gibt es weniger historische Architektur zu bewundern, aber hier wird dafür noch der wohl urtümlichste „nämbercherische" Dialekt gesprochen. Einheimische Nürnberger leben Tür an Tür mit multikulturellen Familien. Häufig gibt es in urigen Hinterhof-Läden ein Potpourri an Trödel, skurriler Kunst und ausländischen Waren. Großreuth bei Schweinau, südwestlich der Altstadt gelegen, war einst ein schönes Dorf, und dem noch ländlichen Charakter ist es zu verdanken, dass der Ort heute zu einem der modernsten und teuersten Wohngebiete Nürnbergs geworden ist. Jahrhundertealt auch die Geschichte von Schoppershof. Der Stadtteil ist nach dem Schloss der Patrizierfamilie Schopper benannt, das im Wechsel der Zeiten 1875 in den Besitz der großen Handelsfamilie der Tucher gelangte. Ihre Welt wird heute im Museum Tucherschloss mit dem einzigartigen Renaissance-Schlosshof im Universitätsviertel in der Nähe des Maxtores wieder lebendig. Den Reiz der Natur und das gemütliche Landleben kann man noch heute in Mögeldorf erleben, 1025 erstmalig erwähnt und damit um einiges älter als Nürnberg. Am Ortsrand beginnt der Reichswald, in dem der Nürnberger Tiergarten zu den landschaftlich schönsten Einrichtungen gehört. Nicht

Dokumentationszentrum Reichsparteitagsgelände

Museum Tucherschloss

Mögeldorf, Kirchberg

weit davon befindet sich das Trainingsgelände des 1. FCN, „der Club", gegründet am 4. Mai 1900, der nicht nur mit den Fußballspielen, sondern auch mit einer enthusiastischen Fan-Szene Furore macht. Auf dem nahe gelegenen Zeppelinfeld ebenfalls begeisterte Fans: Hier stehen jedes Jahr im Juni bei „Rock im Park" an die achtzig Bands auf der Bühne. Ganz in der Nähe befindet sich die Messe in Langwasser als wichtiger Impulsgeber für die wirtschaftliche und technologische Entwicklung im wachsenden Europa.

Ein Nürnberger Stadtteil ist im Stadtplan allerdings nicht zu finden: die Südstadt. So nennen die Bewohner das Viertel gleich hinter dem Hauptbahnhof, das zur Zeit der Industrialisierung entstand. Gründerzeitbauten bestimmen das Straßenbild. Die heutige Vielfalt der Geschäfte, der Menschen und der Kulturen zeigen die Metropole Nürnberg auch dort so, wie sie ist: ein bunter Schmelztiegel für Alteingesessene und Zugewanderte.

Maxtormauer

Atmosphären-Künstler

**Kalbsfilet im Kräutermantel
auf Lauchgraupenrisotto**

*Das Rezept des Hauses finden
Sie auf Seite 126*

Der Schindlerhof war ein uraltes Bauerngehöft in Boxdorf, als der erfahrene Gastronomie-Unternehmer Klaus Kobjoll ihn für sich entdeckte. 1984 mit 37 Zimmern eröffnet, wuchs das Landhotel nach und nach zu einem wohldurchdachten Hoteldorf heran. So individuell wie sich die einzelnen Häuser und die liebevoll ausgestatteten Zimmer – heute sind es 92 – im Landhaus- oder japanischen Ryokan-Stil gestalten, so individuell sind auch die Gäste. Geschickt arrangiert zeigen sich die fränkische denkmalgeschützte Substanz der ehemaligen Tenne mit einem gelungenen „Kulturbruch" des Feng Shui im „DenkArt"-Kreativ-Zentrum bis hin zum neu angelegten prachtvollen Garten, in dem es sich wunderbar tafeln lässt.

In den drei À-la-carte-Restaurants Dorfschänke, Tränke und Weinstube pflegt seit März 2010 der junge und innovative Küchenchef Jean-Michel Rödl die kulinarische Seite des Schindlerhofes: „Franken geht fremd". Traditionelle fränkische Küche gepaart mit internationaler Haute Cuisine weist auf eine Weltoffenheit hin, die auch auf den Themenbanketten wie etwa „1001 Gewürznacht" oder „ArtIsst" ihre Vollendung findet. Dass der Schindlerhof mitten im Nürnberger Knoblauchland liegt, freut den „halben Franzosen": Viele Produkte kommen frisch aus der unmittelbaren Nachbarschaft, die dann, veredelt mit anderen besten Erzeugnissen aus aller Welt, für Sensationen auf dem Teller sorgen. Das richtige Gespür für Menschen haben auch alle anderen Mitarbeiter, die mit gelebter Herzlichkeit und leidenschaftlichem Engagement für ihre Gäste da sind.

Mit dem Schindlerhof hat der Visionär und Gastgeber Klaus Kobjoll zusammen mit seiner Familie – das sind Ehefrau Renate und Tochter Nicole, die das Unternehmen jetzt in zweiter Generation führt – ein unvergleichliches Gesamtkunstwerk geschaffen, das seinesgleichen sucht.

Schindlerhof Hotel-Restaurant
Steinacher Straße 6–8
90427 Nürnberg-Boxdorf
☎ 09 11 / 93 02-0
www.schindlerhof.de

Mit Fug und Recht

Nürnberger Bratwurst „Blau"

Das Rezept des Hauses finden Sie auf Seite 126

Eine „Erlebnis-Metzgerei" könnte man sie auch nennen, die Metzgerei Meyer, die vor 50 Jahren von Wilhelm und Frieda Meyer am Nürnberger Kirchenweg gegründet wurde. „Unsere Kunden überzeugen sich an der Theke", sagt der Sohn und Metzgermeister Gerhard Meyer, der heute gemeinsam mit seiner Frau Gabriele Fruth-Meyer das moderne Geschäft im Stadtteil Johannis führt. Und diese Theke hat es in sich: Neben appetitlich präsentierten Fleischstücken, feinen Wurstwaren, Pasteten und Bio-Ochsenfleisch gibt es auch Lamm, Geflügel, Fisch, Käse, Brot, sogar Bio-Gemüse und Obst in hölzernen Kisten. So hat die Metzgerei mit ihrem vielfältigen Feinkostsortiment fast die Funktion eines „Tante-Emma-Ladens an der Ecke" übernommen, was viele ältere und auch junge Kunden in der Umgebung zu schätzen wissen. Die Chefin bedient selbst, weiß Bescheid über Ernährung und hilft mit kreativen Rezeptvorschlägen und Kochtipps kundig aus.

Die Wände des großzügigen Imbissbereiches schmücken viele Auszeichnungen und Qualitätszertifikate. Und das mit Fug und Recht: Die regionale Herkunft der Rohprodukte (Landwirte aus der Umgebung sind langjährige Lieferanten), das Fleisch vom Schwäbisch-Hällischen Landschwein, die Schlachtung im Metzgerschlachthof Fürth-Burgfarrnbach und das handwerkliche Wissen bei der Verarbeitung und Zubereitung immer wieder verfeinerter Familienrezepte sind ein Meyer'sches Qualitätsmerkmal. In der hauseigenen Reifeanlage können sich Salami und Schinken in aller Ruhe bis zu ihrem einzigartigen Aroma entfalten. Über zwanzig Gerichte stehen täglich im zwanglosen Bistro und an der Heißen Theke zur Auswahl, zum Hieressen oder zum Mitnehmen. Darunter sind drei warme Mahlzeiten, die sich einige betagte Kunden gerne nach Hause liefern lassen. Gleichwohl gefragt ist der Partyservice fürs häusliche Feiern: Ob kalte Platten oder warmes Buffet – die Feinkost-Profis aus dem Kirchenweg sind für alles bestens gerüstet.

Metzgerei Meyer
Kirchenweg 39
90419 Nürnberg
☎ 09 11 / 33 07 23
www.metzgerei-meyer.de

Design & Ess-Klasse

„Dann mach mer halt", so heißt das Kochbuch von „Tafelkünstler" Tommy Schäfer. Einfach machen, das ist sein Credo, sich besinnen auf den Ursprung des Kochens und das existenziell Wichtigste im Leben: Essen, Trinken und Geselligkeit.

Die kulinarischen Höhenflüge basieren vor allem auf einer „Zutat" – und die heißt Frische. Frisch das Gemüse und die Früchte, gewachsen in ihrer Jahreszeit. Frisch sind Fisch und Fleisch, schnell zubereitet mit aromatischen Kräutern und Gewürzen. Diese Philosophie beherzigt auch Christian Brieske, der seit Juli 2011 dem À-la-carte-Restaurant am westlichen Rande des Knoblauchslandes als Küchenchef vorsteht.

In fast schon privatem Rahmen zelebrieren Tommy Schäfer und seine Brigade die Hohe Schule der Kochkunst: wahre Amouren für Auge und Gaumen. Eine Küche, mediterran geprägt und mit fränkischen Elementen weiterentwickelt – das ist die Herausforderung für den kreativen Freidenker. Er liebt die Inspiration. Das spiegelt sich auch im Restaurant wider, das mit avantgardistischen Farben und Formen seinesgleichen sucht. Das Interieur trägt eine ganz eigene Handschrift, jeder Bereich ergänzt den modernen Rahmen wie selbstverständlich für sich. Wer unter der Glaskuppel des hellen Atriums hindurchgeht und in den ehemaligen „Weinladen" hineinschaut, der findet dort am langen Tisch mit etwa zwanzig Gästen Platz – Reservierung empfohlen. An der Seite stehen wie zufällig die Essige, Öle, die Pasta, Sugos oder Polenta mit Rosmarin und Basilikum aus der eigenen Produktlinie zum Mitnehmen im Regal. Für all diejenigen, die gastronomische Spitzenklasse im Sommer einmal unter freiem Himmel erleben wollen, denen wird wie im Süden auf der sonnigen Terrasse serviert.

Aufgeschlossen und unkompliziert agieren Küche und Service auch beim Catering. Ganz persönlich zu Hause oder im großen Rahmen, bei geschlossenen Veranstaltungen oder Firmen-Events. Da können in einem separaten Seminarraum vorher bis zu zwanzig Personen ungestört tagen – danach geht's vielleicht zum Teambildungs-Kochkurs in die legere Profiküche des Tommy Schäfer.

Terrine von Pfifferlingen mit Taubenbrust

Das Rezept des Hauses finden Sie auf Seite 127

Restaurant Schäfer
In der Lohe 26
90765 Fürth
☎ 09 11 / 7 90 86 72
www.restaurantschaefer.de

Schokophile Kundschaft

Schoko-Bananen-Kuchen

Das Rezept des Hauses finden Sie auf Seite 127

„Die Praline verströmt ein Aroma wie das Bouquet eines guten Weins. Ein Hauch von Zartbitter, von frisch gemahlenem Kaffee. Aroma, das sich durch Wärme voll entfaltet und mir verführerisch in die Nase steigt. Sie zergeht mir auf der Zunge wie ein Geschmackssukkubus, der mich aufstöhnen lässt". So steht es auf dem Plakat für den berühmten Film „Chocolat", das im Fürther Café Süße Freiheit auf das sinnliche Glück süßen Naschwerks hinweist.

Mit diesem bezaubernden Café-Laden haben sich Frauke Meißner-Pölloth und ihr Mann Karl-Heinz einen Lebenstraum erfüllt. Das Interieur zeigt ganz besonderen Charme und ist dem Neubarock der Jahrhundertwende, mit den Mitteln der heutigen Zeit entsprechend, nachempfunden. Ein Kleinod der anderen Art, zu dem die Kundschaft eine sehr persönliche Beziehung besitzt. Nicht

kommt der Moment, sich auch alles andere an Accessoires und Dekorationen genüsslich anzuschauen: ein Treffpunkt, um andere zu beschenken oder sich selbst zu belohnen.

„Bei uns schäumt sogar die Milch vor Glück", sagen die zwei Connaisseure, die ihre Rezepte immer wieder so lange verändern, „bis es zu uns passt". Während „er" seine Gäste an den kleinen Holztischchen mit exquisiter Trinkschokolade und himmlischen Kuchenkreationen verwöhnt, verpackt „sie" individuell und sorgsam alle Köstlichkeiten, damit die süßen Grüße auch heil zu Hause ankommen.

Wenn`s schön ist, können Kunden und vorbeikommende Flaneure frisch gebrühten Cappuccino oder Espresso an einem der Tische genießen, die vor dem Café auf dem Trottoir stehen: „Süße Freiheit" an der Fürther Freiheit.

nur Schokoladen-Preziosen ziehen die Liebhaber dieser Seelennahrung unweigerlich in ihren Bann: Kräftiger Kaffee und selbstgemachte Kuchen, frische Torten und aufregende Schoko-Snacks, handgeschöpfte, exzentrische Schokoladen, Saisonales wie feine Honigkuchen und zarte Plätzchen, fruchtige Marmeladen, deliziöse Trinkpralinen und harmonierende Weine. Dann

Süße Freiheit
Friedrichstraße 5
90762 Fürth
☎ 09 11 / 7 04 37 74
www.suessefreiheit.de

Alles zu seiner Zeit

🍴 **Taube im Kartoffelmantel auf jungem Salat**

Das Rezept des Hauses finden Sie auf Seite 128

Bilderbuch-Franken: Wie ein vom Himmel gefallenes Kleinod steht das Romantik Hotel Gasthaus Rottner inmitten des ehemaligen Dorfes Großreuth am Rande von Nürnberg. Rundherum wird das Land der Tradition folgend für den Gemüseanbau genutzt und das gehört mit zur Philosophie des Spitzenkochs Stefan Rottner und seiner saisonalen und regionalen Geschmacksküche: „Alles zu seiner Zeit". Die fränkischen Spezialitäten, die diese Küche verlassen, sind mit tadellosen, frischen Grundprodukten auf Sterneniveau zubereitet. Die Gäste wissen dies zu schätzen. Eine große Auswahl an Rohmilchkäse wird im „Käse-Humidor" wohl verwahrt. Darauf hebt man das Glas mit besten Frankenweinen, die hier auch gerne offen ausgeschenkt werden.

Viele nette Leute kommen ins Gasthaus Rottner, das von der Familie in der vierten Generation geführt wird. Und die fünfte steht mit dem Geschwisterpaar Lisa und Valentin schon bereit. Wohlbehagen allerorten im historischen Fachwerkhaus mit den bleigefassten Butzenscheiben. Dafür sorgt charmant mit weiblicher Hand Claudia Rottner: in den drei individuellen, holzvertäfelten Bauernstuben mit alten Kachelöfen und den „Lüsterweibchen"-Lampen, im stilvollen Kastanienzim-

mer oder den zwei weiteren Räumen zum Feste feiern, im Gartenpavillon für größere Gesellschaften. Oder draußen, im legeren Nussbaumgarten und im verwunschenen und doch eleganten Restaurantgarten, der nach wie vor von Seniorchefin Irma Rottner liebevoll gehegt und gepflegt wird – genauso wie die hauseigenen Kräuterbeete. Überall zwitschern die Vögel und mächtige Lindenbäume verwehren den Blick auf das angeschlossene Hotel mit den 37 Gästezimmern, ausgestattet im Komfort der heutigen Zeit. Das sogenannte „Scheunenkino" ist als Event-Location sehr beliebt. „Beim Rottner" hat eine neue Romantik Einzug gehalten. Das ganze Ensemble zeigt sich als ausgewogener Einstimmungsplatz für Menschen, die einfach mal „abtauchen" und genießen wollen.

🏠 **Romantik Hotel Gasthaus Rottner**
Winterstraße 15/17
90431 Nürnberg/Großreuth
bei Schweinau
☎ 09 11 / 61 20 32
www.rottner-hotel.de

Ein Krokodil in Gostenhof

🍴 **Weißbierparfait**

Das Rezept des Hauses finden Sie auf Seite 128

Der Name sagt´s: Einst stand hier eine Brauerei, deren Entstehung im Jahre 1814 dem Brauereiknecht Christian Lederer aus Thalmässing zu verdanken ist. Ein Besuch der Lederer Kulturbrauerei im früher gewerbereichen Nürnberger Vorort Gostenhof ist deshalb eine Reise in eine Zeit, in der dort noch flüssiges Gold aus dem Sudkessel strömte.

Dass die Wirtsleute Kurt Weinhart und Bettina Köse die Lederer-Kulturbrauerei übernommen haben, hat sich äußerst segensreich auf den Erhalt der Ausstattung ausgewirkt. Geht der Freund des frisch gezapften ungespundeten Kellertrunks in den weitläufigen Gastraum hinein, so hängt unter der Glaskuppel ein wahrhaftiges Krokodil über der Schänke – das eigenwillige Schutzmarkenzeichen entstand nach Entwürfen des bekannten Kunstprofessors Friedrich Wanderer. Im hinteren

Teil trifft er auf „Georg", die 1911 erbaute Dampfmaschine, die jeden Tag um 22 Uhr „durchdreht". Sie hat dort ihren Alterssitz gefunden und erinnert an die allererste Nürnberger Dampfmaschine, die bereits 1850 an diesem Ort stand.

Stilecht und mit Sinn für Bewährtes präsentiert sich auch die „Ahnengalerie", in der man zu besonderen Anlässen mit Hausdiener und Zofe herrschaftlich speisen kann – wie zu Zeiten der Gründerfamilie im 19. Jahrhundert. Für Hochzeiten, Familien- und Geburtstagsfeiern bietet sich das „Kesselhaus" an. Bis zu 90 Personen finden hier Speis und Trank, dazu Geschichten von einfachen Menschen aus dem quirligen früheren Arbeiterviertel an der Bärenschanze. In der „Siederei" schließlich kann man, umgeben von langen dunklen Holztischen und -bänken noch heute förmlich riechen, spüren und schmecken, wo früher die mundenden Ledererbiere eingebraut wurden. Hier – wie überall – sorgen geschäftige Bedienungen schnell für Nachschub. Eine trinkfreudige Runde kann sich sogar ein ganzes Fass vom süffi-

gen „Kroko-Hausbier" zu Gemüte führen. Die „Siederei" ist der größte Raum in der Kulturbrauerei und ideal für außergewöhnliche Events. Eine fest installierte Leinwand samt Beamer bietet beste Voraussetzungen für Präsentationen. Vor den alten, blank geputzten Zinnkesseln haben dann und wann Life-Bands mit Countrymusik ihren großen Auftritt – und das mit ganz modernen Lichttechniken. Ein besonderes Vergnügen ist es, bei Sonnenschein auf der Terrasse zu sitzen und den „sauguten" Franken-Sprizz zu genießen, der, aus fränkischem Rieslingsekt und Holunderblütensirup bereitet, im Glas prickelt.

Warme Küche gibt es im Wirtshaus den ganzen Tag über bis in die Nacht hinein – wie beispielsweise das Bierkutschergulasch oder die sauren Zipfel, die erst richtig zum Geschmackserlebnis

werden, wenn man sie frisch aus dem „Franken-
kessel" hebt. Das Schäufele mit rescher Kruste
schmeckt wie bei Muttern, auch vom Sauerbraten mit Semmelkloß bleibt kein Stückchen auf
dem Teller liegen. Die Frage nach dem Dessert
lässt sich am besten bei einem Bierlikör klären:
Kaiserschmarrn mit Apfelmus anstatt Vanilleeis
oder lieber doch ein Malzbier-Tiramisu auf Frucht-
spiegel?

Oft liegt das Gute näher als man denkt: Der Kul-
turbrauerei-Biergarten draußen vor der Türe bietet tausend Gästen Platz. Mit seinen schattigen
Kastanien und Platanen zählt er zu den schönsten „Naturbiergärten" in ganz Franken. Hier ist

das quicklebendige Lederer-Publikum an lauen
Sommertagen zahlreich vertreten. Allzu gemütlich sitzt man dort bis in die späten Abendstun-
den neben der hölzernen „Vesperhütt`n". Ein def-
tiger, speziell angemachter Obatzder, der
Altfränkische Wurstsalat oder frisch gebackene
Laugenbrezn sind nie verkehrt. Wie im „Biergar-
tengesetz" aus dem 19. Jahrhundert festge-
schrieben, darf man seine Brotzeit auch selber
mitbringen. Für die jüngsten Gäste gibt es nicht
nur eine eigene Speisekarte, sondern auch einen
beachtlich großen Spielplatz mit Geräten und
Spielen, weit genug weg und doch ganz nah im
Blickfeld der Großen.

Lederer Kulturbrauerei
Sielstraße 12
90429 Nürnberg
☎ 09 11 / 80 10-0
www.l-kb.de

Staatstheater

In bester Gesellschaft

Auf der Haut gebratener fränkischer Zander mit Apfel-Lauch-Gemüse

Das Rezept des Hauses finden Sie auf Seite 129

Wahler Partyservice Metzgerei

Leyher Straße 101
90431 Nürnberg
☎ 09 11 / 44 02 05
www.wahler-partyservice.de

Heute wird gefeiert – und wer sich gerne Gäste einlädt, hat mehr als alle Hände voll zu tun. Wo immer das aufregende Event stattfinden soll – alles muss stimmen. Das Rezept ist ganz einfach: ein Partyservice mit allem Drum und Dran.

„Sie feiern, wir kümmern uns um den Rest", heißt der Leitspruch von Herbert Wahler und seiner Frau Elke, die in Nürnberg seit Jahren mit ihrem Partyservice Wahler Furore machen. Im umfang- und abwechslungsreichen Repertoire an verschiedenen Wahler-Eventlocations findet sich von zwanzig bis zu tausend Gästen für jedes Fest und jede Feier der passende Rahmen. Darf es etwas Besonderes sein? Dann sind die Repräsentationsräume „Nürnberger Altstadt" das Highlight im Kreuzgassenviertel, direkt am historischen Kettensteg über der Pegnitz, der richtige Ort. Hochwertig ausgestattet genießen etwa siebzig Personen einen einzigartigen Blick. Draußen in Altdorf im Nürnberger Land hat Herbert Wahler das 1804 erbaute Alte Brauhaus erworben, das mit der erhaltenen Backstein-Architektur eine urige Atmosphäre ausstrahlt und die Phantasie anregt. „Last but not least" bekommen die Feierwilligen auch im neuen Event-Saal in der Leyher Straße, direkt am Eingang des benachbarten Großmarkts, alles genauso, wie sie es haben wollen: individuelles und auf die Gäste zugeschnittenes Amüsement.

Hervorragendes Essen – das Küchenteam verwirklicht unerwartete und spannende Ideen –, ein Lächeln und die Aufmerksamkeit der Servicemitarbeiter, für das Gelingen der geschäftlichen oder privaten Feier, Get-Together-Party oder Produktpräsentation sorgt auch eine jeweils originelle Dekoration. Mit über fünfzig Mitarbeitern kann der Partyservice mehrere Tausend Gäste erstklassig betreuen – und das in ganz Bayern.

Während für das Catering feinste Häppchen und interessantes Fingerfood zubereitet werden, begeistern sich in der 1980 von Gertraud und Leonhard Wahler gegründeten gleichnamigen Metzgerei die Nachbarn und Großmarkt-Leute für die „heiße Theke" mit den appetitlich präsentierten Fleisch- und Wurstwaren bester Qualität. Im mo-

dernen Ladengeschäft gibt es nicht nur würzige Nürnberger Bratwürste, sondern auch knuspriges Brot und frisch geräucherte Fische.

Von Zirben und Medaillen

Restaurant Arve im Arvena Park Hotel

Der seltene Gebirgsbaum Arve, in Bayern auch Zirbelkiefer genannt, war Namensgeber für das geschmackvoll eingerichtete Gourmet-Restaurant Arve des Arvena Park Hotels. Mit der aparten Arvenholz-Vertäfelung, der Kassettendecke und den edel eingedeckten Tischen strahlt das Restaurant eine besondere Aura aus. 50 bis 70 Gäste finden Platz. Der große Tisch in der Nische für zwölf Personen ist besonders beliebt, weil es sich dort beim angenehmen Miteinander gut plaudern lässt. Ob romantisches Dinner bei Kerzenschein für Zwei oder eine festliche Familienfeier, der langjährige Küchenchef Jürgen Ultsch verwöhnt alle mit raffinierten internationalen Küchenkreationen, wie einer Krustentierschaumsuppe oder dem Potpourri von Edelfischen, seine Spezialität. Restaurantleiter Peter Moritz sorgt für die Beratung bei den ausgewählten Weinen aus Italien, Frankreich, Spanien, aber auch vielen fränkischen Lagen und den bekömmlichen Digestifs aus feinen Bränden.

Mittags drängt oft die Zeit, deshalb bietet die Küche im Arvena-Garden-Restaurant schnell zubereitete regionale Speisen für die Eiligen. Es ist dem Hauptrestaurant Arve als ein ganz in Rot gehaltener heller Wintergarten vorgelagert. Hier werden Salatvariationen, feine Suppen und ständig wechselnde Hauptgerichte angeboten. Eine eigene Spezialitätenkarte ist auf Produkte der Saison abgestimmt, seien es Spargel, Pfifferlinge oder feine Innereien – für Kenner und Liebhaber etwas ganz Außergewöhnliches. Der kleine Biergarten wird im Sommer von der angrenzenden stimmungsvollen Bar des Park Hotels aus betreut und lädt nach getaner Arbeit zu Bier und Vesper ein. Italienische, irische oder spanische Themen-

Krautwickerl von Lachs und Zander in Franken-Rieslingsauce mit Rotweinschalotten

Das Rezept des Hauses finden Sie auf Seite 129

EDELBRAND

Abgefüllt für:

Restaurant

ARVE

43 % vol.

3,0 l

DEUTSCHER
ERZEUGNIS

nächte bringen auch die kulinarischen und musikalischen Freuden fremder Länder in die weitläufige Anlage am Franken-Center. Das ganze Ensemble befindet sich unweit des Kulturwaldgebiets Reichswald im Süden des Stadtteils Langwasser.

Für sein Engagement in der Gastronomie wurde Senior-Hotelier Oskar Schlag mit dem Bundesverdienstkreuz und mit der Ehrenmedaille der Stadt Nürnberg ausgezeichnet. 1986 hat er das Arvena Park Hotel am Franken-Center eröffnet. Mit der U-Bahn geht es in zwölf Minuten mitten in die Stadt hinein: ein idealer Ausgangspunkt also für Sightseeing, Urlaub oder Messebesuch. Insgesamt 15 Veranstaltungsräume stehen für Familienfeiern oder Tagungen zur Verfügung.

„Klassik & Moderne" lautet das Thema des Arvena-Hotels in der Wagnerstadt Bayreuth, das mit Er-

lebnisgastronomie in verschiedenen Restaurants aufwarten kann. „Business & Schmankerl" heißt es in Erlangen, die Business-Ausgabe für Tagungen und Bankette. In Bad Windsheim bietet das Hotel unter dem Motto „Mittelalter & Neuzeit" entspannenden Aufenthalt in der Franken-Therme, auch Weinproben und Bierseminare, Kutschfahrten und Ritteressen im historischen Rahmen des Kurorts. Vier Patrizierhäuser aus dem 16. Jahrhundert bilden schließlich das gewachsene, nobel-gediegene Hotel Eisenhut in der weltweit bekannten mittelalterlichen Stadt Rothenburg ob der Tauber. Jedes Zimmer dort ein Unikat mit einem fantastischen Blick über Rothenburg und das Taubertal. Hier haben schon Könige und Schriftsteller entspannt bei fränkischen und internationalen Speisen im Restaurant, Wintergarten oder auf der sonnigen Panoramaterrasse.

**Restaurant Arve
im Arvena Park Hotel**
Görlitzer Straße 51
90473 Nürnberg
☎ 09 11 / 89 22-0
www.arvena.de

Torgötter und Drachensäulen

🍴 Kabeljaufilet mit wildem Spinat

Das Rezept des Hauses finden Sie auf Seite 130

Es ist nicht nur die allgegenwärtige Freundlichkeit und das chinesische Ambiente mit seinen reichen Holzschnitzereien, durch das sich die Gäste der Familie Duong ins „Land des Lächelns" versetzt fühlen. Im Tang, gleich gegenüber dem Gelände des 1. FCN, ist es vielmehr hohe und exklusive chinesische Kochkunst, die das Restaurant zur ersten Adresse für fernöstliche Spezialitäten gemacht hat. „Authentisch und frisch soll es sein", darauf achtet Chef A Ban Duong mit Akribie. Auch auf der schönen sonnigen Terrasse und im hellen Wintergarten herrscht fernöstliche Gelassenheit. Der Blick ins voll des Lobes geschriebene Gästebuch zeigt, wie viel Prominenz aus Politik, Unterhaltung und Sport seit seiner Eröffnung in den letzten 21 Jahren das asiatische Lokal immer wieder besucht hat.

Es spricht für sich, dass das Schwester-Restaurant Hao hinter den als „Torgötter" gestalteten Drachensäulen mittlerweile auch schon über 19 Jahre in Altenfurt vor den Toren Nürnbergs beheimatet ist. Im Sommer spendet ein Bambus-Pavillon über den Tischen draußen vor der Tür angenehmen Schatten. Ai Mai Trieu-Duong kümmert sich hier um das Wohlergehen der Gäste und serviert mit ihrem Team viele landestypische Gerichte.

Besten Ruf bei den Liebhabern chinesischer Küche genießt der Gourmettempel am Frauen-

torgraben, das dritte Restaurant der Familie. Za Sheng Tang ist dort seit 2005 für die Gäste zuständig, die hier neben feinen Fisch- und Fleischgerichten natürlich auch die berühmte Peking-Ente genießen können.

In der jahrtausendealten Tradition der chinesischen Küche haben alle drei Lokale eines gemeinsam: asiatische Kulinarik mit Spezialitäten aus den verschiedensten Regionen Chinas in großer Vielfalt. Die unterschiedlichen Garmethoden bei Geflügel, Fleisch, Fisch oder kurz sautiertem Gemüse verlangen eine stets frische Zubereitung. Und noch eines ist charakteristisch für alle Duong-Restaurants: Bunte Zierfische ziehen in riesigen Meerwasser-Aquarien hin und her und erfreuen das Auge – wie beruhigend.

Restaurant Tang 🏠
Regensburger Straße 322
90480 Nürnberg
☎ 09 11 / 40 23 18
www.tanghao.de

Restaurant Hao
Löwenberger Straße 45
90475 Nürnberg-Altenfurt
☎ 09 11 / 83 63 98
www.chinarestaurant-hao.de

Restaurant Gourmet-Tempel
Frauentorgraben 39
90411 Nürnberg
☎ 09 11 / 9 28 89 82
www.gourmet-tempel-nuernberg.de

Verwöhnen auf fränkisch

Landgasthof-Hotel Gentner

„Himmelreich" und „Sonnenstub'n" heißen sinnig zwei der fünf anheimelnden Gasträume, die dem Landgasthof-Hotel Gentner seine Seele geben. Sie sind neben der „Guten Stube" und dem Restaurant im alpenländisch-modernen Stil ganz in hellem Holz gehalten. Schon in der Dekoration fliegen den Gästen allerorten symbolisch rote Herzen entgegen. Mit viel Liebe zum Detail hat Chefin Sabine Gentner die stimmigen Accessoires wie alte Modeln, Gobelinkissen und gestickte Sinnessprüche auf weißem Leinen ausgewählt, die eine besondere Behaglichkeit verbreiten. Das setzt sich auch im Hotelbereich fort – die knapp 30 Zimmer sind komfortabel, neu renoviert und geschmackvoll eingerichtet – sodass sich die Reisenden tatsächlich wie daheim fühlen. Vor allen Dingen Geschäftsleute, die nach einem hektischen Arbeitstag oder dem Besuch der nahen Messe eine Atempause brauchen können, finden hier einen willkommenen Ruhepol. Schließlich bietet das Restaurant die kulinarische Abrundung bei einem Abendessen in einer der behaglichen Stuben und lässt den anstrengenden Tag auf angenehmste Weise enden.

„Wir pflegen die klassische, regionale Küche mit saisonal unterschiedlichen Zutaten, frisch aus der Region gekauft und schonend mit viel Liebe zum Detail zubereitet. Im Grunde ganz bodenständig, aber immer eine Spur feiner und mit einer Prise Kreativität gewürzt", sagt Harald Gentner, der heute den Landgasthof zusammen mit seiner Frau Sabine führt. Die gute Küche und familiäre Gastlichkeit haben sich längst herumgesprochen. So kommen die Moorenbrunner Nachbarn genauso gerne vorbei wie viele Familien aus dem Umkreis, die dort in schönem Ambiente Bankette und Hoch-

Geschmorte Kalbsbäckchen in Frankenrotweinsauce mit Kartoffel-Sellerie-Püree und glacierten Vanille-Karotten

Das Rezept des Hauses finden Sie auf Seite 130

zeiten feiern. Zum Einklang schmeckt „Fränkischer Vortrunk", bestehend aus Bitter Lemon und Himbeergeist, einem Obstbrand, der im schmucken bäuerlichen „Schnaps-Schatzkastl" in bester Gesellschaft mit anderen samtigen Destillaten steht. Neun Köche zählt die junge Küchenbrigade derzeit, die täglich immer wieder alle Register ihrer Kochkunst zieht: Neben den Klassikern der fränkischen Küche, allen voran das Schäufele, oder der zart geschmorten Haxe vom Weidelamm finden sich

in der saisonal wechselnden Empfehlungskarte manchmal vergessene lukullische Schätze, wie butterweiche Kalbsbäckchen oder so ausgefallene und harmonische Kompositionen wie die deliziöse, mit filigranen Blüten dekorierte Erbsensuppe mit gebratener Jakobsmuschel oder Kabeljau in Lardo gebraten auf einer Kartoffelnage. „Nicht Fisch, nicht Fleisch" sind die vegetarischen Gerichte betitelt, und leichte Schmankerl gibt es auch – für diejenigen, bei denen der Appetit nicht ganz so

groß ist. Frische und Regionalität zählt bei alledem. Gerade dann, wenn es jahreszeitlich im Frühjahr die würzigen Wildkräuter, den fränkischen Spargel und die neuen Matjes, Pilze und Wild im September und nicht zu vergessen – ab Martini – den herzhaften Gänsebraten, gibt.

„Im Sommer gibt es große Hitz, gut, dass ich hier im Schatten sitz", steht auf einer der alten bemalten Schützenscheiben an der Wand, die goldrichtig auf erquickende Rast unter einem Baum hinweist. Wie gut ist es deshalb auch, dass im schön

eingedeckten Biergarten des eindrucksvollen Landgasthofes mächtige schattige Linden und Kastanien stehen, unter deren Blätterdach sich sommerliche Temperaturen bei kühlem Bier oder erlesenen Tröpfchen renommierter fränkischer Winzer ganz angenehm ertragen lassen. Die freundlichen Bedienungen im feschen Dirndl schauen aufmerksam auf jeden, der sich hier niederlässt. Manchmal sind es sogar die Seminarteilnehmer, die die modernen Tagungsräume mit modernster Technik kurz verlassen, um dort am langen Tisch ihre Aktivitäten im Freien weiterzuführen.

Der Landgasthof Gentner liegt im südöstlichen Stadtteil Moorenbrunn, nahe dem Autobahnkreuz Nürnberg-Ost am ehemaligen Heer- und Handelsweg über Feucht und Neumarkt nach Regensburg. Nahe dem ehemaligen städtischen Gutshof Moorenbrunn, inmitten des Lorenzer Reichswaldes, hat der Großvater von Inhaber Harald Gentner Mitte der 50er-Jahre des vergangenen Jahrhunderts ein Grundstück gekauft und das Anwesen als Gasthaus erbaut. 2009 haben es die jetzigen Gentners übernommen, vollständig neu renoviert und betreiben es seitdem mit viel Herzblut.

Landgasthof-Hotel Gentner
Bregenzer Straße 31
90475 Nürnberg
☎ 09 11 / 80 07-0
www.landgasthof-gentner.de

Stille Tage in Mögelsdorf

Nierle geschnetzelt süß-sauer mit Kartoffelkrusteln

Das Rezept des Hauses finden Sie auf Seite 131

Idylle in Mögeldorf. Über 200 Jahre zählt es, das alteingesessene Wirtshaus Doktorshof, benannt nach dem benachbarten Doktorschlösschen im bevorzugten und sehenswerten östlichen Stadtteil von Nürnberg. Der Ort Megelendorf war zunächst ein befestigter Wirtschaftshof an einer Pegnitzfurt, wurde erstmals 1025 urkundlich erwähnt und ist somit älter als Nürnberg selbst.

Im alten geduckten Fachwerkhaus mit seinem pittoresken Biergarten sorgen seit über 20 Jahren Eleonore und Joachim Rupp fürs Wohlsein der Gäste. Ganz oben haben sie das Dachgeschoss aus dem Dornröschenschlaf geweckt und zur „Gaubenstube" ausgebaut. In den beiden gemütlichen Gaststuben unten geht es recht urig zu. Sie sind so authentisch geblieben wie die Küche. Die achtsamen Wirtsleute haben sich nie abbringen lassen von ihrer ehrlichen fränkischen Hausmannskost, die sich – gut wie sie ist – so schnell nicht wieder finden lässt. „Das hat jetzt geschmeckt wie bei meiner Oma", wissen die vielen Stammgäste, die nicht nur vom Schäufele schwärmen, das mit einem rohen Kloß in der dunklen Sauce baden darf und mittags wie auch abends frisch zubereitet wird. Jeden Tag schreiben die Rupps eine neue Karte, je nachdem, was der

Markt gerade bietet. „Alles hat seine Zeit, zu der es auch am besten schmeckt", meint Joachim Rupp. Viele der typischen fränkischen Gerichte sind in Vergessenheit geraten, im Doktorshof erleben durchgedrehter Wirsing, Schwärtelbraten und süßsaure Nierle eine Wiederentdeckung der besonderen Art. Da fehlt auch nicht der Sonntagsbraten in deftiger Reinkultur. Manchmal kommt der dicke rote Stempel „Schon aufgegessen" in der Speisekarte zum Einsatz. Dann darf der Küchenchef kochen, was ihm in den Sinn kommt. So entstand wie zufällig auch der „Hausgemachte Brathering aus dem Zwiebelsud", den es das ganze Jahr über gibt. Ja, sogar bei diesem Gericht werden Erinnerungen an alte Zeiten wach.

Hesperidengarten

Amerika in Franken

Jeder Winkel des historischen und denkmalge- schützten Gehöftes, erbaut 1712 und seit 1875 im Besitz des Nürnberger Patriziergeschlechtes Tucher von Simmelsdorf, erzählt Geschichte und Geschichten. Nichts stört die harmonische Atmo- sphäre, die dem Sanders Steakhaus so eigen ist. Seit Weihnachten 1993 gehört es der Familie San- ders, und liegt direkt neben dem altehrwürdigen Herrensitz Schloss Schoppershof, das dem nord- östlichen Nürnberger Stadtteil seinen Namen gab. Wer den gepflasterten Weg entlanggeht und über die Terrasse hereinkommt, der empfindet grünes Glück: Der idyllische Garten mit mediter- ranem Blumenschmuck, den prächtigen Horten- sien und großen Oleanderbüschen vermittelt süd- liches Flair inmitten fränkischen Fachwerks. Im Inneren geht es mehr als gemütlich zu: Wie in einem Puppenhaus sind die Gasträume, wie das

„Frankenstübla", das „Jagdstübla" oder die „Bauernstube" urig gehalten, der „Wintergarten" im mediterranen Stil und auch die Kaminstube, „König-Ludwig-Zimmer" genannt, das für sepa- rate kleinere Gesellschaften bis 20 Personen ge- eignet ist. Eines aber haben sie alle gemeinsam und das sind die wunderschön und liebevoll ein- gedeckten Tische, die die Handschrift von Senior- chefin Gisela Sanders tragen.

„Ruhe geben wir nicht", sagt die Hausherrin und Seele des Ganzen, die das Restaurant mit Sohn und Tochter hegt und pflegt. Dabei verweist sie auf den fehlenden Ruhetag und gleichzeitig auf ihre unermüdliche Emsigkeit. Vor dem Umzug nach Schoppershof hat Gisela Sanders mit ihrer Familie in Nürnberg bereits über 25 Jahre das Steakhaus „EKU-Eck" am Stresemannplatz ge- führt. Das ist Garant für die exorbitante Auswahl

Sanders Sour Cream in der Baked Potato

Das Rezept des Hauses finden Sie auf Seite 131

und die Qualität des Fleisches. „Wir gehen zu Sanders", heißt es deshalb bei den vielen Stammgästen, Geschäftsleuten und Liebhabern von Gegrilltem, wenn sie an Steaks denken. Speisekarte gibt es keine, alle Gerichte sind auf die Tisch-Sets geschrieben. Freundlich hilft der Service bei der Entscheidung mit. Bestes argentinisches „Angus-Beef" in Prime-Quality ist es, das erst vier bis sechs Wochen bei der Überfahrt auf dem Schiff reift, dann in den Kühlraum des Steakhauses kommt und dort bei null bis ein Grad noch ein wenig nachreifen darf. Alle ausgewählten Lieblingsstücke, seien es Filet-, Hüft-, Rump- oder Ribeye-Steaks sind in Größen von 180 bis

350 Gramm erhältlich. Je nach Wunsch können auch „Sonderschnitte" bestellt werden.

Am Grill stehen langjährige Mitarbeiter, die ihr Handwerk bei und von der Familie Sanders gelernt haben und die gewünschten Garstufen – bleu, english, medium rare, medium, medium well, well done – auf den Punkt bringen. Volle, saftige Rippchen, aus denen sich die Knochen wie von selbst schälen, mit einer leicht nach Honig und Chili schmeckenden Barbecuesauce, das sind die Spare Ribs in kleineren oder großen Portionen. Hat es jemand nicht so mit dem Fleisch, dem sei eines der Fischgerichte oder beispielsweise Riesengarnelen vom Grill empfohlen: außen

leicht knackig, innen zart, perfekt. Marktfrische Salate in verschiedenen Variationen und klassische Steakbeilagen wie Baked Potato oder Maiskolben mit Butter – Amerika in Franken lässt grüßen. Sogar Vegetarier finden bei der großen Beilagenauswahl auf der Karte geeignete Speisen, um ihren Appetit zu stillen.

Frische Premium-Biere passen da gut dazu. Auch die Weine, die aus aller Herren Länder kommen: Südafrika, Argentinien, Spanien, Frankreich, Chile, Kalifornien und nicht zuletzt Ausgewähltes für die Freunde der Casteller Weine aus der fränkischen Weinbergdomäne im Steigerwald. Die Edelobst-Brennerei Ziegler steht für Destillationskunst auf höchstem Niveau. Deshalb kann der Genuss eines Digestifs das Wohlbehagen nach einem guten Essen womöglich noch ein wenig steigern.

Sanders Steakhaus
Längenstraße 10
90491 Nürnberg
☎ 09 11 / 5 10 99 95
www.sanders.de

Sizilianische Lichtblicke

Das Quo Vadis, ins Deutsche übersetzt „Wohin gehst Du?", ist schon weit über 25 Jahre fester Bestandteil der Italienliebhaber-Szene in Nürnberg. Dass der alte Charme des ehemaligen Pferdestalls der Tucher nicht verloren geht und die Wurzeln trotz des stilvollen Ambientes bewahrt werden, darauf legen Giovanni Pluchino und seine Frau Giusi großen Wert.

„Ich liebe das Lokal und meine Gäste sind das Allerwichtigste", illustriert der Patrone enthusiastisch sein Leben im Ristorante. Der gebürtige Sizilianer fühlt sich fast ausschließlich der Cucina seiner Heimatinsel verbunden, die zu den ältesten und vielseitigsten Regionalküchen Italiens zählt.

und Pizza für Familien fehlen dennoch nicht. Sizilianisches Gebäck und Dolci zählen zu den farbenfrohesten und gehaltvollsten Süßspeisen der Welt – besonders Kinder lieben Giovannis eigens kreierte Nutella-Pizza als Dessert. Das passende Getränk zu all dem zu finden, ist hier das geringste Problem. Weine vom Norden bis zum Süden des italienischen Stiefels – vom einfachen weißen Lugana bis zum trockenen roten Barbaresco eignen sich begleitend zum Essen hervorragend. Das alles war dem „Michelin" ein zweites Besteck wert.

Unten befinden sich rechts und links zwei Gasträume. An der Decke zwischen den alten Fach-

🍴 **Schwertfischröllchen auf Caponata siciliana**

Das Rezept des Hauses finden Sie auf Seite 132

Die Zubereitung ist unkompliziert, geprägt von den reichhaltigen Erträgen der Landwirtschaft und des Fischfangs. Deshalb werden im Ristorante neben Gemüse viel Fisch und Meeresfrüchte serviert: Jakobsmuscheln, Langostinos, Vongole, Oktopus in pikanter Sauce, ein Pulposalat mit Meeresalgen, heute, „oggi", aber auch einmal ein Rinderfilet mit getrockneter Cherry-Tomaten-Kruste, nach Originalrezepten aus Sizilien. Pasta

werkbalken ist Leinen gespannt, das ein Nürnberger Künstler vor Jahren bunt bemalt hat. In der Stube im oberen Geschoss aber sind die Fresco-malereien ganz in Blau gehalten. Immer wieder anders die Dekorationen, die von Giusi liebevoll je nach Jahreszeit auch im schönen mediterranen Garten vor dem Haus inszeniert werden: Der hell erleuchtete Schweifstern am Eingang des Quo Vadis zu Weihnachten ist schon Kult.

🏠 Ristorante Quo Vadis
Elbingerstraße 28
90491 Nürnberg
☎ 09 11 / 51 55 53
www.ristorante-quovadis.de

Cafe A-kulina

Widerstand zwecklos

🍴 **Käse-Mango-Torte**

Das Rezept des Hauses finden Sie auf Seite 132

In sieben „Zeilen"-Reihen hinter dem Egidienkloster nahe dem Maxtor erbaute die Reichsstadt Nürnberg 1488 eine Anzahl von Wohn- und Werkshäusern. Sie sollten seinerzeit Weber aus der Textil-Hochburg Augsburg anlocken, die dem Webersplatz dann auch seinen Namen gaben. Im April 2007 wurde im Haus Nr. 5 das kleine Cafe A-kulina eröffnet, das mittlerweile zu einer festen Institution im Universitäts-Viertel geworden ist. Die moderne Lokalität trifft den Trend der Zeit, mit hellem Holz, schokobraunen Wänden, bequemen, rot gepolsterten Stühlen und Bänken. Im Sommer sind draußen vor der Tür eine Handvoll Tische mit Stühlen aufgestellt, an denen nicht nur Studenten einen aromatischen Kaffee oder Tee trinken.

„Ich bin ein ewig Suchender", sagt der autodidaktische Kuchenbäcker Alexander Fries, der sein Hobby zum Beruf gemacht hat, „habe immer geschaut, was in der Welt gebacken wird". So hat er seine eigenen Vorstellungen von Kuchen und Torten umgesetzt, hat Rezepte durchprobiert und sich überlegt, was er „dazu noch im Kopfe trägt". Im Cafe A-kulina sucht man deshalb vergeblich nach „Standard-Kuchen". Da entstehen wunderbare Hochzeitstorten nach Maß, beispielsweise im Stil eines Brautkleides. Innovative Inspirationen holt er sich in Frankreich, Russland und Amerika. Seine Frau Maria Pak führt das moderne Café und offeriert die tagesfrischen Gebäcke zum Aussuchen in der hellen Glasvitrine. Jeden Tag gibt es mittags ein einziges, aber immer anderes Gericht – frisch aus überwiegend regionalen Lebensmitteln zubereitet – und kleine Snacks für das bunt gemischte Kundenvölkchen.

Alles ist selbstgemacht. Auch das gesunde Essen, das Alexander Fries und sein Team den Kids in Nürnberger Kindergärten und Schulen bringt. Oder die frisch zubereiteten Speisen des A-kulina-Caterings, das aus der Küche „um die Ecke" einen kompletten Partyservice außer Haus bietet. Schlemmen und feiern können Gäste aber auch im firmeneigenen Event-Raum für Feierlichkeiten bis zu 50 Personen – den stimmungsvollen Innenhof inbegriffen.

Cafe A-kulina ⌂
Webersplatz 5
90403 Nürnberg
☎ 09 11 / 23 73 91 11
www.a-kulina.de

Cook & Look

Abheben und wegfliegen, das kann man gut und gerne auf dem internationalen Flughafen Nürnberg – Frankens Tor zur Welt. Eingebettet in die ackerbaulichen Flächen des südlichen Knoblauchslandes ist es der zweitgrößte Flughafen in Bayern. Wen das Fernweh nicht so plagt, der kann dort auch „nur" kulinarisch bestens abheben: In der durchsichtigen Glas-Stahl-Konstruktion des Passagierterminals zeigt das neu renovierte Mövenpick-Restaurant mit seiner offenen Frontcooking-Küche Transparenz und Action.

Schon über 20 Jahre sind die Schweizer Gastgeber hier und bieten ihre internationalen Mövenpick-Klassiker und eine vielfältige Auswahl an lokalen und saisonalen Speisen für die ganze Familie. Beim einmaligen Ausblick auf die Start-und Landebahn gilt bis abends zehn Uhr das Credo „Genuss bereiten", „Verwöhnen dürfen" und „Echtes pflegen". Um „zu wissen, wo's herkommt" arbeitet der Betriebsdirektor Udo Weber mit den umliegenden regionalen Erzeugern zusammen, deren kurze Wege bis zur Küche absolute Frische versprechen. Das gilt auch für das Mittags-Buffet, an dem sich nicht nur Eilige bedienen dürfen. Gute und „ehrliche" Weine aus dem Mövenpick-Repertoire und den fränkischen Weingebieten, wie beispielsweise der Domäne Castell, bringen die höflichen Service-Mitarbeiter flink auf den Tisch. Sieben Konferenzräume mit jeweils bis zu 200 Gästen können unter dem Motto „Meet & Dine" mit allem verköstigt werden, was Mövenpick offeriert.

🍴 **Schweizer Hähnchen mit knusprigem Gemüserösti**

Das Rezept des Hauses finden Sie auf Seite 133

Unten in der Ladenstraße, zwischen Terminal 1 und 2, genießen wartende Reisende das beliebte Frühstück der dazugehörigen Marché Natur-Bäckerei und können beim Herstellen von saisonalen, variantenreichen Brotsorten und der hausgemachten Brezen zuschauen. Noch warm gegessen sind „Rollbrote" eine exklusive Spezialität: ausgewalkter Brotteig mit Schinken, Käse oder beispielsweise Spargel gefüllt, eingerollt und frisch gebacken – ein ganz besonderer Genuss.

🏠 **Mövenpick Restaurant**
Airport Nürnberg
Flughafenstraße 100
90411 Nürnberg
☎ 09 11 / 95 28 60
www.marche-international.com

Kalbsfilet im Kräutermantel auf Lauchgraupenrisotto

Schindlerhof Hotel-Restaurant, S. 85

Zutaten für 4 Personen

Kalbsfilet *600 g Kalbsfilet (küchenfertig vom Metzger) | 1 Bd. Schnittlauch | 1 Bd. Petersilie | ½ Bd. Estragon | ½ Bd. Thymian | ½ Bd. Rosmarin | Frischhaltefolie | Salz, Pfeffer*
Graupenrisotto *120 g Graupen | 1 Bd. Frühlingslauch | 1 EL geriebener Parmesan | 250 ml Geflügelfond | 2 Schalotten | 1 EL Olivenöl*
Dekoration *12 Kirschtomaten*

Zubereitung

Den Backofen bei Umluft auf 100 Grad vorheizen. Schnittlauch, Petersilie, Estragon, Thymian und Rosmarin fein hacken und miteinander vermengen. Das Kalbsfilet in vier gleich große Stücke schneiden. Vier Bahnen Frischhaltefolie so zuschneiden, dass je eines der vier Kalbsfiletstücke darin eingerollt werden kann und noch Luft zum Verknoten ist. Die gehackten Kräuter auf den Frischhaltefolien verteilen, sodass Länge und Breite dem Kalbsfiletstück entsprechen. Das Kalbsfilet einrollen und die Folie an den Enden verknoten. Die Rollen bei 100 Grad für 35 Minuten auf einem Backblech in den Backofen geben.

In der Zwischenzeit die Schalotten in Würfel schneiden und in dem Olivenöl glasig anschwitzen. Anschließend die Graupen hinzufügen und nach und nach mit dem Geflügelfond aufgießen. Eine kleine Restmenge des Fonds aufbewahren.

Den Frühlingslauch in Ringe schneiden. Die grünen Ringe in einen hohen Becher geben, mit dem Rest des Geflügelfonds aufgießen und mit einem Pürierstab mixen. Die Paste mit dem gehobelten Parmesan vermengen. Das Risotto von der Herdplatte nehmen. Die Paste und die weißen Lauchringe dem Risotto zufügen. Das Risotto anschließend nicht mehr auf die Herdplatte stellen.

Das Kalbsfilet aus dem Ofen nehmen. Den Ofen auf 180 Grad aufheizen. Die Kirschtomaten auf ein Blech geben und für circa 5 Minuten (bis sie aufplatzen) in den Backofen geben. Das Kalbsfilet aus der Folie nehmen und die Endstücke abschneiden. Mit Salz und Pfeffer würzen. Das Risotto mit dem Kalbsfilet auf einem tiefen Teller anrichten. Mit den Kirschtomaten garnieren.

Nürnberger Bratwurst „Blau"

Metzgerei Meyer, S. 86

Zutaten für 4 Personen

30 Nürnberger Bratwürste | ¼ l Essig | 4 große Zwiebeln | ⅜ l Frankenwein | 3 Lorbeerblätter | 10 g Pfefferkörner | 10 g Wacholderbeeren | 10 g Senfkörner | 1 Prise Zucker | Salz

Zubereitung

750 Milliliter Wasser mit dem Essig zum Kochen bringen.
Zwiebeln schälen, in Ringe schneiden und in das kochende Wasser geben, weich kochen lassen.
Wein und Gewürze zum Zwiebelsud geben und etwa 20 Minuten leicht köcheln lassen. Topf von der Herdplatte nehmen und die Bratwürste hineinlegen. Im geschlossenen Topf etwa 10 bis 15 Minuten ziehen lassen.
Die „Blauen Nürnberger" mit dem Sud und Zwiebeln servieren, dazu dunkles Bauernbrot reichen.

Terrine von Pfifferlingen mit Taubenbrust

Restaurant Schäfer, S. 89

Zutaten für 4 Personen

1 l geklärte Rinderconsommé | *Weißweinessig* | *Schnittlauch* | *1 kg frische Pfifferlinge* | *16 Blatt Gelatine* | *4 Taubenbrüste* | *Öl zum Anbraten*

Zubereitung

Schnittlauch fein schneiden, Pfifferlinge putzen und kurz in Öl anbraten. Die Gelatine einweichen. Taubenbrüste ohne Haut kurz in Öl anbraten und dann bei 90 Grad 10 Minuten im Backofen garen. Die Consommé mit etwas Weißweinessig abschmecken. Die eingeweichte Gelatine in der heißen Consommé lösen und dann etwas abkühlen lassen. Schnittlauch hinzugeben. Die Pfifferlinge in eine Terrinenform geben und circa zur Hälfte damit befüllen, mit der Consommé aufgießen. Eventuell noch etwas Schnittlauch hinzugeben. Die Taubenbrüste der Länge nach mittig in die Form legen, die restliche Terrinenform mit Pfifferlingen auffüllen und dann mit der Consommé langsam komplett aufgießen. Zum Schluss kalt stellen.

Schoko-Bananen-Kuchen

Süße Freiheit, S. 90

Zutaten für 1 Kuchen

Teig *5 Eigelb* | *125 g Zucker* | *200 g gemahlene Haselnüsse* | *5 Eiweiß*
Belag *5–6 halbierte Bananen* | *125 ml Sahne* | *200 g Schokoladenchips, zartbitter aus der Süßen Freiheit* | *300 ml geschlagene Sahne*

Zubereitung

Eigelb und Zucker schaumig rühren. Das Eiweiß steif schlagen. Die Haselnüsse und das Eiweiß vorsichtig unter die Masse heben und das Ganze in einer Springform bei 180 Grad circa 20 Minuten backen.
Die Bananen auf den Kuchen legen. Die Schokoladenchips in die Sahne geben und in einem Topf langsam schmelzen. Diese Masse über die Bananen streichen, abkühlen lassen und dann die geschlagene Sahne obenauf streichen.

Taube im Kartoffelmantel auf jungem Salat

⬒ Romantik Hotel Gasthaus Rottner, S. 93

Zutaten für 4 Personen

Taube *4 Taubenbrüste* **|** *24 dünne Kartoffelscheiben oder 160 g grobe Kartoffelraspeln (Vierkantreibe)* **|** *4 Salbeiblätter* **|** *Junger Salat (Spinat, Rote Rübe, Eichblatt, Frisée, Rucola, Kerbel, Petersilie, Bärlauch)* **|** *Salz, Pfeffer* **|** *Butter zum Braten*

Salatmarinade *⅛ l Gemüsebrühe* **|** *1 TL mittelscharfer Senf* **|** *Olivenöl, Traubenkernöl, Walnussöl, Rapsöl, Kürbiskernöl, Sherryessig, Balsamicoessig – Verhältnis Öl:Essig 3:1* **|** *Salz, Pfeffer* **|** *Zucker*

Zubereitung

Aus den Ölen und Essigen mit Brühe und Senf eine Marinade mixen (am besten mit dem Pürierstab). Mit Salz, Pfeffer und Zucker abschmecken.

Die Tauben salzen und pfeffern. Die Kartoffelscheiben überlappend ausbreiten und das Salbeiblatt ans untere Ende legen. Die Taubenbrüste darin einwickeln oder in die Raspeln eindrücken. Nochmals salzen und pfeffern. In schäumender Butter knusprig (medium) braten und warm stellen.

Die Salate „roh" mittig auf dem Teller platzieren und mit der Marinade beträufeln. Die Taubenbrüste schräg aufschneiden und gefällig obenauf setzen. Mit Kerbel garnieren.

Weißbierparfait

⬒ Lederer Kulturbrauerei, S. 94

Zutaten für 8 Personen

4 Eigelb **|** *1 Ei* **|** *100 g Zucker* **|** *150 ml Weißbier* **|** *250 g Sahne* **|** *3 Blatt Gelatine* **|** *3 Eiweiß* **|** *600 g dunkle Schokolade*

Zubereitung

Eier und Zucker über dem Wasserbad aufschlagen und auf Eiswasser wieder kalt schlagen.

Dunkle Schokolade schmelzen und unter die aufgeschlagene Eimasse rühren. Gelatine auflösen und ebenfalls unterrühren.

Dann das Bier zugeben, die Sahne schlagen und vorsichtig unterziehen. Über Nacht gefrieren lassen.

Auf der Haut gebratener fränkischer Zander mit Apfel-Lauch-Gemüse

 Wahler Partyservice Metzgerei, S. 100

Zutaten für 2 Personen

2 Zanderfilets mit Haut | *½ Orange* | *1 Knoblauchzehe* | *1 TL Butterschmalz* | *500 g Lauch* | *1 Apfel* | *1 TL Butter* | *75 ml Sahne* | *Kräutersalz* | *Muskat* | *Cayennepfeffer* | *Salz, Pfeffer*

Zubereitung

Die Zanderfilets abspülen, trocken tupfen und halbieren. Die Haut diagonal leicht einschneiden. Die halbe Orange auspressen. Den Lauch längs halbieren und in kleine Würfel schneiden, die Lauchstücke gut waschen und trocken schütteln. Den Apfel schälen, entkernen und fein würfeln.

Die Butter in einem weiten Topf zerlassen und den Lauch darin bei mittlerer Hitze anschwitzen. Danach die Apfelstücke zugeben und kurz mitbraten. Das Ganze mit Salz und Pfeffer würzen und die Sahne angießen. Auf kleiner Flamme einköcheln lassen.

In der Zwischenzeit die Filets auf der Fleischseite mit dem Orangensaft beträufeln, mit Kräutersalz und Pfeffer würzen. Die Knoblauchzehe mit Schale mit einem Küchenmesser platt drücken. Butterschmalz in einer Pfanne bei großer Hitze zerlassen, die Knoblauchzehe zugeben. Danach die Fischfilets mit der Hautseite nach unten hineinlegen und die Temperatur sofort auf kleine Flamme zurückschalten. Den Zander – ohne ihn zu wenden – circa fünf Minuten garen. Dann die Pfanne vom Herd ziehen, die Zanderfilets vorsichtig wenden und in der heißen Pfanne ruhen lassen. Das Gemüse mit Salz, Pfeffer, Muskat und einem Hauch Cayennepfeffer abschmecken und auf den Tellern anrichten. Die Zanderstücke darauf platzieren und servieren.

💡 Dazu schmecken neue Kartoffeln, Reis oder einfach Baguette oder man kann den Zander auch wie auf der Abbildung nur mit einem frischen Salat genießen.

Krautwickerl von Lachs und Zander in Franken-Riesling-sauce mit Rotweinschalotten

Restaurant Arve im Arvena Park Hotel, S. 103

Zutaten

Krautwickerl *400 g Zanderfilet* | *200 g Lachsfilet* | *4 Blätter Weißkraut* | *Butter* | *etwas Weißwein* | *Salz, Pfeffer*
Sauce *50 ml Frankenriesling* | *200 ml Fischfond* | *100 ml Sahne* | *Zitronensaft* | *1 Thymianzweig* | *Salz, Pfeffer*
Rotweinschalotten *4 Schalotten* | *100 ml Rotwein* | *50 g Butter*

Zubereitung

Die Weißkrautblätter in Salzwasser circa 5 Minuten dünsten und dann in Eiswasser abschrecken. Danach auf einem Küchentuch trocken legen. In das Zanderfilet längs eine Tasche einschneiden, aufklappen und leicht flach klopfen. Das Lachsfilet daumendick im Zanderfilet einwickeln, leicht salzen und pfeffern.

Die Fischroulade mit den Krautblättern umwickeln, in eine feuerfeste, gebutterte Auflaufform setzen und mit ein wenig Weißwein angießen. Im Ofen bei 180 Grad circa 15 Minuten garen.

Für die Sauce den Riesling und Fischfond mit dem Thymianzweig und Zitronensaft auf ein Drittel der Menge einkochen lassen, mit Sahne aufgießen und mit Salz und Pfeffer würzen.

Die Schalotten in feine Würfel schneiden, in Butter anglasieren und mit Rotwein langsam weich köcheln lassen.

💡 Als Beilage eignet sich Kartoffelpüree und zur Garnitur eine kross gebratene Speckscheibe.

Kabeljaufilet mit wildem Spinat

🗒 Restaurant Tang, S. 106

Zutaten für 4 Personen

Kabeljaufilet *450 g Kabeljaufilet* | *200 g Wilder Spinat* | *1 Block Tofu* | *1 rote Chilischote* | *15 g Ingwer* | *1 Bd. Frühlingszwiebeln (nur das Weiße)* | *1 Zweig Koriander* | *¼ TL Salz* | *¼ TL Pfeffer* | *1 EL Kartoffelstärke* | *6 EL Austernsauce-Mix* | *150 ml Sonnenblumenöl*
Austernsauce-Mix *150 ml Austernsauce* | *100 ml helle Sojasauce* | *150 ml dunkle Sojasauce* | *50 ml chinesischer Reiswein* | *1 EL Zucker*

Zubereitung

Den Spinat blanchieren und in kaltem Wasser abschrecken. Danach kurz abtropfen lassen. Aus dem Tofu mit einem Ring vier runde Scheiben (circa 4 bis 5 Zentimeter Durchmesser und 1 Zentimeter dick) ausstechen. Die Chilischote, den Ingwer und die Frühlingszwiebeln in feine Julienne schneiden. Das Kabeljaufilet in vier Stücke schneiden und in einer Mischung aus Salz, Pfeffer, Kartoffelstärke und Eiweiß circa 15 Minuten lang marinieren. Für den Austernsauce-Mix alle angegebenen Zutaten vermengen. Kabeljau, Spinat, Tofu und Austernsauce-Mix in einem Dampftopf (oder Kombiofen) 4 bis 5 Minuten lang dämpfen.

Inzwischen das Sonnenblumenöl erhitzen. Die Tofuscheiben, den Spinat und den Fisch auf vier Teller verteilen und aufeinanderstapeln. Anschließend jeweils 1,5 Esslöffel Austernsauce-Mix darübergeben. Die Frühlingszwiebel- und Ingwerstreifen auf den Fisch legen und circa 2 Esslöffel sehr heißes Öl darübergießen. Mit Koriander und Chilischotenstreifen garnieren.

Geschmorte Kalbsbäckchen in Frankenrotweinsauce mit Kartoffel-Sellerie-Püree und glacierten Vanille-Karotten

🗒 Landgasthof-Hotel Gentner, S. 109

Zutaten für 4 Personen

Kalbsbäckchen *8 Kalbsbäckchen* | *2 EL Butterschmalz* | *500 g Wurzelgemüse (Zwiebeln, Sellerie, Karotten)* | *1 EL Tomatenmark* | *300 ml Rotwein* | *1 l dunkler Kalbsfond* | *1 Knoblauchzehe* | *1 Thymian- und Rosmarinzweig* | *10 Pfeffer- und 10 Korianderkörner* | *1 Sternanis* | *2 Pimentkörner* | *2 Lorbeerblätter* | *Salz* | *evtl. Kartoffelstärke zum Binden der Sauce* | *Küchengarn*
Kartoffelpüree *500 g Kartoffeln* | *40 g Butter* | *150 ml Sahne* | *Salz* | *Muskat*
Selleriepüree *1 Knolle Sellerie* | *60 g Sahne* | *40 g Butter* | *1 Prise Salz, Pfeffer* | *Muskat*
Vanille-Karotten *5 große Karotten* | *50 g Butter* | *50 ml weißer Portwein* | *15 g Salz* | *20 g Zucker* | *2 Estragonzweige* | *1 Vanilleschote*

Zubereitung

Die Kalbsbäckchen vom Fett befreien und mit Salz würzen. In vier Portionen aufteilen, dann je zwei Fleischscheiben aufeinanderlegen und fest zu einem Päckchen binden. Im Bräter rundherum in Butterschmalz anbraten und das klein geschnittene Wurzelgemüse dazugeben. Das Gemüse rösten und Tomatenmark zufügen, nach und nach mit Rotwein ablöschen, den Kalbsfond und die Gewürze zufügen. Im Ofen bei 200 Grad zugedeckt etwa 1 ½ bis 2 Stunden schmoren, bis das Fleisch saftig weich ist. Die Kalbsbäckchen herausnehmen und warm stellen. Den Saucenfond auf ein Drittel einkochen, durch ein Sieb passieren und je nach Konsistenz mit Kartoffelstärke abbinden.

Für das Püree die Kartoffeln schälen, im Wasser weich kochen, dann heiß durch die Presse passieren. Mit Muskat, Salz und Butterflocken zusammenrühren. Nach und nach kochend heiße Sahne einrühren. Den Sellerie waschen und schälen, in Würfel schneiden und im Salzwasser kochen. Den weich gekochten Sellerie über einem Sieb abgießen und in einem Küchentuch ausdrücken. Nun die Masse im Mixer mit Sahne und Butter pürieren. Mit Pfeffer und Muskat abschmecken und mit dem Kartoffelpüree mischen.

Für die Vanille-Karotten die Karotten schälen und in gleichmäßige Stifte schneiden. In Butter anschwitzen, Salz, Zucker, Estragon und eine aufgeschnittene Vanilleschote dazugeben. Das Ganze mit weißem Portwein ablöschen und kurz köcheln lassen. 250 Milliliter Wasser angießen, kochen lassen, bis die Karotten weich sind und anschließend die Flüssigkeit abgießen.

Nierle geschnetzelt süßsauer mit Kartoffelkrusteln

⌂ Doktorshof, S. 112

Zutaten für 1 Person

Nierle 170 g Schweinenierle | 50 ml Nürnberger Glühwein | 50 ml Brühe |
¼ Saucenlebkuchen | Butterschmalz zum Anbraten | Salz, Zucker, Essig,
süßer Senf, Rahm nach Geschmack | Petersilie
Kartoffelkrusteln 160 g Nürnberger Kloßteig | Ei | Muskat | 1 Prise Salz |
Fett zum Ausbacken

Zubereitung

Den Saucenlebkuchen grob zerkleinern und in etwas heißem Wasser einweichen.
Frische Nierle in Streifen schneiden und in Butterschmalz anbraten. Nach dem
Anbraten entstandene Flüssigkeit abgießen. Mit Nürnberger Glühwein ablöschen und Brühe dazugeben. Lebkuchenmasse unterrühren und kurz einreduzieren lassen. Mit Salz, Zucker, Essig und süßem Senf abschmecken, eventuell
noch etwas Glühwein dazugeben, mit etwas Rahm verfeinern, mit gehackter
Petersilie servieren.
Für die Kartoffelkrusteln den Kloßteig mit einem Ei, Muskat und einer Prise Salz
verfeinern. Aus der Masse mit den Fingern Nocken zupfen und in schwimmendem Fett herausbacken.

Sanders Sour Cream in der Baked Potato

⌂ Sanders Steakhaus, S. 117

Zutaten für 4 Personen

4 große Kartoffeln | 250 g Quark (20%) | 125 g Sauerrahm | 8 g Jod- oder
Meersalz | 5 g Zwiebelpulver | 10 ml Zitronensaft | Dill | Schnittlauch

Zubereitung

Die Kartoffeln gründlich waschen, einzeln auf eine Alufolie geben und fest in
die Folie einpacken. Im vorgeheizten Backofen auf 250 Grad etwa 60 Minuten
backen. Die Kartoffeln sollten dann weich sein. Um dies zu prüfen, mit einer
Gabel einstechen: Wenn das leicht gelingt, ist die Kartoffel gar.
Die Kartoffeln aus dem Ofen nehmen, die Folie öffnen und jede Kartoffel
einzeln mit einem Messer kreuzweise in der Mitte einschneiden. Für die Sour
Cream den Quark, Sauerrahm, Salz, Zwiebelpulver und Zitronensaft gut
miteinander verrühren, den frischen Dill und Schnittlauch klein hacken und
beimengen. Dann die Sour Cream auf die Kartoffeln geben und servieren.

Schwertfischröllchen auf Caponata siciliana

▭ Ristorante Quo Vadis, S. 121

Zutaten für 4 Personen

Schwertfischröllchen *9 dünne Scheiben Schwertfisch à ca. 90 g* | *1 EL Rosinen* | *2 EL Pinienkerne* | *2 Sardellenfilets in Öl* | *1 Bd. Petersilie* | *2 Knoblauchzehen* | *5 EL Olivenöl* | *frische Minze* | *3 EL Pecorino oder Parmesan, frisch gerieben* | *4 EL Semmelbrösel* | *1 große Zitrone* | *4 frische Lorbeerblätter* | *Cherrytomaten* | *etwas Weißwein* | *Salz, Pfeffer*
Caponata siciliana *2 weiße oder rote Zwiebeln, in Streifen geschnitten* | *2–3 Knoblauchzehen, geschält* | *4 aromatische Tomaten* | *1 rote Paprikaschote* | *2 EL gesalzene Kapern, gewässert* | *8 grüne italienische Oliven, entsteint* | *1 Stängel Staudensellerie, in feine Scheiben geschnitten* | *2–3 EL Zucker* | *5–6 EL milder Rotweinessig oder Aceto Balsamico Bianco* | *2 EL gehackte Basilikumblätter* | *1 EL gehackte Minze* | *Olivenöl* | *Salz, Pfeffer aus der Mühle*

Zubereitung

Pinienkerne ganz fein hacken. Die Sardellen abtropfen lassen und gleichfalls fein hacken. Petersilie und Minze waschen, Knoblauch schälen. Alles ebenfalls sehr fein hacken. Anschließend mit 2 Esslöffeln Olivenöl mischen. Eine Scheibe des Schwertfisches in kleine Würfelchen schneiden. Die Sardellen mit einer Gabel zerdrücken. Schwertfischwürfelchen und Sardellen mit den Rosinen vermischen. Danach Käse und Semmelbrösel hinzufügen und alles zusammen zu einer glatten Masse verrühren. Mit Salz und Pfeffer abschmecken. Die Schwertfischscheiben mit der Masse bestreichen, dann aufrollen und mit Zahnstocher feststecken. Olivenöl in der Pfanne erhitzen, die Schwertfischröllchen darin anbraten. Knoblauch, Lorbeerblätter, etwas Zitronensaft und Cherrytomaten dazugeben und mit Weißwein ablöschen.
Für die Caponata siciliana das Olivenöl erhitzen. Zwiebeln glasig dünsten, Paprika, Knoblauch und Staudensellerie zugeben und alles leicht anbraten. Den Strunk und die Kerne aus den Tomaten entfernen, grob würfeln und dazugeben. Kapern und Oliven beifügen, etwas köcheln lassen. Wenn das Ganze anzubrennen droht, etwas Wasser dazugeben. Nach ein paar Minuten Zucker und Essig einrühren, alles weiter einkochen lassen. Das Gemüse soll mit einer glänzenden Sauce überzogen sein. Kräuter einrühren, salzen und pfeffern. Die Schwertfischröllchen darauf anrichten.

Käse-Mango-Torte

▭ Cafe A-kulina, S. 122

Zutaten (für 26 cm ø)

700 g Frischkäse | *220 g Zucker* | *4 Eier* | *300 g Mango, püriert (ca. 2 Mangos)* | *250 g Sauerrahm* | *250 g Kekse für den Boden* | *Butter*

Zubereitung

Den Keksboden vorbereiten (grob zerkleinerte Kekse mit ein wenig Butter vermischen und in die Form geben). Frischkäse mit Zucker verrühren, nach und nach Eier einrühren. Das Mangopüree und den Sauerrahm einarbeiten. Die Masse in die Form geben und im Backofen bei 170 Grad circa 70 Minuten backen. Danach abkühlen und über Nacht im Kühlschrank auskühlen lassen.

Schweizer Hähnchen mit knusprigem Gemüserösti

Mövenpick Restaurant, S. 125

Zutaten für 4 Personen

Hähnchenbrust *600 g Hähnchenbrust* | *80 g Zwiebeln* | *1 großer Apfel* |
300 g Kräuterseitlinge | *20 ml Öl* | *30 ml Weißwein* | *100 ml Schlagsahne* |
Majoran | *Salz, Pfeffer*
Gemüserösti *800 g festkochende Kartoffeln* | *50 g Karotten* | *50 g Lauch* |
50 g Sellerie | *100 g Butterschmalz* | *Muskat* | *Salz, Pfeffer*

Zubereitung

Zwiebeln fein würfeln. Kräuterseitlinge putzen, erst halbieren, dann vierteln.
Äpfel schälen, entkernen und in Spalten schneiden. Hähnchenbrüste in Streifen
schneiden und mit Salz und Pfeffer würzen. Öl in einer Pfanne erhitzen. Das
Fleisch darin bei starker Hitze zwei Minuten scharf anbraten, herausnehmen.
Pilze in die Pfanne geben und eine Minute braten. Danach Zwiebeln und Äpfel
zugeben und eine weitere Minute braten. Mit Weißwein ablöschen und vollständig einkochen lassen. Schlagsahne zugeben, aufkochen und cremig
einkochen lassen. Mit Salz und Pfeffer würzen. Das Fleisch in der Sauce erhitzen
und eventuell nachwürzen. Mit etwas Majoran bestreuen.
Für die Gemüserösti Kartoffeln mit der Schale im Salzwasser gut bissfest – nicht
zu weich – kochen, abkühlen lassen, schälen und in Streifen raspeln. Gemüse
waschen, schälen und in feine Streifen schneiden. Beides miteinander vermengen und mit Salz, Pfeffer und Muskat abschmecken. Die Rösti in der Pfanne in
heißem Butterschmalz von beiden Seiten goldgelb braten, mit dem Hähnchen
anrichten und servieren.

Lauf an der Pegnitz

Teil des Gauklerbrunnens auf dem Grünen Markt in Fürth

Alter Jüdischer Friedhof, Fürth

Draußen auf dem Land

Da geht die Sonne auf. Das tut sie besonders schön über den sanften Hügeln der Frankenalb, einem Landstrich voll fränkischer Lebensart. Sprudelnde Quellbäche, dunkle Höhlen, verwinkelte Felsenlabyrinthe und bizarre Kalkgesteine sind ein Naturschauspiel für sich. Im Frühling und Sommer prägt die volle Blüte auf den Streuobstwiesen das einmalige Panorama. In den weiten Waldlandschaften verstecken sich fränkische Schiefertrüffel, wächst der Lämmersalat, ein gefährdetes Wildkraut und ein geschützter Schmetterling mit dem umständlichen Namen Wiesenknopf-Ameisenbläuling umflattert seltene Orchideenarten. Friedliche Lamas stehen in Henfenfeld überraschend auf der Weide, bereit, Sommerfrischler auf eine ungewohnte Wanderung mitzunehmen. Kirchsittenbach zählt mit seinen idyllischen Ortschaften zu den landschaftlich schönsten und ruhigsten Orten der fränkischen Alb. Schmuck hier die Fachwerkhäuser, sehenswert die stattlichen Burgen und Festungen, steinern die Martersäulen als beeindruckende Flurdenkmäler. In dieser Gegend feiert jedes Dorf seine eigene „Kärwa", das Kirchweihfest zum jeweiligen kirchlichen Kalendertag – da kann man schon mal den Überblick verlieren. Hier steht auch die Wiege der „Osterbrunnen", eines der schönsten Brauchtümer überhaupt. Das Schmücken – oder fränkisch „Putzen" eines Osterbrunnens kam in früheren Zeiten einer heiligen Handlung gleich. Heute sind sie wunderbarer Blickfang rund um die alten Dorfbrunnen und Kreuzesgruppen.

Hinunter nach Hersbruck, Zentrum der Gesundheitsregion Hersbrucker Schweiz, das mit dem Deutschen Hirtenmuseum und einer großartigen Oldtimer-Sammlung kulturelle Nostalgie bietet. Auf dem neugotischen Wasserschloss Reichenschwand „ging es schon immer zünftig zu". Liebevoll restauriert ist es heute samt Park wieder für die Öffentlichkeit zugänglich. Alte Klostermauern mit zwei erhaltenen Toren zeugen von einer langen Geschichte des Klosterdorfes Engelthal im Hammerbachtal. Am Fuße des 606 Meter hohen Moritzberges liegt Leinburg: Zahlreiche Wander- und Radwege sorgen für Vitalität und Gesundheit. „Laff" (Lauf) an der Pegnitz beeindruckt mit einer sehenswerten Altstadt rund um den Marktplatz und mit

Bauernhaus in Kleedorf

Bauernhaus in Kleedorf

Stadttor, Lauf

seinem Industriemuseum als ein industriegeschichtliches Kulturdenkmal ersten Ranges. Das dort ansässige Dehnberger Hof Theater präsentiert sich als ältestes privat geführtes Theater in der Nürnberger Region.

Die Burgstadt Hilpoltstein am Rothsee ist neben vielen umliegenden Mühlen auch reich an Ortsteilen: Auf der anderen Seite der Autobahnausfahrt der A9 befindet sich Sindersdorf mit der Kirche St. Walburga und ihrem frühgotischen Turm. Abenberg mit seiner weithin sichtbaren Burganlage liegt an der „Via Historica", einer etwa 130 Kilometer langen Rundtour. Beginnend in der Kreisstadt Roth verläuft sie in Richtung Westen nach Abenberg und führt dann gegen Süden durch das Fränkische Seenland.

Nicht gleich nebenan, sondern ein bisschen weiter nördlich liegt die „Kleeblattstadt" Fürth. Fürth erfreut seine Anwohner und Gäste mit einer frischen Brise von allem: einem unaufdringlichen, aber spannenden Kulturangebot wie dem Theater und dem Stadtmuseum Ludwig Erhard, mit über 2 000 Baudenkmälern,

dem Platz „Fürther Freiheit" – an dem 1835 mit dem „Adler" die erste Eisenbahn Deutschlands ankam –, mit der Gustavstraße als Mittelpunkt der Kneipenszene. Bemerkenswert ist aber auch der 1607 angelegte alte jüdische Friedhof, der als wichtigstes erhaltenes Zeugnis der langen jüdischen Geschichte der Stadt gilt.

In nördlicher Richtung liegt der kleine Weiler Herbolzhof. Hier wird seit 1630 und bis heute fränkischer Tabak angebaut. Das klimatisch bevorzugte Gebiet ist auch das Gesicht des Knoblauchlandes, nicht nur die „grüne Lunge" im Ballungsraum Nürnberg. Der über tausendjährige bäuerliche „Gemüsegarten" besitzt auch wertvolle Kulturdenkmäler. Scharfgeschnittene Silhouetten der langgestreckten Rodungsdörfer zeichnen sich noch immer ab. Wuchtige Steinkreuze und hoch aufragende Martersäulen erinnern an die religiöse Bindung der Menschen im Mittelalter.

Stattliche Barockbauernhöfe zeugen vom Wohlstand und vom Selbstbewusstsein ihrer Erbauer.

Manchmal scheint die Uhr stehengeblieben zu
sein bei den typisch fränkischen Bauernhäusern
rund um die großflächige Weiherlandschaft auf
dem Weg nach Erlangen. Nicht nur Einge-
weihte, denen Heimat- und Landesgeschichte
am Herzen liegen, kennen diese kleinen Ge-
meinden. Bei Kosbach führt ein Weg in den
Wald, der zugleich als Karpfen-Radweg gekennzeichnet ist. Er führt zum „Kosbacher Altar", der
sich seitlich eines runden Grabhügels befindet,
mit acht weiteren noch aus der keltischen Be-
siedlung Frankens stammend. Weiter geht es
nach Erlangen, der nach französischem Vorbild
erbauten Hugenottenstadt. „Gesundes Wachs-
tum" rund um die hoch angesehene Universi-
tät: Jeder Vierte arbeitet im Bereich Pharma
und Medizin.

Das „Kirschendorf" Kalchreuth liegt auf einem
Höhenrücken des Sebalder Reichswaldes. Nicht
weniger als elf Gasthäuser bitten hier friedlich
nebeneinander zur „Schäufele"-Promenade.
Heroldsberg, ein paar Kilometer weiter, weist
beachtliche Höhenunterschiede auf. Die älteste
Darstellung des historischen Dorfkerns stammt
von keinem Geringeren als Albrecht Dürer: Er
fertigte 1510 die Federzeichnung „Das Kirchdorf" für die befreundete Patrizierfamilie Geu-
der an.

Hier in der Nähe wurde 1837 auch der erste Di-
nosaurier Deutschlands gefunden – alles in allem eine interessante fränkische Welt.

Hersbruck

Fernweh-Küche für kulinarische Globetrotter

Hotel Restaurant
Burg Abenberg

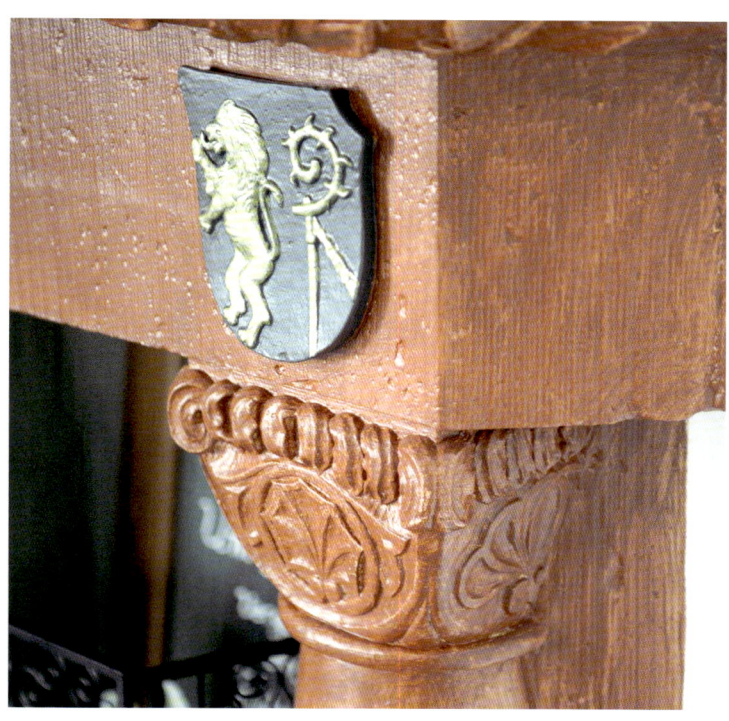

Wetterleuchten über der Burg. Schon von Weitem ist der turmreiche und trutzige Bau der mittelalterlichen Burg Abenberg sichtbar, die hoch über der gleichnamigen Stadt im fränkischen Seenland thront. Inmitten großartiger Natur hat sie allen Stürmen der Zeit widerstanden. Wer den „sagenhaften" Weg hier hinauf findet, der kann Geschichte spüren.

Der heutige Burgherr und Hotelmanager Christian Schneider hat mit seiner Frau Ilona im Mai 2008 das Restaurant und Hotel im Inneren der mittelalterlichen Wehranlage übernommen. Beide haben sich vor vielen Jahren beruflich bei ihrer Arbeit auf einem Luxus-Kreuzfahrtschiff kennengelernt, sind lange zusammen „zur See gefahren" und absolute Virtuosen ihres Faches. Das zeigt das ungewöhnliche und erfolgreiche Wirkungskonzept auf Burg Abenberg: eine reizvolle Mischung aus anspruchsvoller Kulinarik und

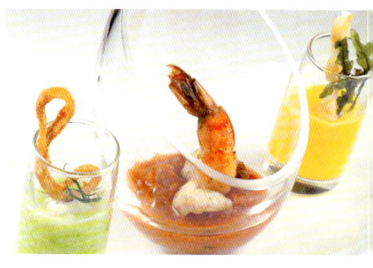

Dreierlei geeiste Suppe

Die Rezepte des Hauses finden Sie auf Seite 178

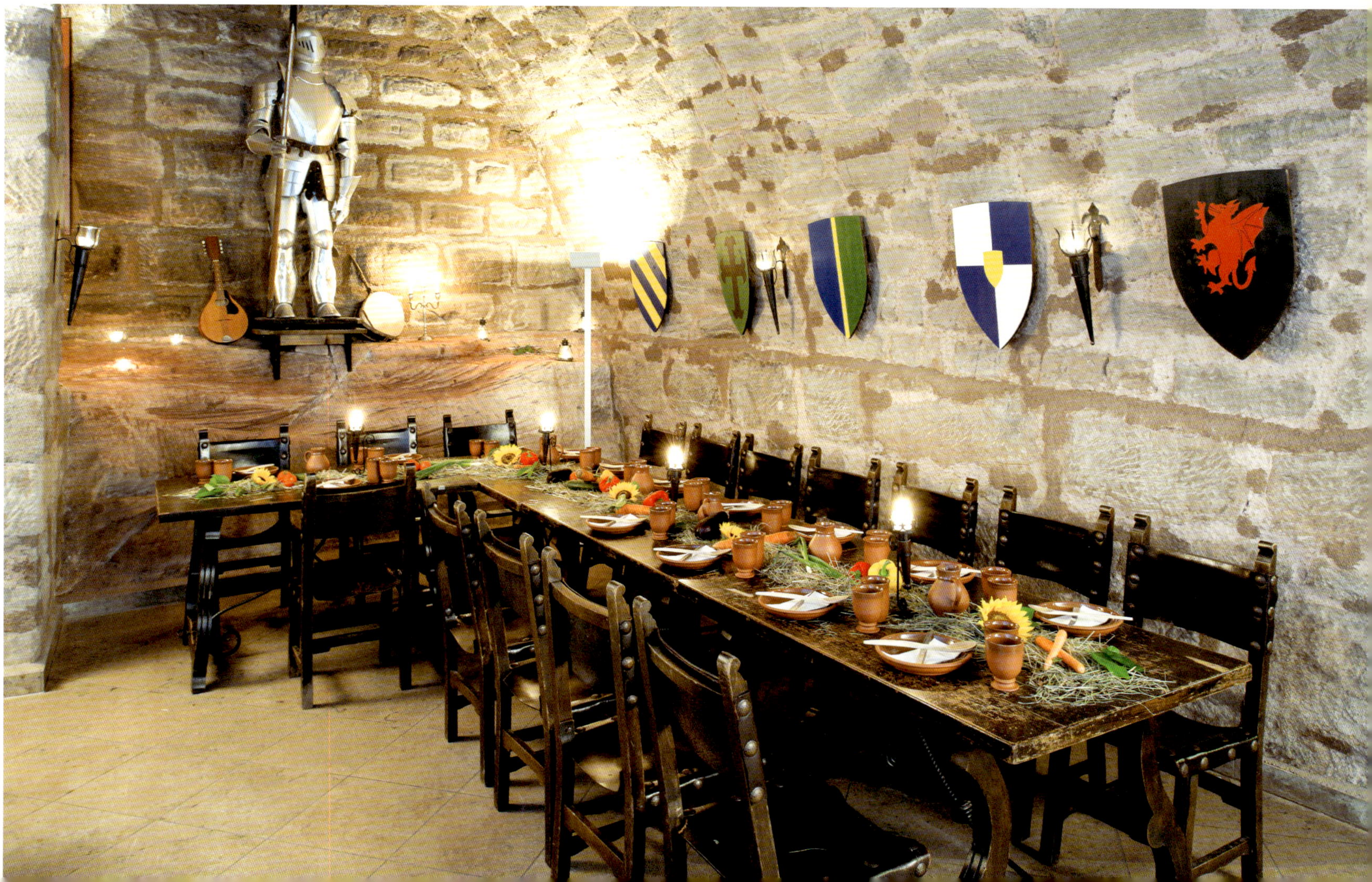

auf der Haut gebraten mit Schwarzwurzeln und Fliegenfischkaviar-Risotto oder die Fasanenbrust im Lardomantel auf zweifarbiger Rübenmousse und Wacholdersauce, die der einheimische Jäger wie alles andere Wild als Jagdgruß beisteuert. Die saisonalen Qualitäten an Gemüse kommen von den umliegenden Bauernhöfen – wie schon zu Ritterzeiten üblich. Aus der ganzen Welt zusammengetragen die Weine, und die Freudenberger Edel-Destille Ziegler hat ihre „Alte Zwetschke" exklusiv in große Drei-Liter-Flaschen abgefüllt, die an der stylishen Bar stehen. Dort kann man auch extravagant gemixte Cocktails und seltene Whisky-Editionen gustieren.

In der über 800 Jahre alten Burganlage steht der optisch dominante Schotten-Turm, benannt nach dem früheren baufreudigen Besitzer und Kammersänger Anton Schott. Darin befinden sich neben dem nostalgisch eingerichteten „Hochzeitszimmer" noch fünf weitere Doppelzimmer, mit einem fantastischen Ausblick auf die grüne Flur.

bodenständigen Gerichten, frisch und ungewohnt wie das moderne und edle Ambiente innerhalb des alten Gemäuers. In der „Hofküche" agieren Küchenchef und Küchencrew als Meister im Ersinnen neuer Kreationen, gerne auch mal international. Da steht eine ländliche Blumenkohlcremesuppe mit geröstetem Kalbsbries genauso auf der Speisekarte wie ein Papageienfisch

22 gemütliche „Kemenaten" sind es insgesamt, die teilweise über den Hof und historische, steinerne Treppen zu erreichen sind. Im romantischen Trauzimmer können die Ringe getauscht werden, bevor sich die Gesellschaft draußen im „Rosengarten" zum stilvollen Empfang einfindet. Mittelalterliches Flair allerorten: Im Burghof- und Kaminzimmer werden Romantik-Menüs in sechs Gängen von Knappen und Zofen geziemend aufgetragen. Der Stillasaal erinnert an die Heilige Stilla, die aus dem Geschlecht der Grafen von Abenberg stammt. Er ist für bis zu 120 Gäste ausgerichtet, die hier an wunderbar eingedeckten Tafeln im kleinen oder großen Rahmen gepflegt feiern können. In der dazugehörigen Innenhofterrasse ist man unter freiem Himmel ganz unter sich.

Eine völlig andere Atmosphäre verbreitet der in Stein gehauene Gewölbekeller. Mit seinem fürstlichen Thron, den leuchtenden Kandelabern und bunten Wappenschildern an den Wänden lebt beim „Mittelalterlichen Schlemmermahl", Ritteressen oder anderen Feierlichkeiten historisches Festgeschehen authentisch auf.

Über die breite Treppe nach oben können in den unkonventionellen Bankett- und Tagungsräumen von 30 bis 150 Personen mit modernstem Equipment konferieren. Die Verköstigung aus der Burgküche ist genauso schmackhaft wie das Catering, das vom Team auch außerhalb der Mauern an jeden beliebigen Ort bereitgestellt wird.

Zwei Museen beleben Burg Abenberg kulturell. Zusätzlich veranstaltet der Globetrotter Christian Schneider humorvolle Dinnershows, Konzerte, Feuerfeste und mittelalterliche Märkte. Seinen Gästen vermittelt er aber auch gerne „alte" Kontakte für Seereisen auf Luxusdampfern. So bleiben nicht nur Goumet-Erlebnisse aus geschichtsträchtigen Mauern in Erinnerung, sondern es eröffnen sich auch Perspektiven hinaus in die weite Welt.

Hotel Restaurant Burg Abenberg
Burgstraße 16
91183 Abenberg
☎ 0 91 78 / 98 29 90
www.burgabenberg.de

Kochkunst trifft Braukunst

🍴 Taube in der Wachtel und Portweinsauce

Das Rezept des Hauses finden Sie auf Seite 178

Heimische Fische tummeln sich reichlich in den Weihern um Kosbach, das mitten im fränkischen Karpfenteichgebiet liegt. Einst ein kleines Dorf, gehört es heute zur nahe gelegenen Universitätsstadt Erlangen. Seit mehr als 160 Jahren ist hier am Deckersweiher überlieferte Gastlichkeit zu Hause. Eine Stube, im Sommer eine weinumrankte Laube im Garten, das war damals der Anfang. Jetzt zeigt sich das Haus mit seinem Gourmet-Restaurant, den „Polsterstuben", einem Festsaal und dem zwölf Zimmer zählenden Landhotel als Kleinod baulicher und ideeller Einheit.

Johann Polster heißt der Gastgeber, der zusammen mit seinem steir schen Schwiegersohn und Küchenchef Christian Schauerm bereits in der achten Generation nicht nur das Glück der fränkischen Küche auf den Teller zaubert. Das Nebeneinander leichter französischer Haute Cuisine, österreichischer Spezialitäten und fränkischen Klassikern ergänzt sich bestens. Das war dem Gault Millau 2011 zwei Hauben wert. Der Wein- und Restaurantführer „Der Metternich" zeichnete den Landgasthof für die umfangreiche Auswahl an dreihundert verschiedenen Weinen bekannter Anbaugebiete aus.

Die „Frauschaft", Restaurantleiterin Ilka Grunow und Chefin Karin Polster, halten alle Fäden in der Hand, im Restaurant wie auch im aparten Hotel. Aus dem mediterranen Gourmet-Raum fällt der Blick hinaus in den grünen, wunderbar gepflegten Garten. Mit den alten Wandvertäfelungen ist die ursprüngliche „gute" Polsterstube in dunklem Holz gehalten. Die vom aufmerksamen Personal liebevoll eingedeckten Tische und der althergebrachte Kachelofen machen sich darin nur zu gut. Das gut besuchte Gasthaus Polster ist sich immer treu geblieben. Das gilt auch für das ausgeschenkte Bier: Seit über hundert Jahren werden die traditionsreichen Biere der Erlanger Brauerei Kitzmann gezapft. Braukunst trifft Kochkunst – und das ganz ohne Vertrag.

Landhotel und 🏠
Gasthaus Polster
Am Deckersweiher 26
91056 Erlangen-Kosbach
☎ 0 91 31 / 7 55 40
www.gasthaus-polster.de

Mutig und genial

Wirtschaft von Johann
Gerner – Restaurant

Freude bereiten Köche, die aus einer Handvoll bekannter Zutaten etwas Neues, noch nie „Geschmecktes" machen, sich auf den versierten Einkauf verstehen und ein untrügliches Gespür für das rechte Maß besitzen. So einer ist Detlef Gerner, der es vor gut einem Jahrzehnt im 40-Seelen-Dorf Dannberg gewagt hat, im alteingesessenen Gasthaus seines Urgroßvaters ein Restaurant der Spitzenklasse zu etablieren.

Aus der umgebenden Landschaft stammen Reh und Wildente, Kalb und Spanferkel, Bärlauch und Spargel, Karpfen aus den Weihern nebenan und aus dem eigenen Bassin Lachsforelle und Waller, die der passionierte Küchenchef für seine ge-

schmacksintensiven Kreationen verwendet. Der Nürnberger Gemüsegroßmarkt wartet mit Exoten auf, auf den umliegenden Feldern der Bauern wächst das Heimische: So verpasst er seinen Gerichten auf spezielle Art immer auch eine fränkische Komponente. Die ersten Sporen hat sich Detlef Gerner unter anderem beim „Sternehüter" Hans Haas in der Münchner „Tantris"-Küche verdient, die ihn bis heute unverkennbar beeinflusst. Das ist für diese Gegend etwas Einmaliges, deshalb kommen die Gäste auch von weither, um ausgetüftelte Haute Cuisine in ländlicher Idylle zu genießen. Senior-Chefin Gunda Gerner und deren Lebensgefährte Fritz Keck kennen Land und Leute nur zu gut und erklären beim Service gerne die handgeschriebene Speisekarte. Aus dem wohlsortierten Weinkeller empfiehlt Ehefrau Tanja Weller-Gerner kundig edle Tropfen dazu.

Unter dem Dach des typisch fränkischen Sandsteingebäudes ist für drei unterschiedliche Gasträume Platz: die ursprüngliche „Alte Stube" mit historischer Spunddecke, das „Ofenstübla" mit einem kleinen gemütlichen Holzofen und die schicke und elegante Lounge mit Leder und altem Eichenholz. Zwei mächtige steinerne Löwen bewachen draußen den sonnigen Garten. Mit edlem Teakholz möbliert gibt es an warmen Tagen keinen schöneren Platz.

🍴 **Cohiba-Spanferkelkotelette**

Das Rezept des Hauses finden Sie auf Seite 179

🏠 Wirtschaft von Johann Gerner –
Restaurant
Dannberg 3
91093 Heßdorf
☎ 0 91 35 / 81 82
www.wvjg.de

Macaron Patisserie

S'il vous plaît!

🎂 **Macaron Passionsfrucht-Schokolade**

Das Rezept des Hauses finden Sie auf Seite 179

Macaron Patisserie 🏠
Friedrichstraße 2
91054 Erlangen
☎ 0 91 31 / 9 08 34 50
www.macaron-erlangen.de

Mitten im Elsass und in Belgien, da fing alles an. Illustre und kleine, zu Hause so noch nicht gesehene Törtchen hatten es zwei neugierigen Schwestern angetan. Schon immer den süßen Verführungen zugeneigt, haben sie sich aufgemacht, alles über dieses Naschwerk und „Les Macarons" zu erfahren.

Glücklicherweise haben Birte und Katrin Kokocinski dort drei feine Patissiers aufgespürt, die diese kleinen französischen Süßigkeiten als Haute Patisserie herstellen und direkt nach Erlangen liefern. Die handwerkliche Arbeitsweise der Feinbäcker hat etwas Künstlerisches an sich. Hochkonzentriert und mit Hingabe fertigen sie die Mini-Törtchen, die in ihrer Kombination der Rezeptur – knuspriger Boden mit Mousse, Schokolade und Früchten – ohnegleichen sind. Dazu die weichen und fluffigen Macarons, die erst im Munde zum einzigartiger Geschmackserlebnis werden. Alle Pralinen, Schokoladen und viele andere süße Spezialitäten kommen gleichfalls aus

diesem meisterlichen Metier. Begeistert von den erfahrenen Patissiers zurück in Erlangen, eröffneten die beiden Schwestern in einem historischen Sandsteingebäude einen modernen, puristisch gestalteten Laden, dessen attraktives Schaufenster schon zum Stehenbleiben animiert. Drinnen fühlt man sich gleich wie in Frankreich: Die kleinen Törtchen stehen in ausgesuchter Variation verführerisch präsentiert in der Theke. Daneben Macarons in vielen zarten Farben und mit überraschenden Füllungen. Spätestens dort fangen die Augen zu glänzen an, und die Wahl fällt gar nicht so leicht. Alle kommen sie gekühlt direkt aus Frankreich und werden hinten im offenen „Atelier" täglich mit frischen Zutaten dekoriert. „Die hier müssen Sie unbedingt noch probieren!", empfiehlt Katrin Kokocinski einer Kundin, die bei einem Kaffee auf ihre stylish verpackten Lieblingstörtchen wartet. Größere „Kleintorten" gibt es auch: Ausgefallen verziert können sie wie alles andere online vorbestellt und zum Wunschtermin abgeholt werden.

Burg Abenberg mit Klöppelmuseum

Ein Dorf im Dorf

Zum Roten Ochsen

Eine wunderschöne Landpartie ist es – und eine Lohnende dazu. Direkt am Tor zur fränkischen Schweiz, im idyllischen „Kirschdorf" Kalchreuth, liegt das stattliche und zugleich beschauliche Dorfwirtshaus Zum Roten Ochsen. Der ehemalige „Metzger", wie er von jeher von den Einheimischen genannt wird, befindet sich bereits in der siebten Generation im Besitz der Familie Meisel.

Beim Näherkommen zeigt sich ein kleines „Dorf im Dorf". Fränkische Geborgenheit und Gemütlichkeit strahlt es aus. Das große Haus hat Stuben und Stüberl wie das „Kabinettla", das anheimelnde „Hinterzimmer" für vertraute Gelegenheiten, den kleinen und den großen „Stodl" in fein-rustikalem Ambiente mit der Roten-Ochsen-Lounge für Feiern aller Art. Dazu den alten Barocksaal, wirkungsvoll mit weiß eingedeckten Tischen für Festivitäten mit Musik und Tanz. Das Herzstück von alledem aber ist die Gaststube. Schlichtes und dunkles Holz dominiert als Gestaltungselement. Historisches Fachwerk in seiner schönsten Form belegt Ursprünglichkeit wie die Lustermandl, die mildes Licht verbreiten. Unbehandelte Holzplanken auch auf dem Fußboden bilden eine stimmungsvolle Einheit mit dem Sandsteingemäuer. Die Tische blank, auf den

**Geschmortes Lamm-
schäufele**

*Das Rezept des Hauses finden
Sie auf Seite 180*

Holzbänken und -stühlen liegen Kissen, um es sich bequem zu machen. Dies alles weist auf die Verwurzelung der Gastwirtsfamilie mit der dörflichen Gemeinschaft hin, die sich nach wie vor beim Roten Ochsen zum Stelldichein trifft. Judith Bär und Erna Egloffstein schauen charmant und mit unaufdringlicher Aufmerksamkeit darauf, dass diese Zusammenkünfte durch nichts und niemanden gestört werden. Höchstens einmal durch das Kredenzen eines Süßbirnenbrandes, gebrannt aus den Früchten der eigenen Birnbäume, die hinter dem Haus im Garten stehen. Für die Herstellung der edlen Obstbrände braucht es viel urkundlich lizenzierte Tradition und hohen Sachverstand. Dabei tritt die Leidenschaft von Senior Georg und Sohn Jörg zu Tage.

Die Obhut über die Küche hat Jörg Meisel, der zusammen mit Küchenchef Lukas Dengler alle Einkehrer gourmetverdächtig mit einheimischen Spezialitäten und überregionalen Speisen verwöhnt. Die fränkischen Gerichte werden nach uralten Rezepten – streng gehütet von Köchin Regina Fischer – leicht, modern und manchmal extravagant neu interpretiert. Dass hier Frische und Regionalität die Hauptrolle spielen, muss nicht extra erwähnt werden. „Sundoch" heißt das saftige Steak, das auch wochentags auf der abwechslungsreichen Speisekarte steht. Der „Aischgrunder Spiegelkarpfen mit Schwarzbier gebacken" hingegen wird traditionell nur in den Monaten mit „R" serviert. Fränkische Biere und beeindruckende Tropfen runden die Speisen ab, für die die Junior-Chefin Sina Meisel den Weg in den kühlen Weinkeller gerne auf sich nimmt.

Beim Spaziergang durch das Haus merkt man, dass nicht nur das Essen eine Besonderheit darstellt. Ein paar Schritte über den Hof liegt das angeschlossene Hotel, in dem sich zwanzig, von

rustikal bis minimalistisch im eleganten Landhausstil ausgestattete Gästezimmer verstecken. Jedes für sich ein Schmuckstück. Einladend präsentiert sich auch der liebevoll eingerichtete Frühstücksraum, in dem es den Morgenkaffee und das „beste Frühstück" von Mutter Helga Meisel zu genießen gilt. Sie ist die Seele des gastlichen Hauses, die den prächtigen Blumenschmuck und dezentes Beiwerk detailverliebt arrangiert. Selbst die hellen Seminarräume animieren zur Wiederkehr: Modern sind sie und mit allen technischen „Schikanen".

Und dann noch etwas: Der schattige Biergarten im Roten Ochsen zählt zu den schönsten seiner Art in Franken. Viele Gäste kann er im Sommer unter dem ausladenden Blätterdach seiner Kastanien beherbergen, die mit einem frischen „Seidla" Bier und üppigem Vesperbrett Rast machen. Friedlich und entspannt sitzen sie auf den rustikalen Bänken an stämmigen Tischen und lassen es sich einfach gut gehen. Manchmal wird hier auch zu Feierlichkeiten die Kaffeetafel gedeckt oder der Brautwalzer getanzt – das genussvolle Leben ist hier eben überall.

Zum Roten Ochsen
Weissgasse 10
90562 Kalchreuth
☎ 09 11 / 5 18 09 17
www.roter-ochse-kalchreuth.de

Jagdgrüße aus Heroldsberg

Gelber Löwe –
Landgasthof-Hotel

„Ois wos guat is", kocht er, der Herr Sacher, Gastwirt im mittelfränkischen Marktflecken Heroldsberg. Die bekannte Federzeichnung „Das Kirchdorf" des Nürnberger Malers Albrecht Dürer ist die älteste bildliche Darstellung des Ortes im Sebalder Reichswald, dessen Ursprung bis in das 11. Jahrhundert zurückreicht.

Küchenmeister Fritz Sacher stammt aus der berühmten Wiener Hotel-Dynastie und hat 2005 zusammen mit seiner Frau Ghada Bittar den traditionsreichen und über 500 Jahre alten, stattlichen Landgasthof samt Hotel erworben. In den Restaurants, der Schmankerlstube wie auch in der gemütlichen Bauernstube geht es urig zu: Ein alter Kachelofen verbreitet wohlige Wärme, Lustermandl hängen über jedem Tisch, Zinnteller stehen auf den hölzernen Vertäfelungen und imposante Hirschtrophäen hängen an der Wand. Das nicht von ungefähr: Wenn Jagdsaison ist, kommt Wild auf den Tisch. Was sich jahrhundertelang nur der Adel leisten konnte, erfreut heute auch das Volk. Die Gäste lassen sich rustikale Rehkeulen, Hirschfilets und geschmorte Hasenrücken mit hausgemachten Nudeln schmecken. Der Chef steht selbst hinter dem Herd, kocht oft und gerne mit Bier und Wein, und legt grundsätzlich äußersten Wert auf die Bioqualität und Regionalität der Lebensmittel in seiner Küche. „Die heiligsten Eier von Deutschland kommen vom Papst", gibt der Wirt humorvoll zum Besten, denn der Bauer im nahen Dorf Simonshofen heißt tatsächlich Papst. Von dort ist auch die Wurst, viele Grundprodukte stammen aus biologisch-dynamischer Landwirtschaft. Diese ökologische Philosophie hat dem Gelben Löwen 2011 das Bio-Zertifikat verschafft. Mehr als hundert Weine – aus Franken und der ganzen Welt – stehen zur Auswahl. Österreichische Brände und selbstgemachte Marmelade bezeugen die Herkunft des Hausherrn und werden als Mitbringsel oft gerne mit nach Hause genommen.

Ist das steinerne Haus mit seiner schönen Terrasse bereits 1536 erbaut, so sind die Zimmer des Hotels modern und komfortabel eingerichtet. Studios und Suiten verfügen über einen separaten Wohnbereich, Sofa, Essecke und Kitchenette. Nicht nur deshalb fühlen sich auch Langzeitgäste und Tagungsteilnehmer – für die zwei Tagungsräume und ein Gruppenraum zur Verfügung stehen – bestens aufgehoben.

🍴 **Rehrücken mit Ahornsirup und Tannenzweigen gebraten, serviert mit fruchtigem Serviettenknödel-Auflauf und Preiselbeer-Zwetschgen-Chutney**

Das Rezept des Hauses finden Sie auf Seite 180

🏠 Gelber Löwe – Landgasthof-Hotel
Hauptstraße 42
90562 Heroldsberg
☎ 09 11 / 95 65 80
www.hotel-gelber-loewe.de

Ganz oben und noch etwas höher

Wilder Igel

*Das Rezept des Hauses finden
Sie auf Seite 181*

Was für ein Ausblick! Die reizvolle Kulturlandschaft der Frankenalb und die bekannt deftigen Sprüche des Wirtes versprachen immer einen vergnüglichen Ausflug: Dort oben, auf dem Schlossberg, hat Georg Igel 1892 den Igelwirt als kleine Bierwirtschaft gegründet. Vier Gästezimmer kamen schnell dazu, denn auch die guten fränkischen Brotzeiten lockten schon damals viele „Kahlfresser" – wie er sie nannte – nach Osternohe: „Nach der Woche Müh' und Hast, zum Schlossberg komm als Igels Gast".

Das gilt noch immer, denn der Igelwirt ist bis heute im Familienbesitz geblieben, auch wenn sich der Nachname geändert hat. Küchenmeister Fritz Maas, seine Frau Gabriele und seine Tochter Kristina als Hotelmeisterin führen den gemütlichen Berggasthof in vierter und fünfter Generation. Auch die Schwester des Chefs, Elisabeth Gröschel und ihr Mann Stefan engagieren sich im Igelwirt – einem richtigen Familienunternehmen. Im neu gebauten Gästehaus, wo früher das Pensionshaus Hilde Igel stand, sind die Zimmer teils mit Bauernmöbeln eingerichtet, teils mit eigens angefertigten Schreinermöbeln aus regionalen Hölzern eingerichtet. Allesamt haben sie neue Bäder.

In den bäuerlich ausgestatteten Gasträumen, der Igelstube und im Biergarten mit dem prachtvollen Blumenschmuck lässt es sich gut schmausen, denn hier wird noch alles selbst gemacht. In der Küche – dort agiert seit über 20 Jahren zudem Chefkoch Werner Hafenrichter – entstehen aus regionalen Erzeugnissen eigene Brühen und Saucen, Suppen und fränkische Hausmannskost. Saisonspezialitäten werden in den Fischwochen, in der Spargelzeit oder das Wild im goldenen Herbst von Wanderern, Motorradfahrern, Ferien- und Messegästen, ja auch von den Skifahrern der benachbarten mit 1000 Metern längsten Abfahrt Mittelfrankens, gleichermaßen gern verzehrt. Für Hochzeiten und Familienfeiern ist das Gasthaus mit seiner herrlichen Terrasse altbewährt.

Ruhig geht es zu beim Igelwirt, auch wenn die Verkehrsanbindung für Tagungen und Seminare in den drei Konferenzräumen nah und doch weit genug weg ist. Die mit Bauernmöbel eingerichteten Hotelzimmer sind komfortabel und mit modernster Technik ausgestattet, sodass Geschäftsleute von weither nichts vermissen und sich bei ihrer Arbeit wohlfühlen können. Danach steht einer entspannenden Wanderung in die romantische Fränkische Schweiz auf den Spuren von Malern und Literaten nichts mehr im Wege.

Igelwirt Berggasthof Hotel

Igelweg 6/Schlossberg
91220 Schnaittach-Osternohe
☎ 0 91 53 / 40 60
www.igelwirt.de

Friede – Freude – Segen

Rehrücken

Das Rezept des Hauses finden Sie auf Seite 181

Friede. Freude. Segen. Das ist auf dem verwitterten kleinen Holzschild an der Eingangstür des Landidylls Hotel Restaurant Zum Alten Schloß in Kleedorf zu lesen. Und so ist es auch.

Vor über 100 Jahren stand hier ein Bauernhof am Wanderweg hin zum Alten Schloß, einer Felsformation in der Frankenalb und ein kostenloses Geschenk der Natur. Küchenmeister Hans Heberlein ist nach einigen Wanderjahren an diesen Platz zurückgekehrt und führt die inzwischen imposant ausgebaute Herberge nun in fünfter Generation. Küche und Gastlichkeit sind geprägt vom Zusammenhalt der Familie Heberlein. Mutter Renate bäckt die frischen Kuchen, Vater Hans sen. erlegt als Jäger das Wildbret, Ehefrau Conny verkocht handverlesenes Obst zu Marmeladen, der Onkel vom Hof nebenan liefert Milch und Eier von glück-

lichen Kleedorfer Hühnern. Hier stimmt alles, die gesunde Luft, die netten Leute, das liebevolle stilvolle Ambiente und nicht zuletzt die kreative Landküche, die mit Spezialitäten aus Mittelfranken, wie etwa der „Vogelsuppe", Heimatgefühl aufkommen lässt. Diese wird nur einmal im Jahr in den Teller geschöpft – zu Fronleichnam. Sie ist eine kräftige Rindersuppe vom Tafelspitz mit Innereien und Leberknödeln und wird von Dorf zu Dorf unterschiedlich zubereitet. Warum sie „Vogelsuppe" heißt, darüber streiten sich die Historiker noch immer. Kulinarische Gegensätze finden sich andererseits beim gefragten Brunch für Menschen aus der Umgebung: Fränkisches mit Thai oder Fränkisches mit Italienisch – so eine Kombination gibt es nicht alle Tage.

Urlauber, Geschäftsreisende, Messebesucher und Tagungsteilnehmer tanken hier in der Abgeschiedenheit des „Kraftplatzes" Kleedorf gleichermaßen neue Energie. Im Naturseilgarten hinter dem Haus können Seminargruppen Team-Momente erfahren. Danach ist eine geruhsame Nacht in den behaglich ausgestatteten Zimmern des Hotels garantiert.

Vorhang auf für Hans Heberlein und seine Küchen-Crew im nahe gelegenen Laufer „Dehnberger Hof Theater", dem ältesten Privattheater der Nürnberger Region. Im gemütlichen Restaurant sorgen sie dafür, dass sich schauspielerische regionale Verwurzelung auch in den kulinarischen Genüssen widerspiegelt.

Zum Alten Schloß
Kleedorf 5
91241 Kirchensittenbach
☎ 0 91 51 / 86 00
www.zum-alten-schloss.de

Herd-Rochaden

Sandwich von der Rotbarbe

Das Rezept des Hauses finden Sie auf Seite 182

Jeder Platz hat seine Geschichte. So auch das Dorf Reichenschwand nahe Hersbruck im Nürnberger Land, das ein schmuckes altes Wasserschloss besitzt. Lange im Dornröschenschlaf versunken, lässt das malerische und ehrwürdige Schloss Reichenschwand mit der vorbildlichen Renovierung vergangene Zeiten noch einmal auferstehen und hat mit dem Einzug des À-la-carte-Gourmetrestaurants von Fritz Müller eine angemessene Renaissance erfahren.

Vom Naturell her zeigt sich Fritz Müller als wahrer Tausendsassa – und das nicht nur in der Küche. Dennoch begeistert er gerade auch durch seine Liebe zur kultivierten Einfachheit. Dies ist ganz offensichtlich die Passion des Patrons, der in keine „kulinarische Schublade" passen will. Lange Jahre hat er bei Sterneköchen in aller Welt Erfahrungen gesammelt, bevor er zusammen mit seiner Tochter Franziska das Gesamtkunstwerk aus Architektur, Küche und Weinkeller mit dem einzigartigen Ambiente – wertvolle Antiquitäten gepaart mit Elementen im modernen Zeitgeist – übernommen hat. Hier speist man wirklich vorzüglich. Althergebracht, angepasst, abgewandelt, verfeinert: Klassische französische Küche neu interpretiert – so schauen die exquisiten Abendessen und Genussarrangements im Schlossrestaurant Reichenschwand aus. Ein Galadinner „Tanz der 11 Gänge" zu Veranstaltungen beispielsweise, bedeutet immer „einen kleinen

Nervenkitzel" beim Schlosswirt und seinem Küchendirektor Manuel Mai, in gleicher Weise Spitzenkoch. Die Überraschungsmenüs bergen geschmackvolle „Küchen-Wunder" in sich, raffiniert und sinnlich, abgerundet mit bewusst ausgewähltem und anspruchsvollem Weinsortiment – an einem der schönsten Plätze für Überraschungen.

Wer über die schön angelegten Kieswege am Schlossrondell mit dem Naturquell-Sandsteinbrunnen hereinkommt, findet eine große Bar und eine gemütliche Lounge mit Ledermobiliar in historischer Kulisse, die ihre Wirkung nicht verfehlen. Ein offener, prasselnder Kamin dominiert das eigentliche Gourmetrestaurant im französischen Stil. Im „Roten Turmzimmerchen" geht's zum romantischen Tête-à-Tête für zwei. Dass beim Souper alles wie am Schnürchen klappt, dafür sorgt aufmerksam der unkomplizierte Restaurantleiter Nils Zinner. In angenehmer Weise wird das Wohlfühlen leicht gemacht: „Verweilen ist eine Lust!"

Über die breite Holztreppe hinauf sind in der oberen Etage acht verschiedene Räume zu acht verschiedenen Themen wie „Golderker", „Schwanen", „Weißer Salon" oder „Hochzeitszimmer" ansprechend schlicht dekoriert. Wie praktisch, dass man sich dort auch gleich trauen lassen kann. Ein magischer Ort aber auch für jede andere Gesellschaft. Bei schönem Wetter könnte

man im exklusiven pittoresken Rahmen des park-
ähnlichen Schlossgartens mit seltenen Bäumen
aus aller Herren Länder, unter Platanen fast jeden Tag ein Fest feiern. Direkt am romantischen
Seitenarm der Pegnitz – im kleinen Familienkreis
oder bei Business-Events. Achtung jedoch: Ein
Geist – ein guter –, „die weiße Frau" schützt das
Schloss vor finsteren Gestalten ...
Phantasie, Kreativität und die Kunst der Verfüh-
rung – sei es bei exzellenten Speisen mit frischen
Zutaten, den besten Weinen, opulenten Dekorationen oder beim Kredenzen – Fritz Müller

setzt sie auch mit seinem Premium-Catering
„Kulinarische Tafelfreuden" aufs Allerschönste
um. Und das in ganz Deutschland – mit besten
Referenzen. Ob lukullische Opern und Inszenie-
rungen in prunkvollen Schlossräumen, Emp-
fänge, eine trendy-schlichte Veranstaltung im
Kleinen oder Business-Catering – das geschulte
Tafelfreuden-Team unter der Regie von Magda-
lena Nowak inszeniert jedes Veranstaltungs-
Motto mit dramaturgischen Kniffen, legerem
Spaß und unvergesslichen kulinarischen Genüs-
sen. Applaus.

Schlossrestaurant Reichenschwand
Schlossweg 12
91244 Reichenschwand
☎ 0 91 51 / 9 08 75 43
www.schlossrestaurant-
reichenschwand.com

**Kulinarische Tafelfreuden –
Premium Catering**
Rankestraße 55
90461 Nürnberg
☎ 0 91 51 / 9 05 37 10
www.kulinarische-tafelfreuden.de

Hersbruck

Luxus und seine kulinarischen Sonnenseiten

Ästhetik. In ihrer reinsten Form, makellos, anspruchsvoll und prägnant – so zeigt sich das stylish-moderne Bauwerk von Dauphin Speed Event mitten im eher industriellen Umfeld von Hersbruck im Nürnberger Land. Die bestechende Architektur aus Glas und Metall ist das eine, die einzigartigen Kombinationsmöglichkeiten der Räume und des herrlichen Parks, die jegliche Gestaltungsfreiheit lassen, das andere.

Die Symbiose aus moderner Neuausrichtung, einem Tempel automobiler Magie, legendärer Motorrad-Raritäten, wunderbarem Naturerlebnis, Professionalität und Leidenschaft der Hausherrenfamilie Dauphin und ihres Teams bildet atmosphärisch ein Ganzes und bietet eine Location ersten Ranges. Dezente Eleganz im formvollendeten Foyer, in dem die Gäste stilgerecht in Empfang genommen werden. Die Eventhalle: lichte Weitläufigkeit, gläsern umrahmt von Motorsport-Legenden, die Begehrlichkeiten erwecken. Gleichzeitig eine „Feinschmecker-Werkstatt", ob à la carte, rein Vegetarisches, raffiniertes Fingerfood oder original Fränkisches. Alles individuell und je nach gesellschaftlichem Ereignis dekoriert. Zeitgemäß die Lounge, die als Bar oder Cafeteria fungiert – in jedem Fall ist das Ambiente mit den tiefen Ledersesseln ideal für erholsame Auszeiten und gute Gespräche.

Luxus und seine kulinarische Sonnenseite auch beim Sektempfang im exklusiven „Wartezimmer" draußen, das selbst bei wechselhaftem Wetter stilvoll für festliches Flair sorgt. Der nach allen Regeln der Gartenkunst gestaltete, gepflegte Park bittet die Gäste zum sinnlichen Flanieren, zu einem klassischen Picknick oder zum exotischen Buffet unter freiem Himmel. Alles in allem ein Platz zum Leben, Platz zum Denken, Platz zum Feiern, Platz zum Tagen: Kompliment an den guten Geschmack des Gastgebers und – der geladenen Gäste.

Geschmorte Ochsenschulter oder Roastbeef in „L'Amour Toujours"

Das Rezept des Hauses finden Sie auf Seite 182

Dauphin Speed Event
Industriestraße 11
91217 Hersbruck
☎ 0 91 51 / 8 14 89-90
www.dauphinspeedevent.de

Gasthof Grüner Baum

Unser ist der Augenblick ...

Fischroulade von Lachs und Seezungenfilet mit Krebssauce auf Bandnudeln mit Passe Pierre Algen

Das Rezept des Hauses finden Sie auf Seite 183

Heimat auf dem Teller. Ferne auf dem Teller. Im Gasthof Grüner Baum von Rudi und Hilde Koch begegnen sich die kleine und die große Welt der Küchen. Wohl kein Zufall, dass sich die beiden Wirtsleute auch in einer Restaurantküche kennenlernten. Gemeinsam haben sie das eingesessene Gasthaus in Engelthal 1985 übernommen und es zu einer gastronomischen Perle in der schönen Hersbrucker Schweiz gemacht.

Rudi Koch versetzt mit seiner Kochkunst den Gaumen in Verzückung. Erlesene, fein abgestimmte Zutaten – ausgewählt nur das Beste von einheimischen Bauern und Gärtnern – machen jedes dieser fränkischen Gerichte ganz unnachahmlich. Sie werden begleitet von internationalen Gourmetnovitäten, die sich in dieser bäuerlichen Gegend kaum vermuten lassen. So kommen Austern oder ein frischer ausgelöster Hummer genauso in der in halbrunder Baumrindenoptik gehaltenen Speisekarte vor, wie ein mit Kräutern geschmortes Lammragout und die gebackenen Hollersträubele mit Vanilleeis. Dann gibt's noch die „Minis": drei, vier oder fünf Schmankerl zur Wahl als Menü serviert. Wer hier anklopft – alle Generationen von Stammgästen, Familien, Wandergruppen oder guten Freunden – wird nicht nur bestens umhegt. Wirtin Hilde Koch sorgt auch für die liebevolle Dekoration in den drei Stuben und unter den „Grünen Bäumen" draußen auf der Terrasse. Dort wurde schon mancher „schönste Tag im Leben" aufs Angenehmste gefeiert, gerade auch deshalb, weil die Wirtsleute praktischerweise fünf behagliche Zimmer zum Übernachten bereithalten.

Das festliche Silvestermenü wird vom allgemeinen Mitternachtspunsch am offenen Feuer abgelöst. Das ganze Dorf feiert dann kräftig zusammen das Neue Jahr. Wie früher wird im Gasthaus die Dorfgemeinschaft des alten Klosterortes Engelthal sehr gepflegt: Im Februar findet jährlich das „Kaffeekränzle" statt. 400 bis 500 Kuchenstücke liegen Seite an Seite am Büffet. Alles natürlich hausgemacht und hoch begehrt wie das Koch'sche Catering für alle Gelegenheiten, das buchstäblich in aller Munde ist.

Gasthof Grüner Baum
Hauptstraße 9
91238 Engelthal
☎ 0 91 58 / 2 62
www.gruener-baum-engelthal.de

Genieße den Tag

„Was Sie hier seh'n, ist für uns im Haus das Wichtigste!", das steht auf einem Spiegel im Hotel-Restaurant Distlerhof, der über den Hügeln, Wiesen und umsäumenden Wäldereien der reizvollen Kultur- und Naturlandschaft Frankenalb thront. Der Weg zum nahe gelegenen Nürnberger Hausberg „Moritzberg" ist nicht weit und lohnt sich auch außerhalb der Sommerzeit. Er gipfelt im Osten der Gemeinde Diepersdorf mit 606 Metern Höhe. Die Erosion hat ihn im Lauf der Jahrtausende von der Alb abgetrennt. Heute spricht man von einem „Zeugenberg".

Der Distlerhof – seit über 30 Jahren von Petra und Georg Distler geführt – ist nun an den Sohn Christian „übergeben", der als Küchenchef mit einer ansehnlichen Sammlung von Meisterbriefen und Auszeichnungen aufwarten kann. Verfeinerte fränkische, internationale und duftige asiatische Cross-over-Küche sind sein bevorzugtes Metier. Eben dieser Küche eilt schon lange der beste Ruf voraus, bei der er sich auch gerne mal in den Topf schauen lässt: Bei den veranstalteten Küchenpartys holen sich die Gäste nützliche Tipps und Kniffe. Da wird probiert und philosophiert, ungezwungen geplaudert und geschmaust. Das alles geht rundum natürlich nicht ohne das besonders liebenswürdige und aufmerksame Distlerhof-Team. Für das allseits propagierte „Carpe Diem" – Genieße den Tag – bietet der Distlerhof einen würdigen Rahmen. Mit den ausnehmend schön gedeckten Tischen in der Gaststube, in den Räumen für

Feierlichkeiten und auf der wunderbaren Panorama-Sommerterrasse, umgeben vom Blumenmeer des gepflegten Gartens – ein Rastplatz für Menschen, die abseits der Alltagshektik noch Muße suchen.

Die Lobby des Hotels mit dem offenen Kamin und dem plätschernden Brunnen präsentiert sich genauso edel-gediegen wie die komfortablen Gästezimmer, von denen man wahlweise auf die Kulisse von Nürnberg oder auf den Moritzberg schaut. Das „beruhigt" auch viele Tagungsteilnehmer, die in den Räumlichkeiten „Ideenwelt" und „Denkanstoß" ebensolches finden.

Variation vom fränkischen Zicklein

Das Rezept des Hauses finden Sie auf Seite 183

Distlerhof Hotel-Restaurant
Bergstraße 46
91227 Leinburg-Diepersdorf
☎ 0 91 20 / 3 78
www.distlerhof.de

Sindersdorfer Hof

Kleines Wirtshaus ganz groß

Gebratenes Zanderfilet in gelber Paprikasauce mit Gemüse und Basmatireis

Das Rezept des Hauses finden Sie auf Seite 184

Kleines Wirtshaus ganz groß: der Sindersdorfer Hof, nahe der Autobahn A9 in strategisch besonders günstiger Lage. Wer über die wenigen Stufen hinauf den Weg zur Wirtschaft einschlägt, den empfängt fränkische Bürgerlichkeit. Links hinein adrett eingedeckt, mit gemütlichem Kachelofen und bäuerlichen Truhen ausgestattet, geht es geradeaus an der langen Bierschenke vorbei in den geselligen Gastraum. Dort, wie auch im großen Nebenzimmer, in dem es immer etwas zu feiern gibt, sind auffallend dekorative Akzente gesetzt: alte Bierkrüge, Schützenscheiben, Zinnteller und Kaffeedosen aus Blech.

„Des mocht'n die Leut schon immer", gibt der schlagfertige Küchenmeister und Inhaber Rudolf Dotzer zum Besten und bettet das zubereitete Fleisch auf den Teller. Sein Essen ist gefragt, das zeigen die vielen Urkunden mit besten Plätzen beim „Wettbewerb Bayerische Küche", bei dem sich alles um den Genuss regionaler Spezialitäten dreht. Ausgiebig wird die Spargel- und Pilzzeit zelebriert. Bärlauch im Frühjahr, Kürbis und Karpfen im Herbst und dazwischen Fischvariationen, Steaks, gewürzt mit Kräutern aus dem eigenen Garten – natürlich auch deftiger Sonntagsbraten – das alles zusammen verdient ungeteilte Aufmerksamkeit. Da läuft nicht nur den vielen Stammgästen aus der dörflichen Umgebung das Wasser im Mund zusammen, sondern auch den Reisenden, die in den liebevoll eingerichteten

Zimmern des angeschlossenen Hotels nächtigen können.

Speis und Trank – süffige Biere von heimischen Brauereien und ausgesuchte Weine – tragen maßgeblich zur gelassenen Gemütlichkeit bei. Dazu passend trägt die ausnehmend nette Wirtin Christa Dotzer ein kesses Dirndl und bringt flugs auf den Tisch, was in der Küche vom sportlichen Gatten und ihrem gemeinsamen Sohn Patrick an verfeinerter fränkischer Hausmannskost angerichtet wird.

Sindersdorfer Hof
Sindersdorf 26
91161 Hilpoltstein
☎ 0 91 79 / 62 56
www.sindersdorferhof.de

Zum Dahinschmelzen

Whiskey-Trüffe

*Das Rezept des Hauses finden
Sie auf Seite 184*

„Wir essen gerne hochwertige Schokolade." Michael Gerner und seine Frau Simone Seubert haben im Frühjahr 2010 ihre Leidenschaft zum Beruf gemacht und eine „Schokoladenfabrik" auf die grüne Wiese direkt an der Autobahn Nürnberg-München gestellt.

Gäbe es ein Kunstprojekt, das in einer Galerie Schokoladen und Pralinen ausstellt, dann sähe es wohl genauso aus wie die Manufaktur Schocolat. Es ist genau der richtige Platz, um sich ganz intensiv in die Welt der Schokolade verführen zu lassen und das macht der Chef gerne bei einer Expedition durch sein Schokoladenland.

Im Inneren des loftartigen Gebäudes überrascht eine ungewöhnlich verheißungsvolle Atmosphäre. Das dunkle Holz der wohlgeordneten Regale und üppig bestückten, langen Theke bringt die feinsten Pralinen, Bruch- und handgeschöpfte Tafelschokoladen, Hohlfiguren und Lebkuchenherzen so richtig zur Geltung. In der Mitte des Verkaufsraumes ziehen „Schokoladenpizzas"

alle Blicke auf sich: Sie können je nach Gusto individuell belegt werden – die reinste Augenweide.

Die Schokoladenwerkstatt, in der das alles entsteht, befindet sich direkt und „zum Zuschauen" im hinteren Bereich des Ladens. Dort werden auch exklusive Schokoladen, eigene Schokoladenkreationen, zarte Backwaren, persönliche Geschenke und Sonderanfertigungen aus Marzipan und Schokolade für alle Gelegenheiten gefertigt. Eine gerne in Anspruch genommene Herausforderung für die Chef-Konditorin Alexandra Fürst, ideenreiche Meisterin ihres Fachs. Das und vieles mehr kann im neuen Online-Shop ausgewählt und bestellt werden.

Genießer haben im dazugehörigen Café samt Sonnenterrasse die Wahl: Neben Kaffee, Tee, hausgemachten Kuchen und Torten lässt es sich dort auch frühstücken. Oder die empfehlenswerte Köstlichkeit aus gezogenem Teig probieren: Am Freitag ist Strudeltag.

Schocolat – Confiserie –
Patisserie – Café

An der Autobahn K1
91161 Hilpoltstein
☎ 0 91 74 / 97 70 00
www.schocolat.de

Dreierlei geeiste Suppe

🔖 Hotel Restaurant Burg Abenberg , S. 141

Zutaten für 4 Personen

Gazpacho *300 g Kirschtomaten* | *300 g Salatgurke* | *700 g grüne Paprika* | *700 g rote Paprika* | *1 Knoblauchzehe* | *700 g Zwiebeln* | *500 ml passierte Tomaten* | *50 ml Olivenöl* | *30 ml Balsamico* | *Salz, Pfeffer*
Gurkensuppe *1,2 kg Gurken* | *400 g Brühe* | *250 g Joghurt* | *1 Schalotte* | *Dill* | *Cayennepfeffer* | *Salz, Pfeffer*
Paprikasuppe *100 g Creme fraîche* | *1 kg Paprika* | *500 ml Brühe* | *etwas Knoblauch* | *Salz, Pfeffer* | *Balsamico zum Abschmecken*

Zubereitung

Für die Gazpacho alle Zutaten in einen Mixer geben und pürieren, anschließend abpassieren. Nach Geschmack und Bedarf abschmecken.

Für die Gurkensuppe ebenfalls alle Zutaten in einen Mixer geben, passieren und abschmecken, Gleiches gilt für die Paprikasuppe.

Alle drei Suppen dann je in einem Behälter auf Eis legen und für mindestens eine Stunde im Kühlschrank kalt stellen.

Für die Gazpacho können Teile von Paprika, Gurken und Zwiebeln auch in feine Würfel geschnitten und als Einlage verwendet werden.

Die Dekoration der Suppen ist je nach Geschmack variabel gestaltbar. Beispielsweise können Scampi, Lachstatar, Brotchips, Parmesanchips oder einfach nur Kräuter aufgelegt werden.

Taube in der Wachtel und Portweinsauce

🔖 Landhotel und Gasthaus Polster, S. 144

Zutaten für 8 Personen

Geflügel *4 Wachteln, hohl ausgelöst* | *4 Taubenbrüste* | *Salz, Pfeffer* | *etwas Butter*
Geflügelfarce *180 g Putenbrust* | *220 g Sahne, eiskalt* | *100 g blanchierte Gemüsebrunoise* | *Petersilie, gehackt* | *Salz, Cayennepfeffer* | *Zitronensaft* | *Eis zum Kühlen*
Portweinsauce *Karkassen von der Wachtel* | *2 weiße Zwiebeln, gewürfelt* | *Karotten und Sellerie, gewürfelt* | *5 Wacholderbeeren* | *10 Pfefferkörner* | *1–2 Lorbeerblätter* | *¼ l Rotwein* | *¼ l roter Portwein* | *½ l Geflügelfond* | *1 TL Tomatenmark* | *Cayennepfeffer* | *Salz, weißer Pfeffer aus der Mühle* | *Butter zum Anschwitzen* | *etwas geriebene Kartoffel zum Abbinden*

Zubereitung

Für die Farce die Putenbrust von Sehnen und Fett befreien, würzen und gut kühlen. Danach in einem Mixer fein kuttern, nach und nach die eiskalte Sahne zufügen. Pikant würzen, Gemüsebrunoise und gehackte Petersilie hinzugeben und auf Eis sehr gut durchkühlen lassen.

Die Karkassen grob hacken und mit Zwiebeln, Gemüse und Gewürzen in etwas Butter anschwitzen, Tomatenmark hinzufügen und mit Rotwein und Portwein ablöschen, einkochen und mit Geflügelfond aufgießen. Die Sauce circa eine Stunde köcheln lassen, mit etwas geriebener Kartoffel binden, mit Salz und Pfeffer abschmecken und passieren.

Die Wachtel auseinanderklappen, mit Salz und Pfeffer würzen und mit der Geflügelfarce bestreichen. Die vorbereitete Taube mit Salz und Pfeffer würzen und in die Mitte der Wachtel legen, wieder mit etwas Farce bestreichen und die Wachtel wieder zusammenklappen.

Ein Stück Alufolie mit Butter bestreichen, die Wachtel mit Salz und Pfeffer würzen und mit der Brustseite zuerst in einer Pfanne anbraten, danach mit der Brust nach oben auf die Alufolie legen und diese so verschließen, dass die Wachtel ihre Form behält. Für circa 10 bis 12 Minuten bei 170 Grad in den Ofen schieben.

Die fertig gebratene Wachtel halbieren, eine Hälfte auf den Teller legen, mit etwas Sauce nappieren und garnieren.

Cohiba–Spanferkelkotelette

📖 Wirtschaft von Johann Gerner – Restaurant, S. 147

Zutaten für 4 Personen (1 Tag Vorlaufzeit)

Spanferkelrücken *1 kg Spanferkelrücken am Knochen* | *1 kg Kalbsknochen* |
1 l lauwarmes Wasser und 50 g Salz zur Pökellösung vermengen | *50 g feines*
Buchenräuchermehl | *1 Cohiba Perla* | *1 l Milch* | *500 ml brauner Kalbsfond* |
Butter | *Rosmarin*
Röstgemüse *2 Zwiebeln* | *¼ Staudensellerie* | *½ EL Wacholderbeeren* |
2 Lorbeerblätter | *100 ml malziges Bier*
Püree *500 g Kartoffeln* | *150 g Milch* | *30 g Butter* | *Muskatnuss* | *Salz*
Weißkraut *1 kleiner Kopf junges Weißkraut* | *½ Ananas* | *120 g Zucker* |
Butter | *Champagneressig* | *Salz*

Zubereitung

Die Spanferkelrückenstränge von der Rückenseite her anlösen und mit einem
Küchenbeil die Rippen entlang des Rückenmarkknochens abschlagen, parieren,
in die 5-prozentige Salzlösung geben und einen Tag im Kühlen pökeln lassen.
Mit dem Buchenräuchermehl und der aufgebröselten Zigarre im Räucherofen
bei milder Hitze 8 bis 10 Minuten anräuchern. Vier Stunden lang in die kühle
Milch einlegen.
Die Kalbsknochen und Spanferkelabschnitte mit Zwiebeln und Staudensellerie
anrösten, Gewürze zugeben und mit dem braunen Kalbsfond an- und später
aufgießen – eine Stunde leicht kochen lassen. Das Bier sirupartig einkochen,
mit dem abgegossenen Fond aufgießen und nochmals etwas einkochen, und
durch ein feines Sieb passieren.
Aus Kartoffeln, Milch, Butter, Salz und Muskatnuss ein Püree herstellen.
Das Weißkraut in feine Streifen schneiden und blanchieren. Die reife Ananas in
kleine Würfel schneiden. Den Zucker auf zwei flache Edelstahlpfannen verteilen
und karamellisieren. Zunächst mit wenig Wasser ablöschen, anschließend die
Ananaswürfel in einer der beiden Pfannen kandieren und das Weißkraut in der
zweiten Pfanne unter Zugabe von Butter glasieren – mit Champagneressig mild
absäuern und salzen.
Den Spanferkelrücken allseitig anbraten und im Ofen glasig ziehen lassen.
In Butter und Rosmarin nachbraten und auf dem Kraut anrichten. Püree dazu
setzen und mit Ananaswürfeln und Spanferkeljus umgeben.

Macaron Passionsfrucht-Schokolade

📖 Macaron Patisserie, S. 148

Zutaten für 50 Macarons

Ganache-Füllung *400 g Passionsfruchtmus* | *640 g Milchschokolade,*
etwa Jivara von Valrhona (40 %) | *110 g Butter* | *40 g Glucose*
Macaron-Schalen *450 g Mandelpulver, sehr fein* | *450 g Puderzucker* |
450 g Zucker | *300 g Eiweiß* | *Lebensmittelfarbpulver*

Zubereitung

Für die Füllung das Mus und die Glucose aufkochen. In eine Schüssel geben
und in drei Schritten die Schokolade dazugeben und mit dem Stabmixer oder
dem Schaber gut mischen. Wenn die Masse circa 30 Grad warm ist, die Butter
dazugeben. Vor der weiteren Verwendung eine Nacht kühl stellen.
Am nächsten Tag den Puderzucker mit 150 Gramm Eiweiß zu Schnee schlagen.
Den Zucker mit 150 Millilitern Wasser bis 110 Grad aufkochen und den Eischnee
unterheben. Die Zuckermasse auf 45 Grad abkühlen lassen, den Rest des noch
flüssigen Eiweißes unter die Masse heben, dann den Farbstoff dazugeben. Das
Mandelpulver zufügen und mit dem Teigschaber unterheben, bis alles gut
vermischt ist.
Die Masse wird danach durch eine Spritztüte in kleinen Häufchen auf das
Backblech gespritzt (circa 8 Millimeter Durchmesser); ausreichend Platz dazwischen lassen. Durch gegebenenfalls mehrfaches Klopfen des Bleches auf den
Tisch wird ein gleichmäßiges Verlaufen der Spritzhäufchen vor dem Backen
erreicht. Den Backofen (Umluft) auf 140 Grad vorheizen und die Macaron-Schalen 10 bis 15 Minuten backen. Sie sollten jetzt ein kleines krauses „Füßchen"
bekommen haben. Nach dem Backen alle Macarons abkühlen lassen. Trocken
gelagert kann man die Schalen auch eine oder zwei Wochen aufbewahren.
Dann wird die Ganache auf je eine Macaron-Schale aufgestrichen und mit einer
weiteren Schale bedeckt, sodass beide Macaron-Schalen durch die Schicht der
Ganache zusammengehalten werden. Die Macarons sollten dann möglichst in
einer Blechdose durchziehen, sodass die Schalen langsam die Feuchtigkeit der
Füllung aufnehmen können. Damit erzielt man den richtigen „Schmelz".

 Die Macarons eignen sich wunderbar als Weihnachtsgeschenk für Freunde
und Bekannte.

Geschmortes Lammschäufele

Zum Roten Ochsen , S. 153

Zutaten für 2–3 Personen

*1 Lammschulterstück vom Frankenalber Biolamm (ein Stück reicht für
2–3 Personen) | 100 g rote Zwiebeln | 80 g Karotten | 60 g Petersilien-
wurzel | 100 g Sellerie | 80 g junger Knoblauch | 200 g Tomatenmark |
1,5 l Burgunderwein | 1 l Gemüsebrühe | 5 Wacholderbeeren | 3 Lorbeer-
blätter | 4 Rosmarinzweige | 4 Thymianzweige | 2 Kardamomkapseln |
1 Pimentbeere | etwas Zucker | 30 g Kartoffelstärke | Olivenöl | Meersalz,
Pfeffer*

Zubereitung

Das Lammschulterstück in heißem Olivenöl auf der Fettseite scharf und lang
anbraten – circa 5 Minuten bei einer Pfannentemperatur von 220 Grad. Dann
auf der anderen Seite. Das Fleisch aus der Pfanne nehmen.
Die walnussgroßen Stücke von Röstgemüsen aus dem Knoblauchsland (rote
Zwiebeln, Karotten, Petersilienwurzel, Sellerie und den jungen Knoblauch) im
Olivenöl solange weiterrösten bis alles schön braun ist. Tomatenmark zugeben
und mit dem Burgunder deglacieren, das heißt schubweise kleine Mengen
Wein zugeben und immer wieder verdampfen lassen. Diesen Ansatz mit der
Gemüsebrühe aufgießen, einmal aufkochen und das angebratene Fleisch
einlegen. Anschließend die Temperatur auf circa 80 Grad reduzieren.
Meersalz, Pfeffer, gestoßene Wacholderbeeren, Lorbeer, Rosmarin und Thy-
mian, Kardamon, Piment und etwas Zucker im Mörser so fein wie möglich
mahlen. Den Fond mit der Mischung sofort abschmecken, und so 4 bis
5 Stunden ziehen lassen. Wenn das Fleisch weich ist, dieses entnehmen und
den Fond durchpassieren.
Mit Salz, Zucker und Pfeffer abschmecken und mit Kartoffelstärke abbinden.
Vor dem Anrichten frischen Rosmarin und Thymian fein hacken und in die
Sauce geben.

Rehrücken mit Ahornsirup und Tannenzweigen gebraten, serviert mit fruchtigem Serviettenknödel-Auflauf und Preiselbeer-Zwetschgen-Chutney

Gelber Löwe – Landgasthof-Hotel, S. 157

Zutaten für 4 Personen

*Rehrücken 800 g Rehrücken | 4 cl Ahornsirup | 4 Knoblauchzehen |
frische Tannenzweige | Salz, Pfeffer*
*Serviettenknödel 1 Zwiebel | ¼ l Milch | 5 Semmeln | 2 Eier | 1 Birne
(Red Bartlet) | ½ Bd. Petersilie | Muskatnuss | etwas Butter | Salz, Pfeffer*
*Chutney 1 kleine weiße Zwiebel | 100 g Zwetschgen | 100 g frische Preisel-
beeren | 100 g Gelierzucker | 100 ml Reisessig | 1 Msp. frische Chilischote,
fein gehackt*

Zubereitung

Für das Chutney die Zwiebel kleinschneiden, die Zwetschgen entkernen, kleinschneiden und mit den Preiselbeeren, Chili (ohne Kerne) und den anderen
Zutaten langsam zugedeckt einköcheln lassen (kann vorbereitet werden).
Für die Knödel die Zwiebel fein würfeln, glasig anschwitzen und mit Milch
aufgießen. Mit Salz, Pfeffer und Muskat würzen. Die Semmeln fein in Würfel
schneiden, mit der Zwiebel-Milch begießen und die Eier dazugeben. Birnen
ohne Kerne in kleine Würfel schneiden. Petersilie fein hacken und darunter
mischen. Zwei kleine Kaffeetassen mit Butter ausstreichen und die Masse
halb-hoch in die Tassen füllen. Die Tassen in einen Topf mit etwas Wasser stellen
und zugedeckt gleichfalls im Ofenrohr garen, bis sich die Masse verdoppelt hat
(etwa 20 Minuten).
Den Rehrücken auslösen und den Ahornsirup in das Rückenfilet injizieren
(Impfnadel), von allen Seiten kurz scharf anbraten, mit Salz und Pfeffer würzen.
Die Knoblauchzehen (mit der Schale) halbieren, dann zusammen mit den
Spitzen der Tannenzweige und dem Rehrückenfilet in Aluminiumfolie einwickeln
und im Ofenrohr etwa 20 Minuten bei 180 Grad zartrosa fertig garen.
Das fertig gegarte Rehfilet in Scheiben schneiden und mit dem gestürzten
Semmelknödel-Auflauf und dem Zwetschgen-Preiselbeer-Chutney servieren.

 Als Variante kann man das Rehfilet mit den Tannenzweigen in Plastikfolie
wickeln und im Glühweinsud zartrosa garen.

Wilder Igel

Igelwirt Berggasthof Hotel, S. 158

Zutaten für 4 Personen

Brandteig *30 g Butter* | *1 Prise Salz* | *100 g Mehl* | *2 Eier*
Fruchtsauce *100 ml Sauerkirsch-, Himbeer- oder Stachelbeersaft* |
30 g Zucker | *1 TL Stärke (Mondamin)* | *320 g Sauerkirschen, Himbeeren oder*
Stachelbeeren | *etwas Zimt*
Vanilleeis | *Schlagsahne zum Anrichten* | *Schokosauce, gehobelte Mandeln*
und Puderzucker zur Garnitur

Zubereitung

200 Milliliter Wasser, Butter und Salz zum Kochen bringen, gesiebtes Mehl
einstreuen und unter Hitze glatt rühren, bis sich am Boden des Geschirrs ein
weißer Belag bildet (abbrennen). Eier zugeben und mit dem Kochlöffel unter
den Brandteig heben.
Brandteigmasse im Spritzbeutel mit Sterntülle zu großen Ringen mit genügend
Abstand auf ein nur schwach gefettetes Blech spritzen, bei circa 180 Grad Hitze
etwa 20 Minuten backen.
Die Stärke mit etwas Fruchtsaft glatt rühren und den restlichen Fruchtsaft mit
Zucker zum Kochen bringen. Die Stärke in den kochenden Fruchtsaft geben und
zum Abbinden verrühren. Sauerkirschen, Himbeeren oder Stachelbeeren
dazugeben.
Das Gebäck auf Teller anrichten, mit Vanilleeis füllen, warme Sauerkirschen
oder Beerenfrüchte dazugeben und mit Schlagsahne verzieren. Zur Garnitur
etwas Schokoladensauce, gehobelte Mandeln und mit Puderzucker bestreuen.

Rehrücken

Zum Alten Schloß, S. 161

Zutaten für 4 Personen

1 ganzer Rehrücken (ausgelöst ca. 1 bis 1,2 kg) | *Olivenöl* | *Butter* | *Wacholder-*
beeren | *Pfeffer, geschrotet* | *Salz*

Zubereitung

Die beiden Rückenstränge von Fett und allen Häutchen befreien. Diese mit
einer Mischung aus Olivenöl, zerdrückten Wacholderbeeren und geschrotetem
Pfeffer einreiben. Die Fleischstücke in Alufolie einwickeln und in den Kühl-
schrank legen. Dort können sie 2 bis 3 Tage ohne Qualitätseinbuße lagern.
Am Tag des Essens das Fleisch 1 bis 2 Stunden vor der Zubereitung aus dem
Kühlschrank nehmen, damit es Zimmertemperatur annehmen kann. Denn bei
der kurzen Bratzeit wäre es in der Fleischmitte noch kalt, wenn es direkt aus
dem Kühlschrank in den Ofen käme.
In einer flachen Brat- oder Auflaufform, die gerade so groß sein sollte, dass das
Fleisch darin gut nebeneinanderliegen kann – notfalls kann man die beiden
Fleischstränge noch mal halbieren – zuerst die Butter bei 200 Grad im vorgeheizten Backofen (Ober- und Unterhitze) schmelzen. Dabei etwas salzen. Sie
soll zwar richtig heiß sein, aber nicht braun werden.
In diese Butter die Fleischstücke legen. Schon nach 2 Minuten wenden und
leicht salzen. Nach weiteren 2 Minuten wieder wenden, ohne zu salzen. Noch
zweimal im 2-Minuten-Abstand wenden. Nach etwa 8 Minuten prüfen, wie weit
der Rücken ist. Er soll auf Fingerdruck gut nachgeben und nicht zu fest sein,
aber auch nicht zu weich.
Die fertigen Rückenstücke in Alufolie wickeln und auf der offenen Ofentür circa
10 Minuten ruhen lassen, damit sich das Fleisch entspannen kann und damit
beim Anschneiden kein Fleischsaft auf den Teller läuft.

Sandwich von der Rotbarbe

Schlossrestaurant Reichenschwand, S. 162

Zutaten für 4 Personen

*Sandwich 8 Rotbarbenfilets | 4 Scheiben von geräuchertem Lachs |
20 Blätter von jungem Spinatsalat | 2 EL Olivenöl | Zitronenpfeffer | Salz*
*Gemüse 1 Karotte | 1 Aubergine | 1 gelbe Paprika | 1 rote Paprika |
1 gestrichener EL Zucker | 2 EL Mirin (= asiatisches, alkoholisches Würzmittel,
evtl. Reiswein) | Gemüsebrühe | Salz, Pfeffer*
*Süßkartoffelpüree 500 g Süßkartoffeln | 2 EL gebräunte Butter | Muskat |
Salz, Pfeffer*

Zubereitung

Als Vorbereitung Karotte, Paprika und Aubergine waschen, putzen und in circa
2 Zentimeter große Rauten schneiden.

Süßkartoffeln waschen und mit Schale weich kochen, pellen und durch die
Kartoffelpresse drücken. Kartoffelmasse mit Salz, Pfeffer und Muskat und leicht
gebräunter Butter abschmecken und glattrühren. In einen Spritzbeutel mit
Sterntülle füllen, warm halten.

Die Rotbarbenfilets mit Zitronenpfeffer und Salz würzen. Dann 4 Rotbarbenfilets bei leichter Hitze auf der Hautseite zuerst in Olivenöl leicht anbraten,
anschließend wenden und ebenfalls ganz kurz anbraten. Je eine angebratene
Rotbarbe mit der Hautseite nach unten auf einen Teller geben und mit fünf
Spinatblättern und einer Lachsscheibe belegen. Im Ofen bei Oberhitze
180 Grad 1 bis 2 Minuten gratinieren.

Gleichzeitig die restlichen 4 Filets ebenso anbraten und mit der Hautseite nach
oben auf die Räucherlachsscheibe legen – das Sandwich ist fertig. Dieses nun
im auf 60 Grad vorgeheizten Backofen warm halten.

Zucker in der Pfanne hell karamellisieren, mit Mirin und Gemüsebrühe ablö-
schen und das vorbereitete Gemüse dazugeben. Kurz anschwenken und mit
Salz und Pfeffer würzen. Das Süßkartoffelpüree auf heiße Teller spritzen, die
Sandwiches – vorsichtig mit der Palette – auf das Püree legen und mit den
Gemüserauten ausgarnieren.

Geschmorte Ochsenschulter oder Roastbeef in „L'Amour Toujours"

Dauphin Speed Event, S. 169

Zutaten für 4 Personen

*800 g Ochsenschulter oder Roastbeef | je 100 g Möhren, Sellerie und Zwiebeln,
geschält und in kleine Würfel geschnitten | 2 Tomaten, abgezogen, entkernt
und gewürfelt | 100 ml Rotwein- oder Balsamessig | 1 l kräftiger Rotwein von
L'Amour Toujours von Allée Bleue | 1 Kräuterstrauß aus Thymian und Rosmarin |
1 TL Pfefferkörner | 1 TL Wacholderbeeren | 2 Gewürznelken und 2 Lorbeer-
blätter, im Mixer gemahlen | Worchestershiresauce oder Sojasauce |
30 g Tomatenmark | 60 g Mehl | Salz, Pfeffer | Öl zum Anbraten*

Zubereitung

Gemüse, Essig, Rotwein, Kräuter, Gewürze und Sauce zu einer Beize verrühren,
über das Fleisch gießen und alles zusammen vier Tage kühl stellen. Schulter
zwischendurch wenden.

Fleisch aus dem Sud nehmen, trocken tupfen. Sud durch ein Sieb gießen,
Gemüse und Beize aufheben.

Öl in einem schweren Topf erhitzen und das Fleisch darin kräftig anbraten.
Gemüsewürfel hinzufügen und weiter braten. Das Fleisch herausnehmen,
Tomatenmark zufügen und mit dem Bratfond verrühren. Alles mit Mehl
bestäuben, Rotweinbeize zugießen und unter Rühren zum Kochen bringen.
Schulter wieder in den Topf legen und sehr langsam etwa 1,5 Stunden weich
schmoren. Dabei häufig rühren; eventuell etwas Wasser nachgießen.
Das Fleisch vorsichtig aus dem Topf heben und mit Folie abdecken.
Die Sauce unter ständigem Rühren sämig einkochen. Gemüse mit dem Pürier-
stab grob mixen, wieder zur Sauce geben und nachwürzen.
Das Fleisch quer zur Faser in Scheiben schneiden. Zum Anrichten das Fleisch
mit etwas Sauce begießen. Dazu passt ein Süßkartoffelauflauf und Artischo-
ckengemüse.

Ein Glas „L'Amour Toujours" und das Leben ist schön …

Fischroulade von Lachs und Seezungenfilet mit Krebssauce auf Bandnudeln mit Passe Pierre Algen

🗋 Gasthof Grüner Baum, S. 170

Zutaten für 4 Personen

1 große Seezunge (etwa 600 g, eventuell gleich vom Fischhändler filetieren lassen, die Gräten für den Fond behalten) | *1 kleine Zwiebel* | *1 kleine Lauch-stange (weißer Abschnitt)* | *etwas Sellerie* | *1 Lorbeerblatt* | *ganze Pfeffer-körner* | *40 ml Sahne* | *20 g Krebsbutter* | *80 g geschlagene Sahne* | *600 g Lachsfilet, in Scheiben geschnitten* | *100 g Passe Pierre Algen* | *4 Kirschtomaten* | *250 g Bandnudeln* | *40 g Butter* | *Salz, Pfeffer* | *Zitrone*

Zubereitung

Die Fischgräten zusammen mit der feingehackten Zwiebel, dem Lauch, Sellerie, Lorbeerblatt und Pfefferkörnern zu einem Fond von circa 150 Millilitern auskochen. Die Seezungenfilets vorne und hinten kurz zuschneiden, dann die Abschnitte einfrieren. Die gekühlten Seezungenabschnitte im Mixer pürieren, nach und nach die flüssige Sahne zugeben, bis eine homogene Farce entsteht. Dann die Seezungenfilets zwischen Klarsichtfolie plattieren und mit Salz, Pfeffer und Zitrone würzen. Mit der Farce bestreichen, mit den gewürzten Lachsscheiben belegen, wieder mit Farce bestreichen und mit der Folie zu einer festen Rolle formen. Dann die Rolle im 80 Grad heißen Wasser 10 Minuten pochieren. Währenddessen den Fischfond reduzieren und mit der Krebsbutter abbinden, nicht mehr kochen lassen und abschmecken. Die geschlagene Sahne in die warme Sauce vorsichtig unterheben. Die Nudeln in Salzwasser bissfest garen, abseihen und mit der warmen Butter in einer Pfanne durchschwenken, dann salzen. Die Tomaten halbieren, würzen, mit den Algen in der warmen Butter schwenken.

Zum Anrichten die Nudeln mit einer Gabel aufdrehen und auf die vorgewärmten Teller legen. Mit der Sauce umgießen, mit den Algen und den Tomatenhälften garnieren. Die Fischroulade auswickeln und in Scheiben schneiden, dann die geschnittenen Fischroladenscheiben auf die Nudeln legen und servieren.

Variation vom fränkischen Zicklein

Geschmorte Schulter mit Tomaten-Bohnensalsa – Gebackenes Haxerl mit Petersilieninfusion – Rücken im knusprigen Crêpemantel

🗋 Distlerhof Hotel-Restaurant, S. 173

Zutaten für 2 Personen

Schulter *1 kg Schulterstück* | *3 l Lammfond* | *50 g Röstgemüse* | *10 gTomaten-mark* | *200 ml Rotwein* | *2 getrocknete Tomaten* | *4 Oliven* | *10 Bohnen* | *etwas Sambal Olek* | *etwas Honig* | *Bohnenkraut, fein gehackt* | *Salz, Pfeffer* **Haxerl** *1 Zickleinhaxe* | *1 Bd. Blattpetersilie* | *20 g Semmelbrösel* | *etwas Sonnenblumenöl* | *80 ml weißer Portwein* | *50 ml Mineralwasser* **Rücken** *180 g Rücken vom Zicklein* | *50 g Putenfarce* | *100 ml Milch* | *2 Eier* | *80 g Mehl* | *etwas Butter* **Sauce** *Schmorfond (ergibt sich aus Schulter und Haxe)* | *1–2 Lorbeerblätter* | *Pfefferkörner* | *1 Thymianzweig* | *1 Knoblauchzehe* | *etwas Butter* | *1 Prise Salz*

Zubereitung

Schulter und Haxe salzen, pfeffern und mit Röstgemüse anbraten, Tomatenmark hinzugeben, mehrmals mit Rotwein ablöschen; Lammfond hinzugeben und im abgedeckten Topf 2 bis 3 Stunden bei 140 Grad in den vorgeheizten Ofen geben. Rücken würzen, scharf von allen Seiten anbraten. Milch, Eier, Mehl glatt verrühren und in einer Pfanne zu Crêpes ausbacken. Diese mit Farce bestreichen, die kalten Rückenfilets hineinlegen und beides zusammen straff mit Klarsichtfolie einrollen. Die Päckchen bei 60 Grad Umluft etwa 30 Minuten garen, auspacken und in brauner Butter knusprig nachbraten und warm stellen.

Für die Salsa Bohnen waschen und blanchieren, dann mit getrockneten Tomaten und Oliven, Sambal Olek, Honig und Bohnenkraut abschmecken.

Geschmortes Haxerl in zwei gleiche Würfel schneiden. Die Petersilie – bis auf 2 Stängel – fein hacken und mit Semmelbröseln vermengen. Haxerlwürfel darin panieren und in Sonnenblumenöl ausbacken. Für die Infusion restliche Petersilie mit Portwein und Mineralwasser fein mixen und in Lebensmittelpipetten füllen (ein kleines Gläschen geht auch).

Für die Sauce den Schmorfond mit den Gewürzen stark (circa ⅛) einreduzieren und mit Butter und Salz abschmecken.

Schulter mit Sauce glacieren und auf Bohnensalsa platzieren; Rücken in der Mitte anrichten, gegebenenfalls auf etwas Paprikagemüse. Die Schulter mit der Infusion anrichten und mit ein paar Bohnen in Szene setzen.

Gebratenes Zanderfilet in gelber Paprikasauce mit Gemüse und Basmatireis

⌂ Sindersdorfer Hof, S. 174

Zutaten für 2 Personen

2 Zanderfilets (ca. 300–400 g) | 200 g Gemüse nach Wahl (Brokkoli, Zucchini, Karotten, Blumenkohl) | 100 g Basmatireis | Zitronensaft | Butter | Mehl | Rapsöl | Salz, Pfeffer
Sauce 30 g Zwiebeln | 20 g Lauch | 1 gelbe Paprika, geputzt | 2 EL Weißwein | 250 ml Fischfond | 3 EL Sahne

Zubereitung

Das gewaschene und geputzte Gemüse im Dampf garen. Die Zanderfilets jeweils in zwei Stücke schneiden und mit Zitrone, Salz und Pfeffer würzen. Zwiebel und Lauch kleinschneiden und mit etwas Butter in einer Pfanne anschwitzen. Die gewürfelten Paprika hinzugeben und mit Weißwein ablöschen. Mit Fischfond und Sahne aufgießen. Alles darin weichkochen und anschließend mit dem Mixer pürieren. Mit Salz und Pfeffer abschmecken. Die Zanderstücke in Mehl wenden und in Rapsöl braten. Den Fisch auf der gelben Paprikasauce anrichten und mit dem gekochten Basmatireis servieren.

Whiskey-Trüffel

⌂ Schocolat – Confiserie – Patisserie – Café, S. 177

Zutaten für 30 Stück

Füllung 100 g Weiße Schokolade | 50 g Vollmilchschokolade | 100 ml Sahne | 20 g Glukosesirup | 20 ml Whiskey
Hülle 30 Zartbitterhohlkugeln | 150 g temperierte Zartbitterkuvertüre | Schokostreusel
Hilfsmittel Spritzbeutel | Spritzbeutel aus Butterbrotpapier | Pralinengabel | Butterbrotpapier

Zubereitung

Schokolade hacken und in eine Schüssel geben.
Die Sahne mit Glukosesirup in einem Topf 1 Minute aufkochen, Topf von der Herdplatte ziehen und den Whiskey unterrühren.
Whiskeysahne über die Schokolade gießen und rühren, bis sich die Schokolade aufgelöst hat.
Ganache 20 Minuten abkühlen lassen. Mit einem Löffel in einen Spritzbeutel geben und damit in die Hohlkugeln füllen. Dabei einen circa 2 Millimeter hohen Rand frei lassen.
Etwas temperierte Kuvertüre in den Spritzbeutel aus Butterbrotpapier geben und die Hohlkugeln mit je einem Tupfer verschließen. Kurz antrocknen lassen.
Die Hohlkugeln mit der Pralinengabel in die temperierte Kuvertüre tauchen und darin wälzen, bis sie rundum mit Kuvertüre überzogen sind.
Trüffel mit der Pralinengabel aus der Kuvertüre nehmen und in den Schokostreuseln wälzen. Danach auf Butterbrotpapier ablegen

Johanniskirche, Lauf

Hugenottenkirche, Erlangen

⌂ Adressverzeichnis

Adressverzeichnis

Der Schöne Brunnen, Nürnberg

Hersbruck

Rezeptverzeichnis 🍴

Fürth

Besondere Adressen für Sie entdeckt ...

ISBN 978-3-86528-504-1
24,1 cm x 30,6 cm

ISBN 978-3-86528-497-6
24,1 cm x 30,6 cm

in französischer Sprache

ISBN 978-3-86528-509-6
24,1 cm x 30,6 cm

ISBN 978-3-86528-512-6
24,1 cm x 30,6 cm

ISBN 978-3-86528-495-2
24,1 cm x 27,6 cm

ISBN 978-3-86528-477-8
24,1 cm x 27,6 cm

ISBN 978-3-86528-481-5
24,1 cm x 27,6 cm

ISBN 978-3-86528-492-1
24,1 cm x 27,6 cm

ISBN 978-3-86528-486-0
24,1 cm x 30,6 cm

ISBN 978-3-86528-443-3
24,1 cm x 30,6 cm

ISBN 978-3-86528-502-7
24,1 cm x 30,6 cm

ISBN 978-3-86528-468-6
24,1 cm x 30,6 cm

Neu in unserem Programm

**EINE KULINARISCHE
ENTDECKUNGSREISE ...**
(Buchformat: 24,1 x 30,6 cm)

**... durch Südtirol
Alla scoperta dell'arte culinaria
altoatesina**
Cornelia Haller, Brigitte Frank
464 Seiten, Hardcover
in deutscher und italienischer Sprache
ISBN: 978-3-86528-506-5

... durch den Chiemgau
Petra Wagner, Christian Hacker
232 Seiten, Hardcover
ISBN: 978-3-86528-521-8

... durch Sachsen-Anhalt und den Harz
Anja Kummerow, Ingo Schmidt, Inka Schneider,
Stefan Gräf, Reiner Kaltenbach
240 Seiten, Hardcover
ISBN: 978-3-86528-517-1

**... durch Münsterland und Osnabrücker Land
mit Emsland und Grafschaft Bentheim**
Magdalena Ringeling, André Chales de Beaulieu
200 Seiten, Hardcover
ISBN: 978-3-86528-523-01

... durch Nürnberg – Städteregion und Land
Barbara Kagerer, Daniel Schvarcz
200 Seiten, Hardcover
ISBN: 978-3-86528-529-01

**... durch Oberbayern – der Norden
und das Altmühltal**
Willfried Baatz, Heiderose Engelhardt, Kilian
Blees, Thomas Rathay
200 Seiten, Hardcover
ISBN: 978-3-86528-474-7

TRENDS UND LIFESTYLE
(Buchformat: 24,1 x 27,6 cm)

OLYMPIAREGION SEEFELD
Albertine Sprandel, Daniel Schvarcz
144 Seiten, Hardcover
ISBN: 978-3-86528-513-3

FREIBURG UND BREISGAU
Sigrid Hofmaier, Andreas Gerhardt
200 Seiten, Hardcover
ISBN: 978-3-86528-514-0

DRESDEN
Cornelia Haller, Frank Grätz
136 Seiten, Hardcover
ISBN: 978-3-86528-508-9

Alle Titel erhalten Sie bei Ihrer örtlichen
Buchhandlung.
Für weitere Informationen über unsere Reihen
wenden Sie sich direkt an den Verlag:

UMSCHAU :

Neuer Umschau Buchverlag
Theodor-Körner-Straße 7
D-67433 Neustadt / Weinstraße
☎ + 49 (0) 63 21 / 8 77-852
🖶 + 49 (0) 63 21 / 8 77-866
@ info@umschau-buchverlag.de
www.umschau-buchverlag.de

© Fotolia / Harmonie57

Impressum

© 2011 Neuer Umschau Buchverlag GmbH, Neustadt an der Weinstraße

Alle Rechte der Verbreitung in deutscher Sprache, auch durch Film, Funk, Fernsehen, fotomechanische Wiedergabe, Tonträger jeder Art, auszugsweisen Nachdruck oder Einspeicherung und Rückgewinnung in Datenverarbeitungsanlagen aller Art, sind vorbehalten.

Recherche
Barbara Kagerer, München

Texte
Barbara Kagerer, München

Fotografie
Daniel Schvarcz, München | www.d-s-photo.com

Redaktionelle Mitarbeit
Alfred Brems, München

Lektorat
Katrin Stickel, Neustadt an der Weinstraße

Herstellung
Tatjana Beimler, Neustadt an der Weinstraße

Gestaltung und Satz
Komplus GmbH, Heidelberg | www.komplus.de

Reproduktion
Blaschke Vision, Freigericht

Korrektorat
Anja Otto, Leipzig

Karte
Thorsten Trantow, Herbolzheim | www.trantow-atelier.de

Druck und Verarbeitung
NINO Druck GmbH, Neustadt an der Weinstraße | www.ninodruck.de

Printed in Germany
ISBN: 978-3-86528-529-4

Die Ratschläge in diesem Buch sind vom Autor und dem Verlag sorgfältig erwogen und geprüft, dennoch kann eine Garantie nicht übernommen werden. Eine Haftung der Autoren und des Verlages für Personen-, Sach- und Vermögensschäden ist ausgeschlossen.

Besuchen Sie uns im Internet
www.umschau-buchverlag.de

Titelfotografie
Daniel Schvarcz, München
Landschaftsaufnahme: Weinstadel und Wasserturm in Nürnberg
Die Foodaufnahme zeigt das Gericht *Fränkisches Schäufele mit Kartoffelklößen*, zubereitet im Igelwirt Berggasthof Hotel

Wir bedanken uns für die freundlicherweise zur Verfügung gestellten Fotos bei:
BAR NUERNBERG -Fine Drinks- (S. 29 oben rechts und S. 71 rechts); Congress- und Tourist-Zentrale Nürnberg (CTZ) (S. 32 – Fotografin: Birgit Fuder, S. 33 links – Fotograf: Steffen Oliver Riese); Matthias Popp/Bayern-online.de (S. 37 und S. 38/39); Altstadtfest Nürnberg e. V. (S. 52 unten rechts); Schindlerhof Hotel-Restaurant, Schindlerhof Klaus Kobjoll GmbH, Fotograf: Stefan Koeppel (S. 85 oben links); Wahler Partyservice Metzgerei (S. 100/101 und S. 129 links); Zum Roten Ochsen, Kalchreuth (S. 155 unten rechts); Schlossrestaurant Reichenschwand (S. 162 unten); Dauphin Speed Event GmbH & Co. KG, Industriestr. 11, 91217 Hersbruck (S. 168/169 und S. 182 rechts); Schocolat – Confiserie – Patisserie – Café (S. 177 Mitte).

Bildnachweis Fotolia (www.fotolia.com):
© Christa Eder (S. 21 oben rechts und S 70 links).